EU 환경법

European Environmental Law

EU 환경법

김두수 지음

European Environmental Law

한국학술정보㈜

EU 환경법은 유럽연합(European Union: EU)이 '경제성장'과 동시에 '환경'을 점차적으로 고려하기 시작하면서 발전하였다. 2009년 12월 1일 발효된 TFEU 제191조 제1항은 '기후변화'라는 용어를 조약상 처음으로 규정하여 EU가 역내외적으로 '환경문제'에 큰 관심을 가지고 있음을 명시하였다. 이는 환경정책상 '기후변화'와 관련된 2차 규범의 제정 가능성을 의미하는 것이며, EU는 유럽환경청(European Environment Agency: EEA)을 중심으로 보다 강화된 환경정책을 추진할 수 있게 되었다.

그런데 환경문제는 오늘날 한 '국가' 내에서뿐만 아니라 지역적 및 보편적 '국제사회'에서도 중요하게 다루는 분야가 되었다. 특히 '환경'이라는 주제는 '초국경적 성질'을 갖는 분야로서 다루는 내용이 역내외적으로 '유사'하다. 따라서 환경문제는 국가의 '주권적' 사항이라는 측면과 '초국경적' 국제문제라는 측면에서 다루게 된다. EU 환경법도 특별한 것이 아닌 국제법 주체들이 공통적으로 관심을 갖는 내용이 규율 대상이기 때문에 그 다루는 내용이 유럽이라고 하는 지역에서 실행되고 있는 정책과 법의 한 영역으로 이해될 수 있다.

이러한 상황에서 EU는 EU 공동시장의 주요 정책 영역 중 하나로 '환경문제'를 비중 있게 다루고 있다. 초기 EU환경정책은 공동시장의 경제적 통합이라는 차원에서 각 회원국들의 상이한 환경정책으로 인한 '상품의 자유이동'의 장애를 제거하고자 하는 차원에서 환경 관련 규제조치의 조화를 실시하였다. 그러나 21세기에 EU는 '인간 건강' 등을 이유로 '적극적인' 환경정책을 추진하게 되었고, 이는 EU가 국제사회에서 환경문제를 가장 주도적·창의적·건설적으로 다루는 계기가 되었다.

TFEU 제191조 제1항은 EU환경정책의 목적들로 환경의 질의 보존과 보호 및 향상, 인간 건강의 보호, 천연자원의 신중하고 합리적인 사용, 지역적·지구적 환경문제 극복을 위한 국제적 차원의 노력을 규정하고 있다. 그리고 EU환경정책은 그 목적을 달성하기 위하여 TFEU 제191조 제2항에 규정된 높은 수준의 보호원칙, 사전예방의 원칙, 방지의 원칙, 근원의 원칙, 오염자부담의 원칙, 세이프가드 등의 기본 원칙들에 근거해야 한다. 아울러 EU는 환경정책을 입법 제안함에 있어서 TFEU 제191조 제3항에 따라 환경정책과 관련된 유용한 과학적·기술적 자료, EU의 다양한 지역의 환경적 조건들, 입법의 작위 또는 부작위의 경우의 잠재적인 이익과 비용 간의 균형, 해당지역의 균형 있는 발전 등 일반적인 고려사항들을 참작해야 한다.

오늘날 '환경문제'는 식품(먹을거리) 안전문제와 함께 매우 중요하게 다루어지고 있으며, 그 이유는 이것이 '인간 건강'과 매우 밀접한 관계가 있으며, 또한 초국경적·국제적인 차원에서 다루어져야 할 문제이기 때문이다. 그만큼 세계무역기구(World Trade Organization: WTO)를 통한 국제시장의 개방 못지않게 EU 역내시장도 개방의 정도가 심화되었다는 의미이다. 따라서 우리나라도 한·EU FTA시대에 시장개방을 통한 경제적·통상적 이해만을 고려하는 것이 아니라 적극적 차원에서 환경정책을 고려할 필요가 있다. 적극적 차원에서 환경정책의 목적 또는 원칙들이 반영된 경제통상정책이 추진된다면 미래지향적 관점에서 결국 국제적으로 큰 경쟁력을 확보하게 될 것이다.

환경문제가 국제사회에서 각국의 다양한 이해와 상황으로 해결하기 쉽지 않듯이 EU에서도 각 회원국의 다양한 이해와 사정으로 해결하기 쉽지 않으나, 이는 인류를 위해 반드시 해결해야 할 공동의 과제이다.

필자는 EU의 통치구조를 중심으로 한 EU의 법적 기초에 관심을 가진 이래로 국제경제통상법적 측면에서 EU 공동시장법을 연구하던 중 EU의 식품법과 환경법에 더욱 관심을 갖게 되었다. 이번에 발행되는 결과물은 이런 과정에서 누적된 연구성과를 모아 편집한 것이다. 이에 이 책은 EU법 여러 영역 중에서 EU 환경법(European Environmental Law)에 관한 법제와 몇몇 사례를 중심으로 구성하였다. EU의 법적 통합과 통치구조(제1부)에서는 머리말(제1장)에 이어 EU의 통합법제사(제2장), EU의 주요 기관(제3장), EU법의 법원(제4장)에 관하여 살펴본다. 그다음 EU 환경법(제2부)에서는 머리말(제5장)에 이어 환경법제의 발전과 일반원칙(제6장), 환경정책의 목적과 파라콰트 사례(제7장), 환경정책의 기본 원칙과 고려사항(제8장), 환경책임과 환경형법(제9장), 유럽환경청과 환경정보관찰네트워크(제10장), 에코라벨제도(제11장)에 관하여 살펴본다. 이 책이 EU법, 특히 EU 환경법에 관심 있는 학계와 실무계의 관계자 여러분들께 유익하기를 바란다.

　마지막으로 무엇보다 부족한 아들을 위해 항상 헌신하셨던 아버지(김종기)와 어머니(정진옥), 그리고 멀리서도 늘 관심과 사랑을 가져 준 '어린 시

절의 추억 속에서 그리운' 형님(김철수)과 누님들(김은희, 김은옥, 김은경, 김은화)과 동생(김은정)을 포함한 사랑하는 나의 가족에게 고마운 마음을 전한다. 또한 영완이의 건강과 행복을 바라며 이렇게 지면으로나마 밖에서의 그리움과 미안함을 전한다.

2012년 5월 13일
김두수

■■ 목 차

PART 02. EU의 환경법

제11장 에코라벨제도 249

■■ 인용약어

APEC: Asia – Pacific Economic Cooperation
BSE: Bovine Spongiform Encephalopathy
CAC: Codex Alimentarius Commission
CAP: Common Agricultural Policy
CFI: Court of First Instance
CMLR: Common Market Law Reports
CMLRev: Common Market Law Review
DCFR: Draft Common Frame of Reference
EAEC: European Atomic Energy Community
EC: European Community
ECB: European Central Bank
ECHR: European Court of Human Rights
ECJ: European Court of Justice
ECR: European Court Reports
ECSC: European Coal and Steel Community
EEA: European Economic Area / European Environment Agency
EFSA: European Food Safety Authority
EFTA: European Free Trade Association
EIE: Environmental Impact Assessment
EIONET: European Environment Information and Observation Network
EJIL: European Journal of International Law
ELRev: European Law Review
EU: European Union
EMEA: Europan Medicines Agency
FDA: Food and Drug Administration

FTA: Free Trade Agreement / Free Trade Area
FVO: Food & Veterinary Office
GATT: General Agreement on Tariffs and Trade
GMO: Genetically Modified Organisms
HACCP: Hazard Analysis Critical Control Points systems
ICJ: International Court of Justice
JHA: Justice and Home Affairs
NAFTA: North American Free Trade Agreement(or Area)
OECD: Organization for Economic Co - operation and Development
OEM: Original Equipment Manufacturer
OJ: Official Journal of the European Union
PPP: Polluter-pays Principle
RAS: Rapid Alert System
RASFF: Rapid Alert System for Food and Feed
SCFCAH: Standing Committee on the Food Chain and Animal Health
SEA: Single European Act
SPS: Agreement on the Application of Sanitary and Phytosanitary Measures
TBT: Agreement on Technical Barriers to Trade
TEU: Treaty of European Union
TFEU: Treaty on the Functioning of the European Union
UN: United Nations
WHO: World Health Organization
WTO: World Trade Organization

EU의 법적 통합과 통치구조

제1장 머리말

　오늘날 국제관계에서 사안이 발생하였을 때마다 국가 간 회의를 개최하여 문제를 해결하는 것은 비합리적이라 할 수 있다. 따라서 국제기구 또는 지역주의 내지 단일국가라는 하나의 모습으로 비춰지고 있는 유럽연합(European Union: EU)도 기초 설립조약에 따라 '상설기관'과 '법'을 마련하여 그 계속성과 통일성을 유지하고 있다.

　일반적으로 '지역통합'의 성공 요건으로는 ① 상호의존의 초국가적 사회의 존재, ② 초국가적 기관들의 존재, 그리고 ③ 초국가적 법의 존재를 들수 있다. 무엇보다 대부분 지역통합체가 갖는 실질적 기능의 한계를 극복하기 위해서는 해당 지역의 법률문화가 얼마나 잘 형성되고 발전되어 있는가가 중요하다고 할 수 있다. 이러한 측면에서 볼 때, EU는 회원국들 간의 근시안적인 정치적 이해관계가 아닌 미래지향적인 법치주의를 통한 회원국들의 자유, 평등 그리고 복지를 실현하고자 하는 목표를 갖고 지속적으로 노력하고 있다. 또한 세계화와 지역화가 동시에 존재하는 현대 국제사회에서 EU는 가장 전형적인 지역통합의 모델이 되고 있다. 이러한 형태는 일개국가에 있어서나 국제사회에 있어서나 어떤 특정 분야에 있어서 협력과 조화를 통한 통일적 체계화라고 하는 이슈에 대하여 암시하는 바가 분명 적지 않을 것이다. 그리고 이러한 EU통합의 모습은 평화적 공존과 공동 번영이라는 철학적 기초가 EU라고 하는 지역 국제사회에서 실현될 수 있다는 가능성을 제시하고 있다. 이는 서유럽과 동유럽이 통합되는 모습과도 맥을 같이하는 것으로서 한반도통일과 동아시아공동체 창설에도 적용될 수 있다고 할 수 있다.

아래에서는 먼저 이러한 EU의 통합을 '법제사적 관점'을 중심으로 살펴보고, '입법·사법·행정'에 관한 주요 기관들의 구성과 권한을 통하여 EU의 '초국가적 통치구조'에 관하여 살펴본 후, EU의 입법과정을 통한 결과물인 기초 설립조약과 2차 입법에 해당하는 규칙(regulations)·지침(directives)·결정(decisions) 등 EU법의 '법의 연원'에 관하여 살펴봄으로써 EU법의 법적 성질인 직접효력(direct effect)·우위(supremacy), EU법과 회원국 국내법의 조화(approximation of law)에 관한 이해를 제고하고자 한다. 이는 EU의 사법적 통합을 이해하는 데에 중요한 기초가 될 것이다.

제2장 EU의 통합법제사*

I. 서언

오늘날의 유럽연합(European Union: EU)의 통합은 갑작스레 이루어진 것이 아니다. 유럽에서는 과거에 먼저 영토 정복을 통한 통합의 시도가 있었다. 프랑스의 나폴레옹에서 독일의 히틀러에 이르기까지 당대 정치 지도자들은 유럽 대륙에 대한 제국주의적 지배를 통하여 통합을 이루고자 하였다. 그러나 유럽대륙이 모자이크처럼 분열되어 있다는 사실과 지방민들의 요구를 간과한 채 거대한 영토를 무력으로 통제하려고 했기 때문에 그들의 통합 시도는 결국 실패하였다.

이러한 의미에서 '진정한 의미의 통합'은 소위 군사적 내지 무력적 정복에 의해서 성취되는 것이 아니라고 할 수 있다.[1] 여러 지식인들과 사상가들도 이러한 통합이라는 주제에 관하여 지속적인 관심을 가지고 있었다. 많은 저술가들은 유럽통합의 모델을 고대 로마제국에서 찾기도 한다. 이는

---

* 이 내용은 김두수, 『EU법론』, 파주: 한국학술정보, 2007, 제1장을 참고함.
1) Derek W. Urwin, *The Community of Europe: A History of European Integration since 1945* (London: Longman, 1992), p.2.

아마도 통합의 가장 큰 가치는 전쟁의 방지와 평화의 보존이라고 할 수 있는데, 당시 로마제국이 외부의 약탈과 침략으로부터 '유럽을 효과적으로 방위'할 수 있었기 때문으로 볼 수 있다.[2] 2차 대전 후 유럽통합의 활발한 움직임도 이러한 '유럽의 안보와 번영'이라는 궁극적 가치와 관련이 있었다.

1946년 9월 19일 스위스 Zürich 대학의 연설에서 Winston Churchill은 "유럽(European family)은 통합을 통해 앞으로 보다 많은 성과를 달성할 수 있다"라고 역설하였으며, 유럽의 평화·자유가 정착된 통치구조의 설립을 제안하였다.[3] 이 연설을 시초로 시작된 유럽통합의 이상은 약 45년이 흘러 1992년 네덜란드(Holland) Maastricht에서 체결된 '유럽연합조약'(Treaty on European Union: TEU)에 의해 구체화되었다. 그런데 이런 EU통합의 이상은 일찍이 '로마제국', '중세 기독교적 유럽', 히틀러의 '제3제국'과 같은 모습으로 전개되기도 하였으며, 1849년에는 Victor Hugo가 '유럽합중국'(United States of European)이라는 용어를 사용하기도 하였다.[4] 그러나 본격적인 EU통합의 역사는 제2차 세계대전 종결 후부터 시작되어 1992년의 유럽연합조약(TEU)의 채택에 의해 일단락되었다.[5]

현재 EU는 통합과정[6]의 '과도기적 단계'를 대부분 지나 이제는 '완전한

---

2) *Ibid.*

3) P.S.R.F. Mathijsen, *A Guide to European Union Law*(London: Sweet & Maxwell, 1995), p.12.

4) Urwin, *supra* note 1, p.3.

5) Mathijsen, *supra* note 3, p.12.

6) 지역통합 3대 이론으로 Federalism, Communications Approach, Neo-functionalism이 있다고 할 수 있다. 'Federalism'은 정치적 선결요건(political postulates)이 확립되어 주권국가를 지향하는 것이고, 'Communications Approach'는 지역적으로 동일한 법적 조리를 구상하는 것이고, 'Neo-functionalism'은 다원론적 국가모델(Pluralistic National Model)로서 설명된다. 일반적으로 연방주의의 추진요소는 경제적 요소로 통합목적이 공동체이며, 기능주의의 추진요소는 정치적 요소로 통합목적이 주권국가의 성립에 있다. Ernst B. Hass, "The Study of Regional Institution: Reflections on the Joy and Anguish of Pretheorizing", *International Organization*, Vol.24(1970), pp.622~630.

통합 단계'에 도달해 있다. EU통합을 위하여 기능주의적 차원에서 추구했던 '경제통합' 단계를 넘어서 '정치통합'을 추구하고 있다. 이전보다 더 긴밀한 움직임 속에 EU의 역내 경제적·정치적 통합이 동시에 진행되어 결실을 보고 있는 것이다. 이런 EU가 '완전한 연방체'로 통합된다면 21세기 국제질서는 보다 새로운 국면을 맞이하게 될 것이다.[7] EU는 한국, 중국, 일본을 포함한 동아시아, 미국을 포함한 북미자유무역지대(North America Free Trade Area: NAFTA)와 함께 세계 경제질서의 3대 축 가운데 하나라는 점에서 비중을 가진다.

대부분 국제기구들은 일련의 역사적 투쟁 결과로 이를 성립하기 위하여 많은 관심과 열정, 희망과 갈등의 시간을 겪으며 법·제도적으로 발전해 왔다. 지역기구[8]로 출발한 EU도 마찬가지이다. 따라서 현재의 EU와 EU법을 충분히 이해하기 위해서는 EU의 통합과정을 '법제사적 관점'에서 바라볼 필요가 있다.[9] 현재의 EU만 바라보고 EU를 이해하는 것은 거대한 숲

---

7) 6개국이었던 회원국 수는 1973년 영국, 아일랜드, 덴마크의 가입, 1981년 그리스의 가입, 1986년 스페인, 포르투갈의 가입, 1995년 오스트리아, 핀란드, 스웨덴의 가입으로 15개국이 되었다. 반면 당시 EC와 동유럽 국가들과의 관계에는 성과가 없었는데, 이는 EC가 가장 크게 실패한 부분이라고 설명하는 자도 있었다. 1972년에는 노르웨이가 가입조약을 체결하였음에도 불구하고, 국민투표(Referendum)에서 EC가입이 거부됨에 따라 EC의 권위가 손상을 입기도 하였다. 지리적 범위는 1985년 2월 그린란드가 탈퇴함으로써 축소되었다. 덴마크의 일부분이었던 그린란드는 유럽과 멀리 떨어져 있고 인구가 희박한 섬으로서, 1973년에 덴마크의 EC가입과 함께 자동적으로 EC의 일원이 되었다. 2004년 사이프러스, 몰타, 헝가리, 폴란드, 슬로박공화국, 라트비아, 에스토니아, 리투아니아, 체코, 슬로베니아의 가입으로 25개국이 되었다. 2007년 루마니아, 불가리아의 가입으로 27개국이 되었다.

8) 지역기구라는 것은 비록 지역적(regional)이라고 표현은 하지만, '지역'이라는 용어가 갖는 실질적인 의미는 지리학상의 개념이라기보다는 정치적 성격을 갖는 개념이라고 볼 수 있다. D.W. Bowett, *The Law of International Institutions*(London: Stevens & Sons, 1982), p.11.

9) 유럽통합사의 주요 조약의 체결과 발효는 다음과 같다.
ECSC설립조약(1951. 4. 18. - 조약체결, 1952. 7. 25. - 발효)
EEC설립조약·Euratom설립조약(1957. 3. 25. - 조약체결, 1958. 1. 1. - 발효)
Merger Treaty(1965. 4. 8. - 조약체결, 1967. 7. 1. - 발효)
Single European Act(1986. 2. 28. - 조약체결, 1987. 7. 1. - 발효)

속의 나무 몇 그루만을 보고 거대한 숲을 보았다고 말하는 것과 같다.

Ⅱ. EC와 EU

과거에 유럽공동체(European Communities: EC)라고 함은 엄밀히 말해서 유럽석탄철강공동체(European Coal and Steel Community: ECSC, 1952), 유럽원자력공동체(European Atomic Energy Community: Euratom, 1958), 유럽경제공동체(European Economic Community: EEC, 1958)를 통틀어 의미하였다. 이 중에 하나의 공동체(Community)를 지칭할 때는 통상 유럽경제공동체(EEC)만을 의미하였다.[10] 그런데 이 EEC는 나머지 두 개 공동체와 완전히 분리되어 개별적인 역할을 수행하지 않으며, 실제로는 조약 대부분 목적들이 EEC 내로 흡수되어 있고, 유럽연합조약(TEU)은 이러한 EEC를 유럽공동체의 '대표격'으로 여겨 EC로 개칭하였다.[11]

'공동시장'[Common Market, 즉 역내시장(Internal Market)을 의미함]은 '공동체'와 혼동될 우려가 있으나, '공동시장'은 '공동체'에 의해 수행되는 다양한 농업, 상업, 경쟁, 식품, 환경, 에너지 정책들과 같은 '기본적 자유들'(basic freedoms)이 실현되는 공간을 의미한다.[12] '역내시장'(internal market)이

Treaty on European Union(1992. 2. 7. - 조약체결, 1993. 11. 1. - 발효)
Amsterdam조약(1997. 10. 2. - 조약체결, 1999. 5. 1. - 발효)
Nice조약(2001. 2. 26. - 조약체결, 2003. 2. 1. - 발효)
Lisbon조약(2007. 12. 13. - 조약체결, 2009. 12. 1. - 발효)

10) Mathijsen, *supra* note 3, p.4.

11) T.C. Hartley, *The Foundations of European Community Law*(Oxford: Clarendon Press, 1994), p.3.

12) Mathijsen, *supra* note 3, p.4.

란 '공동시장'과 유사한 개념으로 '상품, 사람, 서비스, 자본의 자유이동이 보장된 경계선이 없는 지역'을 의미한다.

1. EC

과거 1951년 ECSC조약 초안자들은 '고등관청'(High Authority, 현재의 European Commission에 해당됨)의 회원국들에 의해 수행되는 기능의 특수 성과 관련하여 '초국가적'(supranational)이란 용어를 사용하였다.[13] 이는 공동체가 개별 회원국들보다 또한 개별 회원국들의 국내법보다 우위에 있다는 것으로 이해되었다. 이로써 공동체는 국제법상의 '국제조직'(즉 국제기구)의 형태로 설립되었지만, 다른 국제조직들보다 그 설립 시 많은 신중을 기하였고, 단순히 서명국들이 '국가 간 체제'에 따라 그들 상호 간의 의무를 수용하는 것이 아니라, 일체의 권한을 공동체에 위임함으로써 '주권의 제한'을 받게 되었다.[14]

그런데 보통의 국제조약과 비교하여 볼 때, 공동체와 관련된 기초 설립 조약들은 '국가 간'(international)이란 용어를 사용하지 않으며, 자체적인 법적 체계인 '국제법상의 새로운 법질서'(a new legal order of international law)를 형성해 왔다. '초국가적'(supranational)이란 용어는 보통의 국제조약과 공동체 조약과의 차이를 보여 주고 있는데, 바로 이는 회원국을 규율하는 공동체법이 일반적으로 국가들 간을 규율하는 국제법과는 다른 성격을 가짐을 의미한다.[15] 그렇기 때문에 공동체법은 모든 회원국에서 통일적이고

---

13) ECSC조약 제9조의 (5), (6).

14) Mathijsen, *supra* note 3, p.7.

15) *Ibid.*, pp.7~8.

도 일관성 있게 적용되어야 하고, 이로써 공동체법은 진정한 '초국가적' 성질을 가진다.

그런데 현재는 '초국가적'이란 용어의 사용에 대한 논란이 있어 왔고, EU시민들이 'EU헌법'에 민감한 반응을 보였던 것과 같이 '초국가적'이란 용어는 ECSC조약에서도 삭제되었다. 그러나 이로 인해 공동체와 공동체법의 '초국가적' 특수성이 변화 또는 변질되었다는 것을 의미하는 것은 아니다. 보다 중요한 점은 이러한 '초국가적' 개념이 현재 보편적으로 수용되고 있고, 또한 공동체법(Community Law)이란 용어로 표현되어 왔다는 것이다.16) 공동체법을 단수 'Community'로 표현한 이유는 대부분의 법률문제가 EEC조약과 관련되기 때문이었다.

1967년 통합조약(Merger Treaty)으로 유지되던 유럽공동체(EC)는 시간이 흘러 1984년 '유럽연합에 대한 초안'(Entwurf eines Vertrages zur Gründung einer Europäischen Union)이 유럽의회에서 채택되고,17) 'EU' 출범 준비를 위한 1986년 단일유럽의정서(Single European Act: SEA)가 채택되면서 명칭이 점차 'EU'로 변경되게 된다. 이 단일유럽의정서(SEA)의 핵심적 내용은 1992년 말까지, 즉 'EU'가 창설될 때까지 '완전한 역내시장'을 완성해야 한다는 것과 '제1심법원'[CFI, 현재의 일반재판소(General Court)를 의미함]의 설립에 관한 것이었다.18)

---

16) *Ibid.*, p.8.

17) Albert Bleckmann, *Europarecht: Das Recht der Europäischen Gemeinschaft*(Köln: Carl Heymanns Verlag KG, 1990), p.5.

18) *Ibid.*, p.7. Mathijsen, *supra* note 3, p.18.

2. EU

EU는 출범 당시 그 존립 형태가 구체적으로 결정된 것은 아니었으나, 완전한 연방체가 궁극적인 목표였다고 할 수 있다. 이런 EU는 법적 측면에 서보다는 정치적 측면에서 보다 중요한 의미를 갖는 기구였다.[19] 그런데 회원국의 모든 국민들이 유럽연합조약(TEU)상 그들의 권리가 확고히 보장되는 EU의 '시민'[20](citizens)으로 인정되었기 때문에 법적 측면에서 완전히 무관한 것만은 아니다.[21]

한편 리스본조약 발효 이후에는 의미가 없어졌지만 당시 EU의 3개 기둥[22] (3주 체제) 중에 공동외교안보정책[23](Common Foreign and Security Policy: CFSP)과 사법·내무협력(Co‑operation in the fields of Justice and Home Affairs: CJHA)은 아직 회원국들 간 합의가 이루어지지 못해, 이 두 분야에

---

19) *Ibid.*

20) EU시민이 그 거주지에서 선거권과 피선거권을 소유하느냐와 관련하여 프랑스 헌법법원은 EU시민이 그가 거주하고 있는 프랑스 내의 어떤 도시에서의 선거에서 선거권과 피선거권을 갖는 것은 위헌이며, 유럽의회(EP) 의원선거에 있어서 선거권과 피선거권을 갖는 것은 합헌이라고 하였다. 변해철, "유럽연합조약과 프랑스헌법", 『외법논집』, 제2집(1995), p.117.

21) Albert Bleckmann, *supra* note 17, p.5. TFEU 제20~25조.

22) 이런 EU의 3대 기둥은 통합된 3개 공동체(European Communities), 공동외교안보정책(Common Foreign and Security Policy), 사법내무협력(Co‑operation in the fields of Justice and Home Affairs)이다.

23) 1996년 10월 5일 아일랜드에서 개최된 EU 특별 정상회의에서 독일과 프랑스 등 대다수 회원국들은 EU의 국제적 영향력을 강화하기 위해서는 '확대된 EU' 내에서 보다 결집력 있는 공동외교안보정책이 긴요하며, WEU의 EU방위기구화 등을 통해 공동외교안보정책(CFSP)을 내실화해야 한다는 입장을 표명하였다. 반면 영국은 회원국 전체의 동의가 있는 경우에만 외교안보정책에 대하여 공동정책을 추진해야 한다고 하며, 역내문제 해결을 위해서는 EU와 NATO 간의 협력 확대를 주장하였다. 스웨덴, 핀란드, 아일랜드 등 중립국들도 CFSP 참여를 유보하였다. 하지만 WEU는 1996년 11월 19일 벨기에 오스탕드에서 정례 각료이사회를 개최하여 EU 방위기구로서의 WEU 역할 증대 및 NATO와의 협력 강화방안을 내용으로 하는 '오스탕드 선언'을 채택하였다. 서병철, "유럽안보환경의 변화와 안보체제의 발전 방향", 외교안보연구원정책연구시리즈 96‑3(1997), p.50.

관한 내용은 EC조약 외부에 두어 특수한 지위를 인정하고 있었다.[24]

EU의 대외적 정체성[25](external identity)은 국제상사·경제 분야에서의 공동체 역할과 관련하여 필요하지만, 당시에는 아직 국제정치적 현실로 인해 대외적 정체성을 완전히 성취하지 못하였다.[26] 따라서 EU의 법인격에 대해서는 계속해서 의견이 분분하였고, EU는 명확하지 않은 정체성을 유지하는 가운데 국제회의에 EU의 대표를 파견해 왔다. 그러나 2007년 12월 13일 채택된 리스본조약에 의해 '개정된 유럽연합조약'(TEU) 제47조에 의해 EU는 명확한 법인격을 갖게 되었다.

한편 회원국과 회원국 가입을 희망하는 국가는 '민주주의 원칙'에 기초한 정부여야 하였기 때문에,[27] 이 조건에 부합되지 못하는 경우에는 EU의 회원국 자격을 박탈할 수 있었다.[28] 그리고 '공동체법의 일반원칙'[29]을 구성하고 있는 회원국들 헌법의 공통산물인 '기본권'을 유럽사법법원(European Court of Justice: ECJ)은 인정하고 있었다.[30] 이 기본권에 관한 규정은 EU 헌법조약에는 규정되었으나 동 조약은 실패로 끝났고, 이후 리스본조약에

---

24) Mathijsen, *supra* note 3, pp.5~6. TEU 제3조.

25) 공동체설립조약은 각각 그 법인격을 규정하고 있다[EC조약 제281조(현재는 삭제되고 'TEU 제47조'), Euratom조약 제184조, ECSC조약 제6조]. 그리고 EC조약 제300조(현 TFEU 제218조), Euratom조약 제101조는 국제협정 체결권을 부여하고 있으며, ECSC도 그 권한의 범위 내에서 협정 체결권이 인정된다. I. Macleod·I.D. Hendry·Stephen Hyett, *The External Relations European Communities: A Manual of Law and Practice*(Oxford: Clarendon Press, 1996), pp.29, 166; Rachel Frid, *The Relations Between the EC and International Organizations: Legal Theory and Practice*(London: Kluwer, 1995), pp.29~116.

26) Mathijsen, *supra* note 3, p.6.

27) TEU 제6조의 (1).

28) Mathijsen, *supra* note 3, pp.6~7.

29) TEU 제6조의 (2). Cf. TFEU 제218조의 (6).

30) TEU 제6조의 (2).

서는 승인의 형식을 통하여 'EU기본권헌장'(Charter of Fundamental Rights of the European Union)을 리스본 조약 체계 내로 수용한다고 규정하고 있다.

EC조약은 유럽공동체설립의 목적들로 다음을 들고 있다. 경제활동의 조화와 균형 있는 발전, 환경을 존중하는 지속적이고도 인플레이션을 일으키지 않는 성장, 경제수행의 높은 집중력, 높은 임금과 사회적 보호, 삶의 수준 향상, 회원국들 간의 경제·사회적 결합과 연대 등이다.[31] EU는 이전부터 이러한 EC조약상의 목적들을 실현하기 위해 노력하고 있다.

이러한 광범위한 목적들을 달성하기 위해서는 첫째, 경제·화폐의 통합과 공동시장(역내시장)의 확립·기능화·발전이 필요하다. 둘째, 조약상 규정된 공동정책들(common policies)의 이행이 필요하다.[32] EC조약은 이런 공동시장과 경제·화폐통합을 위한 상세한 규칙들과 프로그램을 규정하고 있다. 그러나 공동정책과 관련해서는 일반적인 문구로 규정하고 있다.[33] 그러나 이러한 모호함에도 불구하고 공동체 활동들은 계속해서 사회·경제적 분야에서 발전하고 있으며,[34] 그 외의 분야도 유럽연합조약(TEU)에 의해 추가되었고 리스본 조약에 의해 재정비되었다.[35]

그런데 이러한 EU의 발전은 공동체의 정치적 혼란과 경제적 침체의 시기에도 유지되었을 뿐 아니라, 그 통합분야를 확대하여 왔으며, 지리적·정치적으로도 지속적으로 발전하였다. 이는 공동체와 회원국들이 심오한 '대의의 달성'을 위해 EU통합을 위한 기초적 조건들을 계속 이행하고 있었음

---

31) EC조약 제2조(현재는 삭제됨).
32) TFEU 제119조(구 EC조약 제2조, 제4조).
33) Mathijsen, *supra* note 3, p.10.
34) TFEU 제352조를 근거로 한 이사회의 결의로서 가능하다.
35) 이에는 교육, 문화, 보건, 산업 등이 있다.

을 의미한다.[36] 이는 오늘날 그리스를 포함한 몇몇 국가들의 경제위기에서
도 EU 차원에서 지원을 아끼지 않는 결속력과 유럽이 함께 잘 살고자 하
는 복지를 향한 강한 의지에서도 나타난다고 할 수 있다.

Ⅲ. 현재 EU의 통합 정도

1. 정치적 측면

유럽연합조약(TEU)은 주로 EU의 협력(cooperation) 체제・정책을 지향하
고 있으며, 새롭게 사법・내무협력과 공동외교안보정책을 규정하여 부차적
인 통합을 꾀하고 있다. 또한 회원국 국민들에게는 EU시민권을 부여하며,
역내적으로 완전한 자유이동이 보장된 단일시장과 단일통화체제를 확립하
고 있다. 다소 제도화된 정부 간 협력체로서의 일면도 있지만, 조약상의 연방
적 성질을 지닌 요소(federal elements)를 통해 완전한 통합체로 발전하고 있다.

또 하나의 발전된 모습은 이사회의 만장일치가 특별한 사안의 경우에만
인정되고, 그 이외의 사안에 대해서는 (가중)다수결제도가 활용된다는 점이
다. 특히 유럽사법법원(ECJ)에 의해 EU법 우위의 원칙이 확립됨으로써 EU

---

36) 유럽연합조약(TEU)의 비준(ratification)과 관련하여, 덴마크는 국가의 독립성에 대한 우려로 인해 1992
년 6월 국민투표에서 비준이 거부되었으나, 1992년 12월 12일 영국의 에든버러 정상회담에서 덴마
크에 통화단일화, 공동방위정책, 유럽시민권, 사법공조의 예외를 인정하여 1993년 5월 재투표에서 비
준되었다. 영국은 노동관련 규정인 사회정책조항의 삭제를 주장하였으나, 1993년 8월 영국의회에서
비준되었다. 프랑스는 자국의 정치적 입지가 독일에 비해 약화될 우려 속에 1992년 9월 투표에서 비
준되었다. 독일은 1993년 1월 비준되었다. 덴마크와 프랑스의 통합반대론자들의 영향을 받은 독일 내
통합반대론자들이 본 조약에 의해 독일의 독립국가로서 주권을 해치게 된다고 위헌소송을 제기했으나,
1993년 10월 독일헌법재판소는 단일통화에 동의하기 전 의회의 승인을 받아야 한다는 전제하에 합
헌판결을 내렸다. Andrew Duff・John Pinder・Roy Pryce, *Maastricht and Beyond: Building
the European Union*(London: Routledge, 1995), pp.54~65.

내 일원화된 법질서가 확립되었다.[37] 발효되지 못하였으나 EU헌법조약(Ⅰ-6)은 EU법의 우위를 명문화한 바가 있다.

정치통합과 관련하여 특별히 살펴볼 내용은 유럽의회(European Parliament: EP)에 관한 내용이다. EU는 UN과 같이 발달된 국제기구도 갖고 있지 않은 회원국들 국민들의 직접선거에 의해 선출한 대표들(유럽의회 의원)[38]로 EP를 구성하고 있다.[39] 이런 의회를 갖는 EU는 회원국들 간 합의에 기초한 국제기구이면서, 또한 회원국들에 구속력을 부여하는 법률을 제정하는 초국가적 기구의 성질을 갖고 있다. 이전에 협상과정에서 유럽연합조약(TEU) 초안에서는 본 조약이 유럽연방의 목표를 가지고 있는 정치동맹으로서 점차적으로 발전해 가는 새로운 단계임을 표시하는 문구를 포함하였다. 그러나 이에 대한 영국의 반대로 '연방'이라는 용어는 삭제된 바가 있었다.[40] 이는 EU체제가 그 구조에 있어서는 연방제와 유사하지만, 조약상의 중요 분야에 있어서는 회원국들이 여전히 '주권'을 행사할 수 있기 때문이다.

그런데 유럽연합조약(TEU)을 보면 EU는 국가연합의 단계를 넘어 연방국가에 근접했음을 알 수 있다. 이는 EU법에 초국가적 성질을 보여 주는 연방요소가 다분히 존재하고 있음을 의미하며,[41] 무엇보다 유럽연합조약(TEU)이 EU의 헌법과 같은 기능을 하고 있기 때문이다.[42] 본래 '국가연합'(confederation)

---

37) Hartley, *supra* note 11, pp.8~9.
38) TFEU 제223조는 국가별 유럽의회 의석수를 규정하고 있다. 유럽의회(EP)의 의석수는 각국의 인구수에 비례한다. 여기에서 '인구수'란 일반적 수치를 의미하는 것이 아니라 회원국들의 경제규모 내지 실질적 기능을 고려한 대표성을 의미한다. 의원들은 유럽의회 내에서 출신국가가 아닌 정당을 대표하는데, 이는 유럽의회가 회원국의 '주체성'보다는 회원국들 간의 '평등과 불평등'의 개념을 도입했기 때문이다.
39) 최수경, "유럽연합의 발전과정과 정치·경제적 통합", 『국제법학회논총』, 통권 제78호(1995), p.191.
40) *Ibid.*, p.192.
41) 이장희, "국제법상 국가연합의 이론적 분석", 고시계(1992), pp.135~136.

이란 둘 이상의 국가가 동등한 자격으로 조약을 체결함으로써 형성되어 일
정한 외교적 권한을 공동으로 행사하는 국가 결합 형태를 말한다. 이런 국
가연합은 연방국가에 비해 보다 유연한(flexible) 성격을 갖고 있다.[43] 한편
'연방국가'(federal state)는 연방헌법에 기초하여 설립되며, 연방은 완전한
외교능력을 향유하여, 각각의 구성원은 대외적으로 국제법상 주체성을 소
유하지 아니한다.[44] 그런데 둘 이상의 국가가 상호 의존의 특수한 관계에
있거나 또는 실질적 의존이 인정되고 있는 국제관계를 조약에 기초하여 형
성하고 있다면, 이는 국가연합으로 볼 수 있다. 따라서 EU는 국가연합에
해당한다고 볼 수 있다. 물론 리스본조약에 의해 유럽이사회의 상임의장과
집행위원회 내의 EU외교안보정책고위대표가 선출되기 때문에 EU를 국가
로 볼 수 있으나, 현재 EU가 보이는 소위 국가적 형태는 지금까지 존재하
지 않았던 '새로운 형태의 국가적 모습'으로 볼 수 있을 것이다.

2. 경제적 측면

경제통합의 금융 분야[45]는 비중 있는 현안사안으로서 그 통합 정도를 살
펴볼 필요가 있다. 먼저 회원국들의 화폐가 'Euro화'로 통합되었고, Euro화

	국가연합	연방국가
법적 기초	조약	연방헌법
결합체 성격	외교권·군사권이 없다.	외교권·군사권이 있다.

42) D. Lasok, *Law and Institutions of the European Communities*(London: Butterworths, 1994), p.27.
43) Malcolm N. Shaw, *International Law*(Cambridge: Cambridge Univ. Press, 1997), p.155.
44) Peter Malanczuk, *Akerhurst's Modern Introduction to International Law*(London: Routledge, 1997), p.81.
45) 자본의 자유이동은 EU에 통용되는 유럽단일통화 Euro화의 구축으로 말미암아 보다 확실한 법적 지위를 확보하게 되었다.

를 사용하는 국가들을 모아 'Euro Zone'이라고 한다.

유럽연합 15개국 재무장관들은 1995년 6월 19일 룩셈부르크에서 열린 재무장관회의에서 통화단일화 시기를 1999년으로 연기하기로 결정했다. 이는 유럽연합조약(TEU)이 1997년을 통화단일화 실행시기로 정한 것을 사실상 포기한 것이었다. 유럽연합조약은 통화단일화 실현을 위해 각 회원국에 부채를 국내총생산의 '3% 이하'로 줄이고, 재정적자를 국내총생산의 '60% 이하'로 줄일 것을 기준으로 제시했다. 이에 거부반응을 보이는 국가는 영국, 덴마크였다. 그런데 이런 회원국들의 재정정책의 조화를 위해서는 회원국들의 보다 적절한 정치적 결단이 필요했으며, 회원국들이 정치적 권한을 EU에 점차 이전(또는 양도)함으로써 정치통합을 이루어야 했다. 영국은 아직까지 Euro화를 도입하고 있지 않다.

Bela Balassa는 경제통합의 발전단계로서 부분별 통합, 즉 자유무역(free trade), 관세동맹(customs union), 공동시장(common market), 경제동맹(economic union)을 통한 완전한 경제통합을 제시하였다.46) 현재 EU는 Euro Zone을 형성하여 Euro화의 통용을 확대해 가고 있는 경제동맹의 단계에 있다고 할 수 있다. 역내시장에서 상품과 생산요소의 자유이동이 보장되고, 역외국가에 대해서는 공동관세가 부과되며, 회원국들 간에는 경제정책의 조정과 협력이 이루어진다. 회원국들의 국가 주권이 공익적 차원 이외의 분야에서는 대부분 포기되어 하나의 단일국가로 통합되고 있다.

---

46) '자유무역'이란 역내국가 간에는 무관세를, 역외국가에는 관세를 적용하는 것을 말하고, '관세동맹'이란 역내국가 간에는 무관세를, 역외국가에는 공동관세를 적용하는 것을 말하고, '공동시장'이란 생산요소의 자유이동을 보장하는 것을 말하고, '경제동맹'이란 금융·통화의 단일정책 실행을 의미한다. Bela Balassa, *The Theory of Economic Integration*(London: George Allen & Unwin, 1961), pp.1~17 참조.

Ⅳ. 결언

1. 리스본조약의 체결과 발효

2002년 2월 28일 벨기에 브뤼셀에서 15개월을 기한으로 하는 유럽미래회의(Convention on the Future of Europe)가 구성되어 마련한 EU헌법조약(Treaty Establishing a Constitution for Europe)은 2004년 10월 29일 채택되었으나, 프랑스 국민투표(2005년 5월 29일)와 네덜란드 국민투표(2005년 6월 1일)에서 부결되었다. 이후 새로운 조약안이 마련되어 2007년 12월 13일 리스본조약(Treaty of Lisbon Amending the Treaty on European Union and the Treaty Establishing the European Community)이 채택되었고, 2008년 6월 13일 1차 국민투표에서 부결시켰던 아일랜드가 2차 국민투표에서 2009년 10월 2일 가결한 후 27개 회원국의 찬성으로 2009년 12월 1일 발효되었다.

이 리스본조약은 제1조에서 '유럽연합조약(TEU)의 개정', 제2조에서 'EC 설립조약의 개정', 제3조에서 '리스본조약의 유효기간', 제4조에서 '리스본조약의 부속의정서 1&2와 관련된 내용', 제5조에서 '신·구 조문의 대조', 제6조에서 '리스본조약의 비준과 발효', 제7조에서 '조약의 정본과 기탁'에 관하여 규정하고 있다.

2. 리스본조약상 변화된 주요 법적 내용

1) 쇄신된 EU의 법인격

이제 EU는 개정된 '유럽연합조약'(Treaty on European Union: TEU)과 'EU기능조약'(Treaty on the Functioning of the European Union: TFEU)에 따라서 운영된다. 이제 EU는 과거의 EC를 대체하여 승계하게 되었으며,[47] 그동안 논란이 되어 왔던 EU의 정체성과 관련해서 독립된 법인격을 갖게 되었다.[48] 다만, 유럽원자력공동체(European Atomic Energy Community: EAEC 또는 Euratom) 설립조약은 리스본조약에 합치되어 존속하기 때문에 '공동체'(Community)라는 용어는 제한된 범위 내에서 계속 사용하게 되었다. 한편 유럽석탄철강공동체(ECSC) 설립조약은 50년의 존속기간 규정에 따라 2002년 7월 23일 소멸된 바 있다.

2) EU기본권헌장과의 관계

2000년 12월 7일 채택된 EU기본권헌장(Charter of Fundamental Rights of the European Union)은 헌법적 성질의 민감한 성질로 인하여 리스본조약체계에 직접 담지 않고, 승인의 형식을 통하여 리스본조약과 동일한 법적 효과를 갖는 것으로 하고 있다.[49] 따라서 EU헌법조약 Part Ⅱ에 명기되었다가 이번 리스본조약에서는 직접적으로 명기되지는 않았으나 효력 발생에는 아무런 문제가 없기 때문에 분쟁이 발생하는 경우에는 EU사법기관의 재판관할권이 인정되게 되었다.

---

47) TEU 제1조(3).
48) TEU 제47조.
49) TEU 제6조.

3) EU기관들의 변화

과거 EC기관들은 리스본조약에 따라 대부분 그대로 EU기관이 되었다. 물론 EU의 정체성이 논란이 되었던 시대에도 실제적으로는 EC기관들이 EU기관들로 사용되기도 하였다. 이러한 주요 기관들(Institutions)로는 유럽의회(European Parliament), 유럽이사회(European Council), 이사회(Council), EU 위원회(European Commission), 사법법원(Court of Justice of the EU), 유럽중앙은행(European Central Bank), 감사원(Court of Auditors)이 있다. 자문기관들(Advisory Bodies)로는 지역위원회(Committee of the Regions), 경제사회위원회(Economic and Social Committee)가 있다.[50]

(1) 유럽의회

유럽의회의 전체 의원 수는 최대 750명이며, 이는 회원국의 인구비례에 의한 것으로 어떤 회원국도 최대 96명 이상을 넘을 수 없고, 아무리 작은 회원국도 최소 6명의 의원을 확보하게 되었다. 그리고 유럽의회는 EU 위원회 위원장을 선출한다.[51]

(2) 유럽이사회

리스본조약에 의해 유럽이사회가 특별히 새로운 권한을 부여받은 것은 아니다. 그러나 EU 공식적 기구로 인정되었다. 유럽이사회는 회원국 정부수반, 유럽이사회에서 가중다수결(qualified majority)로 선출된 '유럽이사회 상임의장'(President of the European Council: 소위 EU대통령), EU 위원회 위원장(President of the Commission)으로 구성된다. 그런데 유럽이사회는 입

---

50) TEU 제13조(1), TFEU 제300조.
51) TEU 제14조(1), (2).

법권한을 행사하지 아니한다. 그리고 유럽이사회 상임의장은 EU외교안보정책의 영역에서 'EU외교안보정책고위대표'(High Representative of the Union for Foreign Affairs and Security Policy)와 함께 EU를 대외적으로 대표한다. 상임의장의 임기는 2년 6개월이고, 1회 연임이 가능하다.[52] 따라서 과거의 6개월 임기의 순번제 EU이사회 의장직과 달리, 본 상임의장직은 업무수행의 연속성과 대표로서의 권위가 한층 강화될 수 있다고 볼 수 있다.

(3) 이사회

이사회는 일반적으로 각 회원국의 장관급으로 구성되며, 유럽의회(EP)와 공동으로 입법·예산에 관한 권한을 행사한다.[53] 가장 중요하다고 볼 수 있는 '외무이사회'(Foreign Affairs Council)의 의장은 EU외교안보정책고위대표가 역할을 수행하며,[54] 기타 이사회의 의장은 순환하며 직임한다.[55] 그런데 이사회는 이중다수결(dual majority)을 도입하여 '찬성하는 국가의 수' 그리고 '찬성하는 국가들이 EU에서 차지하는 전체 인구수'를 이중적 기준으로 적용하고 있다.[56] 의사결정 기준을 회원국 수의 55%로 하되 최소 15개 회원국의 찬성과 EU 전체 인구 65% 이상 찬성이라는 '이중다수결'을 도입하고 있다. 이를 통해 '국가 평등의 원칙'과 '강대국에 대한 견제'를 확보하게 되었다. 이러한 이중다수결은 2014년 11월 1일부터 적용되며, 2017년 3월 31일부터는 과도기규정에 따라 예외 없이 적용된다.[57]

---

52) TEU 제15조(1), (2), (5), (6).
53) TEU 제16조(1), (2).
54) TEU 제18조(3).
55) TEU 제16조(9).
56) TEU 제16조(3), (4).
57) Protocol on transitional provisions, 제3조(1), (3).

(4) EU 위원회

EU 위원회의 '집행위원장'은 유럽의회(EP)에서 선출된다. EU 위원회는 EU법의 적용을 보장하고 감독하는 기능을 수행하며, EU사법기관에 EU법 불이행의 당사자를 제소할 수 있다. EU의 입법제안은 일반적으로 EU 위원회가 행사한다.[58] 그리고 집행위원의 임기는 5년이다.[59] 한편 'EU외교안보정책고위대표'는 유럽이사회가 EU 위원회 위원장과 합의한 후 임명한다. EU외교안보정책고위대표는 EU 위원회에서 대외관계 업무를 담당하는 부위원장직을 겸직하면서 EU의 대외관계를 책임진다.[60] 따라서 EU의 대외활동을 보다 효과적이고도 일관성 있게 수행할 수 있게 되었다. EU는 공동외교안보정책에 있어서 다른 국가나 국제기구와 국제협정을 체결할 수 있다.[61]

(5) 사법법원

EU의 사법기관은 사법법원(Court of Justice), 과거 제1심법원(Court of First Instance: CFI)을 대체할 일반재판소(General Court), 과거 사법패널(Judicial Panel)을 대체할 전문재판소들(Specialized Courts)로 구성되며, 재판관과 법률고문(Advocate - General)의 임기는 6년이며 재임될 수 있다.[62]

(6) 유럽중앙은행 및 감사원

독립된 법인격을 갖는 유럽중앙은행(ECB)은 유로(Euro)화를 발행하며, 회

---

58) 과거에는 EU 위원회(Commission)가 사실상 모든 입법제안을 하였으나, 이제는 EU시민 최소 1백만 명이 리스본조약의 이행을 위해 EU 차원에서의 입법행위가 필요하다고 판단하는 경우에 EU 위원회에 적절한 입법안을 마련하도록 환기시킬 수 있어 EU시민의 입법제안권이 일면 인정된다. TEU 제11조(4).

59) TEU 제17조(1), (2), (3).

60) TEU 제18조.

61) TEU 제37조.

62) TEU 제19조(1), (2).

원국 국내중앙은행과 함께 EU의 통화정책을 수행한다.[63] 한편 감사원은 EU의 모든 수입과 지출에 대한 회계감사를 수행하며, 각 회원국별로 1명 씩 임명되어 직무수행상의 독립된 지위를 가진다.[64]

3. 리스본조약의 발효 이후 전망

EU는 2009년 10월 2일 아일랜드 2차 국민투표에서 리스본조약이 찬성 67.1%, 반대 32.9%로 통과됨으로써 '하나의 유럽'으로 가는 최대 난관을 극복하였다. 2008년 하반기부터 시작된 국제경제의 침체는 아일랜드를 포함한 EU 회원국들이 국익 차원에서 EU라는 든든한 울타리의 필요성을 더욱 체감하였고, EU의 결속을 강화하는 계기가 되었다고 할 수 있다. 역내 단일생활권을 형성하고 있는 EU는 이제 명실상부한 국제사회의 구성원으로서 대내외적으로 지위가 확고해지고 영향력도 향상되었다. 이를 가장 잘 보여 주는 것은 이제 EU가 소위 EU의 대통령이라고 할 수 있는 '유럽이 사회 상임의장'을 선출하고, EU의 대외정책을 조율하는 EU 위원회 내에서 집행위원회 위원장 외의 부위원장을 겸하는 'EU외교안보정책고위대표'를 선출하게 되었다는 점이다. 이러한 EU와 자유무역협정(FTA)을 체결하고 2010년 10월 6일 브뤼셀에서 정식 서명한 후, 2011년 2월 17일 유럽의회의 승인과 2011년 5월 3일 한국 국회의 비준을 거쳐 2011년 7월 1일 발효하게 된 우리나라는 EU와 더욱 긴밀한 관계를 구축하게 되었고, EU의 법과 제도에 대한 이해가 더욱 절실하게 되었다.

---

63) TFEU 제281조(1), (3).
64) TFEU 제285조.

제3장 EU의 주요 기관*

EU 주요 기관의 소재지와 관련하여 유럽의회(European Parliament)는 프랑스 스트라스부르(Strasbourg), 이사회(Council)와 위원회(European Commission)는 벨기에 브뤼셀(Bruxelles), 사법법원(Court of Justice)과 일반재판소[General Court, 구 제1심법원(Court of First Instance)] 및 감사원(Court of Auditors)은 룩셈부르크에 위치하고 있다. 한편 유럽중앙은행(European Central Bank)은 독일 프랑크푸르트(Frankfurt), 경제사회위원회(Economic and Social Committee)와 지역위원회(Committee of the Regions)는 벨기에 브뤼셀(Bruxelles)에 위치하고 있다.

Ⅰ. 이사회

1. 구성

이사회(Council)는 주로 회원국들의 장관급 대표자들로 구성되며, 이들은

---

* 이 내용은 김두수, 『EU법론』, 파주: 한국학술정보, 2007, 제4~5장을 참고함.

회원국 정부로부터 권한을 위임받아 자국의 이익을 위하여 역할을 수행해 왔다. 이사회의 구성원들은 회원국을 대표하기 때문에 해당 정부의 지시에 따라 행동한다. 그러나 이들은 정부 간 장관급회의(intergovernmental conference of ministers)를 별도로 구성하지는 않으며, 또한 국제기구들(international organizations) 내에서의 파트너와 유사한 지위를 갖는 것은 아니다. 국제기구에서의 결정은 그 결정에 '비준'(ratification)한 국가(EU 해당 회원국)에만 구속력이 있다. 또한 이사회는 연방국가(federal state) 내의 하원이 없는 상원(senate)에 비유될 수 있다. 이사회의 구성원은 실제 '개별국가의 이익'을 대표하고 있으나, 동시에 EU기관으로서 'EU의 이해관계'를 위하여 협력하고 행동하여야 한다. 그러나 이것이 항상 모든 참가자들에 의해서 명백하게 수용되는지는 분명하지 않다.

이사회에 참여하는 회원국 대표자를 결정하는 권한은 각 회원국 정부에 부여되어 있다. 그리고 비록 조약이 '한 사람'의 대표자라고 언급했을지라도, 때로 필요한 경우에는 두 사람 이상의 장관들이 동일 회의에 참석하기도 한다. 이사회는 일반사무를 위해 외무장관들로 구성되는 '일반이사회'(외무이사회)와 각각의 세부 '전문이사회'로 통상 구분되어 왔다. 대체로 전문이사회에는 관련 문제에 대하여 국가적으로 권한 내지 책임 있는 각급 장관들이 참석한다. 따라서 회기 내에 여러 이사회 모임들이 동시에 이루어지는 것은 기이한 일이 아니다. 이사회 의장직은 6개월 간격으로 회원국들이 순번을 정하여 교대로 수행해 왔다. 이는 상임대표위원회(Committee of Permanent Representatives: COREPER), 실무그룹, 기타 장관급회의와 같은 이사회의 모든 하위기관에도 적용된다.

2. 의결절차

TFEU(Treaty on the Functioning of the European Union)상의 표결절차
는 EU의 흥미 있는 관점 중의 하나이다. 왜냐하면 만장일치가 아닌 '다수
결'에 의해 채택된 결정은 모든 회원국을 구속하기 때문이다. 다수결 표결
제도하에서는 어떤 회원국도 거부권을 행사할 수 없다. 이 표결제도는 EU
가 EU 목적의 지속적 이행을 위해 허용되어 왔다. 이 표결제도는 EU를 국
제법하에 설립된 다른 기구들과 구별시켜 주는 독특한 제도이다. 왜냐하면
국제법하에 설립된 기구들은 주로 만장일치에 의한 결정에 근거하여 운영
되기 때문이다.

이사회 내에서 표결과 관련된 기본 규율은 TFEU에 규정된 다른 방식을
제외하고는 이사회 구성원의 '다수결'에 의하여[1] 운용된다. 그 외에는 '대
부분' 조약규정들이 다른 방식('qualified majority' or 'unanimity')을 규정하
고 있어[2] 사실상 일반 규율은 예외규정이 되었다. 그렇다 하더라도 가중다
수결제도는 EU의 가장 독특한 표결방식이라고 할 수 있다.

3. 상임대표위원회(Committee of Permanent Representatives: COREPER)

상임대표위원회는 이사회가 수개월 동안만 개최되기 때문에 이를 보완하
고자 창설되었고, EU가 발전하면서 그 업무도 증가함에 따라 상설화되기에
이르렀다. 상임대표자들(permanent representatives, 즉 회원국들의 대사급

---

1) TFEU 제238조의 (1).
2) TFEU 제238조의 (1).

고위공무원들)은 매일 사안들에 관련된 다양한 EU의 활동을 긴밀하게 수행한다. 그러나 상임대표자들은 이사회 구성원의 대리인이 아니므로 의결권(decision - making power)을 소유하지는 못한다. 다만 이사회 체제 내에서 하나의 상설적 그리고 실무적 기관을 형성한다. 이들은 이사회의 실무를 준비하며, 이사회에 의하여 COREPER에 위임된 업무를 이행한다.[3] 이들은 주 1~2회 회합하며, 때로는 보다 자주 회합한다. 그리고 이들은 비록 의결권은 없으나, 일단 COREPER가 EU 위원회의 일정한 제안에 관하여 승낙하면, 이는 결국 이사회에 의해 사실상 의결되도록 상정된다. 이 경우 이러한 사안은 이사회 일정록에 'A'로 표시되어 중요하게 다루어진다.[4] 그리고 이사회가 개회되면 이사회는 모든 'A'로 표시된 사안들을 접수하여 검토하고 직무를 수행한다. 이를 통해 이들 사안들은 채택되고 법적 구속력을 갖게 된다. 그러나 주의할 것은 이사회가 'A'로 표시된 사안을 반드시 접수할 의무가 있는 것은 아니고, 어느 이사회 구성원도 본 사안에 관한 토의 내지 검토를 요하지 않는다고 판단되는 경우에는 이는 차기 이사회 일정록에 기입되고, 이때는 'B'로 표시된다. 또한 COREPER의 위원은 유보를 주장할 수 있는데, 국내 의회의 심사를 필요로 하는 경우가 이에 해당된다. 그러나 이러한 유보는 시간상 제약으로 인해 차기 이사회에서 'A'로서 채택될 것을 조건으로 수용될 수 있다.

---

3) TFEU 제240조의 (1).
4) ECJ규칙 제2조의 (6).

4. 이사회의 직무와 권한: 의결권의 일반원칙과 범위

이사회는 EU에서 다루는 여러 정책에 있어서 주요 의결권을 부여받은 기관이었다. 그러나 이러한 권한은 'TFEU(구 EC조약) 규정'에 따라 허용된 범위와 권한 내에서 실행되어야 했다. 즉 각 기관들은 TFEU에 의하여 각 기관에 부여된 권한의 범위 내에서 행동하여야 했다. 이는 기관들이 한정적 권한을 가짐을 의미한다. 따라서 이사회는 일반적인 통제능력을 부여받지는 못하고 있다. 그렇기 때문에 월권행위에 의한 입법행위는 취소송의 대상이 되기도 한다. 그러나 EU의 목적을 추구하기 위하여 필요한 경우에는 TFEU가 관련 권한을 규정하지 아니하여도 이사회는 일정한 조치를 취하게 된다. 이 경우 이사회는 EU 위원회의 제안에 대하여 유럽의회(EP)의 자문과 이사회 만장일치를 통하여 적절한 조치를 취하게 된다. 이처럼 몇몇 엄격한 조건이 충족되어야 하기 때문에 EU기관들의 의결권 증대에 무제한의 기회가 있는 것은 아니다. 실제 TFEU상 근거 규정이 없는 조치는 TFEU상의 목적을 달성하기 위하여 필요한 경우에만 제한적으로 취해진다. 그리고 이 경우에 부여된 권한은 단지 보충적인(complementary) 성격을 갖는다. 실제로 EU 권한의 확대는 불가피하게도 그만큼 회원국의 권한을 축소시킨다.

이사회가 TFEU에 명백하게 규정된 경우에만 행동한다는 것 외에, EU기관들 사이의 힘 균형으로부터 도출되는 또 다른 이사회 권한의 제한이 있다. 즉 실제로 대부분 경우에 이사회는 'EU 위원회 제안'을 기초로 한 경우에만 의결권을 행사할 수 있다는 점이다. 그런데 TFEU상에는 많은 경우에 EU 위원회가 이사회에 입법 관련 사안을 제안하도록 하고 있으나,[5] 이

---

5) TFEU 제18조[구 EC조약 제12조의 (2)].

사회는 적절한 제안을 제출할 것을 EU 위원회에 요청할 수 있다.[6] 실제 이사회가 만장일치에 의하여 EU 위원회의 제안을 수정하는 법안의 채택을 위하여 권한을 위임받았다 할지라도, 이사회는 여전히 일반적인 내용에 있어서는 제한을 받게 된다.[7] 단 EU 위원회가 그 본래의 제안을 수정하는 것을 수락하는 경우에는 가능하다.[8] 따라서 중요한 점은 EU 위원회가 사실상의 배타적 입법발의권을 갖는다는 것이다. 이는 EU가 아직까지도 소위 유럽의회 의원발안보다는 정부발안에 크게 의존하고 있음을 보여 준다. 그러나 입법발안은 그렇다 하더라도 의결절차에 있어서는 현재 이사회와 유럽의회가 공동결정절차에 의하는 경우가 많아 유럽의회가 입법발안에 관한 권한은 전무하더라도 의결권에 있어서는 상당히 강화된 권한을 행사하고 있다는 점은 중요한 의미를 갖는다.

대체로 이사회의 의결권과 관련하여 의결권을 제한하는 방식이나 보호조항 또는 통제수단은 참으로 인상적으로 보인다. 첫째, 조약규정에 의거한 '수권방식'(system of conferred powers)에 의해 초래되는 제한이다. 둘째, 이사회가 'EU 위원회의 제안'(proposal of the commission)이 없이는 실제 법령을 제정할 수 없다는 사실이다. 셋째, 다양한 경우에 '유럽의회'(EP)를 포함시켜야 하는 의무로서, 유럽의회가 관여하는 의결절차의 종류에는 자문(consultation)절차, 협력(co-operation)절차, 동의(assent)절차, 공동결정(co-decision)절차가 있다. 넷째, 월권행위에 의한 입법행위의 경우 취소소송이 제기될 수 있어 유럽사법법원(ECJ)에 의한 사법적 통제(judicial control)가 있다.[9]

---

6) TFEU 제241조(구 EC조약 제208조).
7) TFEU 제293조[구 EC조약 제250조의 (1)].
8) TFEU 제293조[구 EC조약 제250조의 (2)].

Ⅱ. 위원회

1. 구성

EU 위원회는 약 20명의 위원으로 구성된다.[10] 위원회의 위원은 이사회에 의하여 대체될 수 있다.[11] 위원의 임기는 5년이었으며, 회원국들 정부와 유럽의회로 구성된 임명절차에서 재임될 수 있었다. 위원회의 위원으로서 임명되기 위한 요건은 매우 광범위하게 정의되어 있다. 국적(nationality), 자질(competence), 독립성(independence)인데, 이들은 EU의 공무원에 해당되기 때문에 '독립성'이 가장 중요하다고 할 수 있다. 실제 이러한 독립성은 위원회를 이사회나 유럽의회와 가장 잘 구별시켜 주는 특징이다. EU 위원회는 'EU 자체의 이익'을 위하여 역할을 수행하며, EU의 주요업무에 대하여 대외적으로 EU를 대표한다. 이러한 'EU 자체의 이익'은 EU 위원회의 모든 직무수행에 있어서 최우선의 목표이다.

이런 '독립성'과 연관하여 명심해야 할 것은, ECSC조약은 '국가 간'(international)이 아닌 '초국가적'(supranational)이란 용어를 도입했다는 점이다.[12] 이후의 주요 조약에서 이 용어가 다시 나타나지는 않았지만, 이러한 개념의 본질적 성격은 EU에 여전히 남아 있다. 이런 '독립성'의 요구는 위원 지원자(candidate－Commissioner)의 자격뿐만 아니라, 위원의 임무수행에 있어서도 완전한 독립을 요구하고 있다.[13] 그리고 대부분 '독립성'과 관련된 문제가 위원과

---

9) TFEU 제263조(구 EC조약 제230조).
10) TFEU 제245조의 (1).
11) TFEU 제245조의 (1)2.
12) ECSC조약 제9조.

위원의 소속 국가 간의 관계이기 때문에, TFEU는 명백하게 회원국들에 이 원칙을 존중해 줄 것과 의무이행과 관련하여 EU 위원회의 구성원에게 영향을 미치지 않을 의무를 부과하고 있다.[14] 이 점이 바로 EU가 일반적인 국제기구가 아니라는 점을 보여 주고 있으며, 회원국들의 관계를 '국가 간'이 아니라 '초국가적'인 관계로 이해하고 있다는 증거가 된다.

2. 직무와 권한

EU 위원회의 주요 기능은 '공동시장'(common market)의 발전과 기능을 보장하는 것이었다. 또한 EU 위원회는 EU의 기초가 되는 설립조약의 보호자이자 감시자로서의 역할을 수행해 왔다. 즉 EU 위원회는 모든 사람들이 기초 설립조약에 따라 EU법에 종속되어 행동하는 것을 보장한다. 또한 EU 위원회는 EU 재정을 관리하며, 국제협정 체결 시 국제협상(외교적 교섭)을 통하여 대내외적으로 EU를 대표한다. 또한 EU 위원회는 EU활동에 동력을 제공하기 위하여 Brussels에서 부단히 회합한다. 그러나 더욱 중요한 것은 회원국들 간에 채택된 결정을 구체화하며, EU의 공동이익을 대변한다는 점이다.

이러한 EU 위원회의 직무와 권한은 다음과 같다. EU법 적용의 보장, 권고 및 의견의 전달, 의결권의 실행, EU입법절차에의 참여, 국제협정체결을 위한 교섭과 EU의 대외적 대표, 예산의 집행, EU 활동에 관한 연례보고서의 발행이다.

---

13) TFEU 제245조의 (2)1.
14) TFEU 제245조의 (2)2.

1) EU법 적용의 보장

EU 위원회는 EU의 기초 설립조약(1차적 법원)과 설립조약에 의거해 각 기관들이 채택한 2차 입법(2차적 법원)의 회원국 내 이행을 보장하는 책임을 진다. 1차적 법원이나 2차적 법원은 일반적으로 EU의 공법적 차원에서 회원국에 의무를 부여하여 양자 모두 회원국에 이행해야 할 의무를 부과한다. 회원국 내의 기관, 자연인 또는 법인이 EU법을 준수하도록 책임을 지는 것이 EU 위원회의 직무이다. 이러한 목적을 위해 EU 위원회는 주로 정보를 획득할 수 있는 권리, 위반자에 대해 소송을 제기할 수 있는 권리를 부여받고 있다. 정보획득의 권리를 위해서는 일반적 방법을 규정하고 있으며,[15] 다양한 설립조약규정들과 EU법령에 의해 규정된다.[16] 더욱이 EU의 목적달성을 촉진하기 위해 회원국들에 부과된 일반적 의무는 EU 위원회가 필요로 하는 모든 정보를 확보하도록 필요한 법적 환경을 마련해야 한다는 것이다.

EU 위원회는 획득한 정보에 근거하여 필요시 다음과 같이 행동한다.

(1) 회원국과 관련하여[17]

회원국이 EU법상의 의무를 이행하지 아니할 경우에 EU 위원회는 다음과 같은 조치를 취한다. ① EU 위원회는 회원국에 의무위반과 관련된 문제를 환기시킬 수 있으며, 필요한 조치를 취하도록 권고할 수 있으며, 법의 준수를 부탁할 수 있다. EU 위원회는 이를 위해 보통 2개월의 여유를 준다. ② 회원국이 적절한 조치를 취하지 아니하거나, 법의 준수를 수용하지 아니하거나, 자신의 의무불이행에 대하여 EU 위원회를 납득시키지 못하는

---

15) TFEU 제337조.
16) TFEU 제108조의 (3).
17) TFEU 제258조.

경우, EU 위원회는 사법절차 전에 문제에 대한 '합리적 의견'(reasoned opinion)을 회원국에 전달하고 회원국이 응해야 할 기한을 정한다. ③ 회원국이 이에 응하지 아니하면, EU 위원회는 사안을 유럽사법법원(ECJ)에 제소할 수 있다.[18] ④ 유럽사법법원이 회원국의 의무불이행을 확인하는 경우, 회원국은 재판에 회부된다.

물론 여기에서 중요한 문제는 위반회원국이 유럽사법법원(ECJ)의 판결을 이행하지 않는 경우이다. 만약 ECJ가 위반회원국이 판결에 응하지 않음을 확인한 경우 EU법을 폄하하는 위반회원국에 대하여 강제조치를 규정하기도 한다.[19] 주의할 것은 위반회원국의 EU법 이행과 관련된 문제는 대부분 ECJ의 외부에서 해결되고 있다는 점이다.

(2) 법인 또는 자연인과 관련하여

EU 위원회는 공법인, 사법인, 자연인에 대하여 업무상 중요한 권한을 부여받고 있으며,[20] 이러한 권한은 주로 경쟁(competition)과 운송(transport) 분야에서 행사되며, EU 위원회는 이 위반행위에 대하여 벌금을 부과할 수 있다. 또는 합병 조사 시 법규를 위반한 기업에 대하여 해외투자를 철회하도록 명령할 수도 있다.

2) 권고 및 의견의 전달

TFEU가 명백하게 규정하거나[21] 또는 EU 위원회가 판단하여 필요한 경우,

---

18) 이는 위원회의 전속적 재량권이라 할 수 있다.
19) ESCS조약 제88조.
20) TFEU 제106조.
21) TFEU 제242조.

EU 위원회는 사안에 대하여 권고(recommendations) 및 의견(opinions)을 전달할 수 있다. 이른바 EU 위원회의 '공고'(Notices)나 '통보'(Communications)가 이러한 범주에 해당한다. 주의할 것은 권고나 의견은 법적 구속력을 갖지 못하기 때문에,[22] EU 위원회는 단지 정보를 제공한다거나 충고적인 권한으로서 이 직무를 수행하게 된다는 점이다. TFEU는 EU 위원회의 의견이 필요한 경우에 관하여 규정하고 있었으며, EU 위원회의 권고와 의견은 TFEU에서 다루는 사안과 관련된 내용이어야 한다.

3) 의결권의 실행

TFEU는 EU 위원회의 의결권에 관하여 규정하고 있었다. EU 내의 의결기관은 원칙상 이사회이다. 그러나 EU 위원회 역시 의결권을 행사한다는 사실은 입법권을 두 기관이 함께 향유하고 있다는 인상을 갖게 한다. 그런데 비록 두 기관이 EU법에 예속되어 행동한다고는 하지만, 양자의 구별은 이사회의 특권인 입법권(legislative power)과 EU 위원회의 행정권(executive power or implementing power)으로 특징지어져야 한다. 입법부와 행정부 양자는 규칙을 제정할 수 있고, 지침이나 결정을 채택할 수 있다. 명심해야 할 것은 양자 모두 그 권한이 조약상의 '수권'(conferred powers)에 의해 제한된다는 점이다. 즉 이들 기관들에는 일반적 의결권(general decision-making power)이 주어지는 것은 아니다. 이들 기관들은 단지 조약상 명백하게 부여된 경우에만 의결권을 행사한다. 그런데 이 경우에도 이사회와 EU 위원회가 동등한 수준으로 의결권이 운영되는 것은 아니다. 비록 양자를 명백하게 구분하는 것이 불가능하다고 할 수 있더라도, 이 양 기관은 매우 동등

---

22) TFEU 제288조.

한 수준으로 운영되지는 않는다.

TFEU에 의하여 EU 위원회에 직접적으로 부여되는 결정권한은 '공동시장'의 발전과 기능에 관한 내용이었다. 그중에서도 특히 '관세동맹'에 관한 행정(administration of the customs union), '보호조항'(safeguard clauses)의 적용과 '경쟁'(competition)[23]과 '농업'(agriculture)[24]과 같은 다양한 정책, 공동체 '예산'의 실행, 보다 광범위하게는 공동통상정책 등의 '대외관계'(external relations)에 관한 것이다.

EU 위원회의 결정은 다수결[25]로 채택되며, 적어도 11명의 위원이 참석해야 한다.[26] 이러한 EU 위원회의 의결권은 위원들 중 하나 또는 그 외의 공무원들에게 위임될 수 없다.

4) 입법절차에의 참여

이사회는 EU 위원회의 제안에 근거해야만 입법에 대한 의결권을 수행할 수 있다. EU 위원회가 규칙, 지침, 결정을 위한 입법 초안을 제출함으로써 이사회의 입법상 의결권 행사가 가능하다. 이를 TFEU(구 EC조약)에서는 "이사회와 유럽의회에 의하여 채택된 법안을 형성함에 있어서"라고 표현하였다. 따라서 EU 위원회는 EU의 입법과정에서 사실상 '배타적인 발안권'(exclusive right of initiative)을 행사하는 것이다. 대부분의 경우 EU 위원회는 입법제안의 적정성에 대하여 스스로 판단해야 한다.[27]

---

23) TFEU 제101조의 (3), TFEU 제105조의 (2), TFEU 제106조의 (3), TFEU 제108조의 (2).
24) TFEU 제43조.
25) TFEU 제250조.
26) Rules of Procedure, 제6조.
27) TFEU 제109조.

그런데 비록 EU 위원회가 입법과정에서 사실상의 '배타적인 발안권'을 행사한다고 할지라도, 이사회[28]와 유럽의회[29]는 EU 위원회에 적절한 제안을 제출하도록 요구할 수 있다. 물론 이는 단지 요구할 수 있는 것일 뿐이지만, 사실상 EU 위원회가 이를 무시하기란 어려울 것이다. 그럼에도 불구하고 이사회나 유럽의회는 입법안을 발의할 수 없다. 그런데 EU 위원회는 다른 기관의 요구에 따른 입법안 제안 시 그 제안에 대한 정치적 책임이 있다. 그리고 EU 위원회가 이사회에 입법을 위한 '제안을 한다'는 것은 3개 기관인 EU 위원회, 유럽의회, 이사회 내에서의 의결절차 개시를 말하는 것이며, 각 기관은 각자 본연의 역할을 수행하게 됨을 의미한다.

여기서는 EU 위원회의 역할에 대하여 간략하게 살펴볼 필요가 있다. 입법제안에 대한 초안을 작성하기 전, 어떤 경우 EU 위원회는 '경제사회위원회'(Economic and Social Committee)[30]와 상의해야 한다. 그러나 보다 중요한 것은 EU 위원회에 의하여 위임된 국내전문가들(national experts)과 행하는 '비공식적 자문'(informal consultations)이다. 이는 EU 위원회가 각국의 반응들을 파악하는 기회를 제공한다. 특별히 이사회 내에서 다수결에 의해 의결되는 경우에 그 결과를 예측할 수 있게 해 준다는 데에 중요한 의미가 있다.

일단 입법제안에 대한 초안을 EU 위원회가 승인하면, 일반적으로 이는 관보에 공표되는데, 이는 모든 이해당사자들의 논평이 있은 후에 공표된다. 이를 위하여 필요한 경우 EU 위원회는 자문그룹(consultations of groups)을

---

28) TFEU 제241조.

29) TFEU 제225조의 (2).

30) TFEU 제43조의 (2)1.

구성하거나 또는 청문회(hearings)를 구성할 수 있다. 비록 이러한 상의가 많은 시간을 소비할지라도, 이는 입법제안의 초안과 관련된 매우 귀중한 다양한 정보들을 EU 위원회에 제공할 것이기 때문에 큰 의미를 갖는다고 할 수 있다. 또는 입법초안이 이미 제출된 경우일지라도 그 수정 및 보완의 차원에서 중요한 정보들이 제공될 수 있다.

EU 위원회의 입법제안은 이사회에서 유럽의회의 자문을 위한 기초로 제공된다. EU 위원회는 유럽의회와도 긴밀하게 직무를 수행하는데, 특히 입법제안의 초안을 '심의'하는 '유럽의회 분과위원회들'과 더욱 긴밀하게 직무를 수행한다. EU 위원회의 대표위원들은 항상 이들 유럽의회 분과위원회 개회 시 참관한다. 이는 EU 위원회가 초안에 대한 자신의 입장을 유럽의회 분과위원회에서 설명하게 하고, 또한 이에 대한 유럽의회의 반응을 보다 잘 이해하기 위함이다. 이로써 EU 위원회는 결국 그 입법제안의 수정 및 보완에 대한 준비를 하게 되고, 이사회가 아무런 행동을 취하지 않는 한 해당 입법초안은 EU법령으로 채택된다.[31] EU 위원회는 '유럽의회 내의 토의 시'에 참석하듯, '이사회 내 의제 논의 시'에도 참석하며, 이때 이사회는 상임대표위원회(COREPER)에 의해 실무그룹 차원에서 논의한다. 많은 경우에 COREPER의 이런 실무그룹들은 각 국가공무원으로 구성되며, 이들은 사안이 입법초안이 되기 전에 EU 위원회에 비공식적으로 자문을 받고, 이사회 내에서 보다 부드러운 토의(smoother discussion)가 진행될 수 있도록 보조한다.

EU 위원회의 입법제안은 이사회의 최종결정을 위한 기초가 된다. 이사

---

31) TFEU 제293조의 (2).

회가 EU 위원회가 제출한 입법제안의 '수정 및 보완'을 원하는 경우에는 회원국들의 만장일치가 요구된다.[32] 제안을 수정하는 이사회의 권한이 무한한 것은 아니다. 유럽사법법원(ECJ)도 지적하였듯 제안의 '본질적인 내용'은 수정 또는 변경할 수 없다.[33] 이 이외의 경우에 EU 위원회는 이사회의 수정을 수용한다. 제안에 대한 이사회 토론 시 이사회의 의장은 교착상태를 해소하기 위해 조화를 도모한다. 법안을 상정한 EU 위원회는 종종 스스로 이사회의 의장에게 그러한 타협점에 이를 것을 제안한다. 이러한 이사회의 수정을 EU 위원회가 수용했을지라도, 수정된 제안에 관한 또 다른 의견수렴을 위하여 해당 입법안은 '유럽의회'에 다시 제출된다.

끝으로 EU 위원회는 '유럽의회'에서뿐만 아니라 추후에 문제가 된 경우에 '유럽사법법원'에서도 그 입법제안의 정당성에 대한 책임이 있다. 왜냐하면 ECJ는 이사회가 제정한 법령의 합법성(적법 타당한 입법)에 관하여 법령을 채택한 '이사회'에 대해서뿐만 아니라 법안을 제안했던 'EU 위원회'에 대해서도 소송을 제기하는 원고의 권리구제를 위하여 상대방으로서의 당사자 적격을 인정해야 하기 때문이다.[34]

5) 대외관계

EU의 대외관계와 관련해서는 EU 위원회의 두 가지 측면을 지적할 수 있다. 첫째, TFEU상 '국제협정'(international agreements)의 체결 시, 주로 EU의 공동 통상정책(commercial policy)의 체제 내에서, EU 위원회는 이사회에 권고를 할 수 있다. 이에 대하여 이사회는 EU 위원회에 EU를 대표해

---

32) TFEU 제293조의 (1).
33) Case C-65/90, *Parliament* v. *Council*, [1992] ECR Ⅰ-4593.
34) Joined Cases 63~69/72, *Werhahn* v. *Council*, [1973] ECR 1229 at 1247(8).

서 필요한 국제협정체결을 위한 국제협상(외교적 교섭)을 개시할 것, 그리고 그러한 국제협정 교섭을 위해 지침을 형성할 권한을 부여하고 있다. 둘째, EU 위원회는 이사회가 지명한 '전문위원회'(special committees)와 상의함으로써 국제협정 체결을 위해 상대방과 교섭한다.[35]

이사회가 EU 위원회에 국제협정체결을 위한 교섭을 지시하는 경우, 그 국제협정 내용이 TFEU 규정과 양립할 수 없을 경우에 EU 위원회는 유럽사법법원(ECJ)에 의견을 구할 수 있다.[36]

타국과의 국제협정체결을 위한 교섭 외에, EU 위원회는 모든 국제기구들과 적절한 관계를 유지하기 위해 대외적인 활동을 할 수 있다.[37] 특별히 국제연합(United Nations: UN)과 그 전문기구(specialized agencies) 그리고 세계무역기구(World Trade Organization: WTO)와의 관계에서 그러하다.[38]

또한 EU 위원회의 특별 임무에는 유럽평의회(Council of Europe)[39]와 경제협력개발기구(Organization for Economic Co－operation and Development: OECD)[40]와 밀접한 협력관계를 확립하는 것이 포함된다.

---

35) TFEU 제218조의 (1).
36) TFEU 제218조의 (6).
37) TFEU 제220조의 (2).
38) TFEU 제220조의 (1).
39) TFEU 제220조.
40) TFEU 제220조.

Ⅲ. 유럽의회

명칭과 관련하여 유럽의회는 처음에는 'Assembly'라는 용어를 사용하였다.[41] 그 후 1958년 3월 '유럽의회 회의'(European Parliament Assembly)로 개명되었다가, 1962년 3월 '유럽의회'라는 명칭을 사용하기로 결정하여 1987년 단일유럽의정서(SEA)에 의해 정식으로 'European Parliament'라는 용어를 채택하였다.[42]

유럽의회를 논함에 있어서 핵심적인 부분은 물론 유럽의회의 '입법권' 내용에 관한 것이라고 할 수 있다. 왜냐하면 1979년 실시된 최초의 '직접 보통선거'와 이에 의한 실질적인 법치주의와 연관하여 민주질서를 형성하기 때문이다. 그러나 유럽의회에는 배타적 또는 광범위한 입법권이 부여되어 있지 않다. 단일유럽의정서(SEA)와 유럽연합조약(Maastricht조약)에 의해 입법절차상의 그 권한을 확대시켰다고는 하지만, 민주주의의 주축을 이루는 유럽의회의 역할로는 만족스럽지 못하며, 특히 '입법권'과 관련하여 '의회'라는 용어가 요원하게 느껴지기도 한다. 하지만 EU 위원회가 입안하고 이사회가 의결한다고 해도, 유럽의회가 부여받은 협의(consultation), 협력절차(co-operation procedure), 공동결정절차(co-decision procedure), 동의절차(assent procedure) 등은 그 의미가 크다고 할 수 있다. 특히 이사회/유럽의회에 의한 공동결정절차에 의한 법률제정의 빈도가 점점 증대되고 있다는 점은 매우 고무적인 현상이라고 할 수 있다. 이러한 현상은 2000년대 이후 급증하고 있으며, 리스본조약 체결 및 발효를 전후해서는 보편적인

---

41) ECSC조약 제7조.
42) SEA 제3조의 (1).

현상으로 보아도 좋을 만큼 광범위하게 활용되고 있다고 할 수 있다. 또한 예산[43)]에 관한 유럽의회의 권한도 상당하다 할 것이다.

1. 구성과 운영

1) 구성: 의원의 선출

유럽의회(EP)는 총 750석 이하의 의석수를 가지며,[44)] 의원들은 EU회원 국들의 국민, 보다 정확하게는 '정당'을 대표하였다. ECSC조약[45)]은 이미 직접보통선거를 규정하고 있었으나, 1976년 이사회의 부속서를 통해 유럽 의회 의원의 선출방식을 직접보통선거(direct universal suffrage)로 하는 법 안을 채택함으로써 임기를 5년으로 하는 의원선출 직접보통선거가 1979년 에 처음으로 실시되었다.

EP 의석수는 각국의 '인구수'에 비례하여 할당된다. 이러한 방식은 EU 의 '초국가적' 성질을 보여 주며, 회원국의 '주체성'보다는 회원국 간의 '평 등과 불평등'의 개념을 도입한 특징을 보여 준다. 그런데 여기서의 '인구 수'란 일반적 수치를 의미하는 것이 아니라, 회원국의 경제규모 내지 대표 성 등 실질적 기능을 고려한 인구수를 의미한다.

EP 의원들은 의회에서 출신국가가 아니라 '정당'을 대표하였다. 이러한 형태 는 EU통합의 중요한 요인이 되기도 하였다. 즉 유럽정당(European Political Parties)은 EU통합의 중요한 요소가 되어 'EU시민'의 '여론'을 형성하고 '시민' 의 '정치적 의사'(political will)를 표현하는 데 기여하게 된 것이다.

---

43) TFEU 제313~314조.
44) TFEU 제223조.
45) ECSC조약 제21조의 (3).

EP 내규에 따라 EP는 '상임위원회'(standing committees) 또는 '임시위원회'(temporary committees)를 둘 수 있다.[46] 여기에는 법률, 예산, 농업 등을 다루는 20여 개의 부속된 '분과위원회'가 있으며, 이들은 EP에서 토의될 내용의 보고서를 작성하거나 또는 회기 동안 EU 위원회, 이사회와 회합하거나 또는 안건에 대해 교섭한다. 그런데 이러한 20여 개의 부속 분과위원회들은 EP와 접촉할 기회가 많지 않으므로 대부분 독자적으로 활동을 수행한다.

EP 사무국(Bureau)은 재정적·행정적 업무를 담당하며, 2년 6개월을 임기로 하는 의장과 14명의 부의장 및 직원으로 구성된다.

2) 운영

EP는 별도의 규정이 없는 한, 재적의원 1/3 이상 출석 그리고 출석의원 과반수로 의결한다.[47] EP는 프랑스 Strasbourg에 위치하며 이곳에서 예산책정을 포함한 본회의(plenary sessions)가 열린다. 추가회의(additional sessions)는 Brussels에서 열린다. 이는 한 회원국에 의한 권력의 집중을 방지하려는 정치적 동기에서 기인한다고 볼 수 있다.

2. 직무와 권한: 입법절차에의 참여

처음 EP는 '자문 내지 협의' 역할만 수행하였으나, 단일유럽의정서(SEA)와 유럽연합조약(Maastricht 조약)에 의해 '입법권'이나 예산안 결정과 같은 영역에서 그 권한이 강화되었다.

---

46) Rules of Procedure, 제109조, 제114조.
47) Rules of Procedure, 제112조.

1) 자문(Consultation)절차

'자문 또는 협의'는 EU 위원회가 이사회에 제출한 입법안에 대해 EP가 자문 또는 협의하여 의견을 제시하는 것을 말한다. 그러나 이러한 EP의 의견은 법적 구속력을 갖지 못하여, EU 위원회나 이사회가 'EP의 의견'에 반드시 응할 의무는 없다고 할 수 있다. 실제로 이사회는 'EP의 의견'보다는 '회원국들의 이해'를 조율하는 데 더 관심을 갖고 있다.

한편 EP는 EU 위원회로 하여금 적절한 법안(appropriate proposal)을 제출할 것을 요구할 수 있는데,[48] 이는 EU 위원회의 배타적인 '법률안 제안권'을 저해할 수 있다는 우려가 제기될 수 있다. 그러나 TFEU의 어느 규정도 EP의 입안 요구 시 EU 위원회가 이에 응할 의무를 규정하고 있지는 않다. EP가 자문 또는 협의를 하는 중요한 분야는 농업, 운송, 경쟁 관련 분야이다.[49]

2) 협력절차(Co - operation Procedure)

이는 EU 위원회가 제출한 입법안에 대해 이사회가 유럽의회와 상의 후, 의결이 아닌 '공동입장'(common position)을 채택하는 것을 말한다. 이는 역내시장(internal market)의 완성과 관련된 대부분 문제에 적용된다고 볼 수 있다. 이때 EP는 제안을 승인하거나 거부할 수 있으며, 재적의원 절대다수에 의해 수정안을 제안할 수 있고, 이때 EU 위원회는 이를 근거로 재검토하여야 한다. 만약 '공동입장'의 도출에 실패하였음에도 불구하고 이 제안이 채택되기 위해서는 이사회의 만장일치를 요한다.[50] 주로 EU의 지역발전,

---

48) TFEU 제225조의 (2).
49) TFEU 제43조의 (2)3.
50) TFEU 제293조.

연구, 환경, 기술개발, 사회정책, 해외협력에 관한 사안들이 해당된다.

3) 동의절차(Assent Procedure)

이는 이사회와 EP가 함께 조정절차(conciliation procedure)하에서 결의하는 것을 의미한다. 동의절차에 있어서는 공동결정이라기보다는 거부권(veto right)을 EP에 부여하고 있다고 할 수 있다. 즉 EP의 동의를 요하는 경우에는 이사회의 권한이 그만큼 축소되는 것을 의미하기 때문이다. 유럽의회의 동의절차를 요하는 경우로는 회원국에 개별적으로 적용되는 조치, 국제협정, 재정 관련 사안이 해당된다.

4) 공동결정절차(Co – decision Procedure)

이는 EU 위원회의 제안에 대해 이사회와 EP가 공동으로 의결하는 것을 의미한다. 이를 위하여 '조정위원회'가 설치되어 조력한다.[51] 유럽의회와의 공동결정을 요하는 경우는 역내시장의 성립을 위한 사람의 자유이동, 소비자보호, 교육, 문화, 보건 등이다.

Ⅳ. 사법기관

1. 국내법원

회원국 국내법원은 국가기관과 자연인 및 법인 간의 모든 사건에 대하여 EU법상의 의무를 적용하고 권리를 보호할 의무가 있다. 이러한 EU법 적용

---

51) TFEU 제294조의 (3).

에 있어 국내법원의 가장 기본적인 기능은 EU법의 독특한 성질과 관계가 있다. 즉 EU는 EU법의 '직접효력'과 '우위'라는 '하나의 새로운 법질서'(a new legal order of international law)를 형성하고 있으며, 이러한 EU법의 적용은 회원국 '국내법원의 협력'과 직접적인 관련이 있다. 즉 EU의 사법질서와 회원국의 사법질서는 EU법의 직접효력과 우위라는 법적 성질에 의해 '초국가적'으로 운영되고 있다. 한편 EU시민인 개인이 EU법상의 권리에 대하여 어떤 방법을 통해 그 구제를 주장할 수 있는가의 문제가 제기될 수 있는데, 이 경우에 개인은 일반재판소(구 CFI)를 통해 직접소송으로 제소할 수 있으며, 또한 개인이 국내법원에 1차적으로 제소하여 당해 국내법원이 ECJ에 선결적 결정을 부탁함으로써 EU법상의 권리구제가 가능하다.

EU의 기초 설립조약들은 회원국 내에 사법보호제도로서 개별적인 소위 'EU법 관할법원'의 창설을 규정하고 있지 않다. 이는 곧 국가기관의 작위 또는 부작위에 의해 또는 EU법이 부여한 개인의 권리가 타방 당사자에 의해 침해되었을 경우, 그 개인이 의지할 수 있는 기관은 오직 '국내법원'뿐임을 전제로 하는 것이다. 따라서 국내법원은 EU법원으로서 ECJ 또는 일반재판소(구 CFI)의 관할에 속하지 않는 모든 사건에 대하여 심리하고 판결할 권한을 가진다. 국내법원은 회원국 사법제도에서 EU사법질서의 '교두보'로서 ECJ와 대화·협력하며, 이를 통해 EU법의 집행을 보장한다.[52] ECJ는 이 경우 선결적 부탁절차의 개시와 관련하여 국내법원의 직무내용을 결정함과 동시에, TFEU 제10조상 국내법원의 '협력의 원칙'을 적용할 것인지를 결정하고, 국내법원의 협조를 실질적으로 요청할 수 있다.

---

52) Koen Lenaerts, Dirk Arts and Robert Bray, *Procedural Law of the European Union*(London: Sweet & Maxwell, 1999), p.3.

1) 국내법원의 범위

일반적으로 TFEU 제267조(구 EC조약 제234조) 2단의 '회원국의 국내법원'(any court or tribunal of a Member State)이란 표현 자체는 특별한 문제를 발생시키지는 않는다. 먼저 여기에서 회원국의 '국내법원'이란 국내사법질서상의 '상급심과 하급심'을 구별함이 없이 모두 인정함을 말한다. 따라서 국내의 최고법원이 아닌 하급법원도 독자적으로 선결적 결정을 ECJ에 부탁할 수 있다.

(1) 사법기관으로 인정될 수 있는 공공기관의 요건

회원국이 어떤 '공공기관'을 일종의 법원과 같은 성격의 최종적 제재 결정 기관으로 인정했다면, EU는 회원국의 이러한 견해를 그대로 수용한다. 왜냐하면 이 경우 당해 공공기관은 '사법기관으로서의 직무'에 대한 ECJ의 기준을 분명하게 이행하고 있기 때문이며, 당해 공공기관이 비록 국내법상 '법원'으로 인정되지 않는다 하더라도 선결적 판결소송에 관한 한 EU법을 적용하는 '사법적 성질'을 갖는 기관(준사법적 기관)으로 인정될 수 있다고 보기 때문이다. 한편 국내법원으로 인정되기 위하여 기관은 어떠한 명칭으로 불리는가는 문제가 되지 않으며, 당해 기관이 소위 '사법적 기능'을 수행하는가가 그 중요한 판단 기준이 된다.

따라서 회원국의 당해 '공공기관'이 ECJ에 의해 국내법상의 '법원'으로 인정되기 위해서는 다음과 같은 요건을 갖추어야 한다. 회원국의 공공기관은 ① 일정한 기관의 형태로 존재해야 하며, ② 법에 근거하여 설립되었어야 하며, ③ 상설적·독립적 기관이어야 하며,[53] ④ 분쟁해결에 대한 책임

---

53) Case C-54/96, *Dorsch Consult*, [1997] ECR Ⅰ-4961, at Ⅰ-4992~4993, para.23.

을 지는 기관으로, ⑤ 보통의 법원규칙과 같은 절차규칙에 의해 운영되어
야 하며,[54] ⑥ 분쟁해결을 위해 적합한 '사법적 기관'으로서 행동할 수 있
어야 하는데, 이는 곧 당사자들이 분쟁해결을 위해 법원이나 법정에 제소
할 수 있어야 하고 또한 당사자에 대한 '판결의 구속력'이 존재해야 함을
의미한다.[55] ⑦ 그리고 법의 지배가 가능해야 한다.[56][57] 이런 판단에 따라
네덜란드의 Commissie van Beroep Juisartsgeneeskunde(일반진료 상소위원
회: Appeals Committee for General Medicine)는 전문기관으로서 네덜란드
법상으로는 법원이 아님에도 불구하고 ECJ는 법원으로 간주하였다.[58] 본
상소위원회가 법원으로 인정된 중요한 이유는 다음과 같은 판결에 의해 구
체화되었다. 즉 ECJ가 본 상소위원회는 "'EU법의 적용'과 관련하여 '사실
상 최종적인 기관'으로 간주되며,[59] 이러한 상소위원회를 통한 선결적 판결
을 요청할 기회가 존재하지 않는다는 것은 'EU법의 적용 및 기능'을 위협
하는 결과를 초래할 수 있다"[60]고 판결하였다.

그러나 ECJ는 룩셈부르크대공국(Luxembourg Grand Duchy)의 조세국장

---

54) *Ibid.*, paras.22~38.

55) *Ibid.*, paras.27~29.

56) Case 61/65, *Vaassen(née Göbbels)* v. *Beambtenfonds Mijnbedrijf*, [1966] ECR 261, at 273.

57) Josephine Steiner and Lorna Woods, *EC Law*(Oxford: Oxford Univ. Press, 2003), p.555; Mark Brealey and Mark Hoskins, *Remedies in EC Law*(London: Sweet & Maxwell, 1998), pp.200~201.

58) Case 246/80, *Broekmeulen* v. *Huisarts Registratie Commissie*, [1981] ECR 2311, at 2327, para.11.

59) 상소위원회가 국내법원 또는 법정으로 간주되기 때문에 굳이 다른 법원이나 법정을 구할 필요가 없다. 국내법상으로는 법원으로 인정되지 않더라도, EU법의 적용과 관련된 문제일 경우에는 그러하다는 것이다.

60) Case 246/80, *Broekmeulen* v. *Huisarts Registratie Commissie*, [1981] ECR 2311, at 2328, paras.16~17.

(Director of Taxation and Excise Duties: Directeur des Contributions Directes et des Accises)에 의한 선결적 판결의 요청에 관해서는 이를 거부하였다. 그런데 본 기관의 담당관은 이러한 기관을 법원으로 볼 수 있다고 주장했었다.[61] 이에 대하여 ECJ는 그러한 주장은 EU법에 의해 판단되어야 하며, 성질상 소송의 객체를 다루는 기관은 '제3자'로서 행동하는 어떤 기관이어야 한다고 강조하였다. 그러나 본 조세국장에 의한 사건에 있어서는 분명 그렇지 않았다. 본 기관의 담당관은 세금평가를 담당하는 세무부서에 근무하고 있었고, 더욱이 본 사안은 상소로서 Luxembourg의 참사원(Conseil d'Etat)에 제출되어 본 기관의 담당관은 피고가 되어 소송상 당사자가 되었기 때문에, 이제는 더 이상 '제3자적' 기관의 자격이 아니었기 때문이다.

그런데 비록 공공기관에 의견을 제출하는 기관이 행정적 기능을 수행한다 할지라도 국내법원의 지위로서 선결적 판결을 제소할 수 있는 권한을 부여받은 것은 아니다. 예를 들면, 외환관련 국내법을 위반한 개인에 대하여 재무장관이 부과하는 제재에 관하여 재무장관에게 합리적 의견(reasoned opinions)을 - 그러나 구속력은 없는 - 제출할 의무가 있는 '자문위원회'가 그것이다. 이 양자의 경우 최종적인 행정적 결정 이후 필요한 경우에 선결적 판결의 부탁을 위해 당사자로서 국내사법기관에 제소할 가능성이 있는 것인지에 관하여 직접 ECJ에 선결적 판결을 부탁할 권한이 있는 기관은 아니다. 이러한 '전문기관'이나 '자문위원회'는 제3자적 기관으로 간주될 가능성이 전무한데, 이는 이들 기관이 관련 내용을 '자체적'으로 형성하였거나 혹은 그러한 사항을 형성하는 데 '직접적'으로 관여하였기 때문에 '제3자적' 지위를 부여받기에

---

61) Case C-24/92, *Corbiau*, [1993] ECR Ⅰ-1277, at Ⅰ-1304, para.17.

는 부적절하다는 점이 그 이유이다.

경쟁법(competitions law)의 적용과 관련하여, 분쟁해결의 책임을 지는 '국내기관들'에 선결적 판결의 제소권이 부여될 수 있는가의 문제가 발생한다. 무엇보다도 이들 국내기관이 일반 국내법원과 같은 방식으로 판결할 수 있는가의 의문이 발생한다. 이 문제에 대한 해답을 위해 당해 '국내기관'의 국내법상 법적 지위에 대한 분석이 선행되어야 한다. 이러한 국내기관의 국내법상 법적 지위는 '회원국에 따라' 다를 수 있다. 그럼에도 불구하고 ECJ는 처음부터 이들 국내기관을 통한 선결적 판결의 부탁을 허용하였다. 왜냐하면 EU경쟁법의 '통일된 적용'을 통한 법적 효과를 최대한 보장할 필요성을 깊이 인식하고 있었기 때문이다. 이는 ECJ의 법률고문 Jacobs가 무역부(Ministry of Trade)의 행정적 법정(Tribunal) 형태로 만들어진 법정부서를 '국내기관'으로 인정한 후, 스페인의 Tribunal de Defensa de la Competencia에 의한 선결적 판결 부탁에 대하여 어떠한 유보도 없이 ECJ가 그 선결적 판결의 부탁을 '접수'하여 판결한 이유가 되었다.[62] 행정적 성격을 갖는 기관임에도 불구하고 앞서 언급했던 사법적 성질을 갖는 국내법원으로 인정될 조건이 충족되었던 것이다.

(2) 중재의 사법기관으로서 인정 여부

중재인(arbitrator)은 국내기관으로 인정될 조건을 충족시키지 못하는 경우, 사실관계가 다음과 같음에도 불구하고, TFEU 제267조(구 EC조약 제234조)상의 '회원국의 국내법원'으로 간주될 수 없다. 즉 ECJ는 "중재법원

---

62) Case C-67/91, *Asociación Española de Banca Privada and Others*, [1992] ECR I-4785, at I-4809.

의 활동과 일반법원의 활동 사이에는 일정한 유사성이 있는데, 이러한 중재법원의 활동은 법의 범위 내에서 규율된다는 것, 중재자는 법에 따라 판결해야 한다는 것, 그의 판정은 당사자 간에 법적 구속력을 갖는다"는 것이다.[63] 그런데 이러한 단순한 유사성만으로 중재기관에 회원국의 국내법원으로서 지위를 부여하기는 불충분하다. 왜냐하면 조약의 당사자들이 "일반법원에 의해 해결되어야 할 분쟁을 '회피'하거나 혹은 조약상 중재조항을 규정하여 중재를 '선택'"[64]하게 할 수 있기 때문이다. 이렇게 되면 중재기관은 실제로는 적절한 사법기관으로 행동할 수 없고, 이로 인해 국내법원으로 인정될 조건을 실질적으로 충족하지 못하게 된다. 조약의 당사자들은 중재조항을 선택하여도 법적으로든 실질적으로든 그들의 분쟁을 중재에 회부할 의무가 실제로는 존재하지 않게 된다. 더욱이 중재기관이 소재하는 회원국이 중재선택의 결정에 관여하지 않고, 중재소송절차상 어떠한 요청도 하지 않는다면 본 중재기관을 국내법원으로 인정하기는 더욱 어려울 것이다.

그런데 ECJ는 중재기관에 의한 선결적 판결의 제기가 부진함에 따라 중재기관에 선결적 판결을 요청할 것을 권유하게 되었다. 실제 TFEU 제267조(구 EC조약 제234조)의 입법취지는 회원국 '국내법원'과 'ECJ'의 '대화·교류·협력'을 위한 것이었다. 국내법원은 선결적 판결의 요구에 대한 독점적 권리를 갖고 ECJ라는 EU사법 당국에 판단을 위임하기 위해 진정으로 필요한 경우에 한하여 선결적 판결을 부탁한다. ECJ의 관점에서 보면 이러한 사법체제는 조약의 당사자가 '중재'를 통해 '국내법원'보다 선행하여 문제의 해결을 시도하는 경우에는 다른 방법을 취할 수 없게 하는 위험을 초래할 수

---

63) Case 102/81. *Nordsee* v. *Reederei Mond*, [1982] ECR 1095. at 1110. para.10.
64) *Ibid*., para.11.

있다. 따라서 중재기관과 국내법원 간의 사법적 보호제도에는 충분히 밀접한 관계가 정립되어야 하고, 이렇게 정립된 후에야 이러한 중재기관은 TFEU 제267조 2단의 '회원국의 국내법원'과 같은 성격의 법원으로 간주될 수 있을 것이다.[65]

(3) 사법기관의 역외 소재의 경우

TFEU 제267조(구 EC조약 제234조) 2단의 국내법원은 반드시 '회원국의 소유'여야 한다. 그런데 이 점은 일반적으로 인정되어야 할 내용이라 할지라도, 다음의 법원들이 그러한 자격을 실제로 부여받고 있다는 사실은 매우 중요하다. 회원국 내 설립된 법원, 프랑스 해외 부분과 특별제휴협정상의 법원,[66][67] 회원국이 책임을 지는 대외관계에 대한 유럽영토 내의 법원, 마지막으로 아일랜드해협(Channel Islands)과 만, 섬(Isle of Man) 내에 설립된 법원[68][69]에 의해 선결적 판결을 ECJ에 부탁할 수 있다.

분명 '비회원국' 내에 설립된 법원은 TFEU 제267조(구 EC조약 제234조) 2단의 사법기관은 아니다. 그러나 비회원국 내의 법원에 선결적 판결을 부탁할 일정한 권리를 부여한다고는 볼 수 없음에도 불구하고, EU와 관련 '비회원국 간에 체결된 국제협정에 근거'하여 선결적 판결을 부탁할 일정한 권리의 존재가 부여되는 경우가 있다. 'EEA협정'이 바로 그러한 경우인데,

---

65) John Fairhurst and Christopher Vincenzi, *Law of the European Community*(London: Pearson Longman, 2003), p.129.

66) TFEU 제349조의 (2).

67) TFEU 제355조의 (3).

68) TFEU 제355조의 (6)의 (c).

69) Protocol No.3 constitutes the "arrangements for those islands set out" in the Accession Treaty signed on January 22, 1972.

이 협정은 'EFTA회원국의 국내법원'이 EEA규칙의 '해석'에 관하여 ECJ에 선결적 판결을 부탁할 권한을 부여하고 있다.[70] EEA협정 제107조에 의하면 EFTA국가들은 자국의 재판소 또는 심판소가 ECJ에 EEA규칙의 '해석'에 관하여 결정을 주도록 요청하는 것을 허용할 수 있다. 세부적인 규정은 제34 의정서에 수립되어 있는데, 동 의정서에 의하면 이 같은 요청은 EEA협정의 규정이 EU법 규정과 실질적으로 동일한 경우에만 가능하다.

(4) 국제재판기관의 경우

'국제사법재판소'(International Court of Justice: ICJ), '유럽인권재판소' (European Court of Human Rights: ECHR)와 같은 '국제재판기관'은 ECJ 에 선결적 판결을 부탁할 권한이 없다. 비록 국제분쟁이 사안의 성질상 어떠한 경우에는 ECJ에 제소하는 것이 그 해결에 유용하다고 판단될지라도 그러하다.

그러나 '베네룩스대법원'(Benelux Court of Justice)의 경우에는 일반적인 국제법원과는 그 법적 지위가 다르기 때문에, 베네룩스대법원은 베네룩스 3 국 내에서 통일된 공동의 사법질서를 보장할 의무가 있으며, 국내법원의 자격으로 ECJ에 선결적 판결을 부탁할 권한이 있다.

2. 유럽사법법원(ECJ)

EU의 사법법원은 '국내법원' 외에 두 개의 법원으로 구성되는데, '유럽 사법법원'(European Court of Justice: ECJ)과 일반재판소[71][General Court, 구

---

70) EEA Agreement 제107조(OJ 1994 L1/26), Protocol 34 annexed to the EEA Agreement(OJ 1994 L1/204).

제1심법원(Court of First Instance: CFI)]가 그것이다.[72] 이 두 사법기관은 관할권의 범위에 의해 구분되지만, EU법의 해석과 적용을 보장하여 EU법의 준수를 확보한다는 역할에 있어서는 동일하다. EU의 사법질서는 국내법원, ECJ 그리고 일반재판소(구 CFI)에 의해 규율되는데, 여기에서 한 가지 주목할 것은 ECJ와 일반재판소는 본래 EC의 사법기관이었으며, 1992년 2월 7일의 Maastricht 조약으로 설립된 EU의 사법기관이 되었다는 점이다. Maastricht 조약은 3대 기둥으로 구성되었는데, 제1 기둥은 통합된 3개의 공동체(European Communities), 제2 기둥은 공동외교안보정책(Common Foreign and Security Policy), 제3 기둥은 사법내무협력(Co-operation in the Fields of Justice and Home Affairs)이다. ECJ와 CFI는 주로 제1 기둥인 EC의 분쟁해결기관으로 기능하였기 때문에, EU 설립 이후에 제2 기둥과 제3 기둥

---

71) TFEU 제256조. 한편, 니스조약에 의하여 EC 제220조(TFEU에 의해 삭제됨)에 도입된 주요 변화의 하나는 ECJ와 CFI 이외에 "사법패널(judicial panels)이—제225a조(TFEU 제257조)에 규정된 조건에 따라—CFI에 부속될 수 있다"(*may be attached* to the Court of First Instance)는 사실이다. EC 제225a조(TFEU 제257조)에 의하면, 특수 영역에서의 일정 소송을 제1심의 자격으로 심리하고 결정지을 각 사법패널은—위원회의 제안에 의거하여 그리고 유럽의회와 ECJ의 의견을 구한 후 또는 ECJ의 요청에 따라 그리고 유럽의회와 위원회의 의견을 구한 후—만장일치로 행동하는 이사회에 의하여 설립될 수 있다. 한편, 'EC 제225a조에 관한 선언'(Declaration on Article 225a TEC)에서는 "EU와 그 직원 간의 분쟁에 대해 제1심의 자격으로 판결을 내릴 권한이 있는 한 개의 사법패널을 설치하기 위한 결정초안을 가능한 한 신속히 준비할 것을 ECJ와 위원회에 요구"하고 있다. 예를 들면 2005년에 설치된 EU공무재판소(Civil Service Tribunal)라고도 하는 EU행정법원을 들 수 있다.

72) ECJ(European Court of Justice)는 1951년 4월 18일 채택되어 1952년 7월 25일 발효된 ECSC 조약에 의하여 설치된 ECSC의 사법기관으로 시작되어, 1957년 3월 25일 EEC조약과 EAEC조약이 채택된 후 "Convention on Certain Institutions Common to the Three Communities"에 의하여 EC(European Communities)의 사법기관이 되었다. 세 개의 공동체에 공통적인 일정한 기관에 관한 동 협정에서는 단일의회(a Single Assembly)와 단일법원(a Single Court)에 있어서 합의를 이루었기 때문에, 이때부터 ECJ는 EC의 실질적인 사법기관이 되었으며, 물론 향후 1965년 4월 8일 통합조약에 의해 완전한 공식적인 EC의 사법기관이 되었다. 한편 CFI(Court of First Instance)는 1986년 2월 28일 채택되어 1987년 7월 1일 발효된 단일유럽의정서(SEA: Single European Act)에 의하여 설치되어 1989년 11월에 직무를 개시하였다. L. Neville Brown and Tom Kennedy, *The Court of Justice of the European Communities*(London: Sweet & Maxwell, 2000), pp.1~2.

과 관련된 사안에 대해서는 그 관할권이 제한받게 되었다. 그러나 현재는 이러한 제약에도 불구하고 일반적으로 ECJ와 일반재판소는 통합된 EU의 사법기관으로 불리고 있다. 따라서 여기에서도 ECJ와 일반재판소를 통상 'EU의 사법기관'으로 다루고자 한다.

1) 재판관과 법률고문

ECJ의 구성을 살펴보면, ECJ의 '재판관'은 '법률고문'[73]의 자문을 받는다. ECJ가 요청하는 경우 이사회의 만장일치에 의하여 재판관[74]이나 법률고문[75]의 숫자를 증가시킬 수 있다. 재판관과 법률고문은 회원국들의 일반협정에 의해 6년의 임기로 선출된다. 이들은 물론 독립적 지위를 가지며, 개인 자격으로 선출되어 회원국에 종속되지 않으며, 당해 국가의 고위법률기관에 근무한 경력자 또는 유능하다고 인정된 법률가이다. 이들은 3년마다 부분적으로 교체된다. 그런데 TFEU는 회원국 가운데 재판관이나 법률고문[76]의 숫자를 배분하고 있지 않으며, 심지어 회원국의 국민이어야 한다고 규정하고 있지도 않다.[77] 그러나 실제 각 회원국은 1명의 재판관을 보유하고 있다.[78]

재판관과 법률고문은 직무개시 전에 법원에서 그들의 직무를 공평하고도

---

73) TFEU 제252조, para.1.

74) TFEU 제251조, para.4.

75) TFEU 제252조, para.3.

76) 법률고문의 임명에 있어서는 5대 회원국인 프랑스, 독일, 이탈리아, 스페인, 영국이 각각 관여하며, 나머지의 법률고문은 그 외의 회원국들이 교대로 임명한다. 만일 재판관 또는 법률고문의 임기만료 전에 공석이 발생하는 경우에 후임자는 선임자임기의 연장선상에서 임명된다. ECJ규정 제7조.

77) Cf. TFEU 제245조, paras.2~4. 위원회의 구성원은 반드시 회원국의 국민이어야 함을 명시하고 있다.

78) ECJ는 항상 홀수의 재판관으로 구성되어야 하며, 이는 판결상 항상 홀수의 재판관이 필요하기 때문이다. ECJ규정 제15조.

양심적으로 이행할 것과 심의과정 비밀을 보장할 것을 선서한다.79) 재판관과 법률고문은 사법권으로부터 면제를 받으며, 이러한 특권은 구두절차와 서면절차를 포함한 업무의 한도 내에서 인정된다. 이들의 사법권으로부터 면제특권은 재판관 전원출석의 개정에 의해 법원이 철회할 수 있다. 일정한 사유로 인해 이들의 사법적 면제특권이 철회되면, 이들 재판관이나 법률고문에 대한 형사절차는 회원국 고위사법기관의 구성원에 대한 재판관할권을 갖는 ECJ에 의해서 진행된다.80)

재판관과 법률고문은 일체 자국의 정치기관이나 행정기관에 임직할 수 없으며, 이사회(Council)가 인정하지 않는 한, 어떠한 직업에도 고용될 수 없다. 이들은 임기만료 후에도 일정한 지위나 이해와 관련하여 청렴결백하고도 사려 분별 있게 행동해야 한다.81) 재판관이나 법률고문은 다른 재판관이나 법률고문의 만장일치에 의하여 개인 또는 기타 이익에 대한 권리나 직무를 박탈당하는 경우에 더 이상 직무를 수행할 수 없다.82) 재판관의 부분적 교체 즉시, 재판관들은 그들 가운데서 3년 임기의 법원장(President of the Court)을 선출하며, 재선83)이 가능하다.84)

2) 재판부의 구성

원칙상 ECJ는 '전원재판부'로 이루어지며, 예외적으로 관할재판부(chambers)

---

79) ECJ규정 제2조.
80) ECJ규정 제3조.
81) ECJ규정 제4조.
82) ECJ규정 제6조.
83) TFEU 제253조, para.5. ECJ규칙 제7조의 (1).
84) 임기만료 전에 공석이 발생하는 경우 후임자가 선임자의 임기를 대신하여 선출된다는 재판관과 법률고문에 관한 규정은 법원장에게도 동일하게 적용된다. ECJ규칙 제7조의 (2).

를 구성하는데 3명, 5명 또는 7명의 재판관으로 구성되며,[85] 전원재판부에 비해 이러한 관할재판부에 의해 판결되는 사건들이 양적 측면에서 많다. ECJ의 법원장은 어느 재판부에도 참석하지 아니한다. 각 재판부는 각 재판부의 재판장에 의해 사회가 진행된다. 재판부들의 구성과 재판장들의 임명은 유럽연합공보(Official Journal of the European Union: OJ)에 공시된다.[86]

3) 재판절차

재판을 위한 서면절차가 종료되면, ECJ는 여러 사건들을 일정한 재판부에 각각 할당하며, '보고담당재판관'(Judge – Rapporteur)의 '예비보고서'에 대한 숙지와 '법률고문'이 제시한 '법률고문의 의견'을 청취한 후에, 어떤 회원국 또는 어떤 EU기관이 소송당사자로서 불복하지 않는 한 그다음의 절차를 계속하여 진행한다.[87] 여기에서 소송당사자란 회원국 또는 EU기관, 선결적 판결소송에 서면보고서를 제출한 이해당사자를 의미한다.[88] 이로부터 ECJ는 자체적으로 재판부들에 할당될 사건들의 기준을 정한다.[89] 반면 이들 재판부는 소송절차의 어떤 단계에서든지 사건을 ECJ에 회송할 수 있다.[90] 소송당사자들은 특정 국적의 재판관을 지정 또는 제외할 것을 요구하지 못하므로,[91] ECJ는 회원국의 특별한 절차상의 이해에 대하여 초국가적 법원(supranational court)으로 조직되고 운영된다고 볼 수 있다.

---

85) TFEU 제251조, para.2.
86) ECJ규칙 제10조의 (1), subpara.3.
87) TFEU 제251조, para.3. ECJ규칙 제95조의 (2).
88) ECJ규칙 제95조의 (2), subpara.2.
89) ECJ규칙 제9조의 (3).
90) ECJ규칙 제95조의 (3).
91) ECJ규정 제16조, para.4.

소송의 부탁 즉시 ECJ의 법원장은 사건들을 각 재판부에 지정 할당하며,[92] ECJ의 판결에 대한 중요한 책임은 보고담당재판관[93]에게 있다. 동시에 최고법률고문[94](First Advocate General)은 본 사건에 대하여 1명의 법률고문[95]을 배정한다.[96]

법원장은 ECJ의 법적·사무적 행정을 책임지고 지시하며, 심문·심리 시 사회를 주관한다.[97] ECJ는 임무의 수행을 위하여 자체적으로 다양한 부서를 둘 수 있다. 예를 들면 통역부, 번역부, 자료검색부, 법원도서관, 내부행정조직(인사과, 총무과 등을 포함하는) 등이 있다. 법원행정처 직원(Registry staff)은 법원행정처장(Registrar)의 법적·행정적 업무를 보조하고, 법원행정처장은 법원의 다양한 부서들을 활용할 수 있다. 재판관들과 법률고문들은 법률사무비서(référendaires)로 알려진 직원을 3명씩 둘 수 있다. 이 직원들은 재판관들과 법률고문을 위해 사전작업을 수행한다. 또한 재판관과 법률고문은 법률사무비서가 아닌 별도의 3명의 비서직원을 둘 수 있다.

4) 주요 기능

ECJ의 기본적 주요 기능에 관하여 살펴보면, ECJ는 EU의 '헌법재판소'

---

92) ECJ규칙 제9조의 (2).

93) 당해 보고담당재판관과 법률고문은 각별히 주의하여 사건의 소송 진행에 따라야 한다. '보고담당재판관'은 사건의 경과와 결과에 관한 '예비보고서'를 작성할 책임을 지며, 이 보고서는 후에 재판부에서 청취된다. 결국 보고담당재판관은 '판결초안'을 작성하게 되는 것이고, 이어서 이것을 수정하여 ECJ 또는 재판부의 합의에 반영한다.

94) ECJ규칙 제10조의 (1).

95) ECJ규칙 제10조의 (2).

96) 매우 공평하고도 독립적으로 활동하는 법률고문은 공개법정에서 ECJ의 임무수행을 지원하기 위하여 그에게 할당된 각 사건에 관하여 합리적인 의견(Advocate General's Opinion)을 제시하여 중재한다. TFEU 제252조, para.2.

97) ECJ규칙 제8조.

(constitutional court)로서의 기능을 한다. 즉 EC설립조약(TFEU)상에 규정된 목적의 달성과 EU법에 의한 법치주의의 감시자로서 역할을 수행한다. ECJ가 회원국들이나 EU기관들이 제소한 사건에 대하여 판결하는 경우, 이러한 사건은 EU의 기초 설립조약상의 쟁점이어야 한다. 예를 들면 EU의 2차적 법원(규칙(regulations), 지침(directives), 결정(decisions), 권고(recommendations) 및 의견(opinions))의 '합법성', 제도적 균형의 보호와 유지, 기본권의 보호 등에 관한 문제여야 한다. 또한 ECJ는 국내법원의 선결적 판결의 부탁과 관련하여 EU의 '최고법원'(supreme court)으로서의 기능을 하여 EU법의 통일적 '해석'과 적용을 보장한다. 이는 TFEU상의 목적달성에 반하는 회원국의 상이한 EU법의 적용에 대하여 ECJ가 EU사법질서의 통합을 위해 수행하는 사법적 기능이다.[98]

3. 일반재판소

1) 재판관

일반재판소(구 CFI)의 구성에 관하여 살펴보면, '재판관'은 회원국들의 합의로 6년 임기로 임명된다.[99] 이들은 독립된 개인자격으로 선출되어 회원국에 예속되지 않는 법률사무에 필요한 능력을 갖춘 자들이다. 이들은 3년마다 부분적으로 교체되며, 퇴임하는 재판관일지라도 재선이 가능하다.[100] 재

---

98) ECJ의 이와 같은 기능과 관련하여 볼 때, 분명한 것은 EU법의 헌법적 쟁점들에 관한 사건은 국내법원 또는 제1심법원에도 제소될 수 있다는 사실이다. 따라서 ECJ만이 EU사법질서의 유일한 감시기관은 아니다. 그러나 국내법원도 결국은 선결적 부탁절차를 통하여 ECJ에 헌법적 쟁점을 제기할 수 있으므로, 선결적 부탁의 대상이 되는 법률문제에 대한 최종적인 사법적 감독기관은 ECJ뿐이다. 그리고 국내법원은 제1심법원의 판결에 관하여 ECJ로 상소를 제기할 수 있는데, 이는 EU 기초 설립조약상의 난해한 법률문제를 판결하는 최종적인 권한을 행사하는 사법기관이 ECJ임을 의미한다.

99) TFEU 제256조의 (3).

판관의 임명에 있어 국적을 요건으로 하지는 않으나, 실제로 각 회원국들은 1명의 재판관을 보유한다. 사무 기간에 공석이 발생하는 경우, 신임재판관은 선임자의 기간을 위해 임명된다.[101]

각각의 재판관은 그의 직무 전, ECJ에서 선서를 한다.[102] 재판관들은 ECJ의 재판관이나 법률고문과 동일한 법적 지위를 가진다.[103] 그리고 다른 정치적 또는 행정적 사무에 종사하거나 기타의 직종에 종사하는 것을 자제할 의무가 있다. 어떠한 재판관도 직무상 필요한 조건을 갖추지 못해 직무상의 의무를 더 이상 수행할 수 없는 경우, 이러한 사유에 관해서는 일반재판소의 의견을 청취한 후 ECJ에 의해 그의 직위에서 제명된다.[104] 그러한 제명에 관한 사유의 청취 이전에 적합하다고 판단되는 경우 관련 재판관은 자신의 의견을 일반재판소에서 설명할 수 있다.[105]

일반재판소는 ECJ와는 달리 원칙적으로 별도의 '법률고문'이 존재하지 않는다. 이는 일반재판소 관할권에 속하여 일반재판소에 제소되는 모든 사건들이 재판상 법률고문의 보조를 반드시 필요로 하지 않기 때문이다. 그러나 재판관은 일정한 사건에 대하여 '법률고문'의 보조를 요청할 수 있다.[106] 전원재판부를 구성하는 경우, 경우에 따라서 법률고문의 보조를 받

---

100) TFEU 제256조의 (3).

101) ECJ규정 제7조. ECJ규정 제44조.

102) CFI규칙 제4조의 (1).

103) TFEU 제256조의 (2). ECJ규정 제44조.

104) ECJ규정 제44조. CFI규칙 제5조.

105) CFI규칙 제5조.

106) 이렇게 지명된 재판관은 ECJ의 법률고문과 같은 자격과 동일한 기능을 수행하되, 본 사건의 판결에는 재판관으로서 직접적으로 관여하지 아니한다. 이런 특별한 사건에 있어서 법률고문의 임명은, CFI[현 일반재판소(General Court)를 의미함] 행정회의 시에 또는 사건의 초기배정 시에 본 사건을 관할하는 재판부의 요구에 의해 이루어진다. CFI[현 일반재판소(General Court)]규칙 제19조, para.1.

을 수 있다.[107] 즉 당해 사건을 관할하는 재판부는 사건이 법적인 '난해함'이나 '복잡한' 성질을 가진다고 판단되는 경우에 '법률고문'의 임명을 요구할 수 있다. 이때 일반재판소의 법원장은 재판관들 중 한 재판관에게 법률고문의 기능을 수행할 것을 지시할 수 있다.[108] 결국 일반재판소의 소송규칙상 법률고문의 요구는 강제사항이 아니기 때문에, 법률고문으로서 재판관이 지정될 경우에만 법률고문의 임명이 가능하다.[109]

2) 재판부의 구성

ECJ와는 달리, 일반재판소(구 CFI)는 보통 '일반재판부'를 구성하며, 예외적인 경우에만 전원재판부를 구성하거나 또는 단독판사로 재판부를 구성한다.[110] 일반재판소는 3명의 재판관으로 재판부를 구성하거나, 5명의 재판관으로 재판부를 구성할 수 있다.[111] 일반재판소는 각 사건들의 분류기준에 따라서 각 재판부에 사건을 배당한다.[112] 법원장은 법원이 정하는 분류기준에 근거하여 재판부에 당해 사건의 해결을 지시한다. 물론 재판관의 수에 필적할 만큼의 사건을 각 재판부에 할당한다.[113] 재판부의 구성과 재판부 재판장들의 임명은 유럽연합공보(OJ)에 공지된다.[114] 사건의 법적인 난해함, 사건의 중요성 또는 재판을 위한 특별한 환경이 필요한 경우에 당

---

107) CFI규칙 제17조, 제32조의 (1), subpara.2.
108) CFI규칙 제19조, para.2.
109) CFI규칙 제2조의 (2).
110) CFI규칙 제11조의 (1), 제14조의 (2).
111) CFI규칙 제10조의 (1).
112) CFI규칙 제12조.
113) CFI규칙 제13조의 (1).
114) CFI규칙 제15조, para.3.

해 사건은 일반재판소의 전원합의부[115)]에 배당되거나 별도의 판사 수로 구성된 재판부에 배당된다.[116)]

3) 재판절차

일반재판소의 소송절차는 대부분 ECJ 소송절차와 같다. 그리고 법원장의 직무와 권한은 그 범위에 있어서 ECJ 법원장의 내용과 유사하다. 그리고 재판관은 2명의 법률사무비서(이들은 ECJ의 재판관과 법률고문의 법률사무비서와 같은 동일한 직무를 수행한다)와 2명의 일반사무비서 직원의 보조를 받는다. 이는 이들이 다른 법원으로부터 독립을 보장받아 법원장하에서 직접적으로 그리고 배타적으로 법적 기능을 수행하기 위함이다. 일반재판소의 인사에 관해서는, 이사회(Council)의 결정(decision)을 통해 ECJ규정에 다음의 규정이 첨가되었다. 즉 "ECJ 법원장과 일반재판소 법원장은 공동합의로 일반재판소의 기능을 위해 봉사할 수 있는 직원을 ECJ에 소속시킨다는 조건하에 그 직원들을 결정한다."[117)]

4) 주요 기능

일반재판소(구 CFI)의 기본적 주요 기능을 살펴보면, 일반재판소는 EU의 일종의 '행정법원'으로서 기능한다. 즉 일반재판소는 EU기관의 '불법행위'(unlawful act)나 '부작위'(ommission)에 대하여 자연인이나 법인의 권리를 보호한다. 한편 일반재판소(구 CFI)의 설립목적은 EU사법질서를 통한

---

115) 소송의 어떤 단계에서든지 재판부는 자체적으로 또는 당사자의 요구에 의하여 본 사건이 전원합의부를 통하여 효과적으로 판단될 수 있다고 제안할 수 있다. 이때 전원합의부의 구성 여부는 당사자 또는 법률고문의 의견을 청취한 후 결정된다. CFI규칙 제51조.

116) CFI규칙 제14조, para.1.

117) ECJ규정 제45조, para.2.

법적 보호를 질적이면서도 효과적으로 달성하기 위함이다. 이는 유럽단일의정서(SEA)에서 구체화되었으며, 1988년 이후 발생한 수많은 사건들이 접수할 수 없을 정도로 법원에 제소된 상황과 맥을 같이한다. 더욱이 복잡한 사실관계의 평가를 요하는 사건들에 대하여 ECJ는 시간적으로 그리고 인적 인프라상으로 더 이상 양질의 법적 보호를 부여할 수 없게 되었다. 1988년 10월 24일 이사회에 의해 제1심법원 설립에 관한 결정(Council Decision 88/591)이 채택되었고, 1989년 9월 25일 제1심법원이 설치되었으며, 1989년 11월 제1심법원의 직무가 개시되었다. 이에 따라 '2단 법원체제'(two-tier court system: ECJ와 CFI체제)가 성립되었고, 이로써 EU 차원의 사법적 보호의 질적 향상에 기여하게 되었다.

그런데 TFEU 제256조(구 EC조약 제225조)의 (1)에 의하여, 일반재판소 관할권의 범위에서 제외되는 것은 오직 '선결적 부탁의 대상'뿐이다. 반대로 그 외 모든 사건은 직접소송의 대상으로 TFEU 제256조의 (2)에서 정하는 의결절차에 따라서 일반재판소의 관할권에 속한다.[118] 현재 자연인이나 법인은 오직 직접소송에 의해 제소하는데, 이는 본래의 EU법에 해당하는 EU기초 설립조약의 적용과는 무관한 것으로서 일반재판소의 재판관할권에 해당되는 문제의 경우이다.[119] 그러나 위반회원국에 대한 회원국이나 위원회의 제소에 의한 직접소송은 ECJ가 관할권을 행사한다.[120] 일반재판소의

---

118) TFEU 제256조의 (1), (2).

119) EC설립조약(TFEU)상 직접소송의 대상 중 자연인과 법인과 무관한 사건에 관해서는 ECJ가 관할권을 행사한다. 그런데 회원국의 EU법위반행위에 대해 다른 회원국이나 위원회는 직접소송을 통해 ECJ에 제소할 수 있으나, 회원국의 위반행위를 간접적으로 평가하기 위해 EU법의 해석에 관한 선결적 판결소송을 이용하는 경우도 있다. Lenaerts, Arts and Bray, *supra* note 52, p.128.

120) TFEU 제270조, EAEC조약 제152조.

판결에 대한 상소121)는 오직 법적인 쟁점에 대해서만 ECJ로 제소될 수 있다. 이 경우에 일반재판소는 독자적인 사실조사관할권을 갖기 때문에, 상소소송에 있어서 ECJ는 사실관계에는 크게 관여하지 않으며 오직 법률문제의 해결에 관심을 가진다.

Ⅴ. 감사원

감사원(Court of Auditors)122)은 이전에는 공동체의 단순한 기관(simple organ)이었으나, 유럽연합조약(Maastricht 조약)에 의해 공동체의 주요 기관(institution)으로 승격되었다. 감사원의 임무는 공동체의 회계감사를 이행하는 것이며 Luxemburg에 소재한다.

1. 구성

감사원은 15명으로 구성되며, 6년 임기로 이사회의 만장일치로 임명하며 재임이 가능하다. 이때 '이사회'는 '유럽의회'의 자문을 받은 후에 위원들을 임명한다. 감사원은 각국에서 대외회계기관(external audit bodies)에 속하거나 속해 왔던 사람 중에서 선출되거나 또는 이 직무에 특별히 자격과 능력을 갖춘 사람 중에서 선출된다. 감사원장은 3년을 임기로 구성원 중에

---

121) CFI의 결정에 대한 ECJ의 상소소송절차는 서면절차와 구두절차로 구성된다. 서면절차는 원칙적으로 상소서(appeal)와 응답서(response)로 구성되며[ECJ규칙 제110조, 제111조(1)], 서면절차를 통해 당사자들의 의견이 충분히 반영되지 못한 경우가 아닌 한, ECJ는 구두절차 없이 결정을 내릴 수 있다(ECJ규정 제52조, ECJ규칙 제120조, 제121조).

122) TFEU 제285조.

서 선출되며, 재선이 가능하다.[123)

감사원 위원들은 EU 위원회의 구성원이나 사법기관의 재판관과 같이 그들의 임무를 수행함에 있어서 완전한 '독립'이 보장되어야 하며, 자국의 어떠한 지시를 받아서도 아니 되며, 여타의 직업에 종사할 수 없으며, 그 직무에 대하여 진지하게 임무를 수행하며, 청렴결백하게 행동해야 하며, 직무 기간이나 그 후에도 신중하게 행동해야 한다. 이들은 ECJ의 판결에 의해 강제 퇴임될 수 있다.[124)

2. 직무

감사원은 EU와 EU에 의해 설립된 모든 기구들의 세입(revenue)과 지출 (expenditure)에 대한 회계를 심사한다.[125)

감사원은 거래의 기초가 되는 회계대차(accounts), 적법성(legality), 일반성 (regularity)에 관하여 신뢰할 만한 진술서(평가서)를 작성하여 '유럽의회'와 '이사회'에 제출해야 한다.[126)

감사원은 수입과 지출의 '적법성'과 '일반성'에 대해 심사하며, 재정에 대한 경영의 '건전성'에 관하여 심사한다. 감사원은 EU의 모든 기술사항(premises)과 모든 기록(records)들에 대하여 방문 심사할 권리를 갖는다. 회원국이 관련되는 경우 그 회계는 국내회계기관(national audit bodies)의 연락관을 통하여 이행되어야 한다. 기관들(institutions)과 회원국들은 감사원의 직무수행

---

123) TFEU 제286조의 (2), (3).
124) TFEU 제286조의 (4), (5), (6).
125) TFEU 제287조의 (1)1.
126) TFEU 제287조의 (1)2.

에 필요한 자료(documents)와 정보(informations)를 제공해야 한다.[127]

감사원은 여러 EU기관들이 관측할 수 있도록 관보(Official Journal)에 연례보고서(annual report)를 작성하여 공지한다. 여기에는 감사원의 부가 설명이 포함된다. 그런데 이는 EU기관들에는 불리하게 작용되는데, 왜냐하면 이러한 답변에 대하여 자신들의 견해를 알릴 수 있는 가능성이 희박하기 때문이다.

한편 감사원은 특별한 문제에 관해서는 특별보고서(special reports)를 제출할 수 있고, 여타 기관의 요청에 대해 감사원의 견해(opinions)를 전달할 수 있다.[128]

감사원의 역할은 "예산(budget)의 이행을 조율하는 '유럽의회'와 '이사회'를 보조한다"라는 TFEU 제287조상의 문구에 의해 가장 잘 요약되어 표현된다고 할 수 있다.[129]

VI. 유럽중앙은행

유럽통화기구(European Monetary Institute: EMI), 유럽중앙은행제도(European System of Central Banks: ESCB), 유럽중앙은행(European Central Bank: ECB)은 유럽연합조약(Maastricht 조약)에 의하여 설립되었다. 이들은 일정한 범주 내에서 EU의 경제와 통화정책(Economic and Monetary Policy)을

---

127) TFEU 제287조의 (2), (3).
128) TFEU 제287조의 (4).
129) TFEU 제287조의 (4)4.

이행하는 각각의 임무를 수행하며 그 권한을 행사한다. 아래에서는 제도적 측면을 간단히 살펴보고자 한다.

유럽통화기구(EMI)[130]는 경제 및 통화정책에 대한 제2단계에서 구성되어 독자적인 법인격을 가지며, 각 회원국들의 중앙은행장들로 구성된 이사회에 의하여 지시를 받으며 운영된다. 유럽통화기구의 의장은 유럽의회와 이사회의 자문 후 은행장위원회(Committee of Governors)의 추천에 의하여 유럽이사회(European Council)가 임명한다. 유럽통화기구 의장은 통화와 은행 업무에 있어서 명성이 있으며, 전문적인 경험이 있는 자 중에서 선출된다. 자체의 내규는 EU조약에 부속된 의정서에 규정되어 있다. 제3단계에서는 1993년 10월 29일 유럽이사회(European Council)의 결정에 따라 유럽통화기구(EMI)가 유럽중앙은행(ECB)으로 대체되었다. 따라서 'Frankfurt'에 있는 유럽통화기구(EMI)의 체제는 그대로 유럽중앙은행(ECB)으로 이전되게 되었다.

유럽중앙은행제도(ESCB)[131]는 제3단계에서 기능이 시작되며, 'ECB'와 '회원국 중앙은행들'(national central banks)로 구성된다. 유럽중앙은행제도(ESCB)는 독자적인 법인격을 가지며, ECB의 의결기관들(Governing Council와 Executive Board)에 의해 운영된다. 유럽중앙은행(ECB)[132]은 제3단계에서 유럽통화기구(EMI)를 대신하며, 의결기관들인 관리위원회와 집행위원회의 지시를 받는다. 유럽통화기구(EMI)의 청산에 관해서는 EMI의 법령에 규정되어 있다. ① 관리위원회[133]는 집행위원회의 구성원들과 회원국 중앙은행

---

130) TFEU 제141조.

131) TFEU 제129조.

132) TFEU 제140~141조.

133) TFEU 제283조의 (1).

장들로 구성된다. ② 집행위원회[134]는 의장, 부의장 그리고 관리위원회 구성원 4명으로 구성된다. 이들은 8년을 임기로 통화와 은행 업무에 있어서 명성이 있으며 전문가적 경험을 갖춘 자 중 회원국 정부들의 동의에 의해 임명된다. 그 임명은 이사회의 추천에 의하여 유럽이사회(European Council)가 결정한다. 이때 이사회는 먼저 유럽의회와 관리위원회의 자문을 받아야 한다. 유럽중앙은행(ECB) 의장은 유럽중앙은행제도(ESCB)의 목적과 직무에 관련된 문제를 논의하는 경우 유럽이사회 회의에 초청된다.[135] 분명한 것은 모든 것이 국가최고화폐기관(highest national monetary institutions)과 EU최고의결기관(highest decision-making authorities within the Community)을 밀접하게 연결시키도록 규정되어 있다는 것이다. 유럽중앙은행(ECB)의 연차보고서는 유럽의회와 유럽이사회(European Council), 이사회, EU 위원회에 보고된다. 이 연차보고서는 유럽중앙은행(ECB) 의장에 의해 이사회와 유럽의회에 보고되는데, 유럽의회에서는 이에 대한 일반적인 논의가 진행된다.[136] ③ 자문적 지위를 갖는 통화위원회(Monetary Committee)는 역내 시장 기능 확대를 위한 회원국들 정책의 조화를 증진시키기 위해 설립되었다.[137] 통화위원회의 직무는 회원국들과 EU의 금융과 재정 상태를 검토하고 회원국의 일반지출체계를 검토하는 것으로, 이를 이사회와 EU 위원회에 보고한다.[138] 이는 '자본의 이동'과 관련된 이사회의 업무에 기여하며, 회원국들의 경제정책 방향이 된다.[139] 그리고 재정기관들에 관여하며, 공공기관의

---

134) TFEU 제283조의 (2).
135) TFEU 제284조의 (2).
136) TFEU 제284조의 (3).
137) TFEU 제134조의 (1)1.
138) TFEU 제134조의 (1)2. 3.

범죄와 정부의 결손에 관여하며, 경제화폐연합(Economic and Monetary Union: EMU)의 과도적 규정들에 관여한다. 제3단계에서 통화위원회는 경제재정위원회(Economic and Financial Committee)로 대체되고, 그 직무는 전과 동일하며,[140] 다만 제3국과 국제기구와의 재정관계가 첨가되었으며,[141] 경제재정위원회의 구성원의 임명에 유럽중앙은행(ECB)도 관여한다는 것이 첨가되었다.[142]

Ⅶ. 경제사회위원회 · 지역위원회

1. 경제사회위원회

경제사회위원회(Economic and Social Committee)는 EU의 의결절차에서 주로 '자문역할'(consultative role)을 수행한다. 경제사회위원회는 일반적으로 최종결정이 채택되기 전 이사회의 요청에 의해 자문의 역할을 담당하고, 이때 유럽의회가 함께 관여한다. 만일 이사회가 TFEU에 따라 경제사회위원회에 자문을 구하는 것을 소홀히 한 경우, 중요 절차요건(essential procedural requirement)의 위반으로 ECJ에 의해 그 채택된 조치 또는 법령이 무효가 될 수 있다.

경제사회위원회는 이사회나 EU 위원회에 의해, 또한 경제사회위원회 자체 발의에 의해[143] 자문 역할을 수행한다. 이사회와 EU 위원회는 필요한 경우

---

139) TFEU 제134조의 (1)4. 5.
140) TFEU 제134조의 (2).
141) TFEU 제134조의 (2)4.
142) TFEU 제134조의 (2)7.
143) TFEU 제303조의 (3). 제304조의 (1).

경제사회위원회에 의견서 제출을 위한 1개월의 기한을 정할 수 있으며, 기한이 만료된 경우 의견서의 부재를 이유로 후속조치를 해하지는 아니한다.144) 이 경우 이사회는 EU 위원회의 자문을 받아야 하며, 공동체와 관련된 경제영역·사회영역을 대표하는 여타 기구들의 의견도 수렴하게 된다.145)

1972년 Paris정상회담(Paris Summit meeting)에서 국가대표들은 "앞으로 공동체기관들(community institutions)은 자체 발의권에 의하여 공동체에 영향을 주는 모든 문제에 대하여 경제사회위원회의 자문에 대한 승인을 할 수 있다"고 결의하였다.146) 경제사회위원회는 '농업'과 '운송'과 같은 특별 분야에 있어서는 관련 규정들에 구속되어 자문절차가 의무화되며, 이러한 특별 분야들은 경제사회위원회의 자문역할에서 독립될 수 없다.

경제사회위원회의 구성원은 재임이 가능한 4년의 임기로, 개인적 자질을 갖춘 자로 이사회의 만장일치에 의해 임명된다.147) 이들은 직무상 완전한 독립이 유지되어야 하고, 경제·사회적 활동의 다양한 범주의 대표자들로 구성된다. 경제사회위원회의 의장과 그 외 관료는 2년을 임기로 구성원 중에서 선출된다.148) 경제사회위원회는 Brussels에 소재한다.

2. 지역위원회

지역위원회(Committee of the Regions)는 유럽연합조약(Maastricht조약)에 의해 설립되어 지역 대표자들로 구성되어 자문 역할을 수행한다.

---

144) TFEU 제304조의 (2).
145) TFEU 제302EC조약 제259조의 (2).
146) See the own-initiative opinions in [1988] OJ C95, C134 and C318.
147) TFEU 제301조의 (1), (2).
148) TFEU 제303조의 (1).

지역위원회는 경제사회위원회와 마찬가지로 4년 임기의 구성원으로 구성되며, 재임이 가능하고, 각 회원국들의 제안에 대한 이사회의 만장일치에 의하여 임명된다.[149] 구성원은 어떠한 지시에도 구속되지 않으며, EU 일반 이익상의 직무수행상 완전한 '독립'을 누려야 한다.[150]

지역위원회는 2년 임기의 의장과 관료들을 구성원 중에서 선출하며, 이사회나 EU 위원회의 요청에 의하여 또는 지역위원회 자체 발의에 의하여 회합한다.[151]

지역위원회는 TFEU 규정상 이사회와 EU 위원회에 대하여 자문하며, 기타 두 기관이 필요하다고 판단되는 경우에 자문의 역할을 수행한다.[152] 지역위원회는 적절하다고 판단되는 경우 자체 발의에 의하여 의견을 표명할 수 있다.[153] EU 위원회와 이사회는 지역위원회의 의장에게 통지된 지 1개월 내에 자체 의견을 제출하도록 기한을 정하며, 기한 만료 시 의견 부재를 이유로 하여 후속조치를 해하지는 아니한다.[154] 경제사회위원회가 TFEU 제304조(구 EC조약 제262조)에 의거하여 자문을 하는 경우, 이사회나 EU 위원회는 지역위원회에도 의견을 타진해야 하며, 특별한 지역적 이해관계에 관한 문제라고 판단되는 경우에 지역위원회는 이에 대하여 자신의 의견을 표명할 수 있다.[155] 지역위원회의 의견은 진행기록과 함께 이사회와 EU 위원회에 발송된다.[156]

---

149) TFEU 제305조의 (2), (3).
150) TFEU 제305조의 (4).
151) TFEU 제306조.
152) TFEU 제307조의 (1).
153) TFEU 제307조의 (4).
154) TFEU 제307조의 (2).
155) TFEU 제307조의 (3).
156) TFEU 제307조의 (5).

제4장 EU법의 법원[*]

EU정책 결정의 주요 방향은 유럽의회, 이사회 그리고 EU 위원회에 의해 이루어진다.[1] 이로써 EU는 기초 설립조약상의 정책 이외에 2차 입법에 의해 정책이 결정되기도 한다. 그러나 여기에서 아래와 같은 사항들에 유념할 필요가 있다.

다만 때에 따라서는 '규칙'(Regulations)이나 '지침'(Directives)보다는 '결정'(Decisions)의 채택이 증대되기도 한다. 한편 이사회의 선언(declarations) 이외에도 계획(programmes),[2] 결의(resolutions)를 통해 이루어지기도 하는데, 이러한 내용은 이사회뿐 아니라 이사회 내의 회원국 정부 대표자들에 의해서도 공표된다. 이를 위해 유럽연합조약(Treaty on European Union: TEU)은 '국가나 정부의 수뇌들로 구성된 이사회회의'(Council Meeting in the Composition of the Heads of State or of Government)를 추가로 구성하기도 하였다.

그러나 이러한 법령들은 직접적으로 권리와 의무를 발생시키지 못한다. 왜냐하면 이러한 법령은 모두 사법기관에서 참조될 수 있는 합법성을 지닌

---

* 이 내용은 김두수, 『EU법론』, 파주: 한국학술정보, 2007, 제6장을 참고하였음.
1) P.S.R.F. Mathijsen, *A Guide to European Union Law*(London: Sweet & Maxwell, 1999), p.25.
2) TFEU 제50조.

법령으로서 제정되는 것이 아니기 때문이다. 또한 이는 항상 EU 위원회의 입법제안으로 공표되는 것도 아니고, 유럽의회나 경제사회위원회가 반드시 자문해야 하는 것도 아니기 때문이다. 그럼에도 불구하고 이러한 법령들은 본질적인 EU의 정책을 형성한다. 그리고 그 결과로서 EU통합의 발전에 기여한다. 때때로 그 내용이 중요해질수록 절차와 형식은 덜 형식적이 된다는 것을 의미하기도 한다. 그러나 그럼에도 불구하고 기초 설립조약에 의해 명확히 규정된 법령들은 여전히 EU의 정책결정과정에서 중요한 역할을 한다는 기본 원리의 중요성에 관해서는 의문의 여지가 없으며, 이를 통해 이러한 기초 설립조약은 합법성 차원에서 수호되고 보장된다.[3]

EU 기초 설립조약 이후 EU의 기관들은 EU의 '공동 목적'을 이행하는 책임을 지게 되었으며, 이를 수행하기 위해 규칙, 지침, 결정, 권고 및 의견 등의 법령을 제정할 수 있는 권한을 부여받게 되었다. EU법의 발전에 있어서 각 법령들은 특별한 기능을 수행하고 있으며, EU 기초 설립조약은 이러한 법령들이 채택되는 몇몇의 경우를 규정하고 있다.[4] 이러한 EU법령들에 대한 이해는 EU의 전반적인 통합체계를 이해하는 데에 필수적이다. 따라서 아래에서는 EU법령의 종류와 특징에 관하여 살펴본다.

Ⅰ. 설립조약

EU의 기초가 되는 설립조약에는 ECSC설립조약, EC설립조약(TFEU를 의

---

3) T.C. Hartley, *The Foundations of European Community Law*(Oxford: Clarendon Press, 1994), p.196.
4) TFEU 제288조의 (1).

미함), Euratom 설립조약이 있다. 이 설립조약들은 의심의 여지없이 직접효
력을 갖는 법으로서 국내법원에 의해 국내법의 범주로 수용되었다. 이 세
개 공동체설립조약들은 단일유럽의정서(SEA)와 유럽연합조약(TEU)에 의해
수년에 걸쳐 개정되었다. 특히 유럽연합조약(TEU)은 EU를 창설한 EU의
정치적 '헌장'이라고 할 수 있다. 비록 TEU가 국내 헌법과 같이 모든 임무
를 수행할 수는 없다 하더라도, TEU는 헌법에서 일반적인 주제로 다루기
부적절한 내용까지도 다수 다루고 있다. 구체적으로 보면 한편으로는 일반
적인 원칙(general principles)의 선언 형태를 취하고 있고, 다른 한편으로는
발전되어야 하는 정책 분야(policy sectors)를 규정하는 형태를 취하고 있
다.[5] 이러한 정책에는 ECSC 설립조약상의 석탄과 철강정책, Euratom 설립조
약상의 핵에너지정책, EC 설립조약(TFEU)상의 농업정책, 사회정책, 운송정
책, 지역정책, 소비자보호 및 보건정책, 환경정책, 과학개발연구정책, 경제
통화동맹정책 등이 있다.

Ⅱ. 2차 입법[6]

EU의 입법(규칙, 지침, 결정, 권고 및 의견)은 주로 EU 위원회의 입법제
안에 대해 이사회가 유럽의회(EP)와 협력함으로써 채택된다.[7] 입법제안은

---

5) Neill Nugent, *The Government and Politics of the European Union*(London: Macmillan Press, 1994), pp.209~210.
6) TFEU 제296조, ECSC조약 제15조: 유럽 의회와 이사회에 의해 공동으로 채택되는 규칙, 지침, 결정 그리고 이사회 또는 위원회에 의해 채택되는 그러한 법령은 그 기초가 되는 이유를 명시해야 한다.
7) TFEU 제288조.

EU 위원회의 자체 제안 또는 이사회의 위임으로 인한 제안으로 행해지며, 이때 EU 위원회의 제안에 대하여 수정을 필요로 할 경우 이사회는 만장일치로 수정할 수 있으며, EU 위원회는 이사회가 입안을 거부하는 동안 그 제안된 법안을 변경할 수 있다.[8] 이로써 이사회와 EU 위원회는 상호 견제한다고 할 수 있다.

1. 규칙

규칙(regulations)은 모든 회원국에 대해 일반적 적용성을 가지며, 이행해야 하는 결과와 방법 선택에 있어 모두 구속력을 가진다.[9] 따라서 연방적 성격을 갖는 규칙은 EU의 법질서 형성을 위한 중요한 법원(法源)이다.

규칙의 구체적 특성은 다음과 같다. 첫째, 규칙은 '일반적 적용성'이 있는데, 일반적 적용성이란 수범자가 불특정 다수라는 것을 의미한다. 둘째, 규칙은 '전체적 구속력'을 가지는데, 여기서 '구속력이 있다'는 것은 수범자에게 권리를 부여하거나 의무를 부과함을 말한다. 그리고 '전부' 구속력이 있다는 것은, 지침과 같이 달성될 결과에 대해서만 구속력을 가지는 것이 아니라, 국내법률과 같이 규칙에 담겨 있는 모든 규정이 구속력이 있음을 의미한다. 즉 '결과' 이외의 '형태나 방법' 등에 관한 사항에 대해서도 구속력을 가진다. 따라서 규칙에 결과 달성의 방법이 명시되어 있으면 이것도 구속력이 있다. 회원국들에는 규칙 내의 여러 조항을 선별하여 자국민 또는 자국의 이익에 불리한 부분의 적용을 거부할 권리가 없다. 셋째,

---

8) TFEU 제293조.
9) TFEU 제288조의 (2), Euratom조약 제161조.

규칙은 '직접 적용성'을 가지는데, 직접 적용성이란 규칙이 제정됨과 동시에 자동적으로 회원국 내 법질서의 일부를 형성하며, 따라서 효과 발생을 위한 특별한 국내적 편입절차(national legislation)가 요구되지 않는다. 넷째, 규칙은 '모든 회원국 내'에서 직접 적용된다. 따라서 규칙은 EU의 모든 영토에서 법적 효력이 발생한다.

2. 지침

어떤 국제기구도 지침(directives)과 같은 성격을 지닌 규정은 없으며, 이는 EU에서 가장 특이한 입법 형태이다. 지침은 때로는 이사회에 의해서, 때로는 EU 위원회에 의해서, 때로는 유럽의회와 이사회의 협력으로 채택된다. 이러한 지침은 TFEU 제288조[구 EC조약 제249조(구 제189조)]에는 단지 그 기능만 언급하고, TFEU 제288조는 일단 이사회와 EU 위원회에 지침을 채택할 수 있는 권한을 부여할 뿐이다. 이 지침도 구속력이 있는 법령이다. 그러나 규칙과는 달리 '전부' 구속력이 있는 것은 아니고, 달성될 '결과'에 대해서만 구속력이 있으며, '형식과 방법'의 선택은 회원국에 위임되어 있다. 즉 지침에 있어서는 목표만을 수립하고, 적당하다고 생각하는 방법은 회원국에 위임하고 있다. 하지만 지침은 국내법으로의 변형이 필요한데, 이로 인해 회원국들은 중요한 이해관계에 직면한다.[10] 분명한 것은 지침이 회원국에 의해 그 이행조치가 취해져야 한다는 것을 예정하고 있다는 것이다. 따라서 회원국들은 자국의 이익을 위해 지침을 위반하지는 못한다. 이러한 지침을 불완전 이행하거나 불이행하는 경우 막대한 벌금을 부과받을 수 있다.

---

10) Elies Steyger, *Europe and its Members: A Constitutional Approach*(Aldershot: Dartmouth, 1995), p.89.

지침에 있어서 주의할 것은, TFEU 제288조(구 EC조약 제249조) 규정상으로 지침은 직접 적용성이 없으며, 그 수범자도 회원국에 한정되어 있다는 것이다. 따라서 실제 모든 회원국들은 항상 지침을 이행해야 할 직접적 의무가 없다고 주장해 왔다. 따라서 중요 문제는 규칙의 형태로 규정하며 그 밖의 것은 지침의 형태를 취하게 된다. 이처럼 지침은 외관상으로는 연방적 성격이 없는 것으로 보인다. 그러나 ECJ는 이처럼 지침이 회원국을 상대로 발표되지만, 해당 국민은 그로부터 직접적인 권리를 향유할 수 있다고 봄으로써, 그 성격을 규칙 또는 연방적 법령에 근접시키고 있다. 즉 국내법원은 직접효력을 갖지 않는 EU규정, 곧 지침의 합법성과 관련하여 ECJ에 선결적 판결을 부탁할 수 있다. 지침의 효과에 대해 유권적 해석기관인 ECJ에 제소할 수 있다는 것은 지침이 연방적 성질을 가짐을 보여 준다.

이러한 지침은 기한이 완료되기 전에는 직접효력을 갖지 못하는데, 이 또한 규칙과의 차이점이다. 한편 규칙과 EU 기초 설립조약들은 회원국 국민 개인에게 직접 권리와 의무를 부여하지만, 지침은 회원국에는 의무부여가 가능하나 개인에게는 의무부여가 원칙적으로 불가능하다. 개인과 관련된 지침이 문제가 될 경우에도, 단지 ECJ는 법률사항을 관할할 뿐, 사실문제는 국내법원이 관할한다. 개인과 관련된 법률문제도 개인이 아니라 국가가 판결을 ECJ에 부탁하는 경우이며, 개인이 지침과 관련하여 직접 제소할 수 없다. 지침의 효과에 있어서 이제는 지침의 수평적·수직적 효과의 구별이 사라지고 있다.

3. 결정

결정(decisions)은 당해 수범자들에게 전부 구속력이 있다. '전부' 구속력이 있다는 점에서 규칙과 같고 지침과 다르다. 결정은 또한 오로지 확정된 개개의 수범자들을 대상으로 한다. 이러한 '개별 적용성'으로 인해 수범자는 하나 혹은 둘 이상의 회원국일 수도 있고 회원국 내의 하나 혹은 둘 이상의 개인일 수도 있다. 다만 수범자가 다수인 경우에는 당해 결정에서 그들을 일일이 지칭할 필요는 없고 수범자의 집단이 확인될 수 있을 정도면 충분하다.

일반적으로 결정은 EU 위원회 또는 이사회가 개별 문제를 다루는 수단이 된다. 따라서 결정을 국내 행정법상의 '행정행위'에 비유한다. 하지만 실제는 결정의 내용이 추상적인 입법적 성격의 결정도 많이 채택되고 있다. 그 결과 지침과 비슷하게 일정한 목적을 달성하기 위해서 회원국에 대해 필요한 조치를 취할 것을 요구하는 결정도 있고, 규칙과 같이 일반규칙을 수립하는 결정도 있다.

4. 권고 및 의견

'권고'(recommendations)란 일정한 상대방에게 특정행위를 권하는 국제기구의 일방행위이며, '의견'(opinions)이란 특정대상자 없이 제3자의 요청으로 단순한 견해를 표시하는 것이다. 이러한 권고 및 의견은 모두 구속력이 없다. 이들은 대부분 회원국 정부에 대해 내려지지만, EU기초 설립조약에 명시되어 있는 몇몇의 경우에는 한 개인, 다수인 또는 일정한 사업가에 대해서도 내려질 수 있다. 권고와 의견의 차이점을 분명히 말하기란 쉽지 않다. 일반적으로 그 목적이 수범자로부터 행동(EU 집행기관이 회원국들의 국내법규를 조화시키기 위한 간접적인 행동수단)을 얻는 것이면 '권고'이고, 제3자의 요청에 대해 어떤 관점인가를 표현하는 것이면 '의견'이다.

Ⅲ. 국제협정

일반적으로 국제법은 그 구속력과 이행강제에 있어 불완전한 점이 있지만, ECJ는 때때로 EU의 발전을 위해 국제협정을 인용한다. 이러한 사법심사는 EU가 고유의 국제적 법인격을 갖게 됨으로써, 그리고 회원국들로부터 국제협정체결의 권한을 위임받음으로써 가능하게 되었다.

EU가 당사자로 참여하는 많은 국제협정들은 종종 국제법상으로는 다소 다른 차원으로 이해되고 있다. 그러나 그러한 국제협정들이 EU 내에서는 '유럽연합의 입법'으로 수용되어 이행되기 때문에, 그러한 국제협정들은 'EU의 입법'과 동등하다. 즉 EU가 당사자가 되어 체결한 국제협정은 유럽연합이 입법한 것으로 수용되어 회원국에 직접 적용된다. 여기에서 '구속력이 있다'는 것은 국제협정이 EU법의 일부를 형성함을 의미한다. 따라서 EU법도 국내법과 마찬가지로 하나의 통일된 법체계를 형성한다고 할 수 있다. 그렇다면 EU에 대하여 구속력을 가지는 국제협정은 EU법체계 내에서 어느 정도의 서열에 있는가가 문제이다. 그런데 국제협정체결권을 포함한 EU의 모든 권한은 설립조약에서 나온다. 따라서 EU 기초 설립조약과 국제협정 사이에서는 당연히 EU 기초 설립조약이 우선한다.

Ⅳ. 법의 일반원칙

3개의 모든 공동체설립조약들은 ECJ에 설립조약의 해석과 적용에 있어서 '법의 준수'를 보장하는 관할권을 인정하고 있다.[11] 그런데 이 EC설립조약 제220조(구 제164조), ECSC설립조약 제31조, Euratom설립조약 제136조, 그리고 명백하게는 EC설립조약 제230조(구 제173조, TFEU 제263조)와 제288조(구 제215조, TFEU 제340조)는 명문화된 EU법 규정만이 EU의 법원으로 인정될 수 있는 유일한 법적 근거가 아님을 함축하고 있다. 즉 이는 ECJ가 판결 시 '법의 일반원칙'의 적용이 필요한 경우에는 법의 일반원칙을 적용하여 재판 불능을 면할 수 있음을 의미한다. 현재는 정확하게는 무엇이 법의 일반원칙이냐를 놓고 논쟁이 있기도 하다. 결국에는 법의 일반원칙은 회원국들의 법제를 비교법적으로 연구하여 적용하여야 할 것이다.

또한 ECJ에 의해 인용된 법의 일반원칙에는 '기본권'이 있는데, 이는 현재 TEU 제6조(구 제F조)에 명백하게 규정되어 있다. 즉 "유럽연합은 1950년 11월 4일 Rome에서 서명한 인권과 기본적 자유의 보호에 관한 유럽대표자회의(European Convention for the Protection of Human Rights and Fundamental Freedoms)에 의해서, 회원국 공통의 전통으로서 그리고 공동체법의 일반원칙으로서, '기본권'을 존중해야 한다"[12]는 것이다. 법의 일반원칙은 종종 법원의 판결을 이끌어 내는 법적 참작으로서 중요하다. 이로써 재판관의 자의적 판결을 방지하고, 법의 흠결로 인한 재판 불능을 예방하기 때문이다. 기본권과 관련해서는 'EU 기본권헌장'이 채택된 바 있으며,

---

11) EC조약 제220조(TFEU에 의해 삭제됨). ECSC조약 제31조, Euratom조약 제136조.
12) TEU 제6조의 (2)[구 제F조의 (2)].

이는 리스본조약에 의해 승인되어 동 조약의 일부가 되었다.

다음은 ECJ에 의해 다수 인용되었던 법의 일반원칙들이다.[13] 적법의 기대 가능성 보장(protection of legitimate expectation),[14] 청문권(right to be heard),[15] 법적 확신(legal certainty),[16] 동등하게 대우받을 권리(equality of treatment),[17] 비례성의 원칙(proportionality),[18] 충실한 행정운영과 감독(good administration)[19] 등이다.

V. 사법적 해석과 판결

일반적으로 국제법상으로는 '선례구속의 원칙'이 적용되지 않아, 당해 판결은 당해 사건에 대해서만 효력을 갖는다. 그런데 이런 판례법은 영국과 아일랜드를 제외한 대부분 EU회원국 내에서 전통적으로 법원으로서의 주된 기능을 하지 못하였음에도 불구하고, ECJ의 판결은 EU법의 한 부분을 형성해 왔다. 이는 법의 올바른 해석과 적용을 보장하기 위해 ECJ에 인정된 권한이다. 또한 이는 EU의 성문법 불명확성과 불완전성에서 기인한다.

EU 성문법의 불명확성과 불완전성은 다음과 같은 요인으로 발생한다. 새

---

13) L. Neville Brown and Tom Kennedy, *The Court of Justice of the European Communities*(London: Sweet & Maxwell, 2000), pp.345~367.

14) Case 112/77, *Töpfer* v. *Commission*: [1978] ECR 1019 at 1033(19).

15) Case 17/74, *Transocean Marine Paint Association* v. *Commission*: [1974] ECR 1063 at 1080(15), [1974] 2 CMLR 459.

16) Case 21/81, *Openbaar Ministerie* v. *Bout*: [1982] ECR 381 at 390(13), [1982] 2 CMLR 371.

17) Case 148/73, R *Louwage* v. *Commission:* [1974] ECR 81 at 89(12).

18) Case 122/78, *Buitoni* v. *FORMA*: [1979] ECR 677 at 684(16), [1979] 2 CMLR 665.

19) Joined Cases 33 and 75/79, *Kuhner* v. *Commission*: [1980] ECR 1677 at 1698(25).

로운 EU와 기존 공동체와의 관계, 타협으로 인한 미약한 의결절차 문제와 제2차 입법으로의 회피, EU의 발전에 부합하는 성문법 영역의 빠른 변화 속도가 그것이다. 따라서 EU의 다양한 권한의 영역에 있어서 ECJ가 상세한 법령에 기초한 판결을 내릴 수 없는 경우도 존재한다. 또한 다양한 사건들이 법원에 제소됨으로써,[20] ECJ는 불가피하게 기술적이고도 문법적인 해석이 불가능할 경우도 있다. ECJ는 이를 극복하고자 해석을 통하여 법을 명확하게 하고, 나아가 새로운 법을 창출하기도 한다. 이는 회원국 국내법원들이 ECJ의 판결을 존중해 줄 것이 기대되는 데서 비롯되는데, 일반적으로 그렇게 수용되고 있다. 그리고 실제 ECJ가 판례법을 인용하는 정도가 증가하고 있는데, 이로써 ECJ는 해석과 판결을 통하여 EU법의 적용을 확대시키고 있다.

Ⅵ. 결의 및 계획

여기서의 결의(resolutions)란 주로 이사회와 이사회 내의 회원국 정부 간 대표자회의에 의한 결의를 의미한다. 그리고 계획(programmes)이란 EU 회원국과 EU기관들이 EU의 장래 행동에 대한 일반원칙을 설정하는 것을 의미한다. 이러한 계획도 역시 일반적으로 이사회와 이사회 내의 회원국 정부 간 대표자회의에 의해 채택된다. 오늘날에는 환경과 같은 분야에서 행동계획(action programmes)의 형태로 많이 활용되고 있다.

---

20) 단일유럽의정서(SEA) 제11조에 의해 이사회는 재판의 효율을 위해 ECJ에 부속된 제1심법원(Court of First Instance)을 두고 있다. 법적 관점에 관해서는 ECJ의 관할이다. 이 제1심법원은 이사회 결정 88/591(Council Decision 88/591)에 의해 1988년에 설치되어, 1989년 11월부터 기능하고 있다. 제1심법원은 각 회원국이 한 명씩 임명한 재판관들로 구성되며, 특별한 경우에는 전원재판부(plenary session)를 구성한다.

02

EU의 환경법

제5장 머리말

　유럽 환경법은 유럽연합(European Union: EU)이 '경제성장'과 동시에 '환경'을 점차적으로 고려하기 시작하면서 발전하였다. EU는 양적 경제성장과 질적 경제성장을 동시에 추구하는 데 관심을 가졌다.

　2009년 12월 1일 발효된 TFEU 제191조 제1항에서는 '기후변화'라는 용어를 조약상 처음으로 규정하여 EU가 역내외적으로 '환경문제'에 큰 관심을 가지고 있음을 밝히고 있다. 이는 환경정책상 2차 규범의 제정 가능성을 의미하는 것이며, EU는 EU환경청(European Environment Agency: EEA)을 중심으로 보다 강화된 환경정책을 추진할 수 있게 되었다. 이로서 환경정보네트워크와 모니터링이 이루어지고,[1] 환경형법을 도입하여 환경책임이 강화되고,[2] 에코라벨제도가 도입되며,[3] 신재생에너지[4] 관련 법규가 강화되

---

1) Regulation 401/2009(OJ 2009 L126/13).

2) Directive 2004/35(OJ 2004 L143/56). 이 지침은 Directive 2006/21(OJ 2006 L102/15)에 의해 개정되었다: Directive 2008/99(OJ 2008 L328/28).

3) Regulation 66/2010(OJ 2010 L27/1). 동 규칙은 인체대상 의약품에 관한 유럽의회/이사회 지침 2001/83(OJ 2001 L311/67) 및 동물대상 의약품에 관한 유럽의회/이사회 지침 2001/82(OJ 2001 L311/1) 상의 의약품과 의료기기에는 적용되지 아니한다.

4) Directive 2009/28(기존의 Directives 2001/77/EC 및 2003/30/EC을 개정)(OJ 2009 L140/16).

는 등 점점 환경규제가 강화되고 있다.

그런데 무엇보다도 환경문제는 오늘날 한 '국가' 내에서뿐만 아니라 지역적 및 보편적 '국제사회'에서 모두 중요하게 다루는 관심의 영역이 되었다. 특히 '환경'이라는 주제는 '초국경적 성질'을 갖는 분야로서 다루는 내용이 역내외적으로 '유사한 성질'을 갖고 있다. 따라서 환경문제는 국가의 '주권적' 사항이라는 측면과 '초국경적' 국제문제라는 측면에서 다루게 된다. 따라서 EU 환경법도 특별한 것이 아닌 국제법 주체가 공통적으로 관심을 갖는 내용이 그 규율 대상이기 때문에, 다루는 내용이 유럽이라고 하는 지역에서 실행되고 있는 정책과 법의 한 영역으로 이해될 수 있다.

이러한 상황에서 EU는 현재 EU 공동시장의 주요 정책 영역 중 하나로 '환경문제'를 비중 있게 다루고 있다. 처음에는 EU환경정책을 EU역내시장의 '통합'이라는 경제적인 목표의 범주에서 부차적인 차원에서 다루었고, 초기 EU환경정책은 각 회원국들의 상이한 환경정책으로 인한 '상품의 자유이동'의 장애를 제거하고자 하는 차원에서 환경관련 규제조치의 조화를 실시하였다. 그러나 21세기에 EU는 '적극적인' 환경정책을 추진하게 되었고, 이는 EU가 국제사회에서 환경문제를 가장 주도적·창의적·건설적으로 다루는 계기가 되었다.

TFEU 제191조 제1항은 EU환경정책의 목적들로 환경의 질의 보존과 보호 및 향상, 인간 건강의 보호, 천연자원의 신중하고 합리적인 사용, 지역적·지구적 환경문제 극복을 위한 국제적 차원의 노력을 규정하고 있다. 그리고 EU환경정책은 그 목적을 달성하기 위하여 TFEU 제191조 제2항에 규정된 높은 수준의 보호원칙, 사전예방의 원칙, 방지의 원칙, 근원의 원칙, 오염자부담의 원칙, 세이프가드 등의 기본 원칙들에 근거해야 한다. EU 모든 회원국들은 이 기본 원칙들에 따라 제정된 EU 환경법을 이행할 법적 의무가 있으며, EU의 환경관련 규칙과 지침은 이 기본 원칙들에 입각해 해석되어야 한다.

아울러 EU는 환경정책을 입법 제안함에 있어서 TFEU 제191조 제3항에 따라 환경정책과 관련된 유용한 과학적·기술적 자료, EU의 다양한 지역의 환경적 조건들, 입법의 작위 또는 부작위의 경우의 잠재적인 이익과 비용 간의 균형, 해당지역의 균형 있는 발전 등 일반적인 고려사항들을 참작해야 한다.

오늘날 환경문제는 식품(먹을거리)의 안전성과 함께 매우 중요하게 다루어지고 있으며, 그 이유는 이것이 '인간 건강'과 매우 밀접한 관계가 있으며, 또한 초국경적이고 국제적인 차원에서 다루어져야 할 문제이기 때문이다. 그만큼 WTO를 통한 국제시장 못지않게 EU 역내시장도 개방되었다는 의미이다. 따라서 우리나라도 한·EU FTA시대에 시장개방을 통한 경제적·통상적 이해만을 고려하는 것이 아니라 적극적 차원에서 환경정책을 고려할 필요가 있다. 적극적 차원에서 환경정책의 목적 또는 원칙들이 반영된 경제통상정책이 추진된다면 미래지향적 관점에서 결국 국제적으로 큰 경쟁력을 확보하게 될 것이다.

제6장 환경법제의 발전과 일반원칙*

I. 서언

오늘날 국제사회는 기후변화[1]에 대응하기 위한 국가들 간의 협력과 연대가 강조되고 있으며 환경오염으로 인한 오존층파괴, 기후변화 등으로 생존의 위협을 어느 때보다도 심각하게 인식하기 시작하였다.[2] 그런데 일단 모든 환경오염의 근원은 인간의 활동에서 찾을 수 있고, 이러한 인간의 활동으로 인해 지구에 많은 열과 유해물질이 방출되고, 삼림이 훼손된다고 할

---

* 이 내용은 김두수, "EU의 환경보호에 관한 법제의 발전과 일반원칙들의 현황", 『국제지역연구』 제15권 제2호(2011.7.30.)의 내용을 참고함.

1) 기후변화는 리스크의 속성에 있어서 '영-무한대 딜레마'(zero-infinity dilemma)가 확연하게 드러나는 대표적인 환경리스크이기 때문에 이 리스크에 대한 불확실성이 제기될 수도 있다. 그럼에도 불구하고 국제사회는 이 리스크를 인정하고 있으며, 우리나라의 경우에는 2010년 1월 13일 기후변화에 대한 처방으로 '저탄소녹색성장기본법'을 제정하여 신속하고 과감하게 대응하고 있는 상황이다. 조홍식·이재협·허성욱, 『기후변화와 법의 지배』(서울: 박영사, 2010), pp.3~6 참조; 환경문제의 국제적 성격과 국제적 도전에 대한 같은 취지에 대하여는 Philippe Sands, *Principles of international environmental law* (Manchester: Manchester Univ. Press, 1995), pp.9~10; 지구환경문제의 핵심으로 부상한 기후변화는 경제 및 산업활동에 의해 악화되는 것으로 결국 중요한 것은 환경과 경제의 상생을 도모하는 것이라 할 수 있다. 현재로서는 이를 위한 최적의 방법이 온실가스배출량을 감소시키는 것이라는 데에 이견이 없다고 할 수 있다. 유상희·임동순, "EU의 기후변화협약 대응 정책평가 및 시사점", 『유럽연구』 제26권 제1호(2008.4.), pp.252~253참조.

2) Linda A. Malone, *Environmental Law*(New York: Aspen Publishers, 2007), p.201.

수 있다. 결국 국가들의 산업장려 및 개발정책이 환경을 오염시키고 생태계를 계속하여 파괴시켜 왔던 것이다. 이런 상황에서 환경보호에 관한 국제사회의 노력은 1972년 스톡홀름 UN인간환경회의(UN Conference on the Human Environment, in Stockholm)에서 시작되었다고 할 수 있으며,[3] 2009년 12월 코펜하겐 합의문(Copenhagen Accord) 채택을 통해 지속적으로 시도되고 있다고 볼 수 있다. 이 가운데 EU는 국제사회에서 환경 분야에 있어서 주도적, 창의적 역할을 수행하고자 하고 있다. 물론 이에 대하여는 보는 시각에 따라서 한편으로는 순수하게 환경론자의 입장에서 이해할 수도 있고, 다른 한편으로는 이러한 EU의 환경정책에 대하여 비관세장벽으로 파악하여 통상법적으로 이해할 수도 있다. 그런데 현 시점에서 이에 대해 어떤 관점으로 이해한다고 해도, 이렇게 EU가 지역적 차원에서 환경법의 적용영역을 확대 및 강화하고 있다는 점은 결코 쉬운 일은 아니다. 이를 위해 EU 집행위원회가 각 회원국별로 상이한 환경관련 국내법의 조화를 이루고, 그 이행까지 감독하고 있는 상황이다. 이 과정에서 EU 집행위원회는 불이행 또는 불완전이행 회원국을 상대로 EU사법기관에 제소하는 방법도 가능하나, 이런 방법보다는 EU 회원국과의 긴밀한 연대를 유지하며 미래를 향한 발전적 방향에서 지속적인 노력을 할 필요성이 있는 것이 현실적이기도 하다. 무엇보다도 실체법적 차원에서 EU 환경법규의 내용은 매우 광범하고 대규모적인 성질을 가지고 있으며, 기후변화 및 대기오염, 폐기물 관리, 토양오염, 수질오염, 생물다양성, 화학물질의 규제, 환경영향평가 등의

---

3) 1972년 스톡홀름 선언(Stockholm Declarations) 원칙(Principle) 1은 다음과 같이 규정하고 있다. "Man has a fundamental right to freedom, equality and adequate conditions of life *in an environment of a quality that permits a life of dignity* and well-being [emphasis added]." Elli Louka, *International Environmental Law*(Cambridge: Cambridge Univ. Press, 2006), p.30.

과제를 다루어야 한다. 그런데 EU환경법규는 회원국마다 그리고 지역마다의 행정조치가 매우 다양할 뿐만 아니라 초국경적인 대규모의 사항을 다루기 때문에 국내외적으로 통일된 법질서를 형성하기가 쉽지 않다고 할 수 있다. 그럼에도 불구하고 EU는 유럽이라고 하는 지역적 국제사회에서 회원국들 간 환경법규의 통일을 통해 환경 분야를 규율하고 있다.

이에 이 글에서는 환경법의 세부 각론적 사항이 아닌 EU가 오늘날 환경 분야에서 국제사회에서 주도적, 창의적 역할을 수행하기까지의 역내 환경법제의 발전과정과 EU환경법상 환경보호에 관한 주요 일반원리들 혹은 일반원칙들의 현황을 살펴보고자 한다. 이는 기후변화에 국제사회가 공동으로 대응하기 위해 협력하는 국제적 견지에서 좋은 경험과 교훈을 줄 수 있다는 데 의미가 있다. 이를 위해 먼저 EU의 환경보호에 관한 법제의 발전을 살펴본 후에 이 과정 속에서 확립되어 온 일반원리들 혹은 일반원칙들의 현황에 관하여 상세히 검토하고자 한다.

II. EU환경법의 발전과 현황

2010년을 전후로 국제사회가 크게 주목하기 시작한 '환경' 분야에 대한 유럽에서의 환경법은 아래와 같이 6단계로 나누어 살펴볼 수 있다. 유럽환경법의 발전사는 환경을 깊이 있게 인식하지 못하여 부수적 차원에서 환경적 고려가 이루어진 시기(제1단계: 1958~1972), 경제성장의 질적 측면인 환경보호를 인식하기 시작한 시기(제2단계: 1972~1987), 환경보호를 위한 초기 법적 근거를 마련한 시기(제3단계: 1987~1993), 지속 가능한 성장의 추구 시기(제4단계: 1993~1997), 지속 가능한 발전의 추구 시기(제5단계: 1997 ~2009), 환경 및 에너지 관련법제의 강화 시기(제6단계: 2009~현재) 등 6 단계로 나눌 수 있다.

1. 제1단계 시기(1958~1972)

첫 번째 단계는 1958년부터 1972년까지이다. 이 시기는 유럽경제공동체 (EEC)와 유럽원자력공동체(EAEC 또는 Euratom)가 설립되어 환경보다는 유럽의 경제부흥에 관심이 많았던 시기이다. 이 시기는 환경문제에 관하여 구체적으로 그리고 심각하게는 인식하지 못했던 시기이며, 당시의 EEC조약 제2조에서 "공동체 전체에 걸친 경제활동의 조화로운 발전, 생활수준의 향상"을 규정하고, 제36조에서 "인간과 동·식물의 건강 및 생명의 보호"에 관해 규정하고 있어 환경정책을 추진하기는 하였지만 직접적으로 환경, 환경보호, 환경정책에 대한 체계적인 추진은 이루어지지 않았다.

이 시기의 환경과 관련되어 부분적으로 존재했던 법률로서는 1967년 '위험한 조제용 물질들의 포장과 라벨작업에 대한 지침 67/548'[4]과 1970년 '자동차 소음정도와 배기가스 시스템에 대한 지침 70/157'[5]이 있었다. 이 시기 이러한 지침들은 유럽이라고 하는 공동시장에서 이루어진 최초의 조치였다는 점에서 의미가 있으나, '환경적 고려'는 매우 부분적인 것으로서 환경을 깊이 있게 인식하지 못한 가운데 '부수적 차원'에서 이루어졌다.[6]

---

4) OJ 1967 L196/1.

5) OJ 1971 L42/16.

6) Jan H. Jans and Hans H.B. Vedder, *European Environmental Law*(Europa Law Publishing, 2008), p.3.

1970년대 이전의 EU환경정책은 역내시장 설립을 위한 장벽을 제거하는 것에 초점이 맞추어져 있었고 공동체의 공동시장의 기능 활성화에 있었다. 그렇기 때문에 역내교역에 방해가 되는 회원국들의 상이한 환경규제조치들을 조화시키는 것에 중점을 두었고 환경보호는 부수적 차원에서 다루어졌던 것이다.[7]

2. 제2단계 시기(1972~1987)

두 번째 단계는 1972년 10월 19일~21일 파리에서 6개 EU회원국 정상회의(European Council Summit)에서 EU차원의 환경정책을 마련하는데 합의한 다음 해로, EU차원의 실질적인 환경정책의 시작을 의미한다. 이 시기는 환경이란 개념을 EU차원에서 처음으로 인식하고 환경문제를 자각한 시기로, 역내 경제성장은 물적 생활수준과 삶의 질의 향상이 병행되어야 한다고 논의가 되었던 시기이다. 유럽경제의 성장으로 삶의 질이 향상되면서 이전에는 없었던 '경제와 환경의 조화'의 필요성을 인식하게 되었던 시기이다. 인류의 진보를 위해서 환경보호와 건강 및 정신적 가치에 특별한 관심을 갖게 되었고, 이를 기회로 6개국 정상들이 모여 EU위원회에 환경정책을 수립하도록 촉구하게 되었다.[8] 이를 통해 공동체 차원의 '환경행동계획'[9](Environmental Action Programme)이 마련되기 시작하였다.

---

7) 배정생, "EU법상 환경보호: 리스본조약 이후 최근 변화를 중심으로", 『유럽연구』 제28권 제2호(2010.8.), p.327 참조.

8) Jans and Vedder, *supra* note 6, p.3.

9) 지금까지 EU는 6차례의 환경행동계획을 실시하였는데, 1차(1973~1976), 2차(1977~1981), 3차(1982~1986), 4차(1987~1992), 5차(1993~2000), 6차(2002~2010)로 구분된다.

이 시기에 유럽의회(European Parliament: EP)는 유럽의 '환경정책의 가치'를 강조하기 시작하였으며, EU기관들에게 공동체차원의 환경프로그램을 강구하도록 요청하였다. 당시 EEC조약 제2조는 "EC의 임무는 공동체의 조화로운 경제활동의 발전과 지속적이고 균형 있는 발전을 도모하여"라고 규정하여 인간의 삶과 환경보호의 질을 향상시키는 것으로서 이는 환경오염 방지에 관한 캠페인이 없는 상태에서는 상상할 수 없는 것이었다. 비록 당시 EEC조약 제2조와 제3조에서 '환경보호'라는 용어가 직접적으로 사용되지는 않았지만, 이는 이후로 EU의 경제성장을 '양적인' 것뿐만 아니라 '질적인' 것으로도 여기게 하였으며, 처음으로 공동체의 중요한 목적 중 하나가 '환경보호'라고 인식되었다는 점에서 의미 있는 시기이다.[10] 이 시기에 유럽차원에서 환경에 대한 인식의 전환이 이루어지게 되었다고 할 수 있다.

그러나 이에도 불구하고, 유럽경제공동체(EEC)의 권한에 대한 논란의 여지는 남아 있었다. 환경 용어에 대한 정의가 개념화 되고 있었으나, 환경정책에 영향을 미치는 'EEC의 권한'은 논란거리가 되었던 것이다. EEC의 환경정책에 대한 권한은 '명확한 법적 근거'를 갖추지 못하였었고, 일반규정에 환경규제에 대한 개별조치가 내포되어 있는 한계를 보이고 있었다.[11]

두 번째 단계에서의 유럽환경에 관한 대부분의 지침은 주로 당시의 EEC조약 제100조(TFEU 제115조)와 제235조(TFEU 제352조)에 근거하였다. 제100조는 공동시장의 설립 및 기능에 직접적인 영향을 주는 각 회원국의 각종 법규를 통일시키는 주요 방법을 규정하고 있으며, 제235조(TFEU 제352조)는 EU로 하여금 공동체설립조약의 '목적'을 달성하기 위해 필요한 조치

---

10) Jans and Vedder, *supra* note 6, p.4.

11) *Ibid.*

를 취할 수 있는 근거를 규정하고 있다.

그런데 초기에는 EEC조약 제100조(TFEU 제115조)에 근거한 환경지침이 이루어졌지만 제100조만으로는 한계가 있었고, 명확한 합법적 근거가 필요하였다. 따라서 이러한 흠 또는 문제를 해결하기 위해 유럽의회는 EEC조약 제235조(TFEU 제352조)를 발동하였고, 위와 같은 한계 또는 문제를 극복하기 위해 EEC조약 제235조를 이용하여 환경정책의 중요성을 설득하였다. 환경보호 부분을 명백하게 하기 위한 법적 논거의 필요는 1987년 이전의 큰 문제점으로 지적되는 부분이라고 할 수 있다. 그럼에도 불구하고 공동체 환경정책의 추진 이래로 회원국에 의한 특별한 반대가 제기된 일은 없다.

1985년 *ADBHU* 사건[12]에서 유럽사법법원은 처음으로 환경보호를 공동체의 필수적 목표로 인식하고 있다고 판단하였으며, 제235조(TFEU 제352조)가 제100조(TFEU 제115조)를 보완하고 있다고 보고 있어, 이는 제235조 자체가 유럽환경정책의 법적 기초로서의 역할을 할 수 있다는 것을 의미하였다.[13] 그러나 실제로 제235조에 기초한 법률은 많지 않았으며, 그것도 환경보호를 위한 최소한의 조치들만이 제235조를 기반으로 하고 있었다.[14]

3. 제3단계 시기(1987~1993)

세 번째 단계는 단일유럽의정서(Single European Act: SEA)가 발효된 1987

---

12) Case 240/83, *ADBHU*, [1985] ECR 531.

13) Jans and Vedder, *supra* note 6, p.6.

14) Directive 82/884 on a limit value for lead in the air(OJ 1982 L378/15); Recommendation 81/972 concerning the re-use of paper and the use of recycled paper(OJ 1981 L355/56).

년부터 EU조약(Treaty on European Union: TEU)이 발효된 1993년까지의 시기이다. 이 시기에는 EEC조약 제100조(TFEU 제115조)와 제235조(TFEU 제352조)와 같은 간접적인 법적 규제로는 'EU차원의 환경정책'에 한계가 있다는 것을 인식하고, 이러한 이유로 공동체 차원의 환경정책에 관한 '법적 근거'를 마련하자는 공감대가 형성되었다.[15] 단일유럽의정서(SEA)는 기존의 EEC조약 제100조(TFEU 제115조)와 제235조(TFEU 제352조)를 기초로 환경보호에 있어서 각 회원국의 경쟁에 있어서 동등하지 않은 상태를 방지하기 위한 법적 접근, 즉 EU차원의 공동목적을 위한 법적 접근을 시도하였다.[16] 이 시기는 처음으로 환경정책의 목적이 조약에서 중대하게 다루어진 시기로, EU조약에서는 환경보호를 위한 강제적 조치들이 구체화되었다. 처음으로 '환경'이라는 주제로 특별히 '환경보호'를 위한 법조항이 제정되었으며, 그 예로 EEC조약 130r, 130s, 130t, 100a(3) 그리고 100a(4) 등을 들 수 있다. 이 중 130r조는 EU 환경정책의 목적, 환경정책의 원칙[특히 2항에서는 방지의 원칙(preventive principle), 근원의 원칙(environmental damage should as a priority be rectified at source), 오염자부담의 원칙(polluter-pays principle)을 규정하였음, 4항에서는 보충성의 원칙[17](principle of subsidiarity)을 도입하였음] 및 지침 그리고 환경보호를 위한 국제적 협력에서의 EU의 역할 등을 정의하고 있다.[18]

---

15) Ludwig Krämer (ed.), *European Environmental Law*(Aldershot: Dartmouth, 2003), pp.32~39, 82~84 참조.

16) Jans and Vedder, *supra* note 6, p.6.

17) 이 보충성의 원칙은 이후 EU조약(마스트리히트조약)에 의해 구 EC조약 제3b조 2단에서 EC 전체에 적용되는 일반원칙으로 규정되었기 때문에 삭제되었다.

18) Krämer, *supra* note 15, pp.84~99 참조.

이로써 공동체적 환경정책이 '하나의 공동체 정책'으로 자리 잡게 되었고, 이전의 환경보호에 대한 법적 근거에 대한 논란의 여지는 사라지게 되었으며, 환경문제에 대한 공동체의 임무가 확고해지고 적극적이게 되었다.[19]

단일유럽의정서(SEA)는 'EU차원의 환경정책'에 관한 확실한 '법적 근거'를 처음으로 마련함으로써 환경보호에 관한 법적 근거의 흠의 논란을 없애고, 각 회원국 간의 통합적인 규범의 틀을 마련했다는 점에서 의미가 크다. 단일유럽의정서(SEA)는 공동시장의 확립 등 1992년 EU출범에 있어서 매우 중요한 법적 준비의 근거가 되었듯이, EU환경법의 발달에 있어서도 법적 기초의 제공에 있어서 매우 중요한 전환점이라고 할 수 있다.

4. 제4단계 시기(1993∼1997)

네 번째 단계는 EU조약이 발효된 1993년부터 1997년까지의 시기이다. 단일유럽의정서(SEA)에 이어 1993년 11월 1일에 발효된 EU조약은 EU환경정책을 한 단계 더 발전시키고,[20] 환경정책의 지위를 EU정책의 하나로 확고히 하는 계기를 마련하였다.

이 시기에는 '환경'을 주제로 한 하나의 '독립된 편'을 만들었으며, '환경'이라는 단어가 당시 EC조약 제2조와 제3조에서 핵심적 용어로 언급되었다. 제2조는 공동체의 목적을 단순한 경제성장이 아닌 '환경을 보호하는 지속 가능한 성장'(sustainable growth)이라고 언급하였다. 그런데 '지속 가능한 성장'은 '지속 가능한 발전'[21](sustainable development)이라는 표현보

---

19) 정홍열, "EU환경정책의 발전과 우리나라 산업에 주는 영향", 『유럽연구』 제24권(2007.2.), p.267 참조.
20) 현재 EU의 환경정책의 목적과 원칙은 이 당시의 EC조약 제130r조에 의해 대부분 정립되었다.
21) 본래 인간은 개발을 통해 경제적 이익을 얻음으로서 복지의 행복한 삶을 살 수 있기 때문에, 개발권은

다는 환경보호적인 관점에서 미약하다는 비난을 받았다. 그럼에도 불구하고 환경적 목적의 조약상의 도입은 대단한 정치적 의미를 갖는다. 제3조는 '공동체의 목적을 달성하기 위한 수단으로 상품의 자유이동, 경쟁정책 등과 함께 환경정책'을 명시적으로 언급하였다. 이로써 환경보호가 공동체의 궁극적 목표임이 명확해졌으며, 이는 현재와 미래에 있어서 환경규제를 위한 중요한 의미를 가진다. 즉 EU차원의 환경조치를 취할 수 있는 법적 근거로서 효력을 갖게 되었다. 무엇보다 중요한 것은 1979년부터 의원 직접선거를 실시하던 유럽의회의 역할과 권한이 강화되었는데, 그것은 바로 유럽의회가 환경관련 입법과정에 참여할 수 있게 되어 거부권을 행사할 수 있다는 의미의 공동결정절차를 수립했다는 것이다.[22]

5. 제5단계 시기(1997~2009)

다섯 번째 단계는 1997년부터 2009년까지의 시기이다. 이 시기는 '포스트 암스테르담, 포스트 니스 단계'에 해당된다. 1997년 암스테르담 조약에서는 EC조약 제2조에서 '지속 가능한 발전'을 언급하였을 뿐만 아니라, 높

인권으로서 이해할 수 있다. 그러나 문제는 과도한 경제개발 속도와 방법은 일반적으로 환경보호와 양립할 수 없다는 것이다. 과거에 개발은 환경보호를 고려하지 않는 방식으로 진행되었던 것이다. 이는 일면 개발권과 환경권의 충돌이라고 볼 수도 있다. 따라서 국제사회는 개발이 환경보호의 범주 내에서 진행되어야 한다는 인식하에 '개발'과 '환경'을 '조화'시키는 '지속 가능한 발전'이라는 개념을 도입하게 되었다. 이 지속 가능한 발전의 개념은 개발이 환경에 종속된다는 의미는 아니며, 개발과 환경이 동등한 지위에서 서로 통합되는 것이라고 하겠다. 또한 이 개념은 환경보호 없이는 지속적인 발전이 이루어질 수 없고, 경제적 발전이 없이는 환경의 질을 유지하고 인류의 생활수준을 향상시킬 수 없다는 사실을 전제로 하고 있다. 그러나 이 개념은 '지속가능성' 또는 '개발'의 성격이나 기준이 무엇인지 등에 대한 명확한 기준이 규명되고 있지 않다는 한계를 보이고 있다. 김기순, "지속가능발전 개념의 법적 지위와 적용사례 분석", 『국제법학회논총』 제52권 제3호(2007.12.), pp.12, 16 참조.

22) Jans and Vedder, *supra* note 6, p.7.

은 수준의 환경보호정책을 추진하고 환경의 질을 개선할 것에 관하여 논의하였다. 그리고 2001년 니스조약에서는 암스테르담조약에 비해서 의사결정 과정이 중시되었다.[23]

이 시기는 '지속 가능한 발전'의 추구 시기라고 할 수 있다. 이는 '현재와 미래 세대'를 위해 자연 재산과 생물학적 다양성을 유지하며, 삶의 수준과 복지가 향상된다는 것을 의미한다.[24] 모든 환경정책과 입법은 '지속가능한 발전'을 기반으로 추진되며 '환경영향'(평가)을 고려해야 함을 의미한다.

이러한 다섯 번째 단계가 가져온 변화로, 첫째는 환경을 파괴하지 않는 '지속 가능한 발전'을 EU의 궁극적 목표로 여겼다는 점이다. 둘째는 환경의 질의 향상과 높은 보호수준을 EU의 임무로 도입했다는 점이다. 셋째는 다음 장에서 살펴보는 EC조약 제6조(TFEU 제11조)의 '통합적 원리'(통합의 원칙)의 촉진이다. 즉 '지속 가능한 발전'을 중심으로 하는 '환경보호'가 EC조약의 일반적인 원칙으로 다른 공동체정책을 보완하고, 그 정의가 통합되어야 한다는 것이다.[25]

6. 제6단계 시기(2009∼현재)

여섯 번째 단계는 2009년 12월 1일 발효된 리스본조약[26] 이후의 시기이

---

23) *Ibid.*

24) Sands, *supra* note 1, pp.199∼200 참조.

25) Jans and Vedder, *supra* note 6, pp.8∼9; Stuart Bell and Donald McGillivray, *Environmental Law*(Oxford: Oxford Univ. Press, 2006), p.64.

26) TFEU는 제2∼6조에서 EU의 배타적 권한 및 EU와 회원국의 경합적 권한에 관하여 규정하고 있으며, 환경과 에너지 분야는 제4조(2)에서 경합적 권한으로 규정하고 있다. 한편 환경입법절차에 있어서, 일반입법절차(기존의 공동결정절차: 위원회의 제안에 대해 유럽의회와 이사회가 공동결정)에 의한 가중다수결이 일반적으로 적용되되, 특별입법절차(기존의 협의절차: 유럽의회의 의견 필요)가 TFEU 제

다. 2001년 니스조약(Treaty of Nice)에 의해 환경법이 강화되었고, 현재 유럽의회는 공동결정절차를 통해 이사회와 함께 환경관련 입법과정에 관여하게 되었다. 2007년 체결되어 2009년 발효된 리스본조약(Treaty of Lisbon)을 보면 EU가 환경을 얼마나 심사숙고하고 있는지 알 수 있으며, 현재까지도 환경을 고려한 '지속 가능한 발전과 보호' 사이에서 논란이 계속되고 있다.

TFEU 제191조 제1항에서 '기후변화'를 처음으로 새롭게 규정하고 있는 리스본조약은 환경 개선과 보호를 바탕으로 한 EU의 지속 가능한 발전을 목표로 하고 있으며, EU는 2020년까지 '탄소배출'[27)]을 1990년에 비해 20% 이상 감축할 것을 표명한 바 있다. 그리고 환경 관련 규제에 있어서 각 회원국은 EU 공통의 기준만 충족시키면 되나, 기후변화 방지, 에너지 안보 등에 있어서는 개별 회원국의 거부권이 삭제(강제적 구속력이 강화)됨에 따라 더욱 포괄적인 환경 규범이 제시되고 있는 시기이다. EU환경청 (European Environment Agency: EEA)을 중심으로 환경정보네트워크와 모니터링이 이루어지고 있으며,[28)] 환경책임이 강화되었고,[29)] 에코라벨이 도입

192조(2)에 따라 이사회의 만장일치가 적용된다. 대부분의 환경관련조치는 일반입법절차인 가중다수결이 적용되지만, TFEU 제192조(2)에 규정된 내용인 재정적 성질의 경우, 도시계획과 수자원관리 및 토지 사용의 경우, 회원국의 에너지 자원 선택과 에너지 공급구조에 중대한 영향을 미치는 경우에는 이사회의 만장일치가 적용된다. 배정생 *supra* note 7, pp.332~334 참조.

27) EU는 탄소배출권거래제도(Emission Trading Scheme: EU-ETS)의 시행을 위한 유럽의회/이사회 지침 2003/87/EC(OJ 2003 L275/32)를 채택하였다. EU-ETS가 우리나라에게 시사하는 바는 이 제도가 초기부터 과감하게 '강제적' 참여제도를 실시하여, 수시로 내용을 업데이트하거나 수정하여 온실가스저감이라는 목적을 상당부분 달성하고 있다고 평가받고 있으나, ① EU는 이 제도를 단계적으로 실시하여 산업계의 충격을 줄이고 있다는 점, ② 초기단계에서 낮은 배출권 할당을 우려한 회원국들이 국가별할당계획을 너무 여유 있게 작성하여 초과할당문제로 '배출권가격'이 급락했다는 점, ③ 충분한 적응기간을 거친 후에는 무상할당방식에서 유상할당의 비중을 높이는 방향으로 전환하고 있다는 점, ④ 과도기적 상황의 임시적 적용예외, 운영자연합, 불가항력 등도 고려하고 있다는 점 등은 우리나라에게도 시사점을 주고 있다. 조홍식·이재협·허성욱, *supra* note 1, pp.145~146 참조.

되었으며,[30] 신재생에너지[31] 관련 법규가 마련되는 등 점점 환경규제가 강화되고 있다.

기후변화, 즉 이상기후는 지구 전체에 물리적·경제적 피해를 초래하여 경제 성장이 멈추어 심각한 위기를 초래할 수 있다. 무엇보다 이러한 기후변화로 인간이 통제할 수 없는 상황에 직면할 수 있다. 따라서 인간은 자원을 합리적으로 신중하게 사용해야 한다. 오늘날 EU가 환경·에너지 분야에서 취하는 법·제도적 노력은 국제적인 행위자로서의 기능을 실험하는 실험장으로 이용될 수 있다. 이를 통해 EU는 지구적인 환경개선과 EU이익의 극대화라는 양 측면에서 좋은 결실을 맺을 수 있다.[32]

이처럼 EU는 1972년 이후 환경보호에 관한 관심이 고조되면서 환경과 관련한 다양한 분야에 걸쳐 환경정책을 꾸준히 확대, 시행해 오고 있다. 환경요건이 EU의 다른 산업분야의 정책에도 적극적으로 반영되는 것을 볼 때, EU환경정책은 일개 국가나 국제사회에서도 하나의 성공적인 사례로 평가할 수 있다. 현재와 미래 세대에 보다 좋은 환경여건을 조성하고 물려주기 위한 이후의 단계들은 현세대가 어떻게 하느냐에 달려 있다고 할 수 있다.

---

28) Regulation 401/2009(OJ 2009 L126/13).

29) Directive 2004/35(OJ 2004 L143/56). 이 지침은 Directive 2006/21(OJ 2006 L102/15)에 의해 개정되었다.

30) Regulation 66/2010(OJ 2010 L27/1). 동 규칙은 인체대상 의약품에 관한 유럽의회/이사회 지침 2001/83(OJ 2001 L311/67) 및 동물대상 의약품에 관한 유럽의회/이사회 지침 2001/82(OJ 2001 L311/1) 상의 의약품과 의료기기에는 적용되지 아니한다.

31) Directive 2009/28(기존의 Directives 2001/77/EC 및 2003/30/EC을 개정)(OJ 2009 L140/16).

32) 이강용, "유럽연합의 지구기후변화 대책에 관한 연구", 『유럽연구』 제27권 제2호(2009.8.), pp.284~285 참조.

Ⅲ. 환경보호에 관한 EU법상의 일반원칙들의 현황

환경보호를 위한 EU법에도 일반적인 원리들 혹은 원칙들이 존재한다. 이러한 일반원칙들은 보통 EU의 1차적 법원인 조약에 규정되어 있으며, 이에 기초해 구체적인 EU환경 관련 2차 규범들이 채택되고 이행된다. 이러한 내용에는 특정 권한의 원칙, 보충성의 원칙, 비례의 원칙, 통합의 원칙, 기본권보장을 위한 환경보호 등이 있다.

1. 특정 권한의 원칙

현재 환경법 분야에서 발전적 모습을 보이고 있는 EU도 환경문제를 다루기 위한 법적 기초를 마련하는 데는 수 십 년의 시간이 필요하였다. 환경과 관련된 EU법상의 법적 근거의 마련은 다음과 같은 측면에서 중요성을 갖는다. 첫째, 환경과 관련하여 구 EC조약 제5조에 따라 EU법상에 '권한 없는 행위 또는 조치'는 무효의 행위 또는 조치가 된다. 둘째, 환경 관련 법적 근거의 마련은 특정 환경 법안의 채택 시 따르는 제정 절차와 관련되는데, 여기서 제정절차는 법령의 주요 '입법 목적'의 근거가 되는 정확한 법적 근거를 의미한다. 셋째, 환경 관련 법적 근거는 회원국들에게 있어서 협의된 유럽 기준보다 '더 엄격한' 자국의 환경법령들을 채택할 자격의 여부에 영향을 미치게 된다.[33] 결국 EU 환경법안의 적절한 법적 근거 결정의 필요성에 있어서, EU법이 규정하고 있는 권한의 범위와 이 권한에 근거하여 채택된 법안만이 그 실효성을 갖기 때문에 법적 기초가 중요한 의

---

33) Jans and Vedder, *supra* note 6, p.10 참조.

미를 가진다.

따라서 환경 관련 생산을 위한 기준들을 조화시키는 법안의 경우에 그것이 '역내시장'에 중점을 두는 경우에는 TFEU 제114조(EC조약 제95조)에 근거한 의사결정방식이, 그것이 '환경보호'에 중점을 두는 경우에는 TFEU 제192조(EC조약 제175조)에 근거한 의사결정방식이 적용되어야 한다.[34] 이와 같이 환경 관련 법안에 대해 EU법상의 의사결정에 관한 근거 규정을 둠으로써 적법성을 보장받을 수 있다.

2. 보충성의 원칙

1) 의의

EU조약(TEU) 제5조 제3항(EC조약 제5조 제3항)은 보충성의 원칙에 대해 언급하고 있다. 여기서 '보충성의 원칙'(principle of subsidiarity)이란 독점적 권한에 속하지 않는 범위 내에서, 회원국들에 의해 제안된 조치들로서는 충분하게 달성될 수 없고, 공동체적 차원에서 더 낫게 해당 목적을 달성할 수 있는 경우에 한해서 공동체가 행동하는 것을 의미한다.[35] 개별 회원국들의 능력만으로는 달성되기 어려운 부분을 공동체가 보완한다고 할 수 있다.

보충성의 원칙의 예로는 교토의정서(Kyoto Protocol: 기후변화협약에 따른 온실가스 감축목표에 관한 의정서)의 '온실가스방출 허용거래'를 위한

---

34) Krämer, *supra* note 15, p.480.
35) Richard L. Revesz · Philippe Sands · Richard B. Stewart, *Environmental Law, the Economy and Sustainable Development*(Cambridge: Cambridge Univ. Press, 2000), p.80; Krämer, *supra* note 15, p.94.

체계의 마련으로,[36] 제5조에서 규정된 보충성의 원칙에 따라 개별적으로 결정하는 회원국들에 의해서는 충분하게 달성될 수 없어 공동체차원에서 보다 잘 달성될 수 있는 경우가 있다. 이와 같은 경우에 바로 EU는 유럽 전역에 효과를 미치는 관련 법령들을 채택할 수 있으며, 다만 이 경우 뒤에서 설명될 '비례의 원칙'(principle of proportionality)에 따라 그 목표달성을 위한 필요 이상으로 규제 범위를 넘겨서는 아니 된다.[37] 이와 같이 국경을 넘나드는 '초국경적' 대기오염을 방지하기 위한 조치는 '개별적으로' 활동하는 회원국에 의하여 충분히 성취 될 수 없지만 EU차원에서 더 잘 해결할 수 있다.

이처럼 국경을 넘나드는 초국경적인 환경문제[38]에 대한 조치는 유럽차원의 법안을 채택하는 것이 필요하다고 할 수 있는데, 특히 대기오염, 수질오염의 경우 더욱 그렇다. 따라서 초국경적인 문제에 대하여 27개 회원국으로 이루어진 EU에 의한 일반적인 조치는 보충성의 원칙에 따른 조치라고

---

36) Directive 2004/101 establishing a scheme for greenhouse gas emission allowance trading(OJ 2004 L338/18).

37) Jans and Vedder, *supra* note 6, p.11 참조.

38) '초국경적' 환경문제와 관련하여 '동아시아' 또는 '동북아'의 환경문제 해결은 환경문제의 특성상 지역국가들 간의 체계적인 협력체제의 확립이 무엇보다도 중요한 선결 과제라고 할 수 있으며, 환경문제인식의 공유와 환경정보공유네트워크 및 모니터링체계를 갖추고 있는 유럽환경청(European Environment Agency: EEA)을 대표적인 예로 들 수 있다. 동아시아 또는 동북아 환경협력에 관한 연구로는 서철원, "동북아 환경협력에 관한 연구", 『서울국제법연구』 제6권 제2호(1999), pp.123~168; 채영근, "동북아시아 환경협력―두만강 지역개발을 중심으로", 『서울국제법연구』 제7권 제2호(2000), pp.85~104; 노명준·성재호·최승환·서철원, "동북아 환경협력체제에 관한 법적 연구", 『국제법학회논총』 제46권 제1호(2001), pp.47~77; 정서용, "동북아시아 환경오염문제의 효율적 해결과 국제법상 정책적 접근방법", 『국제법학회논총』 제51권 제3호(2006.12.), pp.69~89; 소병천 "동아시아 환경정보협력체 구축을 위한 연구", 『국제법학회논총』 제54권 제2호(2009.8.), pp.119~142 참조; 그 외 환경문제에 대한 국제책임에 관한 연구로는 김석현, "환경오염에 대한 국가의 국제책임", 『국제법평론』 통권 제4호(1995.3.), pp.101~134; 김석현, "초국경적 손해에 대한 국제책임의 특수성", 『국제법평론』 통권 제3호(1994.9.), pp.55~75참조.

할 수 있다. 만약 그 연방제적 공동체, 즉 예를 들어 EU와 그 회원국 정부 모두 관할권을 갖는 분야로서 어떠한 결정을 내릴 경우에, 그것이 효율성을 해하지 않는 한 그 당사자인 해당 국민들의 입장에서 가장 적정하다고 생각되는 기관에서 이를 수행해야 하는데, 바로 그 주체가 EU라고 할 수 있다.

그리고 '선적 원료의 오염과 위반에 의한 벌금도입'에 관한 지침 2005/35[39]의 내용과 '야생 조류 보호'에 관한 지침[40] 또한 이와 동일하다. 농업상의 질산오염(지침 91/676),[41] 유전학적으로 변형되는 미생물(지침 90/219),[42] 국내의 폐기물소각(지침 89/369)[43]도 동일한 차원에서 유럽연합 지침에서 다루고 있다.

2) 문제점

보충성의 원칙의 장점에도 불구하고 문제는 이러한 보충성의 원칙이 국가 간 우위의 차이를 줄여 경쟁을 피할 수도 있기 때문에 회원국들의 건전한 정책 경쟁(healthy policy competition)의 기회를 박탈할 수 있다는 점이다. 좋게 해석한다면 경쟁의 왜곡을 방지하고 무역상의 제한 또는 장벽을 회피할 수 있으며, 유럽의 경제적·사회적 통합을 강화시킬 수 있다.[44] 흔

---

39) OJ 2005 L255/11.

40) 1987년에 '야생 조류 보호'에 관한 지침에 대한 판결에서 ECJ는 환경문제는 회원국들에 대한 공통된 책임들을 수반하며, 공동체 자연 유산과 그 위협은 국경을 넘어 자연에서 흔히 존재하는 것이라는 점에서 서식지와 종은 그 위협으로부터 보호되어야 한다는 유럽차원의 법규 제정이 반드시 필요하다고 하였다. Case 247/85, *Commission* v. *Belgium*, [1987] ECR 3029.

41) OJ 1991 L375/1.

42) OJ 1990 L117/1.

43) OJ 1989 L163/32.

44) Jans and Vedder, *supra* note 6, p.13 참조.

히 국제법의 법적 성격을 논함에 있어서 G. Scelle의 사회연대성이론에 비추어 보면 전체질서가 부분질서를 지배하는 것과 일면 유사하다고 할 수 있다. 한편 합리적인 균형은 유럽의 환경보호 규칙들이 주로 '최소한의 조화'만을 추구하려는 성질을 지니게 되면 얻을 수 있다. 그런데 EU전체에 '최소한의 보호 기준'(minimum level of protection)에 관한 조항이 허용된다면, 회원국들로부터 자국의 영토에서 '더 엄격한 환경 기준'을 채택할 권한을 박탈하게 된다. 유럽의 최소기준 이하로는 정책˙ 경쟁이 불가능하게 될 것이다.[45] 보충성의 원칙을 적절하고 합리적으로 적용하기 위해서 EU차원의 조치가 회원국 수준의 조치와 비교해 볼 때 그 범위와 효력 면에서 확실히 이익을 창출하는가 하는 문제가 있는 것이다. 물론 EU 전체에 최소기준의 보호를 성취하려는 목적이 EU법규에 의하여 효과적으로 달성될 수는 있다. 그럼에도 불구하고 뒤의 비례의 원칙에서 살펴보는 바와 같이 회원국에 의한 보다 엄격한 환경 규제 조치는 존중될 필요가 있다.

3) 한계

보충성의 원칙은 문제점 외에 한계점도 보이는데 보충성의 원칙의 한계로는 첫째, EU조약 제5조(EC조약 제5조)의 보충성의 원칙은 '오직' 'EU와 회원국들' 간의 관계만을 규정하고 있다는 것이다. 즉 여타의 권력이 있는 주체에 대해서는 언급 한 바가 없다. 특히 회원국내의 어떤 지역 - 예를 들면, Scotland 또는 Catalonia 혹은 독일의 Länder와 같은 지역 - 은 전혀 명시되어 있지 않다. 이러한 이유로 보충성의 원칙은 EU와 회원국 내 여타 지역(sub-national regions)의 관계에 적용되지 않을 뿐만 아니라, 회원국과

---

45) *Ibid.*

회원국 내 지역의 관계에도 적용되지 않을 수도 있다.

둘째, 보충성의 원칙은 EU와 회원국 간 관계를 '항상' 지배하는 보편적인 원칙이 아니라는 점이 동 조항에 분명히 규정되어 있다는 점이다. 오히려 보충성의 원칙은 EU가 '배타적 권한'을 갖지 않는 영역에만 적용될 수도 있다는 것이다.[46]

3. 비례의 원칙

1) 의의

EU조약(TEU) 제5조 제4항(EC조약 제5조 제4항)은 "EU에 의한 어떤 조치도 조약의 목적을 달성하기 위한 필요 이상의 내용적(실체법적), 형식적(절차법적) 권한을 소유할 수 없다"고 규정함으로써 '비례의 원칙'(principle of proportionality)을 도입하고 있다.

EU와 각 회원국 정부에 대하여 부과되는 모든 비용들은 최소한으로 해야 하며, 제시된 목적에 비례해야 한다. EU 입법기관들은 환경관련 입법을 한다 해도 반드시 회원국의 의사결정에 최고수준의 자유를 보장함으로써 회원국의 법제도가 존중(as much scope for national decision as possible, or subject to the need for proper enforcement)되는 법안을 선택해야 한다는 의미이다.[47] 이는 회원국들이 더 엄격한 환경보호 기준을 확립하는 데 있어서 자율성을 보장받는다는 측면에서 의미가 있다.[48]

---

46) *Ibid.*
47) Krämer, *supra* note 15, p.167.
48) Jans and Vedder, *supra* note 6, p.14 참조.

2) 목적

이러한 비례의 원칙의 목적은 EU 당국의 '과도한 개입'에 대하여 '개인의 권리를 보호'하는 역할에 있다고 할 수 있다. 이에 대한 조건으로는 개인적 이익과 공공이익 및 EU 당국의 자유재량권의 행사 간 갈등이 야기되어야 하며, 또 이들 간에 상관관계가 있어야 한다. 이렇게 회원국들이 과도한 EU차원의 개입에 대해 자유로워진다면, 최소 기준이 가능한 한 많이 사용될 것인데, 이 경우 EU의 '지침'은 '규칙'의 사용보다 우선적으로 고려될 것이며, 세부적인 내용보다는 일정한 구조적 가이드라인이 우선될 것이다. 그리고 중요한 점은 이와 같은 조건을 충족하는 범위 내에서 EU의 일반적 이익에 비추어 보아 추구하는 목적을 달성하기 위한 필요한 조치를 제외하고는 EU 당국은 사인에게 의무를 부과할 수 없다는 점이다.[49] 이는 국가들이 규칙보다는 '지침'의 활용을 선호해 왔던 이유이다. 또한 이는 회원국의 권한을 제한하는 것이 아니라, 실질적으로는 EU의 권한을 제한하는 것으로 이해되는 측면도 있다.

이러한 자발적 법체계는 예를 들어, 첫째, 많은 환경보호법령 중 하나인 '질산비료에 의한 환경오염'에 관한 지침 91/676[50]의 제4조는 농부들이 '자발적으로' 행하는 좋은 농업 사례에 대한 법률이 되어야 한다고 보고 있다. 이는 회원국들이 좋은 농경 관행에 대한 법제를 마련하되, 이 목적 달성은 농민에 의해 자발적으로 구현되는 방식으로 법안이 마련되어야 한다는 의미이다. 이와 비슷한 법령으로 산업계, 소매업자, 환경기관들 등이 관여하는 '에코라벨 부여제도'에 관한 규칙[51]도 있다. 둘째, 같은 맥락에서

---

49) *Ibid.*, p.15 참조.
50) OJ 1991 L375/1.

'환경감사'에 관한 규칙 761/2001[52])도 환경 경영과 감사(Eco-management and audit scheme: EMAS)는 기업과 기타 조직들이 그들의 환경보호활동을 평가하고 보고하고 개선시키는 경영도구이므로 그 참가는 완전히 자발적이라는 것이다. 셋째, 교토의정서에 따른 '온실가스 배출 관련 무역 허가'에 관한 지침 2004/101[53])과 관련해서도 온실가스로 인한 지구온난화 문제는 범국가적, 초국가적 환경문제로서 EU조약 제5조의 보충성의 원칙상 EU차원의 조치를 위해 취할 수 있도록 하고 있으나, 이 지침은 EU조약 제5조상의 비례의 원칙에 따라 그 목표를 달성하기 위한 필요 이상으로는 적용되지 아니한다.

　오늘날 공공기관과 산업 간의 환경보호협정이 점점 환경정책을 구현하는 데 사용되는 것과 같이 자발적인 환경보호협정의 사용에 대한 관심은 점점 증가하고 있다. 그리고 EU의 환경정책은 환경 분야의 결정에 대한 '지침'의 사용이 상당한 관행으로 확립되어 왔으며, 특히 '규칙'은 국제협약의 구현 또는 국제무역규제에 있어서 보다 균일한 정치제도가 필요하다는 분야에서 우선적으로 사용되었다. 이런 '규칙'은 '직접 적용성' 때문에 EU통합적 측면에서는 지침보다 더 적합한 법률문서라고 볼 수도 있다. 그러나 규칙들은 국제무역상의 규제에만 사용되는 것은 아니고 특정회사, 수입업체 혹은 제조업체에 직접 특정 권한을 부여하거나 의무를 부여할 필요가 있을 때에도 사용된다.[54])

---

51) OJ 2000 L237/1[Regulation 66/2010(OJ 2010 L27/1)에 의해 개정됨].
52) OJ 2001 L114/1.
53) OJ 2004 L338/18.
54) Jans and Vedder, *supra* note 6, p.15 참조.

Standley 사건[55])에서 ECJ는 원칙적으로 비례의 원칙에 비추어 EU입법을 재검토하고자 하였다. 이 사건에서 ECJ는 질산염에 대한 지침을 검토하였는데, 여기에서 논점은 관련 지침이 농민들에게 불균형한 의무들이 증가했기 때문에 비례의 원칙에 반한다는 것이었다. 그러나 ECJ는 신중하게 검토한 후, 비례의 원칙의 준수 여부를 판단하고 보장하는 책임을 지는 주체는 국내법원이며, ECJ는 '지침'을 통한 회원국의 국내 이행에 대한 권한 행사를 존중한다고 판시하였다. 이 *Standley* 사건이 갖는 의미는 회원국들의 비례의 원칙을 준수한다는 유연성 있는 조항(flexible provisions)에 따른 EU의 지침의 사용이 EU의 환경보호 입법에 있어 가장 효과적이라는 점이다.[56]

4. 통합의 원칙

1) 의의

EU는 세계 환경운동의 선도적·대변자적 역할을 해 왔을 뿐 아니라, 어느 지역보다 강력하고 혁신적인 환경정책을 펴 왔다. 그러나 처음부터 그런 것은 아니었으며, 공동체 초기의 구 EEC조약에는 환경에 대한 어떠한 언급도 없었다. 그 이후 단일 경제시장으로의 통합을 촉진하기 위한 1987년의 단일유럽의정서(SEA)에서 환경이라는 단어가 처음으로 조약에서 언급되었다. 이때부터 "EU의 균형 있는 경제성장은 EU의 환경정책으로의 통합"을 의미하였다. 10년 후 1997년 암스테르담조약에서 "환경보호의 의무는 유럽공동체 정책과 활동의 정의와 이행에 반드시 포함되어야 하며……

---

55) Case C-293/97, *Standley*, [1999] ECR I-2603.
56) Jans and Vedder, *supra* note 6, p.16.

특히 '지속 가능한 발전'을 추진하는 관점으로……"[57]라고 합의되어 있다.[58] 그런데 EU 역내에서 환경기준을 조화시키는 것은 경제활동의 조건을 공평하게 마련하는 것이다. 한편 EU 환경정책의 원칙들은 사전예방의 원칙, 방지조치의 원칙, 오염자부담의 원칙 등에 기초하고 있으며, WTO체계와는 달리 EU는 생산(방출기준) - 유통(에코라벨) - 소비자에 걸친 전체의 단계에 걸쳐서 환경기준을 적용해 오고 있다.

EU에서 환경 관련 법규는 1970년대와 1980년대에 채택된 바 있으나, 그 이후로 유럽공동체의 환경 입법의 속도가 다소 느려졌다. EU 회원국들도 환경관련 입법 형식으로서 규칙 보다는 지침을 선호하는 경향이 나타났다. 즉 EU는 포괄적인 장기 목표를 위한 기본 지침을 마련하지만, 적용할 방법들을 결정하고 적절한 입법행위를 하는 것은 회원국들에 위임되어 왔다. 따라서 환경에 관해 민감하고 기술적으로도 앞선 EU에서도 정치적 입장 차이와 이행의 문제점들이 널리 존재하는 것이 현실이다. 그러나 EU의 접근법(그리고 그들의 성공요인이라고도 볼 수 있는 것)은 구속력 있는 공동정책을 달성하기 위해 관리와 강제 전략을 결합하였다는 사실이다.

EU는 공동시장을 기반으로 하는 공동정책의 목적들 중의 하나로서 '경제활동의 조화롭고 균형 있는 지속 가능한 개발', '높은 수준의 환경보호 및 환경의 질의 개선'을 추구하고 있다. 그리고 TFEU 제11조(EC조약 제6조)는 지속 가능한 발전을 추진하기 위하여 공동체의 모든 정책 및 활동에

---

57) 지속가능발전 개념을 구성하는 요소에 대해서는 일반적으로 통합의 원칙, 개발권의 원칙, 지속 가능한 이용의 원칙, 세대 내 형평의 원칙, 세대 간 형평의 원칙이 제시되고 있다. 이들 요소는 주로 1992년 리우선언(Rio Declaration)의 원칙(Principles) 3~8, 원칙 16에서 명시되었다. 개별 요소에 대한 상세 설명은 김기순, *supra* note 21, p.21 이하 참조.

58) Jans and Vedder, *supra* note 6, p.17 참조.

'환경적 고려'가 포함되어야 한다는 점을 명시하고 있다. 즉 EU의 모든 정책영역은 제11조의 규정에 따라 '환경보호가 고려'되어야 하며, 정책의 수립과 집행에 있어서 '환경적 측면'에서의 '통합적이고 균형적인 영향평가'가 이루어져야 함을 의미한다. 이는 환경관련 규정이 TFEU 제191~193조(EC조약 제174~176조)까지 명시되어 있는 규정뿐만 아니라 기타 모든 정책들과 연계되어 적용될 수 있음을 의미한다. 이러한 EU의 공동환경정책은 서로 근접해 있기 때문에 회원국들 간 국경을 초월한 광범위한 규모의 환경문제가 발생할 경우 공동대응이 필요하다는 '지리적 이유'와 단일유럽의 정서(SEA)에 의한 상품, 사람, 서비스, 설립의 자유로운 이동을 추구하는 공동시장의 특성상 환경 관련 규제가 각 회원국들 간 상이할 경우 '무역장벽'으로 작용할 수 있기 때문에 회원국들 간의 '공정한 경쟁기반'을 왜곡시킬 가능성을 제거하기 위해 추진되고 있다.

이처럼 통합의 원칙은 환경보호를 위한 EU법상의 가장 중요한 원칙 중 하나로서, 환경보호는 공동체의 경제 활동과 정책의 이행 내에서 고려해야 한다는 것으로 TFEU 제11조(EC조약 제6조)에서 규정하고 있다.

2) 검토 사항

통합의 원칙은 그 취지는 좋으나 이 통합의 원칙과 관련해서는 다음과 같은 3가지 사항을 검토할 필요가 있다.

첫째, 통합의 원칙에 따라 TFEU가 언급하는 '환경보호'가 어떤 의미를 갖는가의 문제이다.[59]

TFEU 제191조 제1항(EC 제174조 제1항)은 EU '환경정책의 목적'을 환

---

59) *Ibid.*

경의 보호와 환경의 질적 향상, 건강한 삶을 위한 환경의 유지, 환경자원의 건전하고 합리적 이용, 국제적 차원에서의 지역적 혹은 세계적 환경문제를 해결하기 위한 협력의 촉진에 두고 있음을 명시하고 있다. 그런데 EU법상 '환경'에 대한 명시적인 개념정리가 없다는 점은 환경보호의 필요성이 대두되었을 경우 '유연하게' 법을 적용할 수 있다는 장점이 있지만, 다른 한편으로는 환경 관련 법률에 의하여 구속되는 '대상의 범위'가 불분명하기 때문에 관련 법률의 적용 시 '해석상의 오류'가 발생 할 수 있다는 단점이 있다.

TFEU 제191조 제2항(EC 제174조 제2항)은 EU가 지향해야 할 '환경정책의 기본원칙들'을 제시하고 있는데, 이는 EU만의 특별한 원칙이라기보다는 환경정책 및 환경규범에 관한 일반원칙으로 받아들여지고 있는 내용이기도 하다. 제191조 제2항(EC 제174조 제2항)에 명시된 원칙들로는 높은 수준의 환경보호 원칙, 사전예방의 원칙, 방지조치의 원칙, 오염자부담의 원칙, 발생원의 대응원칙이 있다.

TFEU 제191조 제3항(EC 제174조 제3항)은 환경정책의 실행에 있어서의 '고려사항'에 대해 명시하고 있는데, 그 내용에는 먼저 환경정책의 입안과 수행 및 평가는 이용 가능한 과학적 및 기술적 측면의 자료를 기반으로 하여야 하며, EU 환경정책의 수행 또는 지침을 통해서 규율하게 되는 공통사항에 있어서도 EU에 소속되어 있는 각 지역별 특성을 감안해 정책을 집행해야 한다. 또한 환경정책의 수행에 있어서는 비용과 효과에 대한 이익형량이 고려되어야 하고, 해당 회원국별 경제 및 사회적 발전상황에 능동적으로 부합하는 환경정책의 수행이 이루어져야 한다. 그런데 이렇게 될 경우 EU 차원에서의 조화롭고 균형 있는 발전이라는 측면에서 개별 회원국의 정책은 그 외연상의 한계를 지니게 된다.

둘째, 통합의 원칙이 EU의 다른 정책권역을 넘은 '우선권'(priority)을 내포하고 있는가의 문제이다.[60] 즉 EU의 다른 정책권역과 충돌하는 상황이 발생하는 경우에 환경정책이 법적인 관점에서 확정적으로 부여된 우선권을 갖는가이다.

이에 대한 대답으로는 환경 관련 통합의 원칙이 우선적인 어떤 권한을 가지는 것은 아니라고 본다. 다른 EU정책과 환경정책 간의 충돌 시 '최소한도의 환경보호'가 고려되어 채택되도록 하고 있음을 볼 때, 환경정책이 다른 정책분야에 대해 우선적인 어떤 권한을 가지는 것이라고 볼 수는 없기 때문이다. 예를 들어, 농업, 운송, 에너지, 개발원조, 무역, 외교관계, 내수시장, 경쟁정책, 종교정책에서도 '최소한의 환경보호'를 고려하여 정책을 채택하도록 하고 있음을 볼 때, 환경보호를 최고로 생각하여 환경보호의 범위 내에서만 절대적으로 다른 정책을 입안해야 하는 것이 아니라 '최소한의 환경보호'를 고려하도록 하고 있는 것이다.[61]

따라서 통합의 원칙은 환경보호가 최소한의 고려사항이 될 수 있도록 하기 위해 특정권역 내에서 제한적으로 구상된다고 볼 때 우선권을 갖지는 않는다고 할 것이며, 환경보호와 국내시장의 기능 간의 잠재적 충돌은 '통합의 원칙'이 아닌 '비례의 원칙'에 의한 논의 대상이라고 할 수 있다.

그런데 사안이 우선권에 초점이 맞춰진 문제인 이상, 통합의 원칙의 법적 실행의 문제는 매우 중대하게 여겨질 수 있는데, 이 원칙에 의하면 EU 환경정책의 수립에 있어서도 기존의 입법방식과 마찬가지로 다층적 구조하에서 관련 기관의 참여를 보장함으로써 EU 내에서의 입법절차상 민주적

---

60) *Ibid.*
61) *Ibid.*, p.18 참조.

정당성을 제고하고 있다. 환경정책의 경우에도 환경정책 자체의 의미도 중요하지만 환경정책이 영향을 주는 산업 및 경제관계, 그리고 보건 등의 관련 분야가 많음에 따라 절차적 정당성의 보장은 매우 중요한 의미를 갖는다. 따라서 TFEU 제192조 제1항(EC 제175조 제1항)에 의거하여 유럽의회와 이사회는 회원국의 대표자들로 구성되는 자문기구인 경제사회위원회와 지역위원회의 자문을 통해 입법적 고려사항들을 수렴하는 절차를 거치게 된다. 그러나 제192조 제2항(EC 제175조 제2항)에서 열거하고 있는 특별한 사항인 재정적 부담을 동반하거나 도시계획, 수자원의 양적관리, 토지의 사용 등에 영향을 미치는 조치, 일반적인 에너지 공급구조와는 다른 특별한 에너지 공급구조를 가지고 있는 회원국의 정책선택에 영향을 미치는 경우에, 이사회는 반드시 유럽의회와 경제사회위원회 그리고 지역위원회의 자문을 거친 후 특별입법절차에 따라 만장일치로 이를 의결해야 한다.

그런데 여기에서 환경정책이 통합의 원칙에 따른 우선적인 어떤 권한을 가지는 것이 아니기 때문에 발생되는 다음과 같은 세 가지 문제를 살펴볼 필요가 있다. 첫째, 통합의 원칙이 '법적 강제'의 실현성이 있는가 하는 문제이다. 이와 관련해서는 원자력 발전소의 폭발로 인한 방사능 누출 사고인 '체르노빌 사건'에서 보면, 사고가 일어난 이후 제3국가들은 러시아산 농산물의 수입을 통제하는 등의 환경보호를 위한 법안을 채택하였다. 그런데 외국에서 환경보호를 위해서 법안을 채택하기는 했지만 환경정책을 고려하여 다른 정책을 채택되는 것이 강제되는 것은 아니었다. 즉 모든 EU 법안이 환경보호를 위한 요구를 만족시켜야 하지만, 이것이 필수적이고도 강제적인 요건으로 보기에는 무리가 있다는 것이다. 이처럼 통합의 원칙이 완전한 법적 강제성이 있는 것은 아니라고 볼 수 있다. 둘째, 환경보호 정책추진에 대한 제한의 우려 여부이다. 통합의 원칙이 우선적인 어떤 수단을 가지는 것이 아니기 때문에, 통합의 원칙에 의해서 다른 정책들이 얽매이는 것이 아니라, '최소한도'의 환경을 고려하도록 함으로써 다른 정책들을 더 폭넓게 입안시킬 수 있도록 하기 때문에 환경보호 정책의 추진을 도리어 제한할 우려가 있다는 것이다. 이것이 남용되는 경우 선심성 또는 가식적 행위로 여겨질 우려가 있다. 셋째, 이사회 조치의 적법성에 대한 유럽사법법원의 사법적 판단 여부의 문제이다. 통합의 원칙이 우선적인 권한을 갖지 않는다면, 각 회원국의 정책 채택 시 환경보호를 최소한으로 고려했기 때문에 환경침해가 발생한 경우 각 회원국 정책들의 환경침해 여부에 대한 유럽사법법원의 판단을 받아야 할 대상인가 하는 문제가 제기될 수 있다.

셋째, 통합의 원칙에 따라 회원국을 위한 가능한 결론을 도출시킬 수 있는가의 문제이다. 이 통합의 원칙에 있어서 사실의 관점에 입각하여 보면, TFEU 제11조(EC조약 제6조) 원문은 명확히 '연합(공동체)의' 정책과 활동이란 내용을 인용하고 있는바, 통합의 원칙은 직접적으로 회원국을 위한 법적 결과를 초래해야 하는 것은 아니다. 또한 EU기본권헌장[62](Charter of Fundamental Rights of the European Union) 제37조와 TFEU 제11조(EC조약 제6조)를 비교해 보았을 때, EU기본권헌장이 '높은 수준의 환경보호와 환경의 질적 개선'을 구체적으로 명시하여 통합을 요구하고 있는 것에 반해, TFEU 제11조는 '환경보호요건'이라고 하는 폭넓은 인용방식을 사용하고 있음을 통해서도 이해할 수 있다.[63]

---

62) OJ 2000 C346/1.
63) Jans and Vedder, *supra* note 6, pp.22~23.

5. 기본권보장을 위한 환경보호

기본권과 환경의 관계와 관련하여, 기본권을 존중하기 위해서는 환경을 보호해야 하고, 환경을 보호하지 못할 경우에 기본권이 침해되며, 환경을 보호함에 있어서도 기본권을 존중해야 하듯 양자는 매우 밀접한 관계를 갖고 있다.[64] 그 근거로 EU조약(TEU) 제6조 제3항은 "EU는 기본권을 존중해야하고, 유럽인권협약(European Convention for the Protection of Human Rights and Fundamental Freedoms)에 의하여 보장된 기본권을 존중해야 한다"라고 규정하고 있다. 이 조문은 ECJ의 판례[65]를 통하여 성문화된 것이다.

이와 관련해서는 *Öneryildiz* 사건[66]을 통해 보다 구체적으로 살펴볼 필요가 있다. 이 사건에서 터키 Istanbul 근처의 Hekimbaşı Ümraniye의 한 판자촌에 터키국적의 Öneryildiz가 그의 가족 12명과 함께 살고 있었다. 이 지역은 슬럼집단으로 쓰레기로 가득 찬 동네였다. 이 동네에 대해 1991년 한 기자는 쓰레기가 분해되면서 발생하는 메탄가스가 폭발할 수 있음에도 이것이 제거되지 않고 있으며 또한 이에 대한 아무런 법안이 마련되지도 않았다고 보도했다. 이후 1993년 우려하던 메탄가스 폭발 사고가 일어나면서 동네에서 11가구가 소실되었고, Öneryildiz의 가족 9명이 사망하게 되었다. 이에 1996년 형사적·행정적 조사가 이루어지면서 Öneryildiz와 시장이 법정에 소환되었고, 시장은 직무태만으로 160,000TRL[터키화폐단위는 리라(lira)]의 벌금형과 3개월 이하의 징역을 받게 되었다. 동시에 1995년 Öneryildiz는 남은 식구 3명을 위해서 친족들의 죽음과 재산적 손해에 대해 행정법원

---

64) Sands, *supra* note 1, pp.220~221 참조.

65) Case 29/69, *Stauder*, [1969] ECR 419.

66) *Öneryildiz* v. *Turkey*, 48939/99 [2002] ECHR 496.

에 손해배상을 청구했는데, 이것이 받아들여져 정부는 원고 Öneryildiz에게 100,000,000TRL(당시 약 2077유로)의 정신적 손해배상을,[67] 10,000,000TRL(당시 약 208유로)의 재산적 손해배상을 지불하게 되었다.

이렇게 Öneryildiz가 손해배상을 청구할 수 있었던 법적 근거는 유럽인권협약 제2조상의 관련국의 부주의로 발생한 손해라고 할 수 있으며, 동 협약 제6조 제1항에 따른 적절한 시간 내의 공정한 청문권에 따라 절차가 진행되었으며, 동 협약 제13조에 따른 효과적인 구제를 받을 권리를 위해 제소했던 것이다. 이에 제2조의 생명권, 프로토콜1 제1조의 재산보호에 의거하여 Öneryildiz는 손해배상을 받을 수 있었다.[68]

이렇듯 환경보호는 기본권보장과 밀접한 관련이 있으며, 환경보호 정책을 채택하지 않음으로써 EU시민의 기본권이 침해될 수 있다는 것을 알 수 있다. 따라서 EU는 환경보호에 대한 인식을 확고히 하고, 또한 환경보호 정책의 채택 시 기본권을 존중하고자 노력하고 있다. 예를 들면, '온실가스 방출'을 위한 계획을 설립하는 지침 2003/87 전문에서도 "이 지침은 기본권을 존중하고 EU기본권헌장상의 원칙을 준수한다"[69]라고 규정함으로써 기본권을 존중하기 위하여 환경을 보호(환경정책을 추진)해야 함을 밝히고 있다.

---

67) 1억 TRL은 그 당시 약 2077유로 정도 되고, 2077유로는 약 300만 원 정도이다.

68) Jans and Vedder, *supra* note 6, p.24 참조.

69) OJ 2003 L275/32; '선박유출오염과 형사제재'에 관한 지침 2005/35(OJ 2005 L255/11) 전문 (Point 16)에서도 EU기본권헌장을 준수하도록 하고 있다.

Ⅳ. 결언

유럽 환경법의 발전 과정은 EU가 경제성장을 하면서 동시에 점차적으로 '환경'을 고려하기 시작하였다는 데에서 그 출발점을 찾을 수 있다. 이러한 과정 속에서 EU는 단순한 양적 경제성장이 아닌 질적 경제성장을 추구하였으며, '지속 가능한 발전'을 통한 인류의 번영을 추구하였다. 여기에서 '지속 가능한 발전'이란 현재 세대들이 미래 세대들에게 부끄럽지 않은 범위 내에서 필요를 충족시키는 것을 말한다. 이러한 계획 아래, 환경 개선과 보호를 바탕으로 한 EU 경제의 '지속 가능한 발전' 추구는 지금까지 계속되고 있으며, 최근 2009년 리스본 조약의 6번째 단계의 시기에 들어서면서 더욱 포괄적인 의미의 공동체적 환경 규범이 제시되고 있다.

그리고 본문에서 살펴본 바와 같이 구체적인 환경관련 2차 규범은 논외로 하더라도, EU는 기본조약의 체제 내에서 환경관련 주요 일반원리 혹은 일반원칙들을 확립하고 있다. 환경이 '역내시장'에 관한 사안일 경우에는 TFEU 제114조가 적용되고 '환경보호'에 관한 사안일 경우에는 TFEU 제192조가 적용되어 '특정 권한의 원칙'에 따라 2차 입법 활동이 가능하다. 또한 '보충성의 원칙'에 따라 EU차원의 초국경적 환경문제를 해결하되, '비례의 원칙'에 따라 EU차원의 과도한 조치를 제한하고 회원국 차원의 환경강화조치의 자율성을 보장하고 있다. 그리고 '통합의 원칙'에 따라 EU의 여러 정책영역에서 환경적 고려가 이루어지도록 하고 있으며, 지속 가능한 발전을 위한 환경영향평가가 실시되도록 하고 있다. 나아가 '기본권과 환경'의 밀접한 관계에 기초하여 EU시민의 기본권존중을 위해 환경보호가 이루어지도록 하고 있다.

이처럼 EU는 오늘날에도 환경법제사의 연장선상에서 EU법상의 일반원칙들에 의거해 환경보호를 강화하고 있다. 이러한 차원에서 EU환경입법의 회원국으로의 강제가 TFEU 제258조(구 EC조약 제169조)에 기초해 EU집행위원회의 위반회원국을 상대로 한 유럽사법법원(ECJ)으로의 제소가 가능하다는 점은 앞으로 EU환경법의 발전에도 중요한 의미가 있다.[70] 제소시 위원회는 해당회원국이 납부해야 할 벌금을 명시하는데, 유럽사법법원은 해당회원국이 판결이행을 하지 아니하는 경우에 위원회가 제시한 내용에 근거해 벌금을 부과할 수 있다.[71]

---

70) Krämer, *supra* note 15, p.290; EU법 위반회원국에 대한 제소는 EU집행위원회 또는 회원국을 통해 가능하다. 물론 한 회원국이 다른 회원국을 상대로 EU법위반을 이유로 이행강제절차(TFEU 제259조, 구 EC조약 제170조)를 사용하는 것은 EU회원국들 간의 관계 악화 또는 긴장 조성을 이유로 자제할 수 있다.

71) 이 벌금은 일괄납부액(lump sum: 총 액수가 결정된 벌금의 경우) 또는 정기적 벌금납부(penalty payment: 위반사항의 종료 시까지 위반회원국이 정기적 시기마다 벌금을 납부)의 형태 중 하나로 부과된다. TFEU 제260조(2); Alina Kaczorowska, *EuropeanUnionLaw*(London: Routledge, 2011), p.418 참조.

제7장 환경정책의 목적과 파라콰트 사례[*]

I. 서언

　인간의 각종 경제활동상의 환경오염으로 인한 오존층파괴 및 기후변화[1] 등으로 오늘날 국제사회는 과거 어느 때보다도 생존의 위협을 깊이 인식하게 되었다. 즉 국가들의 무분별한 산업장려 및 개발정책이 환경을 오염시키고 생태계를 계속하여 파괴시켜 왔다. 이에 환경보호에 관한 국제사회의 노력은 1972년 6월 5일 스웨덴 스톡홀름 UN인간환경회의(UN Conference

---

[*] 이 내용은 김두수, "EU환경법상 환경정책의 목적에 대한 파라콰트 관련법령의 취소", 『외법논집』 제35권 제4호(2011.11.30.)의 내용을 참고함.

[1] 지구의 기후변화는 리스크의 속성상 '영-무한대 딜레마'(zero-infinity dilemma)가 확연히 드러나는 대표적인 환경리스크이기 때문에 리스크의 불확실성이 제기될 수도 있다. 그럼에도 불구하고 국제사회는 이 리스크를 인정하고 있으며, 우리나라의 경우에는 2010년 1월 13일 기후변화에 대한 처방으로 '저탄소녹색성장기본법'을 제정하여 신속하고 과감하게 대응하고 있다. 조홍식・이재협・허성욱, 『기후변화와 법의 지배』(서울: 박영사, 2010), pp.3~6 참조; 환경문제의 국제적 성격과 국제적 도전에 대한 같은 취지에 대하여는 Philippe Sands, *Principles of international environmental law*(Manchester: Manchester Univ. Press, 1995), pp.9~10; 지구환경문제의 핵심으로 부상한 기후변화는 경제 및 산업활동에 의해 악화되는 것으로 결국 중요한 것은 환경과 경제의 상생을 도모하는 것이라 할 수 있다. 현재로서는 이를 위한 최적의 방법이 일단은 온실가스배출량을 감소시키는 것이라는 데에 이견이 없다고 할 수 있다. 유상희・임동순, "EU의 기후변화협약 대응 정책평가 및 시사점", 『유럽연구』 제26권 제1호(2008.4.), pp.252~253.

on the Human Environment, in Stockholm)에서 시작되어, 제15차 UN기후변화협약(United Nations Framework Convention on Climate Change) 당사국 총회의 2009년 12월 19일 덴마크 코펜하겐 합의문(Copenhagen Accord)의 채택을 통해 지속적으로 진행되고 있다.

그런데 무엇보다도 오늘날 환경문제는 한 국가 내에서뿐만 아니라 지역적 국제사회 및 보편적 국제사회에서 모두 중요하게 다루는 관심의 영역이 되었다는 점이다. 특히 '환경'이라는 주제는 초국경적 성질을 갖는 영역으로서 그 다루는 내용이 어느 사회 또는 공동체에서든 '유사한 성질'을 갖고 있다. 그렇기 때문에 환경문제는 국가의 '주권적' 사항이라는 측면과 '초국경적' 국제문제라는 측면에서 다루어진다. 따라서 유럽연합(European Union: EU)의 환경법도 어떤 특별한 성질을 갖는 것이 아니라, 한 국가의 국내사회 또는 일반 국제사회에서 다루는 내용을 유럽이라고 하는 지역에서 실행하고 있는 정책과 법의 한 영역으로 이해될 수 있다.

이러한 상황에서 EU는 현재 EU공동시장의 주요 정책 영역 중 하나로 '환경문제'를 중요하게 다루고 있다. 그러나 EU도 처음에는 EU환경정책을 EU역내시장의 '통합'이라는 경제적인 목표의 범주에서 부차적인 사항으로 다루었다. 따라서 초기 EU환경정책은 각 회원국들의 상이한 환경정책으로 인한 '상품의 자유이동'의 장애를 제거하고자 환경관련 규제조치의 조화를 실시하였다. 그러나 21세기에 들어오면서 EU는 '적극적인' 환경정책을 추진하게 되었고, 이는 EU가 국제사회에서 환경문제를 가장 주도적·창의적·건설적으로 다루는 계기가 되었다는 점에서 중요하다. 본문에서 다루는 환경정책의 목적과 관련 사례의 검토는 이러한 차원에서 큰 의미가 있을 것이다.

이처럼 EU환경법의 발전은 과거 유럽공동체(European Community: EC)

가 경제팽창과 '동시에' 점차 환경을 고려하기 시작하면서 출발하였다. 이 과정 속에서 EU는 단순한 '양적' 경제성장이 아닌 '질적' 경제성장을 함께 추구하였으며, '지속 가능한 발전'[2]을 통한 인류의 번영을 추구하게 되었다. EU는 이러한 기조아래 2009년 12월 1일 리스본조약(Treaty of Lisbon)이 발효된 이후 더욱 포괄적인 의미의 EU환경규범이 제시되고 있다. 환경법이라고 하면 흔히 선행연구에서 많이 다루어 온 배출권거래를 떠올리게 되는 것이 사실이지만, 실제로 그보다 더 중요한 것은 '환경정책의 근본적인 목적'과 관련된 사회 전반적인 '환경적 인식'과 일상생활에서의 '친환경적 생활방식'이라고 할 수 있다. 이러한 측면에서 이 글에서 다루는 환경정책의 '목적들'과 이에 대한 '파라콰트'(Paraquat) 사례는 환경행정에 있어서, 그리고 일반인들의 소위 농약에 대한 인식제고에 있어서 큰 의미를 가져다 줄 것으로 본다.[3]

따라서 이 글의 목적은 첫째, EU환경법상 환경정책의 목적들은 국제사회 또는 국내사회에서 논하는 것과 크게 다를 바가 없음에도 불구하고, 이것이 유럽이라고 하는 지역적 국제사회에서 보다 강력하게 실현되고 있는

---

2) 여기에서 '지속 가능한 발전'이란, 현재 세대들이 미래 세대들에게 부끄럽지 않은 범위 내에서 필요를 충족시키는 것을 말한다.

3) 파라콰트는 그라목손(Gramoxone)으로도 알려진 물질로서 소량이라도 인체에 매우 치명적인 제초제이며, 인간에게는 물론 인근 토양과 하천오염에 2차 피해(주변 생태환경 피해)를 유발할 수 있는 독성이 강한 물질이다. 이는 각주 37에서 밝힌 바와 같이 지난 60년 이상 120여 개 국가들에서 사용되어 왔으며, 동 사례의 원고인 스웨덴과 소송참가하고 있는 덴마크, 오스트리아, 핀란드 등 EU 13개 국가에서는 사용이 금지되고 있다. 우리나라에서 판매 시 구매자의 인적사항, 품목명 및 판매량 등 판매 장부를 기재하고, 일반농약과 혼재해 판매하는 것을 금지하고 있는 독성이 강한 것으로 알려져 음독자살에 오용되기도 한다; 환경법의 지위와 관련하여 EU환경입법의 회원국으로의 강제가 TFEU 제258조(구 EC조약 제169조)에 기초해 EU집행위원회의 위반회원국을 상대로 한 EU사법기관으로의 제소가 가능하다는 점은 앞으로 EU환경법의 발전에도 중요한 의미가 있다; Alina Kaczorowska, *European Union Law*(London: Routledge, 2011), p.418 참조.

데 이를 깊이 있게 분석하고자 한다. 둘째, 파라콰트라고 하는 일종의 살충제 또는 제초제로서의 역할을 하는 물질을 활성물질로 등록하는 것을 허가할 수 있느냐에 대한 EU사법기관의 판결을 분석함으로써 환경정책의 목적과 이행에 비추어 몇 가지 논점을 검토하고자 한다.

이를 위해 이 글은 환경관련 구 EC조약 규정들을 포함하여 EU환경법 관련 기본법인 EU기능조약(Treaty on the Functioning of the European Union: TFEU) 제191조, 그리고 EU의 다수의 2차 입법 및 유럽사법기관의 판례를 통해 EU환경정책의 목적에 대하여 살펴보고, 파라콰트를 둘러싼 2007년의 사례를 중점적으로 분석·검토함으로써 EU환경법상의 환경정책의 목적과 이행에 대하여 심도 있게 고찰한다. 이를 통해 우리나라 환경정책의 목적과 제반 고려 사항에 대한 이해를 제고하고 관련 시사점을 도출하고자 한다.

Ⅱ. EU환경법상 환경정책의 목적들

EU환경정책의 목적들을 조약상 정립하여 규정하고 있는 TFEU 제191조 제1항은 EU환경정책의 목적들로 환경의 질의 보존과 보호 및 향상, 인간 건강의 보호, 천연자원의 신중하고 합리적인 사용, 지역적·지구적 환경문제 극복을 위한 국제적 차원의 조치촉구를 규정하고 있다.[4]

---

4) EU환경법상 환경정책의 목적에 관한 본 내용은 김두수, "개정된 TFEU 제191조 제1항상 유럽환경정책의 기본 목적들에 대한 분석 및 검토", 『최신외국법제정보』 한국법제연구원 2011-6(2011.10.20.), pp.58~66에 소개된 내용을 참고; 2007년 발효된 EU의 화학물질관리에 관한 REACH(Registration, Evaluation, Authorization and Restriction of Chemicals)규칙(Regulation 1907/2006, OJ 2006 L396/1)에 의하면 EU에 연간 1톤 이상의 화학물질에 대한 '제조자·수입자' 모두는 제품정보를 등록하고, 그 위해성에 대한 증명책임을 지게 되는데, 이는 화학물질과 동 화학물질을 포함하는 혼합물과 완제품을 수출하는 역외 국가들에게도 통상무역상 부담이 되게 된다. EU는 최근 들어 환경·건강의 보호에 있

1. 환경의 질의 보존, 보호 및 향상

1) 환경 및 보존·보호·향상의 의미

(1) 환경

먼저 알아야 할 것은 용어의 개념정의와 관련하여 TFEU 제191조 제1항에 기술되어 있는 '환경의 질의 보존과 보호 및 향상(개선)'이라는 환경정책의 첫 번째 목적은 다분히 일반적이고 추상적이라는 점이다. 따라서 동조문은 '환경'이란 용어에 사전적 의미 그 이상은 부여하지 않고 있기 때문에 유럽 환경정책이 과연 무엇을 대상으로 하는 것인가 하는 점에서 '유연한' 해석이 가능할 수도 있다. 그러나 '환경'이라는 용어의 개념 정의가 명확하지 않은 모호함으로 인해 유럽 환경정책 목적의 범위를 동 조문 내에서 명확하게 해결하기 어려운 것이 사실이다.[5]

어서 국제적 입법의 모델을 제시하고 있는데, 이 REACH도 그중 하나라고 볼 수 있다. 그런데 REACH규칙의 역외적용은 선진 공업국들이 자국의 환경보호기준 강화 후에 국제통상무역의 장벽으로 활용될 수 있다는 비판(선진국들의 환경보호기준의 강화는 개도국들의 선진국시장진출 자체를 원천적으로 제한시킬 수 있음)을 받을 수 있으나, EU는 역내 환경관련 기준과 국제통상규범(Agreement on Technical Barriers to Trade: TBT협정) 간의 충돌문제(내국민대우원칙을 규정하고 있는 1994년 GATT 제3조와 TBT협정 제2조 제1항 등)를 REACH규칙 제1조 제1항에서 규정하고 있는 입법목적인 '인간의 건강과 환경의 보호'를 근거로 해결할 수 있을 것이다. 현재 인간의 건강과 환경에 대한 화학물질의 위해는 화학물질관리체계의 미비에서 비롯되었다고 보고 이를 입법화한 것이다. 그리고 이 문제는 1994년 GATT 제20조의 "인간, 동물 또는 식물의 생명이나 건강을 보호하기 위해 필요한 조치, 환경을 위한 조치"를 예외적 허용규정 TBT협정 제2조 제2항의 "국가 안보, 인간의 안전과 건강, 동식물의 생명과 건강, 환경보호" 등 정당한 목적의 기술규제 허용규정을 통해서도 해결될 수 있다. 이처럼 인간의 건강과 환경의 보호는 EU입법정책의 중요한 목적으로 자리 잡고 있다. 박지현, "EU의 화학물질관리에 관한 REACH규정의 환경장벽여부논의", 『국제법학회논총』 제52권 제3호(2007.12.), pp.132, 136, 141 참조; EU의 환경관련 규칙과 지침은 국제교역상 기업에 대한 환경장벽에 해당할 여지가 있으나, 이들은 환경정책의 모델이 되기도 하고 나아가 여러 국가들의 국내환경법으로 도입되기도 한다. 예를 들면, EU의 REACH도 중국의 신화학물질 환경관리제도(China REACH 2010)의 제정 또는 일본의 화학물질심사규제법의 개정으로 이어졌다. 배정생, "EU법상 환경보호: 리스본조약 이후 최근 변화를 중심으로", 『유럽연구』 제28권 제2호(2010.8.), p.331 참조; 대한민국 환경부 REACH 도움센터(http://www.reach.me.go.kr) 참조.

5) Jan H. Jans and Hans H.B. Vedder, *European Environmental Law*(Europa Law Publishing,

(2) 보존・보호・향상

‘보존・보호・향상’이라는 부분 역시 개념이 광범위하고 유연하게 표현된 문구이다. 이는 아마도 “치유력이 있으며 예방할 수 있으며 규제적이고 보존적인 능동적 성질의 환경조치”를 의미한다고 할 수 있을 것이다. 명확하고도 확실하게 어떠한 조치이어야 한다는 구체적인 개념은 존재하지 않는다. 그런데 이러한 ‘환경의 질의 보존・보호・향상’이라는 표현 자체는 ‘세면용 수질관리’에 관한 지침 2006/7[6], ‘공동체 정의를 구현하기 위한 의견 수립과 접근을 위한 대중의 참여를 위한 정보접근권, 의사결정에의 공동참여권, 공동체로의 환경문제 사법청구권에 관한 아르후스 협약[7](Åarhus Convention)규정의 적용’에 관한 규칙 1367/2006[8] 전문에도 찾아볼 수 있다.

2) 자연 경관의 가치보호가 유럽환경정책의 대상에 포함되는지 여부

이에 대해서 서식지 지침(Habitats Directive) 92/43[9] 전문을 보면 “야생 동식물의 자연서식지의 보존을 포함한 환경의 질적 보호와 발전”이 EU가 추구하는 일반적 목표임을 알 수 있다. 나아가 또한 동물원에 사는 동물들의 대우에 관하여도 규정하는 것으로 보이는데, 동물원 지침(Zoo Directive) 1999/22[10]는 TFEU 제191조의 적용에 있어서 비록 ‘동물의 복지’가 EU법

2008), p.26.

6) OJ 2006 L264/13.

7) Åarhus Convention은 1991년의 제1차 범유럽환경장관회의를 시작으로 하여 1998년 6월 23일~25일 덴마크 Åarhus에서 개최된 제4차 회의에서 채택된 국제협약이다. 상세한 내용은 소병천, “최근의 국제법입법소개: Åarhus협약”, 『국제법학회논총』 제47권 제3호(2002.12.), pp.243~257 참조.

8) OJ 2006 L64/37.

9) OJ 1992 L206/7.

10) OJ 1999 L94/24.

의 일반원칙에 직접적으로 해당된다고 볼 수는 없지만 '동물의 복지'도 간접적으로는 어느 정도 TFEU 제191조의 적용 대상에 포함된다고 보고 있다.

그러나 일반적으로 동물복지에 관한 문제는 TFEU 제38조 이하의 공동농업정책(Common Agricultural Policy: CAP)에 관한 규정이 법적 근거가 된다. 또한 동물복지와 관련이 있는 특정 부분들은 2차 입법의 채택을 통해 통합될 수도 있는데, 그 예로 살충제 지침(Pesticide directive) 91/414 제4조(1)(b)(iii)는 해당 제품은 '식물의 보호'를 위해 '퇴치하려는 동물'에게 '불필요한 고통'을 유발하지 않는 제품이어야 한다고 규정하고 있다.[11] 물론 이러한 사항은 환경정책 전반에 걸친 이해관계를 반영하고 있는 것으로 이해되어야 할 것이다.

3) TFEU 제192조에 따른 2차 입법에 의한 형벌의 회원국내 적용 여부

(1) *Commission* v. *Council* 사례

Case C-176/03 *Commission* v. *Council*[12]는 매우 정치적인 이슈를 다룬 판례로서, 구 EC조약 175조(TFEU 제192조)와 관련된 사항을 국내 형법으로 적용해도 가능한지의 여부 및 이것을 국내 형법의 법원으로 인정할 수 있는가에 관한 중요한 판례이다.

이 사건에서 이사회는 제6차 환경행동계획(Sixth Environmental Action Programme)에 따라 EU조약(Treaty on European Union: TEU) 제29조, 제31(e)조, 제34(2)(b)조에 근거하여 '형법을 통한 환경보호'에 관한 이사회 기본결정(Council Framework Decision) 2003/80[13]을 채택하였다. 이 이사회

---

11) Case T-229/04, *Sweden* v. *Commission*, [2007] ECR II-2437.
12) Case C-176/03, *Commission* v. *Council*, [2005] ECR I-7879.

기본결정의 본질은 '수 개의 환경범죄'를 정하여 회원국들이 '일정한 형벌'을 부과하도록 하는 것이었다. 그러나 이에 대해 위원회는 이러한 기본결정의 적법성과 관련하여 유럽사법법원(European Court of Justice: ECJ)에 채택된 법령에 대한 취소소송을 제기하였다. 이에 대해 유럽사법법원은 EU에게 부여된 권한에는 회원국에 대해 형법 내지 형사소송법을 강제할 수 있는 권한까지 포함된 것이 아니라고 하였다. 그러나 ECJ는 이러한 사항이 효과적이며 적절한 형벌의 방식으로 권한 있는 국가기관에 의해 시행되는 것으로서 환경범죄를 방지할 수 있는 근본적인 방법이라면 '권한 있는 국가기관'에 의한 조치는 가능한 것이라고 덧붙였다. 따라서 기본결정의 주된 입법 취지가 '구체적인 형벌 적용'이 아니라 '환경 보호'에 있었다면 해당 기본결정은 TFEU 제192조에 근거하여 적법하게 채택될 수 있었을 것이다.[14]

(2) *Commission* v. *Council* 사례

이 사건에 대한 판결은 Case C-440/05, *Commission* v. *Council*[15]에서 보다 명확하게 확정되었는데, 이 사건에서 위원회는 이사회가 선박오염에 대한 법률을 강화하기 위해 채택한 '형사적 사안'에 대한 이사회 기본결정(Council Framework Decision) 2005/667[16]의 취소를 요구하였다. 이에 유럽사법법원은 EU에게는 어떠한 '종류'(type)와 '수준'(level)의 형벌을 부여할 수 있는 권한이 없다고 명확하게 판결하였다. 따라서 EU는 2차 입법을 통

---

13) OJ 2003 L29/55.

14) Jans and Vedder, *supra* note 5, p.28 참조.

15) C-440/05, *Commission* v. *Council*, [2007] ECR I-9097.

16) OJ 2005 L255/164.

해 TFEU 제192조에 근거하여 회원국에게 '환경범죄'에 대한 형벌의 부여를 '요구'할 수는 있지만, 형벌의 '수준'과 '종류'는 강제할 수 없다는 것이다. 이것이 강제되기 위해서는 조약(당시의 Reform Treaty)상 형사처벌의 '종류'와 '수준'에 관한 관련 규정이 존재해야 한다는 것이다. 즉 조약상 형벌의 종류와 수준을 명시하지 않는 한 EU는 '사법내무협력'에 해당되는 형벌의 구체적인 내용에 관한 2차 입법행위는 할 수 없다.

2. 인간 건강의 보호

1) 인간 건강의 보호와 공중보건의 관계

(1) 구별의 실익

EU 환경정책의 두 번째 목적을 이해하기 위해서는 먼저 '인간 건강의 보호'(protecting human health)가 '공중보건'(public health)의 범주보다 더 광의의 개념인가에 대해 살펴보아야 한다. 그런데 일반적으로 '공중보건'이란 하나의 집단에서 집단적인 차원에서의 공중의 건강을 보호하는 것을 의미하는 데 비해, '인간 건강의 보호'는 반드시 하나의 집단에서 집단적인 차원에서의 건강상 이익을 보호하는 것뿐만 아니라 일개 '개인'의 건강상의 이익도 보호하는 것을 의미한다고 할 수 있다. 따라서 동 규정상의 '인간 건강의 보호'는 '공중보건'보다 포괄적인 광의의 개념이라고 할 수 있다.[17]

TFEU 제191조 제1항에 따라 EU 내에서 단체 또는 사인의 건강에 관한 권익을 적절히 조화시키지 못할 경우 EU는 명확한 행동을 취할 수 있다.

---

17) Jans and Vedder, *supra* note 5, p.29.

(2) 구별의 불명확성

그런데 두 개념에 관해서, 식물보호상품의 수입제한(국내 식물을 보호하는데 해가 되는 상품의 수입금지)과 관련해 TFEU 제36조를 적용한 *Fumicot* 사건[18]에서는 다소 개념 정의의 구분이 불분명한데, 유럽사법법원은 두 개념에 대해 동등한 지위를 부여한 바 있다. TFEU 제36조가 사실 인간 또는 동식물의 생명 또는 건강의 보호에 관해 규정하고 있는 것이지 공중보건을 규정하고 있는 것은 아니었음에도 불구하고, 유럽사법법원은 양자를 동일한 개념으로 보아 "이 사건에서 문제된 국내규제(식물보호상품의 수입제한)는 공중보건을 보호하기 위한 것으로 TFEU 제36조에 규정된 예외의 범위에 속하는 것은 분명하다"라고 판결하였다. 따라서 이 사건 판결 이후에는 위에서 기술된 두 개념의 구별이 많이 모호해진 것이 사실이다.

2) 보호 대상에 동·식물이 포함되는지 여부

EU 환경정책의 두 번째 목적을 이해하기 위해서는 제1항의 두 번째 목적에서는 단지 '인간' 건강의 보호만을 언급하고 있기 때문에, 과연 '동식물군'의 보호가 이 보호개념에 포함되는 것인가 하는 문제가 발생한다. 그러나 이는 TFEU 제191조 제1항 첫 번째 목적(환경의 질의 보존·보호·개선)에 포함될 수 있다고 살펴 본 바가 있다. 따라서 EU 환경정책의 두 번째 목적이 단지 인간 건강의 보호만을 의미하는 것으로 제한적으로 해석할 필요는 굳이 없다고 본다.[19]

다만 EU 환경정책의 두 번째 목적에 관한 다양한 관점과 관련하여, '유

---

18) Case 272/80, *Frans-Nederlandse Maatschappij voor biologische Producten*, [1981] ECR 3277.

19) Jans and Vedder, *supra* note 5, p.30 참조.

전자변형유기체(Genetically Modified Organization: GMO)의 환경에의 고의적인 유포금지'에 관한 지침 2001/18[20] 제1조에서는 동 지침의 목적을 '인간건강 및 환경을 보호하기 위해서'라고 구체적으로 규정하고 있으며, '신세면용수'에 관한 지침 2006/7[21] 제1조도 이와 같은 규정을 두고 있어 의미가 있다.

3. 천연자원의 신중하고 합리적인 이용

TFEU 제191조 제1항에서는 천연자원의 개념 또는 범위에 관하여는 명확하지가 않다. 1972년 스톡홀름선언(Stockholm Declaration)[22]의 제2원칙에 의하면 지구의 천연자원은 공기, 물, 땅, 식물군, 동물군, 그리고 특히 자연생태계의 대표적 표본을 포함한다고 볼 수 있다. 또한 나무, 광물, 석유, 가스, 화학 물질 등도 천연자원에 포함된다고 볼 수 있다. 스톡홀름선언상의 천연자원에 대한 개념정의에 근거할 경우, TFEU 제191조 제1항의 천연자원의 신중하고 합리적인 사용을 규정하고 있는 EU 환경정책의 세 번째 목적은 광범위한 규율대상을 갖는다고 볼 수 있다.[23]

그 밖에 천연자원의 보호 대상은 '질산비료'에 관한 지침 91/676,[24] 공동체 '에너지효율 부착 프로그램'을 위한 규칙 2422/2001,[25] '신차 마케팅에

---

20) OJ 2001 L106/1.

21) OJ 2006 L64/37.

22) 1972 Declaration of the United Nations Conference on the Human Environment.

23) 천연자원의 관리가 필요한 '정책적 대상'으로 자연보존, 토양보존, 쓰레기처리(재활용의 촉구), 도시지역의 정책을 포함한 연안 및 산악의 재해 재난 대비, 수질(물)관리, 자연친화적 농경정책, 에너지 보존 등이 언급된 바도 있다. Jans and Vedder, *supra* note 5, p.31 참조.

24) OJ 1991 L375/1.

있어서 CO_2 배출량을 표시해야 할 의무'를 규정해 놓은 지침 1999/94[26] 그리고 물 관리 기본지침('해수면'은 지침 2000/60,[27] '심해 부분'은 지침 2006/7[28])에서 각각 언급되어 있다.

국제법적으로 각 국가들은 자국의 환경정책 및 개발정책에 따라 천연자원을 활용할 '주권적' 권리를 가진다. 또한 '지속가능한 개발'을 위해 국가들은 부적절한 생산 및 소비의 패턴을 줄이거나 제거해야 한다. 한편 EU의 제6차 환경행동계획(Sixth Environment Action programme: Decision 1600/2002 laying down the Sixth Community Environment Action Programme[29])에서는 '천연자원의 신중한 이용'이란, 환경이 감당할 수 있는 한계를 넘지 않는 한도 내에서의 '지속가능한 발전'을 할 수 있는 정도라고 보아, 천연자원의 신중한 이용이 '지속 가능한 개발'을 위한 조건 중 하나로 인정한 바 있다.

4. 지역적·지구적 환경문제 해결을 위한 국제적 차원의 기여

1) 환경문제의 초국경적 성질

유럽 환경정책의 중요한 부분은 EU 자체의 '역내 환경보호'뿐만 아니라, EU '역외 환경보호'를 포함하여 다루고 있다는 점이다.[30] 이는 EU가 환경

---

25) OJ 2001 L332/1.

26) OJ 1999 L12/16.

27) OJ 2000 L327/1.

28) OJ 2006 L64/37.

29) OJ 2002 L242/1; 리스본조약에 의해 개정된 TEU 제21조(f) 참조.

30) 유럽환경청(European Environment Agency: EEA)은 이사회 규칙 1210/90/EEC에 의해 설립되어 유럽국가들을 중심으로 환경정보관찰네트워크를 운영하고 있으나, 규제적 역할을 수행하는 것은 아

보호는 EU에서만 중요한 것이 아니라, 전 세계적으로 중요한 것이라는 시각을 갖고 있다는 점을 보여 준다. 무엇보다도 EU의 제6차 환경행동계획은 전 세계적인 환경보존을 위한 EU의 적극적이고도 창조적이며 건설적인 역할을 강조하고 있다.[31]

게다가 EU는 자신의 역내 2차 입법 활동 외에도 다각적인 논의를 하였는데, 그 예로 1985년 오존층 보호를 위한 비엔나 협약(Vienna Convention for the protection of the ozone layer), 1987년 몬트리올 의정서(Montreal Protocol), 1989년 유해물질(쓰레기) 국경이동규제에 관한 바젤 협약(Basel Convention on the control of transboundary movements of waste), 1992년 기후변화협약(Framework Convention on Climate Change)과 그 부속 프로토콜 그리고 1992년 생물학적 다양성에 대한 협약(Convention on Biological Diversity)이 있으며,[32] 이는 EU가 실시하고 있는 모든 조치들이 전 세계 및 지역을 넘어서는 광범위한 지역에서의 문제를 다루고 있음을 보여 준다.

현재로서는 TFEU 제191조 제1항의 EU 환경정책의 네 번째 목적은 지나치게 좁게 해석되지는 않을 것으로 보인다. 일반적인 국제법 원칙에 따르되 만약 EU조약 자체로 특별 규정이나 예외들이 존재하지 않는다면, 지역적 또는 전 지구적인 환경보호 모임들을 결속시키는 역할을 할 수 있을 것이다.

니기 때문에 일면 한계가 있으나, EU 비회원국인 EFTA까지 참여하는 개방된 조직이다. 이는 환경문제가 유럽에서는 이미 초국경적 성질을 갖는 국제적 문제임을 보여 준다.

31) Jans and Vedder, *supra* note 5, p.32 참조.

32) Philippe Sands and Paolo Galizzi, *Documents in International Environmental Law*(Cambridge: Cambridge Univ. Press, 2004).

2) *Kramer* 사건과 *Drift-Net* 사건

다만 *Kramer* 사건과 *Drift-Net* 사건[33]에서는 제191조의 해석에 있어서 어느 정도 제한을 두고 있다. 따라서 EU 영역 밖에 대한 초지역적인 환경정책은 그것이 분명 환경보호를 위해 필요한 조치일지라도 반드시 세계무역기구(World Trade Organization: WTO)규정을 포함한 국제법과 조화된 상태에서 실행되어야 할 것이다.[34] 즉 환경에 대한 초지역적 환경정책에 대한 권한을 행사함에 있어, EU는 국제법적 제한규정에 합치되게 법이 발효되거나 시행되도록 해야 할 것이다. 따라서 TFEU 제191조의 어떠한 해석도 국제법상의 의무와 충돌을 일으키는 경우에 이는 반드시 철회되어야 할 것이다.[35]

Ⅲ. 파라콰트 등록허가에 관한 법령의 취소

간략하게 언급하면, 파라콰트 사례[36]는 2007년 7월 11일 일반재판소[General

---

33) 이 *Kramer* 사건은 공해상의 어업에 관한 당시 EC의 권한에 관한 것으로, ECJ는 국제공법에 따라 회원국은 동등한 위치에 있으므로 공동체는 공해상의 어업에 대해서도 실체적 관할이 있다고 보아 EC의 입법자들은 공해 생태자원의 보존을 위해 법안을 마련할 내부적 권한을 가진다고 보았다. 이러한 판결은 *Drift-Net* 사건에서 더욱 확고해졌는데, 이 사건에서는 EC가 공해상의 어류보존에 대한 권한이 있는가가 문제가 되었는데, ECJ는 *Kramer* 사건과 같은 이유를 들며 공동체가 공해상의 어류보존을 위해 2.5km이상의 유망의 사용을 금지하는 것은 타당하다고 판결하였다. Joined Cases 3, 4 and 6/76, *Kramer*, [1976] ECR 1279; Case C-405/92, *Etablissements Armand Mondiet* v. *Société Armement Islais*, [1993] ECR I-6133.

34) 환경문제가 더 이상 국내적 차원에 국한된 문제가 아니라 전 지구적 차원에서 다루어야 할 인류생존의 문제라고 하는 관점에 대해서는 홍준형 『환경법』(서울: 박영사, 2005) p.7; 박균성·함태성, 『환경법』(서울: 박영사, 2006) p.6 참조.

35) Jans and Vedder, *supra* note 5, p.35 참조.

36) Case T-229/04, *Sweden* v. *Commission*, [2007] ECR II-2437.

Court: 리스본조약 발효 전 당시의 제1심법원(CFI)]가 판결한 사건으로, 당사자로서 원고는 스웨덴이며 원고 측 소송참가자로 덴마크, 오스트리아, 핀란드가 참여하였고,[37] 피고는 집행위원회(Commission)이었다. 본 소송은 '파라콰트의 활성물질로서의 등록허가'를 위해 기존 이사회 지침 91/414/EEC[38]의 조항을 개정하는 위원회 지침 2003/112/EC[39]에 대한 스웨덴의 취소소송이다.

1. 사실관계

1993년 7월, 파라콰트 제조사들이 이사회 지침 91/414의 부속서 I 에 파라콰트를 활성물질로서 등록하여 줄 것을 집행위원회에 요청하였고, 공식 조사위원국으로 지정된 영국에게 관련 서류를 제출하였다. 1996년 10월 31일, 영국은 파라콰트를 부속서 I 에 포함시키는 것을 보류해야 한다는 평가보고서 초안(Draft Report)을 제출하면서, 특히 조류의 번식과 야생토끼에 대한 영향에 관하여 추가조사가 필요하다는 결론을 내리고, 이를 위해 필요한 추가적인 요건을 제안하였다.[40] EU 집행위원회는 이 평가보고서 초안을 회원국들에게 전달하여 각국의 의견들이 제출될 수 있도록 하였다. 2000년, 영국은 그 사용자나 조류 및 야생토끼에 미치는 파라콰트의 영향

---

37) 파라콰트는 지난 60년 이상 120여 개 국가들에서 사용되어 왔으며, 이 사건에서의 당사자인 스웨덴과 소송참가하고 있는 덴마크, 오스트리아, 핀란드 등 13개 국가에서는 사용이 금지되고 있었다. *Ibid.*, paras.29~30.

38) Council Directive 91/414/EEC(OJ 1991 L230/1).

39) Commission Directive 2003/112/EC of 1 December 2003 amending Council Directive 91/414/EEC to include paraquat as an active substance(OJ 2003 L321/32).

40) Case T-229/04, *Sweden* v. *Commission*, [2007] ECR II-2437, paras.31~33.

에 관한 조사결과를 추가한 부록을 작성하였고, 2002년 9월에는 과학위원회의 의견(the Scientific Committee's opinion)과 더불어 제조사가 추가로 제출한 자료에 대한 자국의 의견을 포함한 두 번째 보고서를 제출하였다.[41] 2003년 10월 3일, 상임위원회(the Standing Committee) 회의에서 파라콰트에 대한 조사·연구가 공식적으로 종료되었고, 2003년 12월 EU 집행위원회는 지침 2003/112를 채택하여 이사회 지침 91/414의 부속서 I 에 파라콰트를 등록할 것을 최종적으로 결정하였다.[42]

이에 대해 2004년 2월 27일 스웨덴은 유럽사법법원(ECJ)에 소장을 접수(Case C-102/04)하였고, 2004년 6월 8일 ECJ가 이사회 결정 2004/407[43]에 따라 본 사건을 제1심법원[CFI: 현재 일반재판소(General Court)로 개명]으로 회송하여 2004년 6월 17일 접수가 변경(Case T-229/04)되었다.[44] 보고담당재판관(Judge-Rapporteur)의 보고를 청취하는 가운데, 2006년 10월 3일 CFI의 주관 하에 양측 당사자들이 참석하여 구두변론이 진행되었고, 서면질의와 구두질의에 답하였다. 주요 쟁점사항은 결국 파라콰트의 독성문제, 인간건강에 대한 악영향, 동·식물에 대한 악영향과 이를 사용할 경우 발생하게 될 환경 전반에 대한 악영향에 대한 것이라고 할 수 있는데, 그 이면에는 농약 제조회사와 파라콰트를 효과적으로 사용하여 생산량을 증대시키려는 생산자 및 인류를 위한 환경론자 간의 첨예한 견해의 대립이 있다고 할 수 있다. 아래와 같은 원고 측의 주장은 이 사건에서 환경법적 차원

---

41) *Ibid.*, paras.36~39.

42) *Ibid.*, para.41.

43) Council Decision 2004/407/EC, Euratom of 26 April 2004 amending Articles 51 and 54 of the Protocol on the Statute of the Court of Justice(OJ 2004 L132/5).

44) Case T-229/04, *Sweden* v. *Commission*, [2007] ECR II-2437, paras.45~47.

에서 다루는 쟁점사항들이다.

2. 당사자들의 주장

1) 원고 측 주장

간략하게 말해서 원고 측의 청구취지는 위원회 지침 2003/112의 취소와 위원회에 대한 소송비용 청구이다.[45] 원고 측이 주장하는 피고 측의 위반 조항은 이사회 지침 91/414, EC조약 제174조(TFEU 제191조), 집행위원회 규칙 3600/92[46]로 크게 이 세 가지로 볼 수 있다.[47]

(1) 독성문제 및 파라콰트와 파킨슨병의 관련성에 관하여

세계보건기구(WHO)는 파라콰트가 체내로 흡수되거나 피부에 닿은 후 일정 시간이 경과하면 사망으로 이어질 수도 있는 심각한 결과를 초래할 위험이 있으며, 인체에 치명적 손상을 끼칠 수 있는 독성 물질이라고 규정하고 있다.[48]

이에 원고 측은 파라콰트의 흡입과 관련해서 파라콰트를 함유한 제초제를 장기간 사용 시 산소부족현상이 발생할 수 있고, 피부를 통해 흡수되면 심폐정지와 피부암을 유발할 수 있으며, 확실하게 정립된 사례는 없지만 파라콰트가 신경독성물질로써 파킨슨병을 유발할 수 있다는 관련 자료를

---

45) *Ibid.*, para.52.

46) Commission Regulation (EEC) No 3600/92 of 11 December 1992 laying down the detailed rules for the implementation of the first stage of the programme of work referred to in Article 8(2) of Directive 91/414 (OJ 1992 L366/10).

47) Case T-229/04, *Sweden* v. *Commission*, [2007] ECR II-2437, para.54.

48) *Ibid.*, para.57.

제시하였다.

첫째, Thompson Study에 의하면, 1980년대부터 제조사가 위험방지 차원에서 취한 조치, 파라콰트의 식별을 용이하게 하기 위하여 푸른색 색소를 첨가하고, 체내로 흡수되었을 경우나 마셨을 경우에 대비하여 구토유발제를 첨가하였음에도 불구하고, 1980~1991년 사이에 영국에서는 파라콰트로 인한 사망사례가 계속되었으므로, 따라서 제조사의 안전조치도 파라콰트가 인체에 끼치는 해독을 감소시키거나 치명적 중독으로 인한 사망을 방지하는 데 효과가 없다고 할 수 있다는 것이다. 둘째, Dalvie Study에 의하면, 파라콰트의 장기간에 걸친 평균적·일반적 사용, 다시 말해서 비정상적이거나 과도한 사용이 아닌 일반적인 사용도 흡입으로 인한 산소부족현상을 일으킬 수 있다는 것이다. Wesseling Study도 피부를 통한 파라콰트의 흡수가 인체에 치명적인 해독을 끼칠 수 있다고 하였다. 셋째, McCormack Study는 파라콰트가 신경계통의 손상을 유발할 수 있으며, 이는 파킨슨병의 특징적인 증상과 일치한다고 하였다. Hertzman Study는 파라콰트에 대한 노출과 파킨슨병 유발에 주요한 연관이 있음을 시사해 준 바 있다.[49]

(2) 절차상의 흠

원고 측은 위원회 지침 2003/112의 채택절차에 있어서도 결함이 있다고 주장하였는데, 파라콰트가 신경계통에 손상을 줄 수 있다는 Hertzman Study와 McCormack Study 등 관련된 연구 자료들이 제시하는 증거들이 있음에도 평가 절차에서 제조사나 조사를 담당했던 영국, 집행위원회는 파라콰트와 파킨슨병 사이의 연관성은 언급조차 하지 않았다는 것이다.[50]

---

49) *Ibid.*, paras.58~60,65.

파라콰트와 파킨슨병의 연관성에 관한 사항이 굉장히 복잡하기 때문에 채택 과정에서 과학 위원회의 자문을 받았어야 했다. 그러나 집행위원회는 보고서 작성에 있어 그러한 절차를 지키지 않았고, 이는 EC조약 제174조, 이사회 지침 91/414 제5조 그리고 위원회 규칙 3600/92에 대한 명백한 위반이라는 것이다.[51]

프랑스의 연구 결과 및 이탈리아, 포르투갈의 조사 보고서는 "사용자가 트랙터 부착기기를 이용하지 않고 수작업으로 파라콰트를 사용하게 될 시에는 인체 저항능력의 한계를 넘어설 수 있으므로 사용을 금지해야 한다"라고 견해를 제시하고 있는데, 이에 관하여 집행위원회의 검토가 제대로 이루어지지 않았기 때문에, 원고 측은 위원회 규칙 3600/92에 대한 위반이라고 주장하였다.[52]

2002년 12월, 프랑스는 지침의 채택을 위한 상임위원회(the Standing Committee) 회의에서 그러한 자국의 연구결과를 구두로 제시한 바 있지만, 위원회 규칙 3600/92에 따라 이에 관한 확인의무가 있는 공식 조사위원국인 영국이 이러한 사실을 언급하지 않았기 때문에, 회원국들은 지침 채택 이전에 이에 관한 사항을 인지하지 못했다는 것이다.[53]

(3) 인체에 대한 영향평가의 미흡

원고 측은 집행위원회가 인체에 대한 영향과 관련하여 높은 수준의 안전

---

50) *Ibid.*, paras.82~87.

51) *Ibid.*, para.88.

52) *Ibid.*, paras.76~77.

53) *Ibid.*, paras.89~92; 원고 측은 위원회 규칙 3600/92에 따라 프랑스의 연구결과가 구두가 아닌 서면의 형식으로 제시되었어야 하며, 파라콰트 사용의 위험성을 시사하는 프랑스의 견해가 있었으므로 집행위원회는 과학위원회에 반드시 자문을 구했어야 한다고 주장하였다. *Ibid.*, paras.92~93.

성을 보장해야 한다는 '사전예방의 원칙'과 이사회 지침 91/414 제5조 및 부속서Ⅵ에 명시된 구체적인 요건을 충족시키지 못했으며, 이러한 위원회 지침 2003/112의 채택은 명백하게 집행위원회의 재량권의 범위를 벗어난 것이라고 주장하였다.[54] 집행위원회가 입법권을 남용했다는 것이다.

이사회 지침 91/414의 제4조의 1항 (a)에 의하면 활성물질을 평가할 때는 제4조 1항 (b)의 (iv)과 (ⅴ)이 적용되어야 하는데, 이때 이에 관해 구체적으로 제시하고 있는 부속서Ⅵ의 원칙들을 반드시 고려하여야 한다. 이 부속서Ⅵ는 안정성의 정도가 제초제의 사용량 및 사용방법과 관련하여 사용자의 노출 한계가 수용 가능한 한계를 초과하여서는 안 된다고 설정하고 있다. 그러나 임상실험 결과 등에서 알 수 있듯 집행위원회는 파라콰트에 관한 조사과정에서 사용자의 수용 가능 한계를 초과 설정하였고, 그러므로 이사회 지침 91/414의 규정, 부속서Ⅵ, 고도의 안전성을 요구하는 사전예방의 원칙 등을 충족시키지 못하였다.[55]

(4) 동·식물에 대한 영향평가의 미흡

파라콰트가 야생토끼와 조류의 알에 치명적일 수 있다는 사실에는 원고 측과 피고 측이 모두 동의하고 있다.[56] 재판소의 질의 과정에서 위원회는 지침 91/414의 부속서Ⅳ에 명시된 특정 활성물질을 포함한 제초제에 관한 14가지 사용 유형(감귤류, 딸기, 올리브, 토마토, 오이, 콩, 감자, 사과 재배

---

54) *Ibid.*, para.129.

55) *Ibid.*, paras.131, 136; 사용자의 안전을 위해 일정한 사용방법을 규정하고, 부속서Ⅰ에 등록된 다른 어떠한 활성물질도 사용에 관한 보고서를 추후 요구하지 않음에도 불구하고, 유독 파라콰트 사용에 관한 보고서는 매년 제출하도록 한 것을 볼 때, 집행위원회 스스로도 파라콰트의 안전성에 관해 확신이 없었음을 알 수 있다는 것이다. *Ibid.*, para.157.

56) *Ibid.*, para.81.

지 및 삼림과 관상식물 재배지 등에서의 사용)에 관하여 검토했어야 함을 인정하였다.[57]

그러나 야생토끼와 조류의 알에 대한 영향에 관해서는 단 두 가지 유형 밖에 검토되지 않았고, 위원회는 나머지 12가지 유형에 대한 검토를 생략한 것에 관하여 어떠한 근거도 제시하지 못하였다.[58]

2) 피고 측 주장

피고 측의 주장은 원고 측의 소송을 기각하고 스웨덴 및 소송참가국에 대한 비용청구이다.[59]

(1) 독성문제 및 파라콰트와 파킨슨병의 관련성에 관하여

위원회는 파라콰트의 인체에 미치는 치명적인 위험성에 관해 WHO가 파라콰트는 비교적 독성이 약한 물질로 규정하고 있다고 주장하였다.[60] 파라콰트의 체내흡수에 관해 스웨덴이 언급하고 있는 사례들은 1980년에서 1990년 사이 영국에서 발생한 것으로, 그 후 파라콰트 함유 제초제 판매량은 꾸준히 증가하였음에도 그와 관련된 위험 사례들은 점점 감소하여 1987년 사인을 명확히 규정할 수 없는 두 사례를 제외하면 1983년 이래로 영국에서 파라콰트 관련 사망 사례는 없었다는 것이다. 위원회측은 파라콰트와 파킨슨병 사이의 연관에 관하여 과학적으로 확실하게 입증된 사례가 없다고 하여, 그에 관해 원고 측이 제시하고 있는 연구자료들에 관하여 반박

---

57) *Ibid.*, paras.231~232.
58) *Ibid.*, paras.233~234.
59) *Ibid.*, para.53.
60) *Ibid.*, para.61.

하였다.[61]

첫째, Hertzman Study는 이미 오랜 기간이 경과된 연구로, 파라콰트가 아닌 파킨슨병을 유발하는 환경적 요인에 초점을 두고 있으며 주요 원인으로 지목된 것은 과일농장이나 목공소에서의 작업이었다는 것이다. 둘째, McCormack Study의 실험에서 대상이 된 실험용 쥐들은 파킨슨병에 민감하게 반응하도록 사육되었으며 쥐들에게 하루 평균 사용량보다 천 배나 많은 양을 주사하여 인체의 실제 노출 정도와 적절한 비례관계를 유지하지 못하였으므로 독물학적으로 볼 때, 이를 파라콰트가 인체에 미치는 영향과 연관시킬 수 없다는 것이다.[62]

(2) 절차상의 흠에 관하여

위원회는 지침 2003/112의 채택 과정에서 규칙 3600/92에 대한 위반이 있었다는 스웨덴 측 주장에 대해서, 필요한 정보를 수집하는 것은 조사담당국의 역할이고 위원회의 역할은 그 조사결과를 종합하여 최종 채택결정을 내리는 것이며, 집행위원회와 조사위원국인 영국은 파라콰트와 파킨슨병의 연관성에 대하여 원고 측이 제시하는 모든 자료를 검토하였고, 또한 지침 채택 과정에서 제시된 견해나 자료 및 정보, 논의 내용의 전부를 평가보고서에 게재하여야 할 의무는 없다고 주장하였다.[63]

(3) 인체 및 동·식물에 대한 영향평가 미흡에 관하여

집행위원회는 이사회 지침 91/414의 제5조 1항 (b)는 부속서Ⅵ에 관한

---

61) *Ibid.*, paras.62~64.

62) *Ibid.*, paras.66~67.

63) *Ibid.*, paras.98,100.

사항이 아닌 제4조 1항 (b)의 (ⅳ)과 (ⅴ)만을 언급하고 있으므로, 위원회로서는 부속서에 명시된 원칙들을 지켜야 할 의무가 없다고 반박하면서 부속서 원칙의 준수 여부는 위원회 재량임에도 불구하고 파라콰트 심의과정에서 부속서의 사항들을 충분히 고려하였다고 주장하였다.[64]

또한 영국과 과학위원회는 수집된 자료들에 의하면 규정된 형태로 파라콰트를 사용하는 경우에는 인체에 대한 심각한 손상은 없을 것이라는 일반적 견해를 제시한 바 있으며, 사용상 안전수칙을 규정하거나 인체에 미치는 영향이나 환경파괴 등 발생 가능한 문제들에 관하여 보고서를 제출하게 하는 것을 원고 측이 문제 삼는 이유를 납득할 수 없다고 하였다.[65]

3. CFI(현재의 일반재판소)의 판단

1) 독성에 관하여

파라콰트를 활성물질로서 부속서Ⅰ에 등록하기 위한 위원회 지침 2003/112의 채택에 관한 집행위원회 보고서에는 파라콰트가 신경계에 손상을 줄 수 있다는 독성에 관한 언급이 없다.[66] 파라콰트의 위해성에 대한 언급조차 없다는 점은 위해성 검토에 대한 위원회의 과실이라고 볼 수 있다.

2) 절차상의 흠에 관하여

일반재판소는 프랑스의 연구결과와 과학위원회의 견해에 관한 서면형식의 평가보고서가 누락되어 있음을 지적하였으며, 프랑스의 연구결과보고서

---

64) *Ibid.*, paras.136~138.
65) *Ibid.*, para.159.
66) *Ibid.*, paras.103, 108, 110, 117.

와 이탈리아 및 포르투갈이 제시한 정보를 검토하는 과정에서도 이러한 연구결과를 확인하지 않아 공정한 인지의 과정을 거쳤다고 볼 수 없으므로 절차에 대한 위반이 있었음을 인정하였다.

이는 파라콰트의 파킨슨병 유발 위험성과 관련해 위원회 규칙 3600/92의 제7조가 요구하고 있는 절차규칙을 충족시키지 못하는 것으로, 제7조 1항 (c)는 활성물질에 관한 조사당사국의 연구보고서가 집행위원회에 제출되어야 한다고 규정하고 있었다.[67]

3) 파라콰트와 파킨슨병과의 연관성에 관하여

일반재판소는 신경계 손상에 관련된 연구자료들에는 파라콰트의 사용과 파킨슨병의 관계에 관한 내용이 포함되어 있고, 조사 당사국인 영국이 그러한 자료를 검토했다면 보고서에 파라콰트의 신경계 손상 위험에 관한 내용을 명시했어야 하나, 영국의 보고서에는 그에 관한 내용이 누락되어 있었고, 집행위원회 또한 관련 검토보고서를 작성하지 않았으며, 당연히 지침 2003/112의 채택을 위한 상임위원회에 이에 관한 보고서를 제출하지도 않았음을 지적하였다.[68]

4) 영향평가: 추가보충의견 포함

피고 측이 '사전예방의 원칙'을 위반하였다는 원고 측 주장에 대하여, 일반재판소는 인체와 동·식물의 건강에 관련된 확고한 과학적 증거를 기초

---

67) *Ibid.*, paras.108, 121, 124, 126.
68) *Ibid.*, para.106; 그러므로 일반재판소는 영국이 제출한 조사보고서는 위원회 규칙 3600/92에 명시된 절차규정을 충족시키지 못하였고, 집행위원회의 평가보고서에도 파라콰트와 파킨슨병의 연관에 관한 언급이 없었으므로, 파라콰트와 파킨슨병 사이의 연관성을 검토하는 과정에서의 절차상 누락에 관한 원고 측 주장을 인정하면서 지침 채택 과정에서 주요 조사보고서에 대한 취급절차가 규칙 3600/92에 명시된 절차를 위반하였다고 판결한 것이다.

로 특정 물질의 안전성에 대해 의혹을 제기하는 것은 합리적인 것이므로
이사회 지침 91/414의 제5조 제1항에 반영되어 있는 '사전예방의 원칙'을
근거로 하여 파라콰트를 지침의 부속서 I 에 포함시킬 수 없다는 입장은 정
당하나, '잠재적인 위험성'을 방지하기 위한 '사전예방의 원칙'은 확립된
'과학적 증거'에 기초하여야 하며 단순한 가설에 그치는 위험성에 관한 이
론은 수용될 수 없다고 지적하였다.[69]

일반재판소는 '인체'에 대한 손상에 관하여 이사회 지침 91/414의 제5조
제1항의 요건이 충족되었는지를 확인하기 위해서는 제초제가 인체에 직·간
접적으로 끼치는 손상과 지하수에 대한 영향이 없을 것을 본질적으로 규정
하는 동 지침 제4조 1항 (b)의 (ⅳ)과 (ⅴ)을 검토하여야 하며,[70] 제5조 제1
항이 부속서Ⅵ의 일정한 원칙들이 반영하지 못할 경우에는 효력을 갖지 못
하고 활성물질과 관련하여 과학적으로 의심의 여지가 있을 때는 '사전예방
의 원칙'에 따라 '합리적 의혹'을 제기 할 수 있으며, 이를 이유로 해당 지
침의 채택을 거부할 수 있다고 하였다.[71]

지침 91/414 제5조 제4항은 부속서에 등록된 활성물질의 사용에 관한
제한 규정을 둠으로써 동조 제1항의 요건을 충족시키지 못하는 활성물질도
문제의 여지가 있는 사용 유형에 관해서는 제한을 두는 것을 조건으로 부
속서 I 에 등록시킬 수 있는 효과를 가진다. 그러므로 특정 물질을 부속서
I 에 등록하는 지침의 내용을 채택할 때는 그 활성물질을 포함한 제품의
사용에 관해 일정한 제한을 둠으로써 지침 제5조 제1항이 제시하는 요건을

---

69) Case T-229/04, *Sweden* v. *Commission*, [2007] ECR Ⅱ-2437, paras.160~161.
70) *Ibid.*, para.162.
71) *Ibid.*, para.224.

충족시킬 수 있는가 하는 '합리적 의혹'을 해결해야 한다.[72]

또 일반재판소는 이사회 지침 91/414의 제4조 제1항 (b) (ⅴ)이 규정하는 환경에 대한 '수용 불가능한 영향',[73] 특히 파괴대상이 아닌 종에 끼치는 영향에 관한 규정이 '동물'에 끼치는 영향과 관련하여 제5조 제1항 (b)가 제시하고 있는 요건이 충족되었는가를 평가하는 기준이 될 수 있다는 원고 측 주장에 대해 동 지침 제5조 제1항은 인간과 동물에 대해서는 '해로운 영향을 끼쳐서는 안 된다'고 규정하고, 반면 환경에 대해서는 '수용 불가능한 손상'만을 배제 한다고 구별하여 규정하고 있고 제4조 제1항 (b)도 인간과 동물에 대한 '해로운 영향'(ⅳ)과 환경에 대한 '수용 불가능한 손상'(ⅴ)을 구별하여 취급하므로, 일반재판소는 파라콰트가 동물에게 극심한 고통이나 심각한 손상을 야기할 수 있지만 그것이 곧바로 지침 91/414의 제4조의 위반이라고 할 수는 없는데, 동물에 대하여 직·간접적으로 어떠한 해로운 영향도 허용하지 않는다고 규정한 제1항 (b)의 (ⅳ)과는 달리 (ⅲ)과 (ⅴ)은 단지 '수용불가능한 정도'의 고통과 손상만을 금지하고 있으므로, 이 조항의 위반을 규정하기 위해서는 '어느 정도'가 수용 가능하고 어느 정도를 초과하였을 경우 '수용 불가능'한가에 관한 한계의 설정이 요구되지만, 스웨덴은 그러한 한계를 설정하지 않았고 파라콰트가 인체에 고통과 손상을 야기하므로 야생토끼에 대하여서도 그러한 고통과 손상을 야기할 수 있다고 주장한 것에 그치고 있다고 지적하였다.[74]

---

72) *Ibid.*, paras.169~170.

73) *Ibid.*, para.226.

74) *Ibid.*, para.259; 결국 파라콰트가 야생토끼에 야기하는 '수용 불가능한' 고통과 손상에 관한 주장을 뒷받침 할 사실적 근거가 없으므로 이에 관한 스웨덴의 주장은 배제된다고 하였다. *Ibid.*, para.260.

5) 최종 판단

일반재판소는 제기된 법적 쟁점에 관한 원고 측 주장이 타당하므로 부속서Ⅰ에 파라콰트를 활성물질로 등록하는 집행위원회의 지침 2003/112에 대하여 취소 판결을 결정하고, 소송절차내규 제87조 제2항에 의거하여 패소한 집행위원회가 승소한 스웨덴에 대하여 재판 비용을 지급하여야 하며, 제87조 제4항에 의거하여 소송참가국인 덴마크, 오스트리아, 핀란드는 자국의 비용을 각각 스스로 부담한다고 판시하였다.[75]

4. 평가

이 사례는 파라콰트의 독성 문제를 중심으로 인체 및 동·식물에 대한 영향평가, 등록 허가절차 상의 흠을 환경적 차원에서 매우 비중 있게 다루고 있고, TFEU 제191조 제1항에 규정된 환경정책의 목적들 중 특히 환경의 질의 보존·보호·향상과 인간건강의 보호라는 측면에서 중요한 의미를 가진다. 파라콰트라고 하는 일종의 살충제 또는 제초제로서의 역할을 하는 물질의 활성물질로의 등록 허가 여부에 관한 EU사법기관의 판결은 EU가 추구하는 환경정책의 목적이 구체적으로 무엇이고 어떻게 적용될 수 있는지를 실제적으로 보여 주고 있다. 무엇보다 이 판결은 환경이 얼마나 인간의 삶과 긴밀하게 연관된 영역이며 세세하게 검토하고 평가하여 중요하게 다루어야 할 정책분야인지를 보여 주고 있다. 이를 통해 과거와는 달리 이제는 환경보호의 기본적, 전체적인 체계 내에서 경제성장을 추구하는 것이 인류의 생존과 직결된다는 점을 확인할 수 있었다. 이제는 이윤추구보다는

---

75) *Ibid.*, paras.262~265.

인간의 건강과 환경의 보호에 중점을 둔 정책들이 추구되어야 할 것이다. 따라서 인간의 건강과 환경의 보호의 관점에서 적극적 태도를 취한 EU사법기관의 판결은 매우 적절한 판결이며, 시간이 갈수록 환경문제를 매우 중요하게 다루고 있는 EU의 환경정책의 목적에 부합한 판결이라고 할 수 있다.

Ⅳ. 결언

'환경' 또는 '환경보호'에 대한 인식을 이제야 본격적으로 갖게 된 우리나라로서는 국제환경법질서를 주도하고 있는 EU로부터 좋은 경험과 교훈을 얻을 수 있다. 이제 환경은 국제사회에서도 그리고 국내사회에서도 부수적 차원의 정책이 아니며, 환경과 경제발전 간에 지속가능한 발전의 이념을 분명하게 실현시켜야 할 때임에는 틀림이 없다. 이러한 맥락에서 EU 환경법은 우리나라의 환경 관련 적극적 입법정책의 발전에 법제사적으로 좋은 영향을 줄 수 있다. 본문에서는 먼저 여타 국내 또는 국제사회와 달리 보다 그 이행이 구체화되고 있는 EU환경법상의 환경정책의 목적들에 관하여 살펴보았다. 이는 EU 전체를 통틀어서 환경을 어떻게 인식하고 있는가와 밀접한 관련이 있다. 특히 환경정책의 목적들을 리스본조약에 의해 개정된 TFEU 제191조 제1항에서 '조약상' 명시하고 있다는 점은 EU가 환경을 얼마나 중요하게 다루고 있는지를 보여 준다. 따라서 TFEU 제191조 제1항에 규정된 환경의 질의 보존·보호·향상, 인간건강의 보호, 천연자원의 신중하고 합리적인 사용, 지역적·지구적 환경문제 극복을 위한 국제적 차원의 기여 등의 EU환경정책의 목적들에 대해 깊이 있게 이해하는 것은 환경을 전반적으로 이해하는 데 큰 도움이 된다. 무엇보다도 이러한 환경정책의 목적들에 대한 근본적인 이해는 환경법 전반에 대한 심도 있고 광범위한 이해의 기초가 되기 때문에 매우 중요하다. 그리고 본문에서는 파라콰트라고 하는 일종의 살충제 또는 제초제로서의 역할을 하는 물질의 활성물질로의 등록 허가 여부에 관한 EU사법기관의 판결을 분석·검토하였다. 이를 통해 환경정책의 목적이 구체적으로 무엇이고 어떻게 적용될 수 있는지 실제적으로 이해할 수 있었으며, 환경이 얼마나 우리의 삶과 긴밀하게 연관된 영역이며 중요하게 고려해야 할 부분인지 알 수 있었다. 이를 통해 과거와는 달리 이제는 환경보호의 기본적, 전체적인 체계 내에서 경제성장을 추구하는 것이 인류의 생존과 직결된다는 점을 확인할 수 있었다. 나아가 본 연구는 우리나라에서 판매 시 구매자의 인적사항, 품목명 및 판매량 등 판매 장부를 기재하고, 일반농약과 혼재해 판매하는 것을 금지하고 있는 독성이 강한 것으로 알려져 음독자살에 오용되기도 하는 제초제인 파라콰트를 다루고 있다는 점에서 우리나라 환경행정에 있어서뿐만 아니라 국민들의 일상생활에 있어서의 건강보호 및 유기농식품에 대한 생태적, 환경적, 경제적 그리고 보건적 인식 제고에도 기여할 수 있다. 파라콰트는 소량이라도 인체에 매우 치명적인 제초제이며, 사람에게는 물론 인근 토양과 하천오염에 2차 피해(주변 생태환경 피해)를 유발할 수 있는 독성이 강한 물질이다. 우리나라 농촌진흥청도 2009년에 '파라콰트' 농약이 음독사고 오용이 잦아 출하량(공급량)을 30% 감축(총 938t으로 제한)할 계획을 수립한 바가 있으며, 나아가 사용허가 등록말소와 판매금지를 고려하고 있다. 그러나 이는 매우 급박히 해결해야 할 문제이며, 앞으로는 독성이 높거나 국제적으로 위해성이 제기된 모든 농약에 대해서는 상시 재평가를 실시해 국내 등록을 폐지하고, 안전하고 우수한 농약만을 사용하도록 강화할 필요가 있다. 무엇보다 오늘날에는 환경과 먹을거리의 안전성에 대한 관심이 매우 중요하게 다루어지고 있으며, 이것이 초국경적이고 국제적인 차원에서 다루어져야 할 문제이기 때문에, EU와의 통상무역에서 환경보호와 환경상품과 관련된 문제가 발생할 수 있다. 따라서 우리나라도 한·EU FTA 시대에 있어서 시장개방을 통한 경제적·통상적 이해만을 고려하는 것이 아니라 적극적 환경정책을 고려할 필요가 있다. 적극적 환경정책의 목적 또는 원리들이 접목된 경제통상정책이 추진된다면 미래지향적 관점에서 결국에는 국내적으로나 국제적으로 큰 경쟁력을 확보하고 많은 이득을 가져다줄 것이다.

제8장 환경정책의 원칙과 고려사항[*]

Ⅰ. 서언

오늘날 환경문제는 인간의 건강문제와 직접적인 관련이 있는 것으로서 한 국가 내에서뿐만 아니라 지역적·보편적 국제사회에서 매우 중요하게 다루는 관심 영역이 되었다. 특히 환경이라는 주제는 지구적 차원의 초국경적 사항으로서 그 다루는 내용이 어느 사회 또는 공동체에서든지 유사한 성질을 갖고 있는 내용이다. 따라서 환경문제는 국가의 '주권적' 사항이라는 측면과 '초국경적' 국제문제라는 양 측면에서 다루어진다. 결국 환경문제는 다른 국제문제와 같이 국제사회가 성숙되고 국제법이 발전함에 따라 점진적으로 해결할 문제이다. 이러한 차원에서 유럽연합(European Union: EU)의 환경법은 어떤 특별한 성질을 갖는 것이라기보다는, 일반 국내사회 또는 국제사회에서 다루는 내용을 유럽이라고 하는 지역에서 실행하고 있는 EU법의 한 영역으로 이해할 수 있다.[1]

---

[*] 김두수, "EU환경정책의 원칙 및 고려사항", 『최신외국법제정보』 한국법제연구원 2012년 제3호(2012. 5.7)의 내용을 참고함.

[1] 오늘날 기후변화로 인한 리스크에 국제사회가 초국가적으로 대처하는 모습을 보이고 있는 양상과 마찬가지

그런데 국내외적으로 주요 관심사로 떠오른 환경 관련 이슈에 대한 논의의 초점은 일반적으로 온실가스감축, 탄소배출권거래제도, 친환경기술개발 등에 맞추어져 있다. 반면에 환경보호를 위한 환경정책의 기본 '원칙들'은 중요하지만 크게 논의되고 있지 않아 환경에 대한 전반적인 인식 제고에 한계를 보이기도 한다. 즉 환경정책을 추진하되 구체적으로 어떠한 기본 '원칙들' 하에 추진하는 것이 진정으로 '환경'을 보호하고 '인류'를 위하는 것인지가 중요하지만, 다양한 이해관계가 존재하는 상황으로 인해 이러한 기본적 내용에 소홀하기 쉽다는 점이 문제점으로 지적될 수 있다.

이러한 맥락에서 이 글에서는 EU의 환경관련 규범과 몇몇 사례를 통해 EU가 환경정책상 어떤 기본 '원칙들'에 따라 역내 환경보호를 추구하는지 살펴보고자 한다. 이를 위해 EU의 환경관련 기본 규정인 EU기능조약(TFEU)[2] 제191조(구 EC조약 제174조),[3] 그리고 2차 입법에 해당하는 여러 지침 및 EU사법기관의 판례를 검토함으로서 EU의 환경정책의 기본 '원칙들'

로, 국제사회에서 국가의 국내시장이 개방됨에 따라 초래되는 식품안전의 문제도 오늘날 매우 중요한 사안이 되었다. EU도 EU식품법의 목적들 중에 '경쟁력'(competitiveness)을 고려할 목적들 중의 하나로 다루고 있지 않다. Bernd van der Meulen, *Reconciling food law to competitiveness*(Wageningen: Wageningen Academic Publishers, 2010), pp.24~25; 결국 기후변화에 대처하는 국제사회의 노력은 경쟁적 관점에 따른 국제통상장벽의 차원에서 논할 것이 아니라, 과연 인류가 기후변화로 인한 위기를 모면할 수 있을까에 초점이 맞추어져야 할 것이다. 이미 지구표면온도는 1900년대에 $2{}^{\circ}\mathrm{C}$ 이상 상승되었다. Richard G. Hildreth · David R. Hodas · Nicholas A. Robinson · James Gustave Speth, *Climate Change Law: Mitigation and Adaptation*(St. Paul: West, 2009), pp.6~7 참조.

2) 2007년 12월 13일 채택되어 2009년 12월 1일 발효된 리스본조약(Treaty of Lisbon amending the Treaty on European Union and the Treaty establishing the European Community, OJ 2007 C306/1)에 의해 개정된 "Treaty on the Functioning of the European Union"을 말한다. 개정된 통합본(Consolidated versions of the Treaty on European Union and the Treaty on the Functioning of the European Union, OJ 2008 C115/1)은 별도로 공표되었다.

3) EU의 환경 관련 기본법의 체계는 1987년 발효된 단일유럽의정서(Single European Act: SEA)에 의한 당시 티[티]C조약 제130r조에서 마련되었으며, 동 조에 규정된 환경정책의 목적과 원칙 및 고려사항이 이후 EU의 환경법의 발전에 영향을 미쳐 왔다. Andrew Jordan, *Environmental Policy in the European Union*(London: Earthscan, 2007), pp.35~37 참조.

에 관하여 고찰한다. 이로써 국내외적으로 관심받고 있는 환경정책의 기본 목적, 즉 "환경의 질의 보존과 보호 및 향상, 인간건강의 보호, 천연자원의 신중하고 합리적인 사용, 지역적·지구적 환경문제 극복을 위한 국제적 차원의 기여"의 달성을 위해 필요한 중요한 기본 '원칙들'이 무엇인지를 심도 있게 이해하고 국내 환경정책을 수립하는 데 중요한 참고가 될 수 있을 것이다.

Ⅱ. EU 환경정책상의 기본 원칙

EU의 환경정책은 TFEU 제191조 제2항(구 EC조약 제174조 제2항)에 규정된 원칙에 따라 시행되어야 하며, 이 원칙들로는 높은 수준의 보호원칙(high level of protection principle), 사전예방의 원칙(precautionary principle), 방지의 원칙(prevention principle), 근원의 원칙(source principle), 오염자부담의 원칙(polluter pays principle), 세이프가드(safeguard clause)가 있다.

EU 모든 회원국들은 이러한 원칙들에 따라 형성된 EU 환경입법에 대한 법적 의무를 이행해야 하고, EU의 환경관련 규칙과 지침은 이러한 기본 원칙들에 입각해 해석되어야 한다.

1. 높은 수준의 보호원칙

1) 개념

TFEU 제191조 제2항에서 EU 환경정책은 "다양한 회원국들의 지역적인 상황을 고려하여 '높은 수준의 보호'를 목적으로 해야 한다"고 규정하고 있다. 이러한 '높은 수준의 보호원칙'은 EU 환경정책의 가장 중요한 본질적 원리 중 하나이다. 그럼에도 불구하고 '높은 수준의 보호원칙'은 '최고로 가능한 수준의 보호'와는 다른 의미(개념)로 해석되어야 할 것이다.[4] 유럽사법법원(ECJ)은 Case C-284/95, *Safety Hi-tech*[5]에서 보호수준은 반드시 '최고로 가능한 보호수준'일 필요는 없고 '높은 수준의 보호'로서 행해지면 된다고 판결하였다.

2) 적법절차에 따른 개념의 합치성

그러나 그 기준이 명확하지 않아 비판을 받을 우려가 있다. 따라서 '높은 수준의 보호'에 적합하지 않은 EU위원회의 입법 제안은 최종 의결기관인 이사회에서 배제될 수 있다. 그런데 문제는 동 조항이 '어느 한도'의 의무까지 법원에 의하여 인정될 수 있는지가 불명확하다는 것이다. 통상 2차 법안의 채택과정이 TFEU 제114조(구 EC조약 제95조) 제3항에 의거 위원회의 입법 제안에 따라 이사회가 의결하는 것을 고려하여 볼 때, 절차상의 흠이 없는 한 높은 수준의 보호 원칙에 기초하지 않고 채택된 결정이 법원에서 무효가 되는 경우는 없다고 보아야 한다. 즉 적법절차에 따라 철저한 과정에 의해 채택된 법규는 사실상 취소되지 않는다고 볼 수 있다.[6]

TFEU 제114조 제3항은 "위원회는 건강, 안전, 환경, 소비자보호 영역의 입법제안에 있어서 '높은 수준의 보호'를 기본으로 하여, 어떠한 특정의 새

---

4) *Ibid.*, p.36 참조.

5) Case C-284/95, *Safety Hi-Tech Srl v. S. & T. Srl*, [1998] ECR I-4301, para.49.

6) Jan H. Jans and Hans H.B. Vedder, *European Environmental Law*(Europa Law Publishing, 2008), p.36 참조.

로운 과학적 사실에 기초한 개발을 고려하여야 하고, 유럽의회와 이사회도 그 권한 내에서 목적 달성을 위해 노력할 수 있다"고 규정하고 있다. 이 규정에 따르면 높은 수준의 보호원칙은 단지 위원회에서의 제정이 아닌 유럽의회와 이사회의 입법적 권한 내에서 이루어진다고 할 수 있다. 그러나 TFEU 제114조 제3항 상의 '달성을 위해 노력'이라는 입법방식은 여전히 이 조항이 이사회가 채택한 합법성 평가에 대한 이의 제기를 위한 법원의 심사 대상이 되는지에 대한 의문을 야기한다. 그런데 위원회의 입법제안이 높은 수준의 환경보호에 기초하지 않은 경우, 유럽의회는 TFEU 제263조 (구 EC조약 제230조)에 따라 위원회에 대하여 권한의 남용 또는 절차규정의 위반을 이유로 법원에 제소하는 등 일정한 조치를 취할 수 있는 권한이 있다.[7]

2. 사전예방의 원칙

1) 개념

1992년 2월 7일 채택된 EU조약(Maastricht 조약)은 EU의 환경정책의 원칙으로 '사전예방원칙'을 도입하였다. 이 원칙은 독일환경법상의 Vorsorgeprinzip(소위 '사전배려의 원칙')에서 유래되었다. 이에 따르면 만약 어떠한 활동이 환경에 대한 위협적인 결과를 가져올 것이라는 강한 의구심이 있는 경우, 그 활동에 대하여 감당할 수 없을 정도의 결과에 대한 '과학적 근거'의 연관성(causal link)이 명확해지기 전까지 기다리기 보다는 '너무 늦기 전'에 조치를 취하는 것이 낫다는 것이다.[8] 다시 말해서, '사전예방의 원칙'은 비록

---

7) *Ibid.*, p.37 참조.

일반적 연관성에 대한 '과학적 증거'가 명백하게 규명되지 않았더라도 어떤 경우에는 환경손해를 방지하기 위하여 '예방적 조치의 정당성'이 인정된다는 것이다. 이 원칙의 목적은 환경에 대한 '잠재적인 위험'을 피하기 위함이며,[9] 최소한 EU위원회에 따른 예방조치는 EU가 환경, 인간, 동물 및 식물의 상태에 적합하다고 간주될 수 있는 보호의 수위를 정할 수 있는 권한을 보유하고 있다는 것을 의미하는 것이다.[10]

2) 허용 요건

위원회에 의하면 사전 예방정책에 대한 가이드라인은 모두 '위험관리'에 대한 것이고, 모든 위험들이 반드시 '제로(0)' 수준이 되어야 한다는 것을 의미하지는 않는다.[11] 어떠한 위험의 수준이 사회에 대하여 용납 가능한가에 대하여는 '정책적인 부분'에 맡겨져 있다. 어떠한 조치가 필수적으로 취해질 수밖에 없는 것으로 간주되어야 하는지에 대해서는 사전 예방원칙과 그 보호수준과의 '조화'의 정도를 기초로 평가되어야 하고, '비차별적' 적용이어야 하며, 과거의 조치들과 비슷하게 취해져 모순되지 않아야 하고, 조치에 대한 작위·부작위에 대하여 잠재적인 이익과 조치의 경제적 비용

---

8) 같은 취지에 관하여 박균성·함태성, 『환경법』(서울: 박영사, 2006), p.53; 홍준형, 『환경법』(서울: 박영사, 2005), pp.100~101; Philippe Sands, *Principles of international environmental law*(Manchester: Manchester Univ. Press, 1995), pp.208~209; Elli Louka, *International Environmental Law*(Cambridge: Cambridge Univ. Press, 2006), pp.50~51; Stuart Bell and Donald McGillivray, *Environmental Law*(Oxford: Oxford Univ. Press, 2006), pp.70~73.

9) Case T-229/04, *Sweden* v. *Commission*, [2007] ECR II-2437, para.161.

10) Jans and Vedder, *supra* note 6, pp.37~38 참조; 미국의 경우 환경청(Environmental Protection Agency:) 산하에 과학자문위원회(Science Advisory Board)를 설치하여 환경 관련 과학적 조언을 제공하도록 하고 있다. Richard L. Revesz, *Environment Law and Policy: Statutory and Regulatory Supplement*(New York: Foundation Press, 2007), p.I-12.

11) COM (2000) 1, Commission guidelines on how to apply the precautionary principle.

의 측면 그리고 과학적인 기록을 고려해 결정해야 한다.[12]

사전예방의 원칙은 유럽사법법원(ECJ)의 사례[13]에서 적용된 바 있는데, 인간의 건강에 대한 위험의 존재 또는 위험의 확장이 불명확한 경우에도 EU기관(institutions, 통상 EU위원회를 의미함)은 이러한 '위험의 존재'와 '심각성'이 완전히 명백해지기 전에 사전예방 조치를 취할 수 있다. 이 사례는 TFEU 제191조 제3항의 첫 번째 문장의 판단을 위한, 즉 환경정책에 대한 준비에 있어서 EU는 이용 가능한 과학적·기술적 자료를 고려해야 한다는 것에 대하여 사전예방의 원칙을 취할 수 있음을 보여 준다. 과거에는 이것이 환경적인 결과에 대해 지양할 만한 확실한 근거가 있기 전까지는 EU가 조치를 취하지 않는다는 절대적인 근거가 되었으나, 오늘날에는 사전예방의 원칙에 대한 이와 같은 해석은 적합하지 않다고 할 수 있다.

그러나 유럽사법법원(ECJ)은 '증명책임'에 대하여 무제한적인 면제를 허용하는 것은 아니며, 관련 조치가 취해지기에는 '잠재적인 위험'이 매우 낮은 경우에까지 백지위임을 부여하는 것은 아니다. 오직 '위험평가'가 사전예방의 원칙의 측면에서 '명백하여' 특정 개별상황의 발생가능성이 '완벽하게' 실현되었을 때 '인간건강과 환경'에 해가 될 우려가 있는 상황에서 보호조치의 실행의 필요성이 인정된다. TFEU 제36조(구 EC조약 제30조)상의 예외를 인정받는 회원국의 권한과 '합리성 이론'(rule of reason)도 같은 방식으로 해석되어야 한다.[14]

---

12) Jans and Vedder, *supra* note 6, p.38 참조.

13) Case C-157/96, *National Farmers' Union a.o.*, [1998] ECR I-2211, para.63; Case C-180/96, *UK v. Commission*, [1998] ECR I-2265, para.99.

14) Jans and Vedder, *supra* note 6, p.39 참조

3. 방지의 원칙

1) 개념

EU의 환경정책은 '방지조치'가 취해지는 것을 기본적 원칙으로 추진되어야 한다. '방지 조치의 원칙'은 이미 1986년에 채택된 단일유럽의정서(Single European Act: SEA)에 포함된 내용으로, 간략하게 말하자면 '방지가 치료보다 더 낫다'는 의미이다. 방지의 원칙은 환경보호를 위해서는 애초의 시작단계에서부터 필요한 조치가 취해지는 것을 허용하는 것을 의미한다. 이는 피해가 발생한 후에 그 피해의 복구를 다루는 문제가 아니라, 그 대신 '문제가 발생하는 것 자체를 방지하는 조치를 요구'하기 위한 EU 환경정책상의 원칙이다.[15]

2) 적용 요건

EU의 제3차 환경행동계획[16](Third Environment Action Programme)은 방지의 원칙을 중점적으로 다루었었던바, '치료보다는 방지'가 이 제3차 환경행동계획의 주요 주제였다. 이 제3차 환경행동계획에 따르면 방지의 원칙이 충분한 효과가 있을 경우에는 반드시(inter alia) 다음의 상황이 적용되어야 한다고 하였다. 첫째, 방지의 원칙의 적용과 관련된 지식과 정보는 필수요건이며, 동 원칙의 적용을 위해서 결정권자들과 대중이 정당하고 손쉽게 이용할 수 있어야 한다.[17] 둘째, 환경에 중대한 영향을 미칠 수 있는 활동들(주로 개발활동)에 대한 결정에 있어서는 적합한 사실들을 미리 고려하여

---

15) *Ibid.*, pp.40~41 참조: Sands, *supra* note 8, pp.194~195: Louka, *supra* note 8, p.50.
16) OJ 1983 C46/1.
17) Directive 2003/4 on public access to environmental information(OJ 2003 L41/26).

정책결정판단에서 활용될 수 있는 절차가 마련되고 도입되어야 한다. 환경 정책 '초기단계에서' 가능한 한 결과에 대한 계획과 결정의 수립이 고려되어야 한다. '환경영향평가'(Environmental Impact Assessment: EIA)는 '방지의 원칙'에 있어서 매우 중요하고도 핵심적인 내용이라고 할 수 있다. 환경영향평가지침 85/337(EIA지침)[18]의 전문은 "최고의 환경정책은 차후적으로 대응하려는 노력보다는 환경의 오염이나 저해 행위를 '그 근원으로부터 방조하는 것을 방지하는 것'으로 형성된다"라고 언급하고 있다. 셋째, 채택된 방지 조치의 이행은 반드시 정확하고 올바르게 적용되어야 하며, 새로운 상황들이나 새로운 지식이 요구되는 경우에는 이를 방지 조치에 반영해야 한다. 이와 관련된 어떤 지침을 채택·이행하는 경우에는 관련된 새로운 과학적·기술적 표준을 채택하여 반영해야 한다.

다른 예로, '지하수보호'에 관한 지침 80/68[19]는 회원국의 권한 있는 관할기관이 어떤 권한을 부여하기 전에는 반드시 사전에 상세한 '환경영향평가'를 실시하도록 하여, 회원국의 강력한 감독과 검사를 요구하고 있다.

4. 근원의 원칙

1) 개념

'근원의 원칙'이란 환경피해를 '그 근원지부터 우선적으로 바로잡는 것'을 의미하며, EU의 환경정책은 이러한 근원의 원칙을 기본으로 하여 입안되어야 한다. 또한 이 근원의 원칙은 특히 '대기오염'과 '물 오염'을 다루

---

18) OJ 1985 L175/40.
19) OJ 1980 L20/43.

는 것으로서 환경의 질적 기준보다는 '배출에 대한 기준'이 선호됨을 의미한다.[20]

2) 적용 요건

그런데 오염의 '배출 감소'를 위해 회원국에게 요구되는 환경 지침은 일반적으로 배출이 발생되는 '지역상의 환경적 상황'에만 의존하지는 않는다.

이 원칙은 *Walloon Waste* 사건[21]에서 제시된 바 있다. 이 사건에서 유럽사법법원(ECJ)은 어떠한 범위의 외국의 쓰레기 수입제한이 차별적인지에 대해 심사하였다. 이에 법원은 모든 지역, 지방자치, 지역적 관할기구는 반드시 그 자체의 폐기물 제거 절차와 수용이 확실히 준비된 경우에 그 이행이 가능하다고 판시하였다. 이 사건에서 Walloon지방정부의 관련 법률 75/442(폐기물관리)와 84/631(폐기물 국경선적의 감독과 통제)에 따르면 Walloon지방의 폐기물 창고는 '환경적 이유'에서 '외국폐기물'을 저장, 처리 및 투기하는 것을 원칙적으로 금지하면서 동시에 벨기에의 다른 지역으로부터 발생한 폐기물의 저장, 처리 및 투기도 금지하고 있었다. 그런데 '폐기물'은 반드시 가능한 한 이송의 제한을 위해서 '가능한 가까운 장소에 배치'되어야 한다. 따라서 결론적으로 법원은 다양한 장소에서 발생한 폐기물과 그 생산의 장소와의 연결과의 차이점의 관점에서, Walloon의 폐기물 수입제한은 차별적이라고 간주되지 않는다고 판시하였다. 이 사건에서 근원의 원칙은 '근접의 원칙'과 유사한 의미라고 할 수 있다. 즉 이 판결에서 ECJ는 '환경에 대한 손해'는 '손해의 발생원'에서 회복되어야 한다는 TFEU

---

20) Jans and Vedder, *supra* note 6, p.42 참조.
21) Case C-2/90, *Commission* v. Belgium, [1992] ECR I-4431, paras.14, 34, 20~21, 35~36.

제191조 제2항이 정한 '근원의 원칙'에 따라 각 지방자치단체가 폐기물의 회수 및 처리를 위해 적절한 조치를 취해야 하며, 따라서 폐기물은 가능한 한 '폐기물의 발생지에서 가까운 장소'에서 처분되어야 한다는 것을 의미하기 때문에, Walloon 정부의 규제 조치는 '차별적이지 않다'고 판시하였다.

한편 *Sydhavnens Sten & Grus*의 폐기물 사건[22]에서 ECJ는 문제의 폐기물이 '환경에 해로운 경우가 아닌 한' 폐기물 수출에 대한 제한을 정당화할 수 없음을 명백히 하였다. 즉 회원국은 '환경보호를 위해 반드시 필요한 경우에만' 폐기물의 수출제한조치가 가능하게 된다.

5. 오염자부담의 원칙

1) 개념

'오염자부담의 원칙'이란 환경오염에 책임이 있는 자에게 '환경보호비용'을 부담시키는 것을 말하며, EU의 환경정책은 오염자부담의 원칙에 기초해야 한다. 이런 오염자부담의 원칙은 EU의 1차 법원에 해당하는 조약상의 환경정책에 포함되기 전에 이미 유럽 환경정책의 초석 중의 하나였으며, EU의 제1차 환경행동계획[23]에서 EU환경정책의 하나로서 언급되었다. 간략하게 말하자면 이 원칙은 환경상의 '오염을 초래한 자'에게 그 환경보호절차에 대한 '비용'을 부담시키는 것을 말한다.[24]

---

22) Case C-209/98, *Sydhavnens Sten & Grus*, [2002] ECR I-3743, para.48.
23) OJ 1973 C112/1; Sands, *supra* note 8, pp.215~216 참조.
24) *Ibid.*, p.213; Louka, *supra* note 8, p.51.

2) 적용 효과

이 환경오염유발자의 비용부담의 원칙은 EU위원회와 이사회의 환경문제의 해결비용의 할당에 대한 1975년의 통보[25](Communication)에서 확립되었다. 1975년의 통보는 여전히 환경정책적 측면에서 원칙적 기초가 되고 있다. 이러한 통보는 EU법상 법적 구속력이 없으나, 이사회는 회원국에게 통보에 포함된 '원칙'의 실행을 권고할 수 있다. 이 제1차 환경행동계획은 환경오염유발자에게 환경보호조치에 대한 비용을 부담시킴으로써 이들이 환경오염을 '줄일 수 있도록 노력함'과 '덜 환경오염을 시킬 수 있는 제품과 기술력'을 찾게 하기 위해 추진되었다. 이는 회원국들의 부족한 환경자원에 대한 합리적인 사용이 가능하도록 한다. 또한 환경보호비용부과는 별개로 하더라도, 이 원칙은 '환경기준'을 부과할 수 있다는 데 의미가 있다. 만약 관련 법규에 따라 환경기준의 준수가 필요한 회사는 그들의 '생산 또는 공정 절차'에 대하여 다양한 투자를 해야 한다. 이런 방법으로 환경기준을 확립함으로써 환경오염부담자는 오염비용을 줄이는 데 도움이 된다.[26]

3) 발전적 방향

따라서 EU는 특히 명확한 기준에 의하여 환경오염에 대한 보호비용의 책임을 지는 사람의 '환경보호비용 부과체계'를 확실히 해야 한다. 또한 이 환경오염유발자의 비용부담의 원칙은 환경오염에 가담하지 않은 사람에게는 오염의 제거를 위한 부담을 부과해서는 아니 된다는 것을 의미한다.[27] EU위원회에 따르면 환경보호와 관련된 비용은 다른 생산비용과 같이 회사

---

25) OJ 1975 L194/1.

26) Jans and Vedder, *supra* note 6, pp.43~44 참조.

27) *Ibid.*, p.44 참조.

에 의하여 내부적으로 책정되어야 한다. 그만큼 이제는 기업들도 '생산비용'이 책정되듯 '환경부담금'을 책정하는 방향으로 경영을 해야 하고, 환경오염유발자책임을 엄격하게 적용하는 것이 일반적으로 지지되고 호응을 받아야 한다는 것이다. 결국 '얼마만큼 엄격한 책임'을 묻는 환경정책을 추진하느냐에 따라 '지속 가능한 발전'의 논리에 있어서 '환경지향적인' 사회인지 '개발지향적인' 사회인지 보다 분명하게 나타난다고 할 수 있다. 그런데 이러한 오염자부담의 원칙은 환경침해의 방지·제거 및 손실전보에 관한 '단순한 비용부담'에 관한 원칙이 아니라, 환경책임 일반에 대한 '실질적 책임'의 원칙으로 이해되어야 한다.[28)]

6. 세이프가드 조항

1) 개념

'세이프가드 조치'란 예측할 수 없는 상황의 발생으로 인해 특정 물품의

---

28) 우리나라 '환경정책기본법' 제7조는 "자기의 행위 또는 사업 활동으로 인하여 환경오염 또는 환경훼손의 원인을 야기한 자는 그 오염·훼손의 방지와 오염·훼손된 환경을 회복·복원할 책임을 지며, 환경오염 또는 환경훼손으로 인한 피해의 구제에 소요되는 비용을 부담함을 원칙으로 한다"라고 규정하여 '오염원인자 비용부담원칙'(polluter-pays principle: PPP)을 천명하고 있다. 이는 '환경정책'이라기보다는 오염정화비용을 분담하고자 하는 '경제정책'의 하나로 사용되기 시작하였던 것이다. 홍준형. *supra* note 8, p.104; 박균성·함태성 *supra* note 8, pp.56~58; 조은래, 『환경책임법』(부산: 세종출판사, 2007), pp.244~247 참조; 우리나라 '환경정책기본법'은 '환경'을 이용한 '경제개발'에 대응해 '환경보전'을 위한 국가의 '기본적인 환경정책'을 제시하고 '환경보전대책'을 강화함으로써 헌법상의 '환경권'을 국민이 향유하도록 하기 위하여 제정된 법이다. 이 법은 1990년 8월 1일 법률 제4492호로 제정된 후, 2002년 12월 30일 법률 제6846호로 개정되어 '지속 가능한 발전'을 위해 환경과 개발의 조화를 도모하고자 하였고, 2005년 5월 31일 법률 제7561호로 개정되어 '사전환경성검토제도'를 시행하는 등 역할을 수행하고 있다. 또한 이 법은 규제법이나 집행법이 아닌 환경에 대한 '정책법'적 성질을 갖는 개별 환경관련법들에 대한 '기본법' 또는 '근본법'이라고 할 수 있다. 이 법은 사업자의 환경책임, 오염원인자책임, 사전예방의무, 사전환경성검토, 환경오염피해에 대한 무과실책임 등에 관해 규율하고 있다.

수입이 급증하여 수입국의 국내 산업이 입는 막대한 피해를 일시적으로 구제하기 위한 국내적 수단을 말하며 이를 '긴급수입제한조치'라고도 한다. 즉 이러한 논리에 따르면 '인간과 동물의 건강' 또는 '환경'에 위험이 있는 경우 그 상품의 판매나 사용을 그 회원국의 영토에서 제한하거나 금지할 수 있다.

2) 적용 요건

그런데 환경보호의 필요에 따른 세이프가드 조치의 요청은 '조화'의 측면에서 평가되어야 하는바, TFEU 제191조 제2항의 세이프가드 규정은 EU 회원국이 취하는 '잠정적인' 조치로서의 성격을 가져야 하며, 비경제적차원의 '환경적 이유'에 의해서 이행되어야 한다. 이 조항은 위에서 명시한 다른 원칙들과는 명백하게 다른 체계를 취하고 있는데, TFEU 제191조 제2항의 2번째 문단은 '지침 또는 규칙'을 통해 회원국에게 긴급한 환경보호의 조치로서 세이프가드 조항을 취할 수 있음을 명시하고 있다.[29]

III. EU 환경정책상의 고려사항

EU는 환경정책을 입법 제안함에 있어서 TFEU 제191조 제3항(구 EC조약 제174조 제3항)에 따라 일정한 사항을 고려해야 하는데, 이에는 환경정책과 관련된 유용한 과학적·기술적 자료, EU의 다양한 지역의 환경적 조건들, 입법의 작위 또는 부작위의 경우의 잠재적인 이익과 비용 간의 균형,

---

29) Jans and Vedder, *supra* note 6, p.45 참조; Ludwig Krämer (ed.), *European Environmental Law*(Aldershot: Dartmouth, 2003), pp.98~99 참조.

해당지역의 균형 잡힌 발전이 있다.

그런데 TFEU 제11조(구 EC조약 제6조)의 '통합의 원칙'(must to be integrated)에 비하면, 이 TFEU 제191조 제3항의 '고려한다'(take account of)라는 용어는 법적 강제력이 부족하다. 사실상 회원국들은 회원국에 맞지 않는 환경정책들의 이행을 지연시키기 위해 이러한 고려사항들을 '자의적으로' 이용할 수도 있기 때문이다.[30] 이는 'EU의 환경정책'이 '회원국의 환경정책' 내로 쉽게 이행될 수 없음을 의미한다. 즉 회원국 간의 상이한 경제수준, 환경정책의 추진상황 및 환경정책에 대한 인식정도의 차이로 인해 '통일된' 환경정책과 법의 집행이 수월하지만은 않다는 문제점이 제기될 수 있다는 의미이다.

1. 유용한 과학적·기술적 자료

EU는 역내 활동과 생산이 환경적으로 해로운 결과를 초래할 것이 과학적·기술적 자료에 의해 증명될 수 있을 경우에 해당 환경보호를 위해 법규를 제정할 수 있다. 예를 들면, 에어로졸에 포함된 프레온가스(CFCs)가 환경에 악영향을 미쳐 오존층파괴를 유발시킨다는 사실을 증명할 수 있는 과학적·기술적인 증거자료가 있어야 이와 관련된 규제정책의 시행이 가능하다. 이는 '사전예방의 원칙'에서 살펴본 바와 같이 환경규제를 회피하기 위한 수단이 아니라 환경보호의 수단으로 그 해석의 관점이 달라져야 하는데, 왜냐하면 현대사회에서 EU는 어떤 정책을 실행하기 위해 필요한 모든 직접적·간접적인 과학적 자료들을 제공할 능력을 갖추었다고 여겨지기 때문이다.[31]

---

30) Jans and Vedder, *supra* note 6, p.46 참조.

2. 다양한 지역의 환경적 조건들

EU는 각 회원국 및 지역의 '환경의 질'이 각각 상이함으로 인해 일률적으로 환경정책을 수행할 수 없다. 따라서 해당 지역의 '환경의 질'의 수준에 따라 적절한 환경정책이 추진되어야 한다. 이는 환경의 질에 따라 오염물질의 배출의 정도가 다르게 결정될 수 있기 때문에, 해당지역의 환경수준에 기초해 적절한 환경정책이 입안되고 시행되어야 함을 의미한다.[32]

따라서 이러한 여러 상황들을 고려하여 환경정책을 입안해야 하는 EU의 환경정책에 관한 입법 활동은 쉬운 일이 아니다. 특별한 보호가 필요한 곳에서는 환경기준을 높게 설정할 필요가 있는데, 이 경우에는 입법 과정에서 특히 관련된 회원국의 동의를 이끌어 내야 하기 때문이다.

3. 입법의 작위 또는 부작위의 경우의 잠재적인 기대이익과
비용 간의 균형

EU는 환경정책을 추진함에 있어서 환경관련 정책시행으로 발생하는 잠재적인 기대이익과 이행비용 간의 균형을 고려해야 한다. 이 경우 TEU 제5조(구 EC조약 제5조)에서 언급하고 있는 '비례의 원칙'이 적용되어야 한다. 예를 들면, 일찍이 시행된 바 있는 '산업공장에서 나오는 대기오염물질의 억제'를 다룬 지침 84/360[33] 제4조를 들 수 있다. 이에 따르면 해당 정책의 허가는 관련 당국이 대기오염을 방지하기 위한 모든 조치들이 취해졌

---

31) *Ibid.*, p.46 참조.
32) *Ibid.*, p.47 참조.
33) OJ 1984 L188/20.

다고 인정하는 경우에 가능한 것이고, 여기에서 모든 조치에는 '큰 비용적인 부담이 되지 않는 한' 도입 가능한 최신 기술도 포함된다.

4. 해당지역의 균형 잡힌 발전

EU 회원국들은 경제적, 사회적 발전 정도에 따라 서로 다른 속도의 환경정책이 시행될 수 있다. 이는 TFEU 제27조(구 EC조약 제15조)에 포함된 일반원칙 보다 상세하게 부연 설명된 면이 있다. 이는 EU의 환경정책은 어떤 경우에는 EU에 의한 환경정책적인 '지원'이 있을 수 있음을 의미한다.

예를 들면, '서식지지침' 92/43[34]의 제8조는 보호대상이 되는 서식지와 동물종의 보호가 시행 회원국에게 큰 재정적 부담이 되는 경우, EU가 함께 해당 회원국과 '공동으로 자금을 충당'할 수 있는 시스템을 구축하도록 규정하고 있다. TFEU 제192조(구 EC조약 제175조) 제1항과 제5항에 의하면, EU는 이사회가 환경조치를 채택하는 경우 환경보조금의 형식으로 TFEU 제177조(구 EC조약 제161조)상의 기금(Community's Cohesion Fund)을 활용할 수 있도록 규정하고 있다.

또한 거대한 연소공장으로부터 나오는 '대기오염물질 배출 제한'에 관한 지침 88/609[35] 제5조에서 스페인은 잠정적으로 '보다 덜 강화된 기준치를 도입'해도 된다고 규정하였다. 이는 지침의 전문에서도 언급되었는데, 즉 스페인은 에너지 및 산업 성장을 위해 새로운 발전용량이 필요한 국가라는 것이 그 이유였다.

---

34) OJ 1992 L206/7.
35) OJ 1988 L336/1. 이 지침은 지침 2001/80(OJ 2001 L309/1)에 의해 폐지되었다.

Ⅳ. 결언

　본문에서 살펴본 바와 같이 TFEU 제191조 제1항이 EU 환경정책의 '목적'인 환경의 질의 보존·보호·개선, 인간 건강의 보호, 자연자원의 신중하고 합리적인 방식의 이용, 지역적 또는 국제적 환경문제해결의 촉진을 규정한 후, 이러한 환경정책의 목적을 달성하기 위하여 TFEU 제191조 제2항에서 환경정책의 기본 '원칙'에 대해 규정하고 있는데, 이에 따르면 EU의 환경정책은 높은 수준의 보호, 사전예방의 원칙, 방지의 원칙, 근원의 원칙, 오염자부담의 원칙에 기초하여야 하며, 긴급한 보호가 필요한 경우에는 세이프가드 조치를 취할 수 있다. 이러한 EU 환경정책상의 기본 '원칙'에 기초하여 2차 법령인 규칙과 지침이 제정되어 적용되어야 한다. 이로서 회원국의 국내 환경정책의 목적과 EU의 환경정책의 목적이 EU 역내에서 '조화' 있고 통일적으로 규율되고 실행될 수 있다. 한편 EU는 환경정책을 입법 제안함에 있어서 TFEU 제191조 제3항에 따라 유용한 과학적·기술적 자료, 다양한 지역의 환경적 조건들, 입법의 작위 또는 부작위에 따른 잠재적인 이익과 비용 간의 균형, 해당지역의 균형 잡힌 발전 등을 고려해야 하나, 여기에서 '고려한다'는 용어는 법적 강제력이 약하다는 데 문제가 있다.

　오늘날 EU는 국제사회의 환경정책과 규제를 주도할 만큼 '환경보호'에 관심을 많이 갖고 있으며, 전통적으로 자신의 환경정책을 '역내지역'뿐만 아니라 '역외지역'을 고려하여 추진하는 경향을 보이고 있다. 이는 '지역적 국제사회'를 유럽통합으로 경험하고 있는 EU가 환경 및 환경문제라는 영역이 '초국경적'이고 '국제적인 차원'에서 다루어야 할 대상임을 일찍부터 인식해 왔기 때문이다. 그런데 유럽에서 다루고 있는 환경보호에 관한 EU 법상의 원리들은 EU만의 독특한 내용이라기보다는 국제사회에서 그리고 국내사회에서 환경문제를 다룰 때 일반적으로 염두에 두어야 할 사항이라고 할 수 있다. 2009년 12월 1일 발효된 리스본조약에 의해 개정된 TFEU 제191조의 제1항에서도 환경정책의 네 번째 목적과 관련하여 '특히 기후변화에 대응하기 위하여'(in particular combating climate change)라는 표현을 추가하여 사용함으로써 환경문제가 '국제적인 문제'임을 함축하고 있다. 이는 오늘날 국제사회에서 다루는 탄소배출권거래제도, 탄소세 등 기후변화 관련 문제를 EU가 TFEU에서 중요하게 다루고 있다는 점에서 흥미롭다고 하겠다. 그리고 EU가 지구적 기후변화문제에 대응하기 위해 자신의 규범을 어떻게 역외적용하려고 시도할지도 흥미롭게 지켜볼 일이다.

한·EU FTA가 발효된 우리나라도 특히 대외 경제통상활동에 있어서 EU와 어떤 통상마찰 또는 분쟁이 발생하지 않도록 하기 위해서 TFEU 제191조에서 제193조까지의 규정 등 EU의 환경관련 규범에 대한 깊이 있는 이해가 필요하다. 나아가 우리나라도 국내외적으로 적용 가능한 환경규범을 어떻게 선도적·주도적으로 확립해 나갈지 신중하게 검토해야 할 것이다. 결국 우리나라의 환경의식과 구체적인 환경정책수준에 대한 인식 제고가 필요하며, 물론 이는 국제경제법질서에 합치되는 방향으로 진행되어야 할 것이다. 끝으로 이러한 환경정책상의 원칙에 대한 기본적 이해는 구체적인 환경규범을 이해하는 데 중요한 초석이 될 것이다.

제9장 환경책임과 환경형법[*]

I. 서언

국내외적으로 '환경문제'가 초국경적 문제임을 인식하면서도 '경제성장'을 위하여 쉽게 이를 규제하고 있지 못한 형편이다. 그러나 환경문제를 다룸에 있어서 가장 중요한 점은 환경손해에 대한 '환경책임'을 명확하게 부여하는 것이다. 이제 지구의 환경은 더 이상 경제성장의 논리에 귀 기울일 여유가 없기 때문에 국제사회는 인류의 생존을 위해 환경문제의 해결에 대한 필요성을 심각하게 인식하고 올바른 환경정책을 추진해야 한다. '지속 가능한 발전'이라는 통합의 원칙[1]에 따라 환경을 보호하고 인간의 건강을

---

[*] 이 내용은 김두수, "EU법상 환경책임의 형사제재 강화 가능성", 『EU연구』 제30호(2012.2.25.)의 내용을 참고함.

[1] EU는 EU기능조약(Treaty on the Functioning of the European Union: TFEU) 제11조(EC조약 제6조)에서 '통합의 원칙'을 규정하여 공동체의 경제 활동과 정책의 이행은 '환경보호'를 고려한 '지속 가능한 발전'을 향한 방향으로 추구되어야 한다고 명시하고 있다. 또한 리스본조약(Treaty of Lisbon)을 통해 TFEU 제191조 1항에서는 '특히 기후변화에 대응하며'(in particular combating climate change)를 첨가하여 EU가 환경보호를 역내외적으로 매우 중요하게 다루고 있음을 명시하고 있다. 그리고 환경책임을 다룸에 있어 의결절차상의 민주화를 강화하기 위해 유럽의회(European Parliament: EP)의 권한을 강화하고 있다. P.S.R.F. Mathijsen, *A Guide to European Union Law*(London: Sweet & Maxwell, 2010), p.541 참조; 김두수, "EU의 환경보호에 관한 법제의 발전과 일반원칙들의 현황", 『국

보호하며, 천연자원을 신중하고 합리적으로 이용하고 전 지구적 차원에서 상호 협력해야 한다.[2] '높은 수준의 환경보호'를 위해 노력하고 사전예방의 원칙, 방지의 원칙, 근원의 원칙, 오염자부담의 원칙, 세이프가드 조치 등을 통해 적극적인 환경보호정책을 추진해야 한다.[3]

유럽연합(European Union: EU)은 환경손해에 대한 '환경책임' 문제를 다루기 위해 2004년 4월 21일 유럽의회/이사회가 "환경손해의 예방과 구제에 관한 지침 2004/35/EC"[4]를 채택하여 환경보호에 관한 '일반적 의무'를 규정하였다. 또한 이와 동시에 이를 구체화하는 기존의 과정 속에서 2003년 1월 27일 이사회가 "형사적 제재를 통한 환경보호에 관한 골격 결정 2003/80/JHA (수정 전)"[5]을 마련하였다. 그러나 이 골격 결정은 2008년 11월 19일 유럽의회/이사회가 '수정된' 관련 지침 2008/99/EC(수정 후)[6]을 채택하였으며, 이 법령(골격결정 2003/80)에 대한 취소소송이 제기되어 2005년에 이미 유럽

제지역연구』, 제15권 제2호(2011.7.30.), pp.107~111 참조.

2) 김두수, "EU환경법상 환경정책의 목적에 대한 파라콰트 관련법령의 취소", 『외법논집』, 제35권 제4호 (2011.11.30.), pp.273~278 참조.

3) 이는 TFEU 제191조에 규정된 EU 환경정책의 기본 목적이자 원칙이기도 하다. 특히 높은 수준의 환경보호는 개념이 명확하게 정의되어 있지는 않지만 환경정책의 성과를 가늠할 수 있는 잣대라고 할 수 있다. Alan Dashwood · Michael Dougan · Barry Rodger · Eleanor Spaventa · Derrick Wyatt, *European Union Law*(London; Hart Publishing, 2011), p.378 참조; Mathijsen, *supra* note 1, pp.541~542.

4) Directive 2004/35/EC of the European Parliament and of the Council of 21 April 2004 on environmental liability with regard to the prevention and remedying of environmental damage(OJ 2004 L143/56). 이 지침은 Directive 2006/21(Directive 2006/21/EC of the European Parliament and of the Council of 15 March 2006 on the management of waste from extractive industries and amending Directive 2004/35/EC, OJ 2006 L102/15)에 의해 부속서 Ⅲ에 13항목이 추가됨으로서 부분 개정됨.

5) Council Framework Decision 2003/80/JHA of 27 January 2003 on the protection of the environment through criminal law(OJ 2003 L29/55).

6) Directive 2008/99/EC of the European Parliament and of the Council of 19 November 2008 on the protection of the environment through criminal law(OJ 2008 L328/28).

사법법원(European Court of Justice: ECJ)의 판결에 의해 관련 법령이 취소 (Case C-176/03)된 바 있다. 이 사건은 이사회가 환경손해에 대한 일반적 의무를 다루는 책임지침을 규정하면서 동시에 이를 '구체적으로' 강화하고자 하는 목적으로 '형사적 규제'를 입법화하는 과정에서 회원국들의 사법 영역을 침해하였다는 위원회와 유럽의회의 주장에서 비롯되었다. 이는 "선박에 의한 해양오염에 관한 형사적 처벌에 관한 골격결정 2005/667"[7]을 다룬 사건(Case C-440/05)에서 더욱 구체적으로 ECJ에 의해 확인되었다. EU의 3대 축의 하나였던 '사법내무협력'(Justice and Home Affairs: JHA) 분야는 회원국의 주권적 성질이 강한 영역이기 때문에 EU가 규칙(Regulations)과 유사하게 전부구속력이 있는 '결정'(Decisions)이라고 하는 2차 법령의 형태로 규율하고자 하였으나, 위원회와 유럽의회가 ECJ에 취소소송을 제기함으로써 관련 법령(골격결정 2003/80)이 결국 취소된 것이다. 이는 환경손해에 대한 일반적 '환경책임'의 의무를 회원국들의 '형법의 조화'를 통해 형사적 제재 차원에서 강화하고자 하였으나 실패로 끝났다는 점에 있어서는 아쉬움이 없지 않으나, 그 이유 또는 한계[형벌의 종류와 범위(수준 또는 정도)에 관한 EU의 지나친 개입에 대해서는 부정적]를 살펴 향후 나아갈 방향을 가늠한다는 점에서 연구의 의미가 있다.

따라서 이 글에서는 먼저 '환경손해의 예방과 구제'에 관해 일반적 의무를 규정한 유럽의회/이사회 지침 2004/35/EC과 '형사적 처벌'을 통한 환경보호에 관한 유럽의회/이사회 지침 2008/99/EC을 분석한 후, 이와 동시에 환경보호를 위한 형사적 제재를 다루고자 하였던 골격 결정을 취소한 ECJ

---

7) Council Framework Decision 2005/667/JHA of 12 July 2005 to strengthen the criminal-law framework for the enforcement of the law against ship-source pollution(OJ 2005 L255/164).

의 중요 판례들(Case C-176/03, 2005년 판결과 Case C-440/05, 2007년 판결)을 분석·검토하고자 한다. 이를 통해 EU의 환경책임에 대한 현재의 형사적 규제방식을 이해하고 앞으로의 향방을 예측할 수 있을 것이다.

II. EU의 환경책임기본법: 환경손해의 예방과 구제에 관한 지침

여기에서는 EU가 역내에서 환경손해의 예방과 구제에 대한 '환경책임'을 어떻게 규율하고 있는지에 대한 법적 기초를 '오염자부담의 원칙'을 중심으로 살펴보고자 한다.

1. 입법 취지

2004년 4월 21일 스트라스부르(Strasbourg)에서 채택된 EU의 "환경손해의 예방과 구제에 관한 환경책임 지침"(Directive 2004/35/EC of the European Parliament and of the Council of 21 April 2004 on environmental liability with regard to the prevention and remedying of environmental damage)의 목적은 환경피해의 예방 및 구제에 있어서 '오염자부담'의 원칙에 기초한 환경책임의 기본 구조를 확립하는 것이며[8](제1조), 동 지침 제2조에서는 다양한 용어에 대한 개념을 정의 내리고 있다.[9]

---

8) Dashwood · Dougan · Rodger · Spaventa · Wyatt, *supra* note 3, p.316 참조.
9) 지침 2004/35/EC 제2조 (정의):
   이 지침의 목적을 위하여 용어에 대한 개념은 다음과 같이 정의하고 있다.
   (1) '환경 피해'의 의미
      (a) '보호종들과 자연서식지들에 대한 피해'를 의미하며, 이러한 행위는 이들 보호종들 또는 서식지

들의 좋은 보존 상태를 유지하거나 그 상태에 이르는 것에 대한 중대한 악영향을 초래하는 모든 피해이다. 이러한 중대한 악영향에 대한 판단 기준은 부속서 I에 명시되어 있다.

(b) '수해'는 지침 2000/60/EC 제4조(7)에서 정의된 것처럼, 물과 관련하여 그 생태계나 화학적 그리고/또는 양적인 상태 그리고/또는 잠재적 생태계에 대한 중대한 악영향을 미치는 피해이다.

(c) '토양 피해'는 미생물 또는 유기체, (조직)표본, 물질, 땅의 표면과 아래 그리고 토질, 직/간접의 유전자 도입의 결과로서 사람의 건강에 악영향을 끼치는 중대한 위험을 발생토록 하는 토양 오염이다.

(2) '피해'란 자연자원 또는 직/간접적으로 일어나는 자연정화기능에 있어서의 불리한 변화(하향조정)를 의미한다.

(3) '보호종들과 자연서식지들'의 의미: 희귀종, 천연기념물, 늪지 등

(a) 보호종들은 지침 79/409/EEC 또는 지침 92/43/EEC에 기재된 것을 말한다.

(b) 서식지들은 지침 92/43/EEC 또는 지침 92/43/EEC에 기재된 것을 말한다.

(c) 이 두 지침에서 규정된 것들과 같은 동등한 목적을 위해 이들 부속서에 기재되지 않은 어떤 종들과 서식지는 회원국이 지정하여 확정한다.

(4) '보호 상태'의 의미: 오염되지 않게 보호되어야 하는 상태

(a) '자연 서식지'는 자연 서식지와 그곳의 일반적인 종들에 작용하는 영향력들의 합이 그것의 장기간의 자연분포(자연현상에서 흔히 발생 또는 존재하는 분포양상), 구조 그리고 기능뿐만 아니라 그곳의 일반적인 종들 사이에서 장기간의 생존경쟁(예를 들면, 먹이사슬)에 영향을 주는 상태이어야 한다. 그 경우에 자연서식지는 조약이 적용되는 회원국의 유럽지역 또는 그 서식지의 자연범위[여기서는 생물이 이동하는 범위(mobile animals)를 말하는 경우 자주 회자되는 단어를 의미함] 또는 회원국의 영토이다.

자연서식지의 '보호 상태'는 다음의 경우에 '좋은 것'으로 여겨진다.

– 동 서식지의 자연범위와 지역이 안정화(보존) 또는 증가(발전)라는 범위를 포함할 때

– 동 서식지의 장기간 유지를 위해 필요한 구체적인 구조 그리고 기능이 존재하고 예측 가능한 미래 동안 존재하기 위해서 계속될 수 있을 것 같은 것, 그리고

– (b)에서 정의된 것처럼, 그곳의 일반적인 종들의 보호 상태가 좋은 경우

(b) '종들'은 관련 종들에 있어서 작용하는 영향력의 합이 조약이 적용되는 회원국의 유럽지역 또는 회원국의 영토 또는 그 종들의 자연범위 내에서 개체군의 번식과 장기 분배에 영향을 주어야 한다.

종들의 '보호 상태'는 다음일 때에 '좋은 것'으로 여겨진다.

– 관련 종들의 개체군 역학 자료가 자연서식지에서 독자생존이 가능한 구성원처럼 장기적인 안목에서 스스로 지속 가능함을 보여 줄 때

– 관련 종들의 자연적인 범위는 감소되고 있거나 예측 가능한 미래 동안 감소될 것 같지 않아야 한다. 그리고

– 장기적인 안목에서 관련 종들의 개체군들을 유지하기 위해서 충분히 큰 서식지가 있어야 하고, 계속해서 있어야 한다.

(5) '물'은 지침 2000/60/EC에 규정된 모든 물을 의미한다.

(6) '사업자'는 어떠한 자연인 또는 법인, 산업 활동을 운영하거나 관리하는 공인 또는 사인, 또는 법률에 의해 제공되는 산업 활동 부분이나 이러한 활동의 기능이 위임되어 있는 부분 중에서 중요한 경제력을 가진 자 또는 이러한 활동을 위한 권한이나 허가권을 가진 자를 포함한다.

(7) '산업 활동'은 경제활동의 과정, 사업 또는 계약에서 실행되는 활동을 의미하며, 영리 또는 비영리

2. 적용 범위 및 예외

동 지침은 산업 활동에 의해 발생한 환경피해나 이러한 산업 활동이 원인이 되어 일어난 피해로부터 파생된 긴급한 위협으로 인한 환경피해에 적용되며. 이에는 산업 활동에 의해 일어난 보호종들과 자연서식지들에 대한 피해가 포함되며, 사업자의 과실이나 부주의를 요건으로 한다(제3조).

그러나 동 지침은 첫째, 무력충돌·적대행위·내란·폭동에 의해 발생한 환경피해, 특별하고 불가피적이며 제어할 수 없는 성질의 자연현상에 의한 환경피해의 경우, 둘째, 국제법(국제조약)의 범위 내에서 시행되는 보상 또는 법적 책임의 경우에는 그 환경피해나 중대한 위협에 적용되지 아니하며, 셋째, 개인 사업자의 행위와 그 피해 사이에 일반적인 관련성이 존재할 경우에는, 일부 특정오염을 원인으로 한 환경피해나 피해의 중대한 위협의

의 특성이나 또는 사적이거나 공공적인 것과는 무관하다.

(8) '방출'은 인간 활동의 결과로 인해 물질. 표본. 유기체. 미생물에서 환경에 출현되는 것을 의미한다.

(9) '피해의 긴급한 위협'은 환경 피해가 가까운 장래에 일어날 가능성이 충분한 것을 의미한다.

(10) '예방조치'는 환경피해의 긴급한 위협을 발생시켰던 사건. 행동 또는 태만에 대응하여 그 피해를 막거나 최소화하기 위해 취하는 조치를 의미한다.

(11) '구제조치'는 회복을 위한 임시적 또는 경감적 조치로서 손상된 자연자원 그리고/또는 손상된 기능을 대체하거나 회복시키는 것.

(12) '자연자원'은 보호종들과 자연서식지들. 물 그리고 땅을 의미한다.

(13) '기능' 그리고 '자연정화기능'은 그 자연세계 또는 다른 자연자원의 이익을 위해 자연자원에 의해 시행되는 기능을 의미한다.

(14) '판단기준'은 환경피해가 일어나지 않은 현재 존재하고 있는 자연자원 그리고 기능에 대한 피해가 일어나는 그 시점의 조건을 의미한다.

(15) '자연회복'을 포함한 '회복'은 물의 경우에는 보호종들과 자연서식지들의 판단기준에 상응하는 손상 및 자연정화기능의 개선을 의미하고, 토양 피해의 경우에는 사람의 건강에 악영향을 일으키는 중대한 위험의 제거를 의미한다.

(16) '비용'은 환경피해를 평가하는 비용을 포함하는 이 지침의 적절하고도 효과적인 시행을 보장하기 위해 필요하다고 판단되는 비용으로서. 행동을 대체할 수 있는 대안이나 여러 침해 중에서 긴급한 위협에 대처하는 비용뿐만 아니라 행정. 법률. 그리고 강구 비용. 정보 수집을 위한 비용 그리고 일반적 비용. 관리 및 감독 비용들을 의미한다.

경우에만 적용되며, 넷째, 자연재해를 방지하기 위한 고유한 목적을 가진 행위이거나 국제안전 또는 국가방위 등의 중요 목적으로 한 행위에는 적용하지 아니한다(제4조).

3. 예방조치

환경피해가 발생할 중대한 "위협"이 있는 경우, '사업자'는 필요한 예방조치를 지체 없이 취해야 하며, 회원국은 사업자에 의해 취해진 예방조치에도 불구하고 환경피해의 중대한 위협에 대한 불안을 제거하지 못할 경우에 사업자로 하여금 가능한 빨리 상황을 관할당국[10]에게 통지하도록 한다. 한편 '관할당국'의 '상시적 권한'에 관해 규정하여 (a) 환경피해의 어떠한 중대한 위협 또는 그러한 중대한 위협이 예상되는 경우에 관련정보의 제공을 사업자에게 요청할 수 있으며, (b) 필요한 예방조치가 취해지도록 사업자에게 요청할 수 있으며, (c) 취해지는 필요한 예방조치를 지키도록 사업자에게 지시할 수 있으며, (d) 관할당국이 자체적으로 필요한 예방조치를 취할 수 있다. 관할당국은 만약 사업자가 예방조치에 관한 제5조 제1항 또는 제3항 (b) 또는 (c)에 기술된 사업자 의무에 응하지 않는 경우, 동 지침 하에서 어떠한 비용청구에 대하여도 그 자격을 부여하지 않을 수 있다(제5조).

---

10) 회원국은 동 지침(지침 2004/35)상의 의무이행을 위해 관할당국을 지정할 수 있으며, 이 관할당국은 구제조치의 결정, 환경피해의 중요성 평가, 환경피해의 중대한 위협 또는 환경피해를 일으키는 사업자를 선정하는 의무를 진다. 그리고 관할당국은 관련 사업자에게 환경피해의 발생과 중대한 위협과 관련된 필요한 자료나 정보를 수집하게 하거나 자체 평가를 시행하도록 요구할 수 있다. 나아가 회원국들은 제3자를 위해 필요한 예방조치 또는 구제조치를 수행하도록 관할당국에게 요구한다(지침 2004/35 제11조).

4. 구제조치

환경피해가 "발생"하는 경우에 '사업자'는 그 상세한 상황과 조치를 관할당국에 지체 없이 통지해야 한다. 모든 상황은 즉각적으로 진행되어야 하며, 통제나 제거 또는 관련 오염관리와 피해요소의 최소화, 그리고 인간건강의 악영향 및 자연정화기능의 심각한 타격 등을 고려한 예방적 단계를 거쳐야 한다. 그리고 '관할당국'의 '상시적 권한'에 관해 규정하여 (a) 발생한 피해에 대한 충분한 정보제공을 사업자에게 요청하며, (b) 모든 상황에서 즉각적으로 대처하여 통제나 제거 또는 관련 오염관리와 피해요소의 최소화, 그리고 인간건강의 악영향 및 자연정화기능의 심각한 타격 등을 고려한 예방적 단계를 취하도록 사업자에게 지시할 수 있으며, (e) 관할당국은 필요한 구제조치를 자체적으로 취할 수 있다. 관할당국은 만약 사업자가 구제조치에 관한 제6조 제1항 또는 제2항 (b), (c) 또는 (d)에 기술된 사업자 의무에 응하지 않는 경우, 동 지침 하에서 어떠한 비용청구에 대하여도 그 자격을 부여하지 않을 수 있다(제6조).

5. 구제조치의 결정

관할당국이 제6조 (2)(e) 그리고 (3)에 따른 행동을 취하지 않는 경우, 사업자는 승인을 위해 관할당국에게 조치들을 통지하고, '잠정적 구제조치'를 취할 자격을 부여받는다. 한편 관할당국이 구제조치를 결정하는 경우에는 관련 사업자의 협조를 요청할 수 있다.

그런데 여러 필요한 구제조치를 '동시에' 취할 수 없음이 확실시되는 경우가 발생할 수 있는데, 이러한 경우 관할당국은 가장 우선적으로 구제(개선)되어야 하는 환경피해를 결정할 자격을 부여받는다. 이러한 '우선적 구제조치'의 결정 시, 관할당국은 여러 환경피해의 경우에 있어서의 성질, 크기, 심각성 그리고 자연정화가능성 등을 고려해야 하며, 인간의 건강 역시 고려해야 한다.

그리고 관할당국은 사람들에게 제12조 (1)(자연인 및 법인의 소송당사자 적격)[11]을 참고하도록 해야 하고, 해당 구제조치와 관련이 있는 경우에 이들에게는 관련 자료의 제출과 그 설명을 요구한다(제7조).

6. 예방조치 및 구제조치에 대한 비용

사업자는 '오염자부담의 원칙'에 따라서 동 지침의 목적상 취해진 '예방조치'와 '구제조치'에 대한 비용을 부담해야 한다. 그러나 사업자는 환경피해가 (a) 제3자에 의해 일어난 것이거나 (b) 공공기관으로부터의 의무적인 지시나 절차에 따름으로서 발생한 경우임을 증명하는 경우에는 예방 및 구제조치에 대한 비용을 부담할 의무가 없다.

또한 회원국은 동 지침에 따라 취해진 구제조치가 사업자의 실수나 과실에 의하지 않음을 증명하는 경우에 구제비용을 부담하지 않도록 할 수 있다. 즉 EU위원회의 입법조치에 의하거나 회원국 국내법에 의거한 방출이나 사건인 경우, 또는 당시의 과학적·기술적 지식의 상황으로는 환경피해의

---

11) 자연인 및 법인의 소송당사자 적격과 관련하여 (a) 환경피해의 영향을 받을 가능성이 있거나 영향을 받은 경우, 또는 (b) 해당 환경피해의 환경문제에 관한 의사결정 시 '충분한 이해관계'를 갖는 경우, 또는 (c) 회원국의 행정절차법상의 전제조건으로서 '권리의 장애'를 초래한 경우를 인정하고 있다. '충분한 이해관계'와 '권리의 장애'에 관하여는 국내법에 의해 결정된다(지침 2004/35 제12조); 제12조(1)에 언급된 자연인 및 법인은 법원이나 다른 독립적이고 공정한 합법적 공공조직에서 예방 및 구제절차에 대한 관할당국의 행위의 옳고 그름의 여부에 대한 법적 판단을 신청할 수 있다(지침 2004/35 제13조).

발생을 예상하기 힘든 경우에는 사용자의 비용 부담을 면제할 수 있다.

한편 제6조 (2)와 (3), 제5조 (3)와 (4)에서 그 목적을 위해 '관할당국'이 취한 조치는 동 지침상의 사업자의 책임과 무관하고 또한 EC조약 제87조와 제88조(TFEU 제107조와 제108조)와도 무관하여 아무런 영향을 주지 아니한다(제8조).

7. 비용청구의 기한 제한

동 지침의 목적에 따라 필요한 예방조치 또는 구제조치를 취한 비용청구의 자격이 있는 제3자는 필요조치의 완료일로부터 5년 이내에 그 비용을 청구할 수 있다(제10조).

8. 회원국들 간의 협력

환경피해가 수개의 회원국에 영향을 미치거나 그 우려가 있는 경우, 회원국들은 적절한 '정보'를 교환하며 예방조치 및 구제조치의 필요성 등에 대하여도 협력해야 한다. 무엇보다 환경피해가 발행한 곳, 즉 환경피해의 근원지의 회원국은 환경오염에 따른 악영향을 받을 다른 회원국에게 충분한 '정보'를 제공해야 한다. 한편 회원국은 환경피해를 인지한 것과 아직 구체적 피해가 발생하지 않은 것에 대한 모든 관련 정황을 다른 모든 관련 회원국과 EU위원회에 보고하여야 하며, 이는 향후 예방조치나 구제조치의 채택 여부의 결정 시 좋은 자료로서 활용된다(제15조).

9. 국내법과의 관계

동 지침은 환경피해의 예방과 구제와 관련하여 회원국이 '보다 엄격한' 조항을 채택하거나 유지하는 것을 금지하지 아니한다. 이는 책임자의 범위와 예방 및 구제조치의 강화가 회원국에서 추가적으로 가능함을 의미한다 (제16조).

10. 이행

동 지침은 시제법적 적용을 위하여 제19조에 따라 회원국들의 국내법적 이행 기한인 2007년 4월 30일 이전의 사건에 대하여는 적용되지 아니하며, 방출이나 인위적 사건 또는 우연한 사건으로부터 30년 이상의 기간이 지난 환경피해의 경우에는 적용되지 아니한다(제17조, 제19조).

그리고 회원국들은 늦어도 2013년 4월 30일까지 동 지침의 적용을 통한 경험을 EU위원회에 보고 해야 하며, 이러한 회원국들의 보고에 기초하여 EU위원회는 2014년 4월 30일까지 유럽의회(EP)에 보고서[12]를 제출하여야

---

12) 제18조 2항에 언급된 보고서는 아래의 검토사항을 포함한다.
  (a) 다음 사항의 국내적 적용의 검토
    - 동 지침의 범위로부터 부속서 Ⅳ과 Ⅴ에 게재된 국제기구에 의해 포함된 오염에서 제외되는 것과 관련 있는 제4조의 (2)와 (4), 그리고
    - 제4조의 (3)에 명시된 바와 같이 국제조약에 따라 그 책임을 제한하는 사업자의 권리에 대한 제4조의 (3)
      EU위원회는 국제해사기구(International Maritime Organization: IMO) 또는 유럽원자력공동체(Euratom)와 관련된 국제협정뿐만 아니라 이러한 국제기구가 강제하려고 입안하는 내용이나 회원국에 의해 실행되고 있는 모든 관련 사항의 설명을 포함하되 회원국에서의 법적 책임의 등급 사이에의 차이, 선주의 법적 책임과 기름 수령인 사이의 기여도에 따른 관련성을 포함해야한다. 그리고 국제유류오염보상기금(International Oil Pollution Compensation Fund: IOPC FUND)의 모든 관련 연구를 고려한 관련 국제포럼에서 얻어진 경험을 설명해야 한다.
  (b) 유전자변형(Genetically Modified Organizations: GMO)식품에 의해 발생한 환경피해에 대한 동

한다(제18조). 이를 통해 EU는 환경손해의 예방과 구제에 관한 보다 적절한 환경정책을 추진할 수 있을 것이다.

Ⅲ. EU의 환경형법: 형법을 통한 환경보호에 관한 지침

EU는 환경책임을 '형사적으로' 보다 구체화하기 위하여 이 글 제Ⅳ장 전반부에서 살펴보는 "환경보호 위반에 대한 형사적 제재에 관한 골격결정 2003/80/JHA"을 채택한 바 있으나 이 법령은 취소된다. EU는 ECJ의 동 법령에 대한 취소판결 이후에 "형법을 통한 환경보호에 관한 지침 2008/99/EC"를 채택하는바, 아래에서는 이에 대하여 살펴보고자 한다.

1. 입법 배경 및 취지

국제사회에서 환경문제에 대한 심각성이 제고되고 환경보호가 전 지구적 차원에서 해결해야 할 사안임을 인식함에 따라 EU는 환경보호를 위한 선도적 차원에서 회원국들의 노력을 촉구하고자 "형법을 통한 환경보호에 관한 지침 2008/99/EC"(Directive 2008/99/EC of the European Parliament and of the Council of 19 November 2008 on the protection of the environment through criminal law)를 채택하였다.[13] 2008년 11월 19일 채택된 동 지침

지침의 적용은 특별히 관련 국제포럼이나 국제조약에서 얻은 경험에 비추어 이들 "생명안전성에 관한 카르타헤나 협약"(Cartagena Protocol on Biosafety)과 "생명다양성협약"(Convention on Biological Diversity)뿐만 아니라 GMO식품에 의해 발생한 환경피해의 모든 사건의 결과에 대한 동 지침의 적용에 대한 검토
(c) 보호종들과 자연서식지들에 대한 동 지침의 적용에 대한 검토
(d) 부속서 Ⅲ, Ⅳ 그리고 Ⅴ에 따라 법인 설립의 자격이 있는 기구

은 그동안의 EU 노력의 산물로서 27개 회원국 전부에 대해 법적 구속력을 갖는다는 데 의미가 있다. 동 지침은 모든 회원국이 환경보호에 관한 국내 형사 처벌조치를 2010년 12월 26일까지 마련하도록 요구하고 있다.

이는 그간 논의된 환경보호가 EU 회원국 사이에서 EU가 기대하는 수준만큼 이루어지지 않았기 때문에 환경보호에 대한 경각심을 일깨우고, '형사제재'를 통하여 각 회원국이 구체적인 대책을 강구하도록 '촉구하기' 위한 것으로 보인다. 환경법이 보호하고자 하는 법익은 개인의 이익보호에 있다기보다는 오히려 '미래 세대'를 포함한 '인류 전체'의 이익, 나아가 생태계 자체의 이익, 지구의 이익보호에 중점을 두고 있다고 볼 수 있어 고도의 '공익성'과 '객관성'을 띤다고 할 수 있다.

동 지침의 전문을 보면 EU는 TFEU 제191조 제2항(EC조약 174조 제2항)에 따라 높은 수준의 환경정책을 추구해야 하며, 환경범죄의 영향은 국경을 지속적으로 넘어 확대될 수 있다고 하였다. 그리고 그동안의 경험에 비추어 볼 때 현재의 처벌 제도(일정액의 벌금)로서는 환경보호를 위해 법률이 완전한 제 역할을 달성하기에는 불충분하다고 판단하여, 유용한 형사적 처벌이 강력하게 수행되어야 한다고 하였다. 그리고 그러한 형사적 처벌의 집행은 행정적인 처벌이나 민법상의 배상제도와 비교했을 때 그 성질이 질적으로 다른 것이라고 하였다(전문 1~3단). 따라서 효과적인 환경보호를 위해서는 환경적 위해행위에 대해 '더욱 억지력이 있는' 처벌이 필요하다는 것이다. 무엇보다 그러한 위해행위가 고의 또는 중과실에 의한 경

---

13) 이는 EU차원에서 환경보호를 위한 형사제재에 대해 얼마나 상당한 심혈을 기울였는지를 알 수 있는 결과물로 평가되기도 한다. Dashwood·Dougan·Rodger·Spaventa·Wyatt, *supra* note 3, p.317 참조.

우에는 EU차원에서 형사 범죄로 간주되어야 한다는 것이다(전문 5, 7단). 따라서 EU 회원국들은 동 지침에 따라 환경범죄에 대하여 형사적 처벌을 부과하는 규정을 마련해야 한다(전문 10단). 물론 동 지침은 '최소한'의 규율을 제공하며, 회원국이 환경보호를 위한 효과적인 형법적 방안을 마련하여 '더욱 강력한 규제조치'를 채택하거나 유지하는 것은 자유이다(전문 12단). 단 그러한 국내 형사조치는 EU 기본조약들과 양립할 수 있어야 한다. 효과적인 환경보호는 회원국에 의해 충분히 달성될 수 없기 때문에, EC조약 제5조[현 유럽연합조약(Treaty on European Union: TEU) 제5조]에 따른 보충성의 원칙에 따라 EU차원에서 조치를 채택할 수 있다. 물론 이러한 경우에도 비례의 원칙에 따라 목적달성을 위한 필요한 한도 내에서만 인정될 수 있다(전문 14단).

동 지침은 전체적으로 볼 때 환경보호의 대상, 환경범죄의 구성요건 및 그 처벌에 관하여 규정하고 있으며, 동 지침의 목적은 환경을 보다 효과적으로 보호하기 위한 회원국내 '형법적 대책'을 수립하는 것이다(제1조).

2. 범죄의 구성요건

동 지침은 사용되는 용어의 의미를 정의한 후(제2조),[14] 환경범죄의 구성

---

14) 지침 2008/99/EC 제2조 (정의):
　　동 지침의 목적을 위하여
　(a) '불법'이란 다음에 대한 위반·침해행위이다
　　　(i) EC조약에 따라 채택된 법과 부속서 A, 또는
　　　(ii) Euratom조약에 따라 채택된 법과 부속서 B, 또는
　　　(iii) 회원국의 행정법 또는 회원국의 적정한 권한에 의한 결정과 회원국이 효력을 부여한 (i) 또는(ii)
　　　　　에서 언급한 공동체법
　(b) '보호야생동식물군'은
　　　(i) 제3조(f)의 목적을 위해 다음을 포함한다.

요건을 각 항을 통하여 제시하고 있다(제3조).[15] 환경범죄의 구성요건에 관한 구체적 내용으로 먼저 각 항의 행위가 '고의' 또는 '중과실'에 해당할 경우에 범죄를 구성한다고 명시하고 있으며, 그리고 사람 또는 동·식물이 사망 또는 심각한 부상에 이르는 직·간접적 원인을 유발하는 환경오염 행

- 1992년 5월 21일 자연서식지와 야생동식물의 보전에 관한 이사회 지침 92/43/EEC의 부속서 IV
- 1979년 4월 2일 야생조류의 보전에 관한 이사회 지침 79/409/EEC 제4(2)조 규정

(ii) 제3조(g)의 목적을 위해 1996년 12월 9일 야생동물군의 보호와 매매의 규제에 관한 이사회 규칙 338/97의 부속서 A와 부속서 B를 포함한다.

(c) '보호지역안의 서식지'란 지침 79/409/EEC 제4(1)조 또는 (2)의 어떠한 종의 서식지로서 종 보호 지역으로 분류된 지역, 또는 어떠한 자연 서식지 또는 종의 서식지 지침 92/43/EEC) 제4(4)조에 의해 보존을 위한 특정한 지역으로 구상된 지역

(d) '법인' 이란 국내법의 적용을 받는 지위를 가진 법인을 말하며, 국가 또는 국가권한과 공적인 국제기구에 의하여 실행되는 행위를 하는 공공단체는 제외한다.

15) 지침 2008/99/EC 제3조 (범죄):
    회원국은 다음의 행위를 형사 범죄를 구성하는 행위로 규정하여야 하며, 이는 불법성 그리고 고의 또는 중과실을 요건으로 한다.

(a) 다량 물질의 배출, 방출, 유입 또는 이온 방사물을 대기, 토양, 수중에 방출하여 사람의 사망 또는 인체에 심각한 장애를 유발하는 경우 또는 대기의 질, 토양의 질, 수질, 동물과 식물에게 지속적인 피해를 유발하는 경우

(b) 폐기물의 수집, 운반, 재생, 처리와 관련하여 그러한 운영의 감독과 처리장의 사후관리(매매인 또는 중개인 폐기물처리업자에 의한 행위를 포함)로써 사람의 사망 또는 인체에 심각한 장애를 유발하는 경우 또는 대기의 질, 토양의 질, 수질, 동물과 식물에게 지속적인 피해를 유발하는 경우

(c) 폐기물의 선적은 2006년 6월 14일 유럽의회와 이사회 규칙 1013/2006 제2조(35)의 범위 이내의 장소에서 투척하는 행위로 폐기물의 선적이 무시할 수 없는 정도의 수량이되 일회의 선적인지 아니면 연계되어 수회에 걸쳐서 실행되었는지는 불문한다.

(d) 공장의 운영이 위험한 물질로 수행되고 위험한 물질을 야외의 공장에 준비, 저장, 사용하여 사람의 사망 또는 인체에 심각한 장애를 유발하는 경우 또는 대기의 질, 토양의 질, 수질, 동물과 식물에게 지속적인 피해를 유발하는 경우

(e) 핵물질 또는 다른 위험한 방사능 물질을 생산, 가공, 취급, 사용, 보관, 저장, 운반, 수입, 수출, 처분하여 사람의 사망 또는 인체에 심각한 장애를 유발하는 경우 또는 대기의 질, 토양의 질, 수질, 동물과 식물에게 지속적인 피해를 유발하는 경우

(f) 보호야생동식물군을 포획, 파괴, 소유 또는 희귀종을 획득하는 경우, 그러나 그러한 희귀종이 무시할 수 있는 수량의 경우와 종의 보존의 상황에서 무시할 만한 경우에는 제외한다.

(g) 보호야생동식물군 또는 희귀종의 거래, 그러나 희귀종이 무시할 만한 수량의 경우와 종의 보존의 상황에서 무시할 만한 경우에는 제외한다.

(h) 오존감소물질의 생산, 수입, 수출, 상점에 진열, 사용하는 행위.

위를 하는 경우와 이러한 환경오염행위의 감독, 사후관리, 거래자로써 행한 행위의 경우 범죄를 구성한다고 규정하고 있으며, 그리고 유럽의회에서 규정한 폐기물 선적의 출하 이외의 경우, 환경오염의 우려가 있는 물질을 사용하거나 이를 저장하는 경우 환경오염을 유발하여 사람 또는 동·식물에 사망 또는 심각한 부상을 입힌 경우 등 환경오염을 직·간접적으로 유발하는 행위를 한 경우에 범죄를 구성한다고 하며, 이뿐만 아니라 동·식물의 무허가 지역에서의 표본채취, 표본거래의 경우와 보호영역의 상당한 저하를 일으키는 행위, 즉 동·식물에 직접적 위해를 가하는 경우에도 범죄를 구성하며, 그리고 오존을 파괴하는 물질의 생산, 수출입 및 거래하는 경우에도 본 범죄의 구성요건에 해당한다고 명시하고 있다.[16]

환경범죄의 구성요건에 관한 제3조는 동 지침의 전문 (5)에서 환경보호를 효과적으로 달성하기 위해 환경유해활동을 '특정'할 필요성이 있다는 판단 하에 규정된 것으로 보인다.

3. 교사, 방조, 조장

동 지침은 제3조의 행위를 한 정범뿐 아니라, 교사, 방조한 경우 및 이를 조장한 경우에도 처벌토록 규정하고 있다(제4조).

4. 처벌

동 지침은 제3조와 제4조의 죄를 범한 경우, 회원국은 해당 범죄에 대해

---

16) Mathijsen, *supra* note 1, p.549 참조.

'효과적'이고, '비례적'이며, '억제력 있는' 형벌을 부과해야 한다고 규정하고 있으나, 그 구체적 처벌은 내용은 규정하지 않고 회원국에 위임하고 있다(제5조). 이는 이 글 제IV장의 사건(Case C-440/05)에서도 다루는 바와 같이 해양선박오염에 대한 형사적 처벌에 있어서 EU가 회원국의 형벌의 '종류'와 '범위'까지 규정하여 강제할 수 없기 때문이다.

5. 법인의 책임 및 처벌

동 지침은 법인의 책임능력을 규정하여 법인 역시 제3조 또는 제4조의 죄를 행한 경우 처벌될 수 있음을 규정하고 있다(제6조 제1항). 그리고 법인은 범죄행위에 대한 감독이나 통제의 책임을 지도록 규정하고 있다(제6조 제2항). 또 법인의 죄를 범한 정범 또는 공범이 개인적 형사 책임을 면할 수 없다고 규정하고 있다(제6조 제3항).

동 지침은 법인의 처벌과 관련하여, 법인의 처벌 역시 자연인의 처벌과 마찬가지로 구체적 처벌의 내용은 규정하지 않고 각 회원국이 '효과적'이고, '비례적'이며, '억제력 있는' 처벌 조치를 취하도록만 규정하고 있다(제7조).

6. 이행 및 발효

2008년 11월 19일 채택된 동 지침에 대해 회원국들은 2010년 12월 26일 이전에 이행해야 하며, 회원국들은 동 지침과 관련되는 국내법 주요 규정에 관한 문서를 동 지침과 국내 규정 간의 상관관계에 관한 자료와 함께 EU위원회에 통지해야 한다(제8조).

동 지침은 EU의 2차 법령의 발효와 마찬가지로 EU공보(Official Journal:

OJ)에 게재되고 20일 후에 강제력을 가진다(제9조). 동 지침의 수범자는 물론 회원국이다(제10조).

7. 평가

동 지침은 유럽이라고 하는 '지역 국제사회'에서 '환경책임'에 대한 '형사적 처벌'을 통해 환경보호를 실현하고자 했다는 점에 있어서 큰 의미가 있다. 왜냐하면 형법을 통한 환경보호는 '일반 국제사회'에서는 각 국가별 이해관계나 문제해결방식의 차이로 쉽게 이룩할 수 없는 사안이기 때문이다.

그러나 동 지침은 형사 제재[형벌의 종류와 범위(형량)]에 대하여 구체적으로 규정하지 못하고, 이를 다만 회원국에 위임하고 있을 뿐이다. 즉 아직까지는 일개 독립국가의 국내 형법과 같은 구체적인 처벌을 규정하지 못하여 법령 채택에 있어서의 큰 의미에 비하여 주요 핵심 사항이 결여되어 있다. 즉 유럽에서 형법을 통한 환경보호는 입법 취지는 좋으나, 각 회원국의 이해관계로 인해 어느 정도는 규제력이 있으나 '구체적으로' 어떻게 통일하여 규제할 것인지는 결론을 내리지 못하였다. 동 지침 제5조에서 처벌에 관해서는 회원국들이 필요한 조치를 취하도록 위임하여 규정하고 있는데, 이에 대해서는 좀 더 구체적으로 형벌의 '종류'와 '형량'을 규정했으면 좋았을 것이다.

환경범죄의 행위자의 측면에서 볼 때, 자연인과는 별도로 법인 자체를 형사적으로 처벌하는 방법은 자유형으로는 불가능하고 재산형으로 규율해야 할 것이다. 결국 동 지침의 위반자들의 다수는 법인일 것이다. 그러나 법인은 징역형의 대상이 될 수 없다. 그런데 그 법인의 불법행위의 감독자를 징역형에 처한다면 진정한 감독자가 처벌될 우려도 있다. 그런데 법인은 대부분 이윤추구의 영리법인이다. 따라서 이들에게는 원상복구에 필요한 금액 이상의 무거운 벌금을 부과하는 형벌을 가하는 것이 적절할 것이다. 만약 벌금을 부담할 수 없는 경우에는 회사매각대금으로 벌금을 충당하고 잔여액만큼을 징역형에 처할 수 있도록 회사감독책임을 물어 대표자가 처벌을 받게 할 수도 있을 것이다. 동 지침 이전의 지침에서는 물론 취소되었으나 자유형과 재산형을 적절히 규정하고 있었다.

어떤 정책이나 입법은 민사적이든, 형사적이든 구체적이고 명확한 처벌규정과 예외 없는 집행이 있어야 그 실효성을 갖는다는 점을 간과해서는 아니 된다. 오늘날 환경에 대한 관심이 증대되고 환경보호에 대한 국제적인 협력의무가 강화되고 있는 데 비하여, 환경보호를 위한 구체적인(다른 말로 표현하자면 보다 강력한) 형사 제재나 민사 제재 및 환경법전문법원의 확립은 찾아보기 어렵다. 동 지침이 형법을 통한 환경보호를 시도하고 있으나, 각 회원국의 상황(국익)에 맞는 국내 입법에 따라 다양한 형사적 처벌이 존재하다는 점에서 동 지침의 강력한 구속력에 의문이 남는다. 동 지침은 회원국이 국내법을 채택하여 이행하는 경우 동 사안에 대한 회원국의 재량을 매우 포괄적으로 인정하고 있다. 이 경우 대부분의 회원국들은 자국에 이익이 되는 관점에서 환경문제를 바라보아 환경범죄뿐만 아니라 예방조치에 대해서도 형벌의 종류와 범위를 최소한도로 하여 형벌을 부과할 것이므로 동 지침의 실효성에 문제가 제기된다. 구체적이고 명확한 처벌규정이 없으므로 환경보호를 위해 엄격한 책임을 부과하는 회원국들 외에는 처벌의 수위가 낮아질 것은 자명한 사실이다. 얻게 되는 경제적 이익에 대비하여 적은 과태료를 부과하는 것과 같은 경미한 처벌이 형식적 차원에서 이루어질 수 있다. 강력한 처벌규정을 구체적으로 정해야 회원국들의 재량으로 인한 경미한 수준의 처벌을 방지하고 동 지침이 의도하는 목적을 달성할 것이다.

다만 앞으로 EU의 통합강도에 따라 보다 구체적인 형사 제재가 채택될 가능성(형벌 규정에 대한 '개정' 필요성)이 존재한다. 동 지침이 실효성을 확보하기 위해서는 형벌부분에 대한 '개정'이 필요한데, 법인에게는 벌금과 같은 재산형을 그리고 개인 또는 법인의 대표에게는 자유형 또는 재산형을 부과해야 할 것이다.

Ⅳ. 형사적 제재를 통한 환경보호에 대한 유럽사법법원(ECJ)의 판례

이 글 앞에서는 EU의 환경책임 및 환경형법에 대한 기본 법제를 분석하였다면, 여기에서는 환경책임, 특히 형사적 제재에 관한 ECJ의 두 개의 주요 판례들의 태도를 살펴봄으로써 앞으로 형법을 통한 EU의 환경보호에 대한 향방을 가늠할 수 있을 것이다.

1. *Commission* v. *Council* 사건(Case C-176/03)

여기에서 살펴보는 *Commission* v. *Council* 사건[17]은 2005년 9월 13일 ECJ가 판결한 사건으로, 당사자로서 원고는 EU위원회이며 원고 측 소송참가자로 유럽의회(EP)가 소송에 참여하였고, 피고는 이사회(Council)이며 피

---

17) Case C-176/03, *Commission* v. *Council*, [2005] ECR I-7879.

고 측 소송참가자로 덴마크, 독일, 그리스, 스페인, 프랑스, 아일랜드, 포르투갈, 핀란드, 스웨덴, 영국 및 북아일랜드가 소송에 참여하였다.

1) 사실관계

본 소송은 "환경보호위반에 대한 형사적 제재에 관한 이사회 골격결정 2003/80/JHA"[18])에 대한 EU위원회의 취소소송이다.[19]) 2003년 1월 27일, 덴마크의 발의로 이사회는 이 골격결정을 채택하였는데, 이는 당시 TEU 제Ⅵ편 제29조, 제31조(e), 제34조(2)(b)에 근거하여 증가하는 환경파괴행위에 대한 공동체 차원의 단결된 조치와 그 실현을 위한 수단을 규정하고, 회원국들에게 구체적 환경파괴행위와 그에 대한 '형사적 처벌' 규정의 마련을 요청하는 것을 주요 내용으로 하고 있었다.[20])

위원회의 주장에 따르면 2001년 3월에 이미 EC조약 제175조(TFEU 제192조) 제1항에 근거하여 형사적 제재를 통한 환경보호에 관한 유럽의회와 이사회의 지침이 '제안된' 바 있으며,[21]) 2002년 유럽의회는 이사회에게 이사회의 결정을 앞서 '제안된' 지침의 보조 수단으로써만 사용하고 제안된 지침이 채택되기 이전에는 결정의 채택을 삼갈 것을 요구하였다.[22])

이에 반해 이사회는 '제안된' 지침을 채택하는 대신 '제안된' 지침의 주

---

18) Council Framework Decision 2003/80/JHA of 27 January 2003 on the protection of the environment through criminal law(OJ 2003 L29/55).

19) Case C-176/03, *Commission* v. *Council*, [2005] ECR I-7879, para.1; Koen Lenaerts·Piet Van Nuffel, *European Union Law*(London: Sweet & Maxwell, 2011), p.118 참조; Koen Lenaerts·Dirk Arts·Ignace Maselis, *Procedural Law of the European Union*(London: Sweet & Maxwell, 2006), p.516.

20) Case C-176/03, *Commission* v. *Council*, [2005] ECR I-7879, paras.2~3.

21) Dashwood·Dougan·Rodger·Spaventa·Wyatt, *supra* note 3, p.112 참조.

22) Case C-176/03, *Commission* v. *Council*, [2005] ECR I-7879, paras.11~13.

요 조항들, 특히 회원국들이 자국 국내법 범위 내에서 '형사적 제제조치'를 마련하는 것에 관한 규정들을 본 골격결정이 흡수할 수 있다고 주장하였고, 이사회는 앞서 '제안된' 지침의 채택을 논의하였지만 그 내용이 EC조약이 공동체에 부여하고 있는 권한을 넘어선다는 이유로 회원국의 동의를 얻지 못하였다. 그러나 이사회는 지침이 궁극적으로 목표하는 바는 TEU 제Ⅵ편에 근거하여 이사회의 결정을 채택함으로써 달성될 수 있다고 주장하였다.[23]

이에 대하여 위원회 측은 이사회의 결정이 환경파괴행위에 대하여 회원국이 형사적 성질을 지니는 제재를 도입하게 하기 위한 수단으로는 적절치 못하다고 반박하며 ECJ에 본 이사회 골격결정에 대한 취소소송을 제기하였다.[24]

2) 당사자들의 주장

(1) 원고 측 주장 - 위원회, 유럽의회

① 위원회

원고 측은 환경보호 위반행위에 대하여 해당 회원국이 형사적 제재를 가하도록 강제하는 이사회의 입장에 반대하며, 공동체의 입법권이 형사적 문제에 있어 일반적이고 보편적인 권한을 갖는 것은 아니지만 TEU 제Ⅵ편이 아닌 EC조약 제175조(TFEU 제192조)에 근거하여 공동체의 환경관련 법규의 실효성의 보장을 위해 위반행위에 관련된 회원국이 형사적 제재를 규정하도록 할 수 있다고 하였다.[25]

또한 위원회는 회원국의 국내 형법, 특히 형사적 처벌이 따르는 환경보

---

23) *Ibid.*, para.14.

24) *Ibid.*, para.15.

25) *Ibid.*, para.19.

호위반규정은 쟁점이 되고 있는 공동체 정책에 부합해야 하며, 형사적 처벌 이외의 제재를 선택하는 것을 회원국의 '재량'에 맡기는 본 골격결정의 제5조 제2항과 제6조, 제7조의 내용은 공동체 권한을 명백하게 침해하므로 반드시 무효화되어야 한다고 주장하였다.[26]

단, 이사회 골격결정의 내용 전부가 앞서 '제안된' 지침과 충돌하는 것은 아니고, 특히 사법권과 국외 추방 등에 관한 내용이 TEU 제Ⅵ편에 근거를 두고 있다는 이사회 주장은 적절하다고 인정하였다. 그러나 이들 조항들은 '부분적·개별적'으로 성립되는 것이 아니고 단지 전체적 결정으로서만 존재할 수 있기 때문에 이사회의 골격결정은 '전체적으로' 무효화되어야 한다고 주장하였다.[27]

또한 위원회는 이사회가 골격결정에 앞서 '제안된' 지침이 다수의 회원국의 동의를 얻지 못 한 이유는 회원국들에게 환경보호 관련 위반행위에 대한 형사적 제재를 마련하도록 할 수 있는 공동체 권한을 부인하고자 한 것이 이유임에도 불구하고, 이사회는 채택된 골격결정의 전문에서 TEU 제Ⅵ편을 편리한대로 '자의적으로' 차용하였으며 이는 입법절차의 남용이라고 주장하였다.[28] 이는 환경범죄에 대한 형사적 처벌의 구체적 권한이 여전히 회원국들의 주권적 사항임을 보여 주고 있는 것이다.

② 유럽의회

유럽의회는 위원회와 입장을 같이하여 이사회가 앞서 '제안된' 지침을 채택하지 않고 그와 유사한 새로운 골격결정을 채택함으로써 '제안된 지침'

---

26) *Ibid.*, para.22.

27) *Ibid.*, para.23.

28) *Ibid.*, para.24.

의 채택에 대한 공동체의 권한 행사를 저해하고, 제안된 지침의 '부분적' 내용을 차용함과 동시에 새로운 조항들을 삽입함으로써 전체적으로 완전성을 지닌 법령을 채택하는 데 있어 혼란을 야기하고 있다고 지적하였다. 또한 형사적 처벌 이외의 제재에 관한 '선택권'을 회원국의 '재량'으로 두는 것에 관해 이사회 측이 근거로 들고 있는 조항들은 편의주의적 원용에 지나지 않으며, 이는 EC조약 제175조와 제251조(TFEU 제192조와 제294조)에 근거하는 환경보호에 관한 적절한 입법절차를 통해서 다루어져야 할 문제라고 주장하였다.[29]

(2) 피고 측 주장 - 이사회, 덴마크, 독일, 그리스, 스페인, 프랑스, 아일랜드, 포르투갈, 핀란드, 스웨덴, 영국, 북아일랜드

현행 EU법상 EU에게는 회원국으로 하여금 골격결정에 규정된 위반행위에 대하여 형사적 처벌조치를 마련하도록 강제할 권한이 없으며, 그러한 사항에 관한 어떠한 협의도 이루어진 바가 없고, EC조약 제175조(TFEU 제192조)가 공동체에 일정한 권한을 부여하고 있기는 하나 '형사적 처벌'에 있어서의 회원국의 주권에 이 정도의 영향력을 행사할 수 있는 권한을 부여하고 있다고 할 근거가 없다. 이러한 해석은 회원국에게 국내적 형법 적용과 사법권 행사를 권리로서 부여하고 있는 EC조약 제135조와 제280조(TFEU 제33조와 제325조)에 의해 알 수 있으며,[30] 형사적 사건에 대한 사법공조에 관하여 EU에 부여된 권한에 대하여 당시 TEU가 규정하고 있는 구체적 조항(제29조, 제30조, 제31조)에 비추어 보아도 그러한 해석이 가능

---

29) *Ibid.*, para.25.
30) *Ibid.*, para.28.

하다. 따라서 피고 측은 원고인 위원회 측이 원용하고 있는 법원은 그 주장을 뒷받침할 수 없다고 주장하였다.[31]

또한 피고 측은 EU사법기관이 회원국은 형사적 처벌 절차를 의무적으로 규정하여야 한다고 판결을 내린 바가 없다고 지적하는 한편 판례법에 따르면 절차법 및 실체법에 있어 EU법에 대한 위반 여부를 확인하고 그에 대해서 국내법에 대한 감독과 동일한 정도의 주의를 기울여야 하는 것이 확실히 회원국의 의무이기는 하나, 사법기관에 따르면 명시적으로든 묵시적으로든 회원국의 형법 적용에 대하여 EU가 영향력을 행사할 수 있는 권한이 각 회원국의 '주권'에 우선하는 것은 아니며 오히려 형사적 처벌에 대하여 회원국의 '재량권'을 인정하고 있다고 봐야 한다고 주장하였다. 이처럼 이사회는 회원국의 '주권'을 존중하는 데에 소홀히 하고 있는 것이 아님을 변호하고 있다.[32]

그러므로 그 목적과 내용에 있어 이사회가 채택한 '환경보호위반에 대한 형사적 제재'에 관한 이사회 결정 2003/80은 형사적 사건에 관한 EU법과 회원국법 간의 '형법의 조화'를 유지하고 있으며, 환경보호에 관한 EU법을 '보완'하고 있다는 것이다.[33]

3) ECJ의 판단

구 TEU 제47조(현 TEU 제40조)는 조약상의 어떠한 내용도 EC조약(현 TFEU)

---

31) *Ibid.*, para.29.

32) *Ibid.*, para.31; 그리고 입법행위 또한 이러한 맥락에서 이루어지는데, 다수의 2차 법원들의 입법에 있어 실효적이고 균형적이며 예방적인 제재가 요청되지만, 이 또한 형사적 처벌과 그 이외의 제재에 대한 회원국의 '선택권'을 침해하지는 않는다고 주장하였다. *Ibid.*, para.32.

33) *Ibid.*, para.34.

의 내용에 영향을 미칠 수 없다고 규정하고 있고, 이는 당시 TEU 제29조와 제Ⅵ편에서도 확인할 수 있다. 따라서 ECJ는 피고 측이 원용하고 있는 TEU 제Ⅵ편에 규정된 사항이 EC조약(현 TFEU)이 EU에 부여하고 있는 권한을 해하는지의 여부를 확인하여야 한다.

먼저 EU가 '환경보호'라는 가치를 중요시 한다는 것에는 이견이 없다. EC조약 제2조는 환경에 대한 '높은 수준의 보전과 개선'을 EU의 의무로 규정하고 있으며, EC조약 제3조 제1항(l)은 환경보호정책을 수립할 것을 명시하고 있다.[34] EC조약 제6조(TFEU 제11조)는 통합의 원칙에 따라 공동체 정책과 활동을 규정하고 실행함에 있어 환경보호에 관한 요청이 전반적으로 포함될 것을 규정하고 있으며, 이는 환경보호에 관한 본질적인 목표가 EU 정책과 활동에 전반적으로 확장·반영되어야 함을 의미한다.

그리고 EC조약 제174~176조(TFEU 제191~193조)까지는 EU의 환경정책 수행을 위한 결정에 관한 규정을 포함하고 있으며, 제174조 제1항은 환경에 대한 공동체적 조치가 '목적'하는 바를 규정하고 있고, 제175조는 그 달성을 위한 입법절차를 규정하고 있다.

그런데 그 명칭으로 보나 서두의 언급으로 보나 이사회 골격결정 2003/80의 채택 목적이 환경보호라는 것은 확실하며, 본 골격결정의 제2조는 회원국들이 형사적 처벌을 가해야 하는 심각한 환경파괴행위를 규정하고 있다. 그런데 ECJ에 의하면 이사회 골격결정 2003/80의 제2~7조까지는 환경보호법규 위반에 대한 형사적 제재를 규정하는 등 확실히 회원국들의 형법체계와 부분적으로 '합치'한다고 할 수 있으나, 현행 EU법상 '형법'이나 '형사절차'

---

34) *Ibid.*, para.41.

는 EU의 '권한'에 속하지 않는다는 것이 일반적이라는 것이다.[35]

그러나 그렇다고 하여 ECJ의 이러한 견해가 환경보호 관련 법규의 '실효성'을 보장하기 위해 회원국 국내기관이 '실효적'이고 '균형적'이며 '예방적'인 형사적 제재를 가해야 할 경우에, EU가 이에 대한 회원국의 형사법적 조치를 취할 권리까지 해하는 것은 아니다.[36] 그리고 더불어 유념해야 할 것은 이사회의 골격결정 제1~7조가 환경보호에 대한 특정 위반행위를 범죄로 규정하고 있기는 하지만, 본 골격결정의 제5조 제1항에서 제재가 '실효적'이고 '균형적'이며 '예방적'일 것을 규정하고 있고 회원국에게 형사적 처벌 여부의 '선택권'을 위임하고 있다는 점이다. 이런 점에 있어서는 이사회의 주장이 일면 타당성이 있다고도 볼 여지는 있다.

그러나 본 골격결정의 제2조는 EU의 조치를 상당히 침해하는 행위들이 포함되어 있고, 이 내용은 앞서 '제안된' 바 있는 지침의 부속서에서 이미 규정하고 있는 것들이며, 본 골격결정의 첫 부분에서도 알 수 있듯이 이사회도 환경보호법규에 대한 심각한 위반을 근절하기 위해서는 형사적 조치가 필수적이라는 데 동의하고 있다. 따라서 ECJ에 의하면 '제안된 지침'이 부결되기는 하였으나 이미 주요 내용을 다루고 있었으며, 이에 이사회가 '편의적으로' 골격결정 2003/80을 채택하여 회원국을 강제하려고 하는 것은 문제가 있다는 것이다.[37]

---

35) *Ibid.*, para. 47.

36) *Ibid.*, para. 48.

37) *Ibid.*, para. 50; 그 목적과 구체적 내용으로 미루어 볼 때, ECJ는 이사회 골격결정 2003/80의 제1~7조까지의 내용은 EC조약 제175조(TFEU 제192조)에 이미 적절하게 규정되어 있다고 판단하였으며, 이러한 견해에 대하여 관세협력이나 재정적 이익에 관한 EC조약 제135조(TFEU 제33조)나 제280조(TFEU 제325조) 제4항이 회원국에게 형사적 처벌과 그 이외 제재에 관한 선택권을 부여하고 있음을 이유로 하여 반박할 수는 없다고 하였다. *Ibid.*, paras. 51~52.

결론적으로 ECJ는 이사회 골격결정 2003/80은 EC조약 제175조(TFEU 제192조)가 EU에 부여하고 있는 환경보호에 관한 입법절차적인 권한을 침해하여 구 TEU 제47조(현 TEU 제40조)에 대한 위반이므로 이사회의 본 결정은 취소되어야 한다고 판결하였으며,[38] ECJ절차규칙 제69조에 의하여 패소한 측은 승소한 측에 대하여 비용을 지급하여야 하므로 이사회는 위원회에 재판 비용을 지급하여야 하며, 그 외 소송 참가국은 자국의 비용을 각자 부담하도록 하였다.[39]

4) 평가

환경보호가 EU의 기본적인 정책과 활동의 영역임에는 의문의 여지가 없으며, 이사회 골격결정 2003/80/JHA 제2∼7조가 환경보호위반에 대한 형사적 제재를 규정했던 점은 환경책임의 '형사제재 강화'의 측면에서는 분명 의미가 있으며 부분적으로는 회원국들의 형법체계와 일치할 수도 있다. 더구나 동 이사회 골격결정 제5조 제1항이 동 결정에서 규정하고 있는 내용에도 불구하고 회원국들에게 형사적 처벌의 선택권을 위임하고 있다는 점은 동 법령의 이행에 있어서 유연성을 부여하고 있다. 그러나 문제는 동

---

38) *Ibid.*, paras.53,55; Paul Craig · Grainne De Burca, *EU Law: Text, Cases and Materials* (Oxford: Oxford Univ. Press, 2008), p.219 참조; Mathijsen, *supra* note 1, p.548; Margot Horspool · Mattew Humphreys, *European Union Law*(Oxford: Oxford Univ. Press, 2010), p.561 참조; Stephen Weatherill, *EU Law*(Oxford: Oxford Univ. Press, 2007), pp.36∼37; Ludwig Krämer, "European Environmental Law. Innovative, Integrative-But Also Effective?", in Paul Demaret · Inge Govaere · Dominik Hanf (eds.), *European Legal Dynamics: Revised and updated edition of 30 Years of European Legal Studies at the College of Europe*(Bruxelles: PIE Peter Lang, 2007), p.346 참조; 이사회 골격결정 2003/80의 주된 입법 취지가 '구체적인 형벌 적용'이 아니라 '환경보호'에 있었다면 TFEU 제192조에 근거하여 적법하게 채택될 수 있었을 것이다. Jan H. Jans · Hans H.B. Vedder, *European Environmental Law* (Europa Law Publishing, 2008), p.28.

39) Case C-176/03, *Commission v. Council*, [2005] ECR I-7879, para.56.

골격결정의 채택 전에 부결되긴 했으나 이미 '제안되었던' 한 지침의 내용을 그대로 규정하고 있었고, 이는 이사회가 골격결정 2003/80/JHA를 '편의적으로' 채택하여 회원국들을 강제하려고 했다는 것이다. 따라서 이사회의 행위는 EC조약 제175조(TFEU 제192조)와 구 TEU 제47조(현 TEU 제40조)상의 환경보호에 관한 입법절차를 위반하였다고 볼 수 있다. 이로써 결국 동 골격결정은 취소되고, 이글 제III장에서 살펴본 새로운 "형법을 통한 환경보호에 관한 지침 2008/99/EC"가 채택되었던 것이다.

2. *Commission* v. *Council* 사건(Case C-440/05)

EU는 기존의 국제기구와는 달리 유럽 전체의 공동이익을 위한 공동정책과 목표달성을 위해 행동할 수 있는 권한을 기본 설립조약상 소유하고 유효적절하게 정책목표를 성취해 왔다. 그런데 이러한 EU차원의 행동은 필연적으로 회원국들의 '주권'을 제한할 수밖에 없으며, 이로 인해 EU의 권한과 회원국들의 '주권'이 충돌하는 문제가 발생하게 된다. 여기에서 살펴보는 사건은 바로 이러한 문제를 보여 주고 있으며, 유럽에서의 사법적 통제를 최종적으로 책임지는 ECJ가 어떤 판결을 내리는지를 살펴봄으로서 관련 분야, 특히 형법을 통한 환경보호분야에서의 EU의 '통합 수준'을 가늠하는 기회가 될 것이다.

1) 사실관계

2002년 11월 13일에 7만 7,000톤의 중유를 실은 탱커 프레스티지(Prestige)호가 스페인 가르시아 주의 앞바다에서 악천후가 원인으로 침몰했다. 이런 해양선박오염사고를 경험한 EU는 2005년 7월 12일 "해양선박오염에 대한 형사적 처벌을 포함하는 제재의 도입에 관한 이사회 골격결정 2005/667/JHA"(Council Framework Decision 2005/667/JHA)[40]와 관련 해양선박오염에 관한 유럽의회와 이사회 지침 2005/35[41]을 같은 해 7월에 채택하였다. 이로써 선박에 의한 해양오염은 EU법에 대한 위반행위이며, 고의 또는 중과실(일반적인 과실과 부주의는 면책되는 것으로 해석할 수 있다)로 불법 오염에 기여한 모든 당사자(선박소유자, 선박기관사, 용선자, 선급협회)는 제재의 대상이 될 수 있었다. 그러나 EU위원회와 회원국들은 관련 법률이 각 국가의 형사관할권을 과도하게 침해할 우려가 있으며, 특히 형사적 처벌의 '종류'와 '범위'를 규정함에 있어서는 그 타당성을 찾을 수 없다며 2005년 12월 8일 ECJ에 관련 법령에 대한 취소소송을 제기하였다.[42] 만약 2005년 9월 13일

---

40) 이 골격결정의 채택의 근거로는 당시 TEU 제31조(1)(e), 제34조(2)(b) 참조; 이사회 골격결정 2005/667/JHA는 해양운송에 있어서 안전과 환경을 위해 회원국들이 형사적 제재에 관한 확실한 수단을 갖출 것을 요구하고 있다. 그 구체적인 내용을 보면, 회원국들은 해양환경오염을 형사법으로 규율해야 하며, 위반자들은 최소한 1년에서 3년에 이르는 징역을 선고해야 한다. 그리고 자연인뿐만 아니라 법인도 처벌해야 하며, 특히 해양환경에 심각한 오염을 야기한 경우에는 2년에서 5년에 이르는 징역을 선고해야 한다. 또한 법인에 속하는 자연인이 법인의 통제를 벗어나 위반행위를 한 경우에도 법인은 책임을 져야 하며, 자연인이 처벌받았다는 것이 법인에 대한 처벌을 의미하지는 않는다. 법인은 일반적으로 150,000유로에서 300,000유로 사이, 중대한 피해를 야기한 경우에는 750,000유로에서 1,500,000유로 사이의 벌금을 지불해야 한다. 또한 일시적으로 또는 영구적으로 기업 활동을 할 수 없으며, 위반의 결과를 방어하기 위한 조치를 취할 의무가 부과된다(제2~6조). 한편 해양오염에 대한 위반이 발생한 경우 회원국은 위원회와 다른 회원국에 이를 즉시 통지해야 하며, 필요한 정보를 교환해야 한다(제8~9조).

41) Directive 2005/35/EC of the European Parliament and of the Council of 7 September 2005 on ship-source pollution and on the introduction of penalties for infringements(OJ 2005 L255/11).

42) Case C-440/05, *Commission* v. *Council*, [2007] ECR I-9097, paras.1~5; Lenaerts · Van Nuffel, *supra* note 19, pp.118, 121 참조; 이사회 골격결정 2005/667/JHA는 제1조에서 동 법령의 입법 목적을 설명함에 있어서 통상의 국제협약에서 전형적으로 사용하는 해양환경보호, 해양오염방지, 해양안전 등의 용어보다 불법배출의 행위자에 대한 형사적 처벌이라는 용어를 먼저 사용하고 강조하여 중점적으로 다루겠다고 함으로써 각국의 선주를 포함하여 해운관련 단체의 반발과 우려의 원인을 제공할 가능성도 배제할 수 없었다. 박종준, "해양오염사고의 형사처벌에 관한 EU 신규법안 검토", 『해상보험법연구』 제3권(2007), 해상보험법연구회, pp.33~43 참조.

의 사건(Case C-176/03)에 관한 판결이 2005년 7월 12일 채택된 골격결정 2005/667과 9월 7일 채택된 지침 2005/35보다 앞섰다면 이 골격결정은 채택되지 않았을 것이다. 원고인 EU위원회에는 유럽의회가 소송참가하였으며, 피고인 이사회에는 벨기에, 체크공화국, 덴마크, 에스토니아, 그리스, 프랑스, 아일랜드, 라트비아, 리투아니아, 헝가리, 몰타, 네덜란드, 오스트리아, 폴란드, 포르투갈, 슬로박공화국, 핀란드, 스웨덴, 영국, 북아일랜드가 소송참가하였다.

2) 당사자들의 주장

(1) 위원회와 유럽의회

위원회는 이사회의 골격결정 2005/667/JHA가 구 TEU 제47조(현 TEU 제40조)에 위반되기 때문에 취소되어야 한다고 주장하였다. 위원회의 주장에 의하면 이전 사건(Case C-176/03)에서도 이사회는 환경오염의 방지를 위한 EU의 정책목적을 달성하기 위해 법적 수단을 갖출 것을 의결하였고, 동 사건(Case C-176/03)에서 ECJ는 '형사적 제재'는 EU의 권한에 속하지 않는다고 하였다는 것이다. 다만 ECJ가 이러한 '형사적 제재'에 있어서 EU가 어느 정도의 관할권을 소유하는지를 명확하게 밝히고 있지 않아 문제시되었을 뿐이라고 주장하였다.[43]

위원회에 의하면 EU는 언제나 회원국에게 입법조치를 요구할 수 있는 것이 아니라 '진정으로 필요한 경우'에만 '정당화'되며, 무엇보다도 이사회의 골격결정 2005/667은 EU의 목표를 달성하기 위하여 회원국들이 취할

---

43) Case C-440/05, *Commission* v. *Council*, [2007] ECR I-9097, paras.28~31.

수 있는 '다양한 정책과 수단들'을 '사전에 배제'해 버리는 결과를 초래하기 때문에 문제가 된다고 지적하였다. 즉 이사회가 TEU 제Ⅵ장에 근거해 EU의 목표달성을 위한 조치들을 취할 수 있으나, EC조약 제80조(TFEU 제100조) (2)에 비추에 볼 때 구체적이고 세세한 규정의 제정은 회원국들의 관할권에 속한다는 것으로 이것이 이사회에게 부여된 권한으로 볼 수는 없다는 것이다.[44]

이에 더하여 위원회는 이사회 골격결정 2005/667이 형사적 제재의 '종류'와 '범위'에 있어서 회원국 '국내법원들의 재량'과 조화를 이룰 수 없는 만큼, 이는 이전 사건(Case C-176/03)에서 이사회 골격결정 2003/80/JHA가 취소되었던 것과 마찬가지라고 하였다. 즉 동 사건(Case C-176/03)에서와 같이 EU는 형법적 차원에 있어서 EU정책을 달성하기 위한 독립적인 권한을 지니지는 못하며, 오히려 보조적인 권한을 지녔을 뿐, 이것도 진정으로 필요한 경우에만 인정되어야 한다고 하였다.[45]

결론적으로 위원회는 이사회 골격결정 2005/667/JHA와 지침 2005/35는 전체적으로 보아 구 TEU 제47조(현 TEU 제40조)에 위반되므로 취소되어야 한다고 주장하였다.[46]

유럽의회 역시 대체적으로 위원회와 동일한 논리를 주장하면서, 이 사건이 이전 사건(Case C-176/03)과 유사하다고 하였다.[47]

---

44) *Ibid.*, paras.32~34.
45) *Ibid.*, paras.35~38.
46) *Ibid.*, para.39.
47) *Ibid.*, para.40.

(2) 이사회와 회원국들

이사회는 지침 2005/35는 유럽의회와 공동결정절차에 따라 채택된 것으로 EC조약 제80조(TFEU 제100조) (2)에 따라 이루어진 것이며, 해양운송으로 인한 해양오염을 방지하기 위한 조치로, 이는 다만 회원국들이 준수해야 할 일정한 한계를 설정한 것일 뿐이라고 하였다. EU는 EC조약 제80조(TFEU 제100조) (2)에 근거하여 이보다 더 나아간 그 이상의 조치를 취할 수 있지만, 단지 그렇게 하지 않았을 뿐이며, 이전 사건(Case C-176/03)과 이 사건은 다르다고 하였다. 따라서 이사회는 관련 법령의 채택이 EC조약이나 TEU를 위반한 것이 아니라고 주장하였다. 이사회의 입법 의도와 목표는 해양오염방지를 위한 수단을 취하는 데 있어서 핵심적인 요소들을 중시함으로써 회원국들이 해양오염방지를 위한 법적 수단의 '종류'와 '범위'를 정하는 데 있어서 상호 근접하도록 한 것일 뿐이라고 하였다.[48]

3) ECJ의 판단

구 TEU 제47조(현 TEU 제40조)에 따르면 EC조약은 TEU에 의해 영향을 받지 않는다. ECJ가 해야 할 일은 이사회의 골격결정 2005/667이 이사회의 관할권에 속하는지의 여부를 판단하는 것이다. 따라서 ECJ는 골격결정 2005/667이 EC조약 제80조(TFEU 제100조) (2)에 근거해 채택되었는지를 판단해야 한다. 그런데 동 골격결정은 우선 EC조약 제70조(TFEU 제90조), 그리고 EC조약 제80조(TFEU 제100조) (1)를 근거로 EU의 기본정책 중의 하나인 공통된 도로, 철도, 내륙수로 등을 포함하는 '운송정책'을 바탕으로 채택되었다. 그리고 이사회는 EC조약 제80조(TFEU 제100조) (2)를

---

48) *Ibid.*, paras.42~51.

근거로 해양운송에 관한 적절한 규정을 둘 수 있다.

그러나 EC조약 제80조(TFEU 제100조) (2)를 살펴보면, EU가 광범위한 입법권한을 갖는 것은 맞지만, EC조약 제71조(TFEU 제91조)에 근거하여 공통된 운송정책에 있어서 '구체적이고 뚜렷한 제한'을 하도록 할 수는 없다.[49]

결론적으로 이사회 골격결정 2005/667 제2조, 제3조, 제5조는 EC조약 제80조(TFEU 제100조) (2)에 근거하여 해양안전을 위해 채택되었으며, 동시에 심각한 환경오염을 방지하기 위해 회원국들에게 해양안전과 환경보호를 달성하기 위한 형사적 제재를 취하도록 요구하고 있다. 그러나 ECJ에 의하면 위원회가 주장한 바와 같이 이러한 '형사적 제재'나 '형사적 절차'를 취하는 것은 EU의 관할권에 속하지 않는다.[50] 그리고 동 골격결정 제4조와 제6조 역시 TEU 제47조(현 TEU 제40조)에 위반된다고 할 수 있으며, 동 골격결정 제2조, 제3조, 제5조는 제4조, 제6조와 불가분의 관계에 있다고 할 수 있다. 따라서 동 골격결정은 TEU 제47조(현 TEU 제40조)에 위반된다고 보아 ECJ는 2007년 10월 23일 관련 법령을 취소하라고 판결하였다.[51]

4) 평가

'환경보호'는 분명히 EU의 주요한 관심사이자 목표 중의 하나로서 EC조

---

49) *Ibid.*, paras.56~58.

50) EU는 2차 입법을 통해 TFEU 제192조에 근거하여 회원국에게 '환경범죄'에 대한 형벌의 부여를 '요구'할 수는 있지만, 형벌의 '종류'와 '범위'는 강제할 수 없다. 이것이 강제되기 위해서는 조약(당시의 Reform Treaty)상 형사적 처벌의 '종류'와 '범위'에 관한 관련 규정이 존재해야 한다는 것이다. 즉 조약상 형벌의 종류와 범위에 관해 규정하지 않는 한 EU는 '사법내무협력'에 해당되는 형벌의 구체적인 내용에 관한 2차 입법행위는 할 수 없다. Jans · Vedder, *supra* note 38, p.28.

51) Case C-440/05, *Commission* v. *Council,* [2007] ECR I-9097, paras.69~74; Horspool · Humphreys, *supra* note 38, p.561 참조.

약 제6조(TFEU 제11조)에 따라 EU가 환경보호를 달성하기 위해 일정한 조치를 취할 권한이 있다. 종합하여 보면 이사회 골격결정 2005/667은 운송에 있어서 안전의 향상과 환경보호를 위해 취한 조치임에는 틀림이 없다. 그리고 이러한 목적을 달성하기 위해 환경과 생물에 피해를 끼친 자연인과 법인에 대해 균형 있는 적절한 형사적 제재를 회원국들이 갖출 것을 요구하고 있다.

그럼에도 불구하고 구체적인 '형사적 제재'나 '형사적 절차'는 EU의 관할권에 속하지 않는다. 오히려 그러한 오염을 방지하기 위하여 취해지는 수단과 절차들에 관해서는 회원국들의 관할권에 속한다고 보아야 하며,[52] EU는 단지 이를 소개하고 요청할 수 있을 뿐이다. 결국 이 사건은 환경보호를 위한 형벌의 '종류'와 '범위'에 대한 EU의 입법권한의 제한을 명확히 한 사건으로서[53] 현재 EU통합의 한 단면을 보여 주는 것으로, EU가 아직은 국가연합 또는 국제기구적인 단계에 있으며 완전한 연방국가와 같은 통치 구조를 갖추고 있지는 않음을 보여 준다.

Ⅳ. 결언

환경보호에 관한 관심이 증대되고 있는 요즘 환경보호를 위한 각국의 노력은 지속되고 있다. 이런 차원에서 EU의 환경보호를 위한 입법행위는 큰 의미가 있다. 해양오염 등 환경오염을 방지하기 위해 EU차원에서 회원국들

---

52) Mathijsen, *supra* note 1, p.549.
53) Lenaerts · Van Nuffel, *supra* note 19, p.121 참조.

에게 형사적 처벌의 도입까지 의무화하면서 환경보호를 위한 규제에 적극적으로 나서는 것은 국제적 차원에서 큰 시사점을 주고 있다. 그런데 문제는 이러한 EU의 움직임, 즉 EU차원에서 일정한 목표를 달성하기 위해 동일하거나 근접한 수준의 규제를 갖추도록 회원국들에게 요구하는 것이 다른 한편으로는 회원국들의 입법 또는 사법 주권과 충돌할 우려가 있다는 점이다. 본문에서 살펴본 바와 같이 이러한 문제는 ECJ에 제소되어 법령이 취소되기까지 하는 중요한 문제이다. 그러나 우리가 유의해야 하는 것은 ECJ의 판단인데, ECJ는 EU가 분명히 EU차원에서 공동목표를 달성하기 위해 행동할 수 있으나, 그것이 회원국의 주권에 대하여 '지나치게' 제한하면서까지 규제할 수는 없다고 하였다. 특히 ECJ는 환경분야에서 형사적 처벌과 같은 문제에 관해서는 더더욱 회원국들의 주권이 존중되어야 하며, EU는 이 부분에 있어서는 보조적인 권한밖에 행사할 수 없다고 하였다.

결국 EU가 공동목표를 달성하기 위해 EU차원에서 어떤 조치를 취할 수는 있지만, 그것이 지나치게 세세하게 규정되어서는 곤란하다는 것을 알 수 있다. 이는 회원국들과의 주권 충돌의 문제를 발생시킬 수 있으며, 또한 목표달성에 있어서 회원국들이 강구할 수 있는 다양한 방법과 수단들을 사전에 봉쇄해 버리는 결과를 야기할 우려가 있다는 것이다. 따라서 기후변화에 대응하며 살아가야 하는 오늘날 환경보호를 위한 EU차원의 입법적 노력을 높게 평가하면서도 전체적으로 볼 때 관련 법령을 취소한 ECJ의 판단 또한 타당하다고 볼 수 있다. 즉 강도 높은 통합을 이룩한 EU도 아직은 연방국가는 아니며, 회원국들의 주권적 영역을 완전히 배제할 수는 없다고 보아야 한다. 그러나 엄청난 환경피해와 재산손실을 야기하였음에도 불구하고 행위자에 대한 처벌이 미약하다면 향후 해양오염방지와 안전의 확보는 다시 위협을 받을 수 있으므로, 환경분야에 있어서는 보다 엄격한 규제 강화와 실질적인 제재가 가능하도록 해야 할 것이다. 따라서 강도 높은 처벌을 규정하는 법령을 채택하는 데는 한계를 보였지만, 환경오염과 싸우기 위해 단순히 환경정책을 제시하기보다 앞으로는 EU도 환경관련 형사적 처벌을 보다 강력하게 요구할 수 있는 가능성을 열어 두었다는 점에 주목할 필요가 있다. 따라서 EU도 이러한 문제를 극복하기 위한 법의 개정 등 그 법적 기초를 강구하여 보다 실효적인 환경보호를 추구해야 할 것이다.[54]

---

54) 우리나라의 경우 '환경정책기본법'을 통해 환경피해(오염 및 훼손)의 예방, 환경의 지속 가능한 관리 및 보전이라는 목적을 추구하고 있으며, '환경범죄의 처벌에 관한 특별조치법'을 통해 환경피해를 초래하는 행위를 가중처벌하고 행정처분을 강화하고 있다. 박균성·함태성, 『환경법』(서울: 박영사, 2010), p.29; 환경책임법은 환경법을 환경행정법, 환경형법, 환경사법으로 나눌 때 실질적으로 환경사법에 가까우나 환경책임법 중 공법적 성질을 지닌 규정이 있을 수 있다. 홍준형, 『환경법』(서울: 박영사, 2005), pp.369~370; 1991년 5월 31일 법률 제4390호로 제정된 '환경범죄의 처벌에 관한 특별조치법'(전문 19조와 부칙으로 구성)에 의하면, ① 오염물질을 불법 배출하여 공중의 생명이나 신체를 위험하게 하거나, 공중의 식수사용에 위험을 발생시킨 자는 3년 이상의 유기징역에 처한다. 사망에 이르게 한 자는 무기 또는 5년 이상의 유기징역에 처한다. 오염물질을 불법배출하거나 토사를 배출해 농업·축산업·임업·과수원의 토지를 300㎡ 이상 사용하지 못하게 한 자, 바다·하천·호소(湖沼)·지하수를 법률에서 정하는 기준 이상으로 오염시킨 자, 어패류를 법률에서 정하는 규모 이상으로 집단폐사하게 한 자는 1년 이상 7년 이하의 징역에 처한다. ② 환경보호지역에서 오염행위는 해당 벌의 1/2까지 가중할 수 있다. 매매를 목적으로 멸종위기 야생 동·식물과 관련된 죄를 범한 자는 동법의 2배 이상 10배 이하의 벌금을 병과한다. 단체나 집단이 영리를 목적으로 폐기물관리법에 정한 죄를 범한 때는 2년 이상 10년 이하의 징역에 처하고 벌금을 병과한다. ③ 오염물질을 불법 배출한 사업자는 불법배출과 위험 사이에 상당한 개연성이 있을 때 그 위험은 그 사업자가 불법 배출한 물질로 인해 발생한 것으로 추정한다. 환경부장관은 대통령령이 정하는 오염물질을 불법 배출한 사업자에 대해 오염물질 제거 및 원상회복에 필요한 비용을 과징금으로 부과·징수한다.

제10장 유럽환경청과 환경정보관찰네트워크[*]

Ⅰ. 서언

덴마크 코펜하겐(Copenhagen)에 본부를 두고 운영 중인 유럽환경청(European Environment Agency: EEA)은 '규칙 1210/1990'에 의해 설립되었으며, 1994년부터 정상적인 운영을 시작한 바가 있다. 이 유럽환경청(EEA)은 유럽 국가들의 환경상황을 모니터링하고, 바람직한 독립적 환경관련정보를 제공하기 위해 조직되어 운영되는 유럽연합(European Union: EU)의 산하기관이다. 한편 유럽연합은 이와 동시에 동 규칙을 통하여 유럽의 환경상태와 환경상의 악영향에 대한 평가에 있어서 신속한 양질의 환경관련정보와 전문지식의 제공을 위하여 유럽환경정보관찰네트워크(European Environment Information and Observation Network: EIONET)를 설립하였다. 이로서 유럽환경청은 유럽환경정보관찰네트워크와 조화롭게 협력할 책임을 지게 되었다.

현재 유럽연합은 국제사회에서 어떤 국가보다도 이산화탄소배출의 축소

---

[*] 이 내용은 김두수, "유럽환경청과 유럽환경정보관찰네트워크 활동에 관한 법적 분석", 『최신외국법제정보』 한국법제연구원 2011년 제2호(2011.4.20.)의 내용을 참고함.

에 관심을 가지고 있으며, 바이오연료 등 신재생에너지원의 개발에 힘을 기울이고 있다. 그만큼 유럽연합은 교토의정서(Kyoto Protocol)의 이행에 적극적이며, 환경문제에 대해서는 국제사회를 적극적으로 주도해 나가고 있다고 할 수 있다. 이는 '녹색성장기본법'의 제정과 발효를 통해 환경문제에 큰 관심을 갖기 시작한 우리나라에게는 유럽연합이 좋은 본보기요, 또한 선의의 협력자가 될 수 있음을 보여 준다.

아래에서는 '규칙 401/2009'에서 규정하고 있는 유럽환경청과 유럽환경정보관찰네트워크의 설립과 운영에 있어서의 조직 및 운영의 측면에 관하여 구체적으로 살펴본다. 이를 통하여 유럽연합의 환경보호노력을 벤치마킹할 수 있을 것이고, 이는 국제사회뿐만 아니라 우리나라에게 있어서도 다음 세대를 위한 환경보호와 지속 가능한 발전이 어떠한 방향으로 추진되어야 할 것인지에 관하여 시사해 줄 것이다.

Ⅱ. 유럽환경청의 주요 내용

1. 유럽환경청의 설립 목적

유럽환경청과 유럽환경정보관찰네트워크는 동 규칙과 유럽연합차원의 환경프로그램에 명시된 환경보호 및 개선의 목적을 달성하기 위하여 유럽연합과 그 회원국들에게 ① 환경을 보호하고 환경조치의 결과를 평가하며 회원국 국민들이 환경상태에 관한 상세한 정보를 제공받을 수 있도록 하기 위해 요구되는 조치를 취할 수 있도록 하는 유럽차원의 객관적이고, 신빙

성이 있으며, 비교 가능한 정보를 제공하고, ② 이에 필요한 과학적·기술적 지원을 제공한다.[56]

2. 유럽환경청의 기능

유럽환경청은 동 규칙 제1조에 명시된 목적을 달성하기 위하여 ① 네트워크의 설립·운영 및 환경정보의 수집·가공·분석의 역할 수행, ② 환경정책 관련정보의 제공, ③ 환경조치 모니터링을 조력, ④ 환경조치 모니터링에 대한 조언의 제공, ⑤ 각 회원국 환경상태에 대한 정보의 수집과 평가, ⑥ 유럽차원의 환경정보가 비교 가능하도록 보장하고, 필요한 경우에는 적절한 수단을 통해 환경정보 측정방법의 개선된 통일화를 권장하는 등의 기능을 수행한다.[57]

1) 네트워크의 설립·운영 및 환경정보의 수집·가공·분석의 역할 수행

유럽환경청은 회원국과의 협력 하에 동 규칙 제4조에 규정된 유럽환경정보관찰네트워크를 설립하여 관리하고, 동 규칙 제3조에 규정된 분야에 있어서의 환경관련 자료의 수집·가공·분석에 대하여 책임을 진다.[58]

2) 환경정책 관련정보의 제공

유럽환경청은 EU와 그 회원국에게 건전하고 효율적인 환경정책을 구축

---

56) Regulation 401/2009/EC of the European Parliament and of the Council of 23 April 2009 on the European Environment Agency and the European Environment Information and Observation Network (OJ 2009 L126/13), 제1조.

57) Regulation 401/2009, 제2조.

58) Regulation 401/2009, 제2조(a).

하고 시행하는 데 필요한 객관적 정보를 제공한다. 이러한 목적을 위해 유럽환경청은 특히 환경 분야에 있어서의 조치와 입법에 있어서 유럽연합 집행위원회가 성공적으로 확인·준비·평가할 수 있도록 하기 위해 필요한 정보를 유럽연합 집행위원회에 제공한다.[59]

3) 환경조치 모니터링을 조력

유럽환경청은 보고요건에 대한 적절한 지원을 통하여 질문지의 개발, 회원국으로부터의 보고서의 가공, 결과의 분포 등을 포함한 환경조치의 모니터링을 조력한다. 단, 이러한 활동은 유럽환경청의 다년간 작업프로그램 및 보고요건 지원의 목적에 합치되는 것이어야 한다.[60]

4) 환경조치 모니터링에 대한 조언의 제공

유럽환경청은 회원국의 요청이 있고 그것이 유럽환경청의 연례사업프로그램에 합치되는 경우에는 회원국에게 환경조치 모니터링체제의 개발·설립·확장을 위한 조언을 제공한다. 단, 이러한 활동은 동 규칙 동 조에 의해 확립된 유럽환경청의 다른 기능을 저해하는 것이어서는 아니 되며, 또한 이러한 조언은 회원국의 구체적 요청이 있는 경우에 전문가에 의한 재검토를 포함할 수 있다.[61]

5) 각 회원국 환경상태에 대한 정보의 수집과 평가

유럽환경청은 각 회원국의 환경상태에 대한 정보를 기록·정리·평가하고, 회원국 영토 내 환경의 질·민감성 및 환경에 대한 악영향에 대한 전

---

59) Regulation 401/2009, 제2조(b).
60) Regulation 401/2009, 제2조(c).
61) Regulation 401/2009, 제2조(d).

문가보고서를 발행하며, 모든 회원국에 적용될 수 있는 환경정보를 위한 통일된 평가기준을 제공하고, 환경에 대한 정보문의처를 더욱 발전·유지시키고, 환경에 대한 각 회원국의 입법조치를 확보하는 유럽환경청 기능의 일환으로서 이러한 정보를 사용한다.[62]

6) 기타 기능

(1) 유럽환경청은 유럽차원의 환경정보가 비교 가능할 수 있도록 보장하고, 필요한 경우에는 적절한 수단을 통해 환경정보 측정방법의 개선된 통일화를 권장한다.[63]

(2) 유럽환경청은 국제연합(United Nations: UN)과 그 전문기구들에 의해 설립된 국제환경 모니터링 프로그램으로의 유럽환경정보의 통합을 촉진한다.[64] 이를 통해 국제연합 내에서 유럽환경청은 유럽연합을 대표해서 활동한다.

(3) 유럽환경청은 매 5년 마다 특정 이슈들에 집중한 지표보고서들에 보충하여 환경의 상태·추세 및 전망에 대한 보고서를 발행한다.[65]

(4) 유럽환경청은 적절한 예방적 조치가 적합한 시기에 취해질 수 있도록 할 목적으로 환경예측기술의 개발 및 적용을 촉진한다.[66]

---

62) Regulation 401/2009, 제2조(e).
63) Regulation 401/2009, 제2조(f).
64) Regulation 401/2009, 제2조(g).
65) Regulation 401/2009, 제2조(h).
66) Regulation 401/2009, 제2조(i).

(5) 유럽환경청은 환경피해비용 및 환경의 예방·보호·복구 정책에 소요될 비용을 평가하는 방법의 개발을 촉진하고,[67] 환경피해를 예방하거나 감소시키기 위하여 이용 가능한 최상의 기술에 대한 정보교환을 촉진한다.[68] 또한 유럽환경청은 동 규칙 제15조에 명시된 기관들 및 프로그램과 협력한다.[69]

(6) 유럽환경청은 특히 환경상태에 있어서 신빙성 있고 비교 가능한 환경정보의 일반 대중으로의 광범위한 배포를 보장하고, 이러한 목적을 위하여 새로운 텔레마티크 기술의 사용을 촉진한다.[70]

(7) 유럽환경청은 환경평가방법의 개발 및 최상의 현행 평가방법에 대한 정보교환과정에 있어서 유럽연합 집행위원회를 지원하고,[71] 관련 환경연구결과에 관한 정보의 배포에 있어서, 그리고 정책개발을 최대한 지원할 수 있는 형식으로 유럽연합 집행위원회를 지원한다.[72]

3. 유럽환경청의 주요 활동 영역

유럽환경청의 주요 활동 영역은 동 기관이 지속 가능한 개발의 맥락에서 ① 환경의 질, ② 환경에 대한 악영향, ③ 환경민감성의 관점에 있어서 현재의 그리고 예측 가능한 환경상태를 기술하기 위해 정보를 수집하기 위한

---

67) Regulation 401/2009. 제2조(j).
68) Regulation 401/2009. 제2조(k).
69) Regulation 401/2009. 제2조(l).
70) Regulation 401/2009. 제2조(m).
71) Regulation 401/2009. 제2조(n).
72) Regulation 401/2009. 제2조(o).

모든 요소를 포함한다.

유럽환경청은 유럽연합의 환경정책의 실행에 있어서 직접적으로 사용 가능한 정보를 제공한다. 한편 그 중요도는 ① 공기의 질 및 대기오염, ② 수질, 오염원 및 수원, ③ 토양·동식물·소생활권의 생태, ④ 토지사용 및 천연자원, ⑤ 폐기물 관리, ⑥ 소음 공해, ⑦ 환경에 위해한 화학물질, ⑧ 연안 및 해양보호의 순이다. 특히, 초국경적·복수국가적·세계적 자연현상에 대한 정보가 포함되며, 이에는 사회적·경제적인 입장이 고려된다.

유럽환경청은 환경법의 시행 및 집행을 위한 유럽네트워크(IMPEL Network)를 포함한 다른 기관들과의 정보교환에 있어서 협력할 수 있다. 유럽환경청은 자신의 역할을 수행함에 있어서 현존하는 다른 기관 및 기구의 활동과의 중복을 피한다.[73]

4. 유럽환경청의 법적 지위

1) 법인격

유럽환경청은 법인격을 가지며, 모든 회원국의 영토 내에서 회원국의 국내법에 의해 법인에게 부여되는 최대한의 법적 능력을 향유한다.[74]

2) 특권 및 면제

한편 유럽연합의 특권 및 면제에 관한 의정서(Protocol on the Privileges and Immunities of the European Union)가 동 기관에 적용되어 EU공무원으로서의 지위를 향유한다.[75]

---

73) Regulation 401/2009, 제3조.
74) Regulation 401/2009, 제7조.

5. 유럽환경청의 구성

1) 운영위원회

(1) 설치

유럽환경청은 운영위원회(Management Board)를 가지며, 각 회원국으로부터 1명의 대표, 유럽연합 집행위원회로부터 2명의 대표로 구성된다. 동 기관에 참여하는 각 회원국은 관련 규정에 따라 1명의 대표를 운영위원회에 추가적으로 둘 수 있다.[76]

(2) 의장의 선출

운영위원회는 그 회원국들 중 3년 임기의 의장을 선출하고 자체 내규, 즉 절차규칙을 채택한다. 운영위원회에서 각 회원국은 1표의 권한을 가진다. 운영위원회는 자체 내규에 따라 그 행정적 결정을 위임할 사무국의 임원을 선출한다.[77]

(3) 의사 결정

운영위원회의 결정은 구성원의 2/3 다수결로 채택된다.[78]

(4) 활동

① 다년간 사업프로그램의 채택

---

75) Regulation 401/2009, 제16조.
76) Regulation 401/2009, 제8조 제1항.
77) Regulation 401/2009, 제8조 제2항.
78) Regulation 401/2009, 제8조 제3항.

운영위원회는 동 규칙 제3조 제2항에 명시된 순서에 따라 다년간 사업프로그램을 채택한다. 이 경우 운영위원회는 동 규칙 제9조상의 유럽환경청장(Executive Director)이 제출한 초안을 근거로 이용하며, 동 규칙 제10조상의 과학위원회(Scientific Committee)와 협의하며, 유럽연합 집행위원회의 의견을 수렴한다. 다년간 사업프로그램은 유럽연합의 연례예산절차를 해함이 없이 다년간 예산측정치를 포함한다.[79]

② 연례 사업프로그램의 채택

다년간 사업프로그램 하에 운영위원회는 유럽환경청장이 과학위원회와 협의하고 유럽연합 집행위원회의 의견을 수렴한 후 제출한 초안에 근거하여 매년 자신의 연례 사업프로그램을 채택한다. 이 연례 사업프로그램은 동일한 절차에 의하여 연중 조정이 가능하다.[80]

③ 연례 보고서의 채택

운영위원회는 유럽환경청의 활동에 관한 연례 보고서를 채택하고, 이는 늦어도 6월 15일까지 유럽의회, 이사회, 집행위원회, 감사원 및 각 회원국에게 송부한다.[81]

2) 유럽환경청장

(1) 임명

유럽환경청장은 유럽환경청의 수장으로, 유럽연합 집행위원회의 추천에

---

79) Regulation 401/2009, 제8조 제4항.
80) Regulation 401/2009, 제8조 제5항.
81) Regulation 401/2009, 제8조 제6항.

따라 운영위원회에 의해 임명된다. 유럽환경청장의 임기는 5년이며, 재임이 가능하다. 유럽환경청장은 동 기관을 법적으로 대표하여 직무를 수행하고 책임을 진다.[82]

(2) 직무

유럽환경청장은 ① 운영위원회가 채택한 결정 및 프로그램의 적절한 준비 및 실행, ② 유럽환경청의 일반 행정업무, ③ 동 규칙 제12조 및 제13조상의 예산관련업무, ④ 동 규칙 제2조(h)에 명시된 보고서의 작성 및 발행, ⑤ 동 규칙 제8조 제4항 및 제5항에 명시된 기관 직원 관련 제반 업무 수행, ⑥ 동 규칙 제10조에 따른 기관 과학스태프 고용에 있어서의 과학위원회로부터의 의견 수렴을 수행한다.[83]

또한 유럽환경청장은 자신의 활동에 관하여 운영위원회에 설명할 책임을 지며,[84] 유럽환경청의 예산을 집행한다.[85]

3) 과학위원회

(1) 직무

운영위원회와 유럽환경청장은 동 규칙에 규정되어 있는 경우 자신에게 제출되는 유럽환경청의 활동과 관련된 어떠한 과학적 문제에 대하여도 의견을 제출할 의무가 있는 과학위원회(Scientific Committee)의 원조를 제공받는다. 그리고 이때 동 과학위원회의 의견은 공개되어야 한다.[86]

---

82) Regulation 401/2009, 제9조 제1항.
83) Regulation 401/2009, 제9조 제1항.
84) Regulation 401/2009, 제9조 제2항.
85) Regulation 401/2009, 제13조 제1항.

(2) 구성

과학위원회는 특별히 환경 분야에 있어서 자격을 갖춘 환경전문가로 구성되어야 하며, 1회 재선이 가능한 4년 임기 하에 운영위원회가 선출한다. 이때 운영위원회는 특히 환경위원회의 활동에 조력하기 위해 과학위원회에서 다루어져야 할 과학적 분야를 고려하여야 한다. 동 과학위원회는 동 규칙 제8조 제2항에 규정된 내규에 따라 기능을 수행해야 한다.[87]

4) 유럽환경정보관찰네트워크

(1) 구성

유럽환경정보관찰네트워크는 ① 국내정보네트워크의 주요 요소, ② 각 회원국의 연락 대표자(focal points), ③ 토픽센터(topic centres)로 구성된다.[88]

(2) 회원국의 주요 의무

① 자국 환경정보네트워크의 주요 기관 공지의무

회원국은 가능한 한 최대한도의 자국 영토의 지리적 범위를 보장할 필요를 고려하여, 특히 동 규칙 제3조 제2항에 규정된 분야에 있어서 자신의 환경정보네트워크의 주요 기관을 유럽환경청에 지속적으로 공지한다. 이에는 유럽환경청의 활동에 기여할 수 있는 어떠한 기관도 포함된다.[89]

---

86) Regulation 401/2009, 제10조 제1항.
87) Regulation 401/2009, 제10조 제2항.
88) Regulation 401/2009, 제4조 제1항.
89) Regulation 401/2009, 제4조 제2항 전단.

② 환경관련 정보수집활동에 대한 협력의무

회원국은 적절할 경우에 유럽환경청과 협력하고 자국의 정보를 수집·정리·분석함으로써 유럽환경청의 활동프로그램에 따라 유럽환경정보관찰네트워크의 활동에 기여한다. 또한 회원국은 초국경적 차원에서 이러한 활동에 협력할 수 있다.[90]

③ 국내 연락대표자의 지정

회원국은 유럽환경청과 제4항에 규정된 토픽센터를 포함한 유럽환경정보관찰네트워크를 구성하는 기관에 제공되어야 할 국내적 환경정보를 조율하거나 송달하기 위한 목적으로 특히 제2항에 규정된 기관 또는 자국 내 설립된 그 밖의 기관 중에서 국내 연락대표자를 지정할 수 있다.[91]

6. 유럽환경청의 재정

1) 예산

운영위원회는 매년 회계연도에 따라 유럽환경청장이 작성한 초안에 기초하여 기관의 수입과 지출에 관한 예산초안을 작성한다. 예산초안은 운영위원회에 의해 늦어도 3월 31일까지 유럽연합 집행위원회에 제출한다.[92] 한편 예산국은 기관에 대한 보조금의 할당을 승인하여 기관의 예산안을 채택한다.[93]

---

90) Regulation 401/2009, 제4조 제2항 후단.
91) Regulation 401/2009, 제4조 제3항.
92) Regulation 401/2009, 제12조 제1항.
93) Regulation 401/2009, 제12조 제4항.

이처럼 예산안은 운영위원회에 의해 채택되며, 유럽연합의 일반예산안의 최종적 채택에 따라 최종예산으로 결정된다. 적절한 경우 예산안은 수정될 수 있다.[94]

2) 예산의 집행

유럽환경청장은 기관의 예산을 집행하며,[95] 운영위원회는 기관의 최종 결산보고에 대한 의견을 제출한다.[96] 유럽환경청장은 매년 회계연도에 맞추어 늦어도 7월 1일까지는 최종 결산보고서를 운영위원회의 의견과 함께 유럽의회, 이사회, 집행위원회, 감사원에 제출한다.[97] 기관에 적용되는 재정적 규율은 운영위원회가 유럽연합 집행위원회와 협의한 후 채택된다.[98]

7. 다른 기관과의 협력 의무

1) 유럽연합 다른 기관 및 프로그램과의 협력의무

유럽환경청은 특히 공동연구개발센터(Joint Research Centre), 유럽통계청 (Statistical Office of the European Union), 그리고 유럽연합의 환경연구 및 개발프로그램 등 유럽연합의 다른 기관 및 프로그램들과 적극적으로 협력을 구축한다.[99]

---

94) Regulation 401/2009, 제12조 제5항.
95) Regulation 401/2009, 제13조 제1항.
96) Regulation 401/2009, 제13조 제4항.
97) Regulation 401/2009, 제13조 제6항.
98) Regulation 401/2009, 제14조.
99) Regulation 401/2009, 제15조 제1항.

2) 유럽우주기구·경제협력개발기구·유럽심의회·국제연합전문기구 등과의 협
    력의무

유럽환경청은 유럽우주기구, 경제협력개발기구(OECD), 유럽심의회(Council of Europe), 그리고 국제연합(UN)과 특히 국제기상기구(WMO)와 국제원자력기구(IAEA) 등 그 전문기구와 적극적으로 협력한다.[100]

3) EU 회원국이 아닌 국가와의 협력가능성

유럽환경청은 동 기관과 공동의 이익을 갖고 있는 분야에 있어서 EU 회원국이 아닌 국가들의 기관들이 제공하는 정보, 전문지식, 정보분석·평가 수집의 방법 등이 상호 이익이 되고 유럽환경청의 성공적인 임무수행을 위해 필요한 경우에 이들 기관들과 협력할 수 있다.[101]

4) 활동의 중첩 회피

유럽환경청은 특히 동 규칙 제15조 제1항에서 제3항까지 명시된 기관들과 그 활동의 중첩을 피할 필요가 있는지 고려해야 한다.[102]

8. 유럽환경청의 직원

유럽환경청의 직원은 유럽연합의 관료(officials) 및 그 밖의 직원(servants)에게 적용되는 규칙의 적용을 받는다. 유럽환경청은 자신의 직원에 대해 위임된 권한을 행사하며, 운영위원회는 유럽연합 집행위원회와의 합의에 근거하여 적절한 시행규칙을 도입한다.[103]

---

100) Regulation 401/2009, 제15조 제2항.
101) Regulation 401/2009, 제15조 제3항.
102) Regulation 401/2009, 제15조 제4항.

9. 유럽사법법원의 관할권

1) 계약적 책임의 경우

유럽환경청의 계약적 책임은 문제가 된 계약에 적용되는 법에 의해 규율된다. 유럽사법법원은 동 기관이 체결한 계약상 포함되어 있는 중재조항에 의거하여 관할권을 가진다.[104]

2) 비계약적 책임의 경우

유럽환경청의 비계약적 책임의 경우, 동 기관은 회원국의 법에서 공통으로 발견되는 일반원칙에 준하여 동 기관 자신이 또는 자신의 직무를 수행하는 직원이 야기한 어떠한 손해에 대하여도 보상한다. 이 경우 유럽사법법원은 어떠한 손해의 보상 문제와 관련된 분쟁에 대하여 관할권을 가진다.[105]

3) 직원의 사적책임의 경우

유럽환경청에 대한 직원의 사적 책임의 경우에는 기관 직원에게 적용되는 규정에 의해서 규율된다.[106]

10. 유럽환경청에의 가입

유럽환경청은 유럽연합 회원국이 아니지만 동 기관의 목적 달성을 위해 유럽연합 및 그 회원국들과 공동의 관심사를 공유하는 다른 국가들에게 가

---

103) Regulation 401/2009, 제17조.
104) Regulation 401/2009, 제18조 제1항.
105) Regulation 401/2009, 제18조 제2항.
106) Regulation 401/2009, 제18조 제3항.

입을 허용하고 있다.[107) 즉 유럽환경청은 유럽연합의 환경관련 행정기관으로서 유럽연합 가입국은 자동적으로 동 기관에 참가할 수 있으며, 유럽연합 비회원국일지라도 유럽연합이 합의할 경우에는 동 기관에의 참여가 허용되고 있다. 2004년의 유럽연합의 확대 이전에 13개 가입후보국에게 그 참가자격을 부여한 예는 유럽연합의 행정기관으로서는 유럽환경청이 처음이다. 이에 따라 2009년 2월 현재 유럽환경청은 유럽연합 27개 회원국, 유럽자유무역연합(European Free Trade Association: EFTA) 3개국(아이슬란드, 노르웨이, 리히텐슈타인), 유럽연합 1개 가입후보국(터키), 스위스를 포함하여 총 32개국으로 구성되어 있다.

Ⅲ. 결언

위에서는 유럽환경청과 유럽환경정보네트워크의 설립과 운영 시스템을 중심으로 유럽연합의 환경정책에 대한 관심과 노력에 관하여 살펴보았다. 1992년 마스트리히트조약(Treaty on European Union: TEU)에 의해 유럽연합이 창설될 즈음에 유럽은 이미 환경에 대하여 지대한 관심을 가지고 있었다. 특히 오늘날에는 2009년 12월 1일 리스본조약이 발효됨과 함께 환경에 대한 유럽연합의 적극적 활동이 국제사회의 환경정책을 주도하고 있다. 이산화탄소의 배출을 줄이고 신재생에너지원을 증대시키려는 노력을 통해 유럽연합은 친환경정책을 적극적으로 추진하고 있다. 특히 2020년까지 신재생에너지의 활용을 전체 에너지사용의 20%까지 확보하도록 법제도적 조

---

107) Regulation 401/2009, 제19조.

치를 취하고 있다.

 이처럼 유럽연합의 환경에 대한 관심은 특별하다. 유럽연합이 추구하고 있는 친환경정책은 단순히 환경을 보호하는 것이 목적이 아니라, 미래를 향한 지속 가능한 발전을 촉진하고, 다음 세대에게 건전한 자연환경을 물려주기 위함이라고 할 수 있다. 유럽연합은 더 늦기 전에 환경보전의 초석을 놓고자 노력하고 있는 것이다. 그런데 이는 개별 국가적 차원에서뿐만 아니라, 국제적 차원에서도 모두 중요한 사안이라고 할 수 있다. 개별국가의 입장에서는 교토의정서의 이행에 적극적으로 동참해야 하고, 나아가 자유무역협정(Free Trade Agreement: FTA) 등을 통하여도 지역적 내지 국제적 환경보호에 적극적으로 협력해야 할 것이다. 국제적 차원에서는 국제공동체적 의식을 제고하여 전 세계적인 환경보호정책을 추진해야 한다. '기존의 다자간환경협약'(MEAs)에 많은 국가들이 가입하는 방법을 통하여 동 협약의 보편적 효력을 확보하는 방법이 있을 수 있고, 새로운 '초국가적 국제환경기구'를 창설하는 방법이 있을 수 있다.

 따라서 유럽연합이 유럽이라고 하는 지역적 차원에서 운영하고 있는 유럽환경청과 유럽환경정보관찰네트워크 시스템은 개별 국가적 차원 그리고 국제공동체적 차원 모두에서 환경보호에 관한 협력에 있어서 부여하는 의미가 크다고 할 수 있다. 우리나라도 녹색성장기본법의 제정과 시행을 통해 국내적으로 환경보호정책을 추진함과 아울러 동아시아적 차원 또는 국제적 차원에서의 환경정책의 협력에 관심을 가져야 할 것이다.

제11장 에코라벨제도[*]

I. 서언

에코라벨(Eco-label)이란 어떤 제품이 다른 제품에 비해 보다 더 친환경적임을 정부 또는 기타 공인기관이 인증해 주는 표시 제도를 의미한다. 따라서 EU에코라벨은 해당 제품이 친환경적이며 일정한 요건을 충족한 우수한 품질의 제품임을 EU가 공인해 주고 있음을 의미한다. EU에코라벨에 관한 유럽의회/이사회 규칙 66/2010은 2009년 11월 25일 스트라스부르에서 채택되었다.

오늘날 우리는 전 세계적으로 발생하고 있는 이상 기후에 대한 심각성과 환경오염으로 인한 여러 가지 폐해들을 접하고 있다. 더 이상 이러한 문제는 세계 경제와 공업을 주도해 온 선진국들만의 문제가 아니라 지구촌의 모든 국가들이 직면하고 있는 문제가 되었다. 이에 개별 국가별 또는 지역 공동체가 환경보호와 환경복구를 위해 여러 정책과 법안을 시행하고자 노

---

[*] 이 내용은 김두수, "EU에코라벨에 관한 법적 분석 - 유럽의회/이사회 규칙 66/2010을 중심으로-", 『최신외국법제정보』 한국법제연구원 2011년 제1호(2011.3.15.)의 내용을 참고함.

력하고 있다. 이 문제의 해결이 쉬운 일은 아니지만 산업과 환경의 조화로운 균형 잡힌 정책을 추진할 때 어느 정도 그 해결이 가능할 것이다. EU도 환경의 영역을 매우 중요한 정책부분으로 다루고 있다. 특히 공동체 역내 시장(단일시장 또는 공동시장) 내에서 생산, 소비, 폐기되는 모든 제품군에 대해 부여하는 일종의 환경인증마크인 EU에코라벨제도를 시행함으로써 '공산품'에 의한 환경오염을 사전에 방지하고자 노력하고 있다. 이것이 이른바 20개 조문으로 구성된 EU에코라벨 규칙이다.

Ⅱ. EU에코라벨 법제 분석

1. 규율 대상 및 범위

규칙 66/2010 제1조에 의하면 동 규칙은 EU 회원국들 내에서의 자율적인 EU에코라벨제도의 확립과 적용에 관하여 규율하는 것이 목적이며, 제2조에 의하면 동 규칙은 유상 또는 무상 여부를 불문하고 공동체 시장에 유통, 소비, 사용될 모든 상품과 서비스에 대하여 적용된다.[1]

2. 용어 정의

동 규칙은 그 목적 달성을 위하여 다음과 같이 용어를 정의하고 있다.

---

[1] Regulation 66/2010/EC of the European Parliament and of the Council of 25 November 2009 on the EU Ecolabel (OJ 2010 L27/1), 제2조(1). 그러나 동 규칙은 인체대상 의약품에 관한 유럽의회/이사회 규칙 2001/83(2001.11.6. - 제정) 및 동물대상 의약품에 관한 유럽의회/이사회 규칙 2001/82(2001.11.6. - 제정) 상의 의약품과 의료기기에는 적용되지 아니한다.

① '제품군'이란 유사한 사용방법과 사용목적을 가지고 있거나 또는 기능적 특징이 유사하고 소비자의 관점에서 유사하다고 보일 수 있는 일련의 제품들을 의미한다. ② '수행자(업자)'란 모든 생산자, 제조업자, 수입업자, 서비스공급자, 도매업자 및 소매업자를 의미한다. ③ '환경적 영향'이란 제품이 사용되는 수명기간 동안 전체적으로 또는 부분적으로 제품이 원인이 되어 발생되는 모든 환경에 대한 변화를 의미한다. ④ '환경적 수행(수준)'이란 환경적 영향을 초래하는 제품의 특성에 대한 제조업자의 관리결과를 의미한다. ⑤ '인증(입증)'이란 어떤 제품이 EU 에코라벨 기준에 부합되는지의 여부를 증명하는 절차를 의미한다.[2]

3. 관할기관

EU 회원국들은 각 회원국 정부부처 내외에 동 규칙에 규정된 업무를 집행할 권한 있는 기관(관할기관)을 설립(설치)하고 그 활동을 보장해야 한다. 2개 이상의 관할기관을 지정하는 경우에 회원국은 기관들 상호 간의 권한 배분 및 상호 협력과 존중에 관하여 규정상 명시해야 한다.[3] 그리고 이 관할기관은 자체의 독립성과 중립성이 보장되도록 구성되어야 하며, 직무수행상의 투명성이 보장되어야 하며, 모든 관련 이해당사자들의 참여의 권리가 보장되도록 절차상 규정되어야 한다.[4] 한편 EU 회원국은 관할기관이 부속서 V에 규정된 요건을 충족시키도록 보장하여야 하고[5] 이 관할기관은

---

2) Regulation 66/2010, 제3조(1)~(5).
3) Regulation 66/2010, 제4조(1).
4) Regulation 66/2010, 제4조(2).
5) Regulation 66/2010, 제4조(3).

수행자(업자)가 검증을 받는 동안 그 입증절차가 지속적·중립적·독립적·합법적인 방식으로 수행되도록 보장하여야 하며, 이는 국제적, 유럽통합적 또는 국내적 기준과 관할기관이 수행하는 제품입증제도에 관한 절차를 기초로 진행되어야 한다.[6]

4. EU에코라벨위원회

EU집행위원회는 동 규칙 제4조에 규정된 각 회원국의 관할기관의 대표들과 기타 관련 당사자들로 구성된 EU에코라벨위원회(EUEB)를 설치하여야 한다. 동 위원회는 내규에 따라 위원장(대표)을 선출하며, EU에코라벨제도의 발전, 제도수행평가, 개선에 대한 임무에 충실해야 한다. 또한 동 위원회는 EU집행위원회에 관련 분야에 한하여 조언과 보조의 역할을 수행할 수 있으며, 특히 환경정책적 차원에서 최소한의 환경수준요구치에 대하여 권고조치를 취할 수 있다.[7]

그리고 EU집행위원회는 EU에코라벨위원회가 임무를 수행함에 있어서 각 제품군에 관하여 관할기관, 생산자, 제조업자, 수입업자, 서비스제공자, 도매업자, 소매업자 및 특히 중소기업, 환경보호단체, 소비자단체 등과 같은 관련 있는 모든 이해당사자들의 균등한 참여를 보장하여야 한다.[8]

---

6) Regulation 66/2010, 제4조(4).

7) Regulation 66/2010, 제5조(1).

8) Regulation 66/2010, 제5조(2).

5. EU에코라벨기준(규범)에 관한 일반적 요건

EU에코라벨기준(규범)은 환경 영역에 있어서의 공동체의 최신의 전략적 목표를 고려하여 제품의 환경적 수행(수준), 즉 환경보호의 노력에 기초해야 한다.[9] 그리고 EU에코라벨기준(규범)은 EU에코라벨을 획득하기 위해 제품이 갖추어야 하는 환경적 요구치를 규정하여야 한다.[10]

또한 EU에코라벨규범은 제품의 전체 수명을 감안하여 과학적 근거에 따라 규정되어야 한다. EU에코라벨기준을 규정하는 데 있어서는 다음과 같은 사항들을 고려하여야 한다. ① 가장 중대한 환경적 영향, 특히 기후변화에 대한 영향, 자연환경과 생물다양성, 에너지, 자원소비에 대한 영향, 모든 환경적 매체(토양, 물, 공기)에 대한 폐기물, 배출 가스, 물리적 영향에 따른 오염, 유해물질의 사용과 배출문제, ② 기술적으로 가능한 다른 재료나 디자인을 사용함으로써 유해한 물질을 보다 안전한 물질로 대체, ③ 제품의 내구성 강화 및 재활용 가능성으로 인한 환경적 영향의 감소 가능성,[11] ④ 제품의 전체 수명기간 동안의 환경적 이득과 부담 간의 환경적 균형(안전 및 보건의 영역 포함), ⑤ ILO기준이나 행위준칙과 같은 관련 국제조약이나 협정을 참고하는 것과 같은 사회적 측면 및 윤리적 측면, ⑥ 국가적·지역적으로 공인된 기타 에코라벨에 관한 규범, 시너지 효과의 증대를 위한 특정 제품군에 관한 EN ISO 14024 type 1의 에코라벨, ⑦ 가능한 한 동물실험을 최소화하는 방향성[12] 등이다.

---

9) Regulation 66/2010, 제6조(1).

10) Regulation 66/2010, 제6조(2).

11) 이를 통해 내구성이 우수한 제품이나 환경에 덜 영향을 미치는 친환경제품의 생산과 소비를 장려하고자 하고 있다.

그리고 EU에코라벨규범은 EU에코라벨을 부여 받은 상품들이 본래의 용도에 따라 사용되도록 보장하여야 한다.[13]

그리고 식품법에 관한 일반원칙과 요건에 관하여 규정하고 있는 EU의 식품안전기본법에 해당하는 유럽의회/이사회 규칙 178/2002에 규정된 식품과 사료에 관한 EU에코라벨규범의 수립, 유럽식약청설립, 그리고 식품안전 문제에 관한 절차법을 마련하기에 앞서, EU집행위원회는 늦어도 2011년 12월 31일 이내에 어업이나 수경농업을 포함하는 식품군 전반의 수명 기간 동안 발생하는 환경적 수준에 관한 신뢰성 있는 기준을 확립하는 데에 대한 타당성을 조사해야 한다. 이 조사를 함에 있어서 식품과 사료뿐만 아니라 규칙 834/2007의 범위 내의 모든 비가공 농산물에 대하여 EU에코라벨규범이 미치는 영향에 유념해야 한다. 본 조사를 함에 있어서 소비자들의 혼란을 방지하기 위하여 유기농으로 분류가 된 상품만이 EU에코라벨을 부여받을 자격이 있는지에 관하여 고려해야 한다.[14] 그다음 EU집행위원회는 본 조사결과 및 EU에코라벨위원회의 의견을 고려하여 규칙 66/2010 제16조(2)에 규정된 상세조사절차에 따라 어떤 식품군 또는 사료군에 대해 EU에코라벨규범을 설정하는 것이 가능할지에 관하여 결정해야 한다.[15]

그런데 EU에코라벨은 물질과 혼합물의 분류, 정보기재 및 포장에 관한 유럽의회/이사회 규칙 1272/2008(2008.12.6. − 제정)과 화학물질의 등록, 평

---

12) Regulation 66/2010. 제6조(3) (a)~(g).

13) Regulation 66/2010. 제6조(4).

14) 우리나라 국민들도 친환경제품에 대한 관심이 증가되고 있으며, 특히 제품의 원료에 많은 관심을 가지게 되었다. 이는 유기농이나 웰빙에 관심을 가지게 되면서 이것이 전반적으로 친환경상품에 대한 관심을 촉진시킨 것으로 보인다. 이는 우리나라의 친환경적 정책이 아닌 국민의 친환경적 의식의 성숙에서 비롯되었다는 점에서 의미를 가진다.

15) Regulation 66/2010. 제6조(5).

가, 허가, 제한 및 유럽화학물질기구설립을 규정한 유럽의회/이사회 규칙 1907/ 2006(2006.12.18. - 제정)에 따라 유해한 경우, 환경에 위험이 되는 경우, 발암성이 있는 경우, 돌연변이의 발생률을 높이는 경우 및 생산능력의 저하를 유발하는 경우 등의 기준에 부합되는 물질이나 화합물을 포함하는 상품에는 부여되지 아니한다(제한).[16] 그리고 규칙 66/2010 제6조(6)에 규정된 물질이 포함된 특정 범주의 상품에 관하여 대안물질이나 설계로 대체하는 것이 불가능하거나 또는 동일 범주의 상품들보다 총 환경적 수준이 상당한 정도로 높은 경우, EU집행위원회는 제6조의 부분적 폐지를 위한 조치를 취할 수 있다. 단, 규칙 1907/2006 제57조의 기준에 부합하는 물질 및 제59조에 규정된 절차에 따라 분류된 물질인 경우 및 혼합물, 부합물, 또는 복잡한 부합물의 일부에 0.1% 농도 이상이 포함된 물질에는 이러한 부분적 폐지가 허용되지 아니한다. 규칙 66/2010에서 비본질적인 요소들을 보완하기 위한 이러한 조치는 동 규칙 제16조(2)에 규정된 상세조사(정밀조사)절차에 따라 도입되어야 한다.[17]

6. EU에코라벨규범의 개발 및 수정

EU집행위원회, 회원국, 관할기관 및 기타 이해당사자들은 EU에코라벨위원회의 자문을 받아 EU에코라벨규범에 대한 개발 또는 수정을 발의할 수 있다. 이 중 기타 이해당사자들이 개발을 이행하는 경우에는 이들에게 해당 영역에 대한 전문성이 있음이 증명되어야 할 뿐만 아니라 이들이 중립

---

16) Regulation 66/2010, 제6조(6).
17) Regulation 66/2010, 제6조(7).

적이며 동 규칙의 목적에 따라 절차를 진행할 수 있음이 증명되어야 한다. 이러한 관점에서 둘 이상의 이해당사자들을 포함하는 단체가 보다 우선적 순위를 갖게 된다.[18]

이처럼 EU에코라벨규범에 대한 개발 또는 수정을 발의하는 당사자는 부속서 I 의 A에 규정된 절차에 따라 다음과 같은 문서를 작성하여 제출해야 한다. ① 예비 보고서, ② 규범 초안 제안서, ③ 규범 초안 제안서를 위한 자문가의 전문의견보고서, ④ 최종 보고서, ⑤ EU에코라벨의 잠재적 사용자들(수범자들) 및 관할기관을 위한 매뉴얼, ⑥ 공공사업을 발주하는 기관들을 위한 매뉴얼(안내서) 등이다. 이와 같은 서류는 EU집행위원회와 EU에코라벨위원회에 제출되어야 한다.[19]

그런데 에코라벨규범이 EU에코라벨규범이 확립되지 않은 상품군을 대상으로 EN ISO 14024 type I의 에코라벨요건을 충족하여 이미 타 기준 계획 하에서 개발된 경우, 타 기준 계획을 승인한 모든 회원국들은 EU집행위원회와 EU에코라벨위원회의 자문을 구한 후에 그 기준 계획을 EU에코라벨 계획 하에 개발할 것으로 제안(발의)할 수 있다.[20] 이러한 경우 부속서 I 의 B에 규정된 약식 기준(규범) 개발 절차가 해당하는 제안된 기준이 부속서 I 의 A에 따라 개발되었다는 전제 하에 적용된다. 이때 약식 기준(규범) 개발 절차는 해당 기준을 제안한 EU집행위원회나 개별 회원국이 주도해야 한다.[21]

---

18) Regulation 66/2010, 제7조(1) para.1.
19) Regulation 66/2010, 제7조(1) para.2.
20) Regulation 66/2010, 제7조(2) para.1.
21) Regulation 66/2010, 제7조(2) para.2.

나아가 중대하지 아니한 수정이 필요한 경우에는 부속서 I 의 C에 규정된 약식 수정 절차가 적용된다.[22]

2011년 2월 19일까지 EU에코라벨위원회와 EU집행위원회는 상품군의 목록과 집행계획을 포함하는 전체적인 최종 사업안에 동의하여야 한다. 이 사업안은 다른 공동체의 조치(예를 들면, 공동 환경정책 분야)를 고려하여 환경 분야에 관한 공동체의 최신의 전략적 목표에 부합되도록 갱신될 수 있다. 본 계획은 정기적으로 갱신되어야 한다.[23]

7. EU에코라벨규범의 제정

EU에코라벨규범 초안은 부속서I에 규정된 절차 및 사업안(계획안)에 따라 작성되어야 한다.[24] EU집행위원회는 EU에코라벨위원회에게 자문을 구한 지 9개월 이내에 각 상품군에 대한 구체적인 EU에코라벨을 설정하기 위한 조치를 취해야 한다. 그리고 이러한 조치는 EU의 관보(OJ)에 게재되어야 한다.[25]

한편 EU위원회는 최종제안단계에서 반드시 EU에코라벨위원회의 자문의견을 참고하여 반영하여야 할 뿐만 아니라 EU에코라벨위원회의 자문상의 규범 초안의 제안내용과 비교하여 최종제안에서 변경된 경우 그 변경사항을 명확히 표기하여 기록으로 남기고 그 변경이유를 입증하고 해명해야 한다.[26] 본 규칙의 비본질적 부분을 보완하기 위한 조치는 추가 수정하여 동

---

22) Regulation 66/2010, 제7조(3).
23) Regulation 66/2010, 제7조(4).
24) Regulation 66/2010, 제8조(1).
25) Regulation 66/2010, 제8조(2) para.1.

규칙 제16조(2)에 규정된 절차에 따라 채택되어 도입된다.[27]

규칙 66/2010 제8조 제2항과 관련하여 EU집행위원회는 다음을 이행하여야 한다. ① EU에코라벨규범에 따른 특정 제품의 부합 정도를 평가하기 위한 요건을 확립할 것(평가 요건의 확정), ② 각 제품군에 대해 부속서Ⅱ에 규정된 선택적 라벨로 표시될 수 있는 세 가지 주요 환경적 특성들을 구체화할 것, ③ 각 제품군에 대한 평가기준 및 EU에코라벨규범상의 유효기간을 정할 것, ④ ③에서 언급한 유효기간 동안에 인정될 수 있는 제품의 가변성 정도를 구체화할 것.[28]

한편 EU에코라벨규범의 제정 시에는 그 시행 시에 중소기업에 대하여 과도한 행정적, 경제적 부담을 발생하게 하는 조치를 취하지 않도록 주의를 해야 한다.[29]

8. EU에코라벨의 취득과 기간 및 활용

EU에코라벨을 사용하고자 하는 업자는 동 규칙 제4조의 회원국 관할기관에 다음과 같은 규정에 따라 신청서를 제출해야 한다. ① 어떤 제품이 단일 회원국에서 출시(생산)되는 제품인 경우에 EU에코라벨의 신청은 당해 회원국의 관할기관에 신청해야 한다. ② 어떤 제품이 복수의 회원국에서 동일한 형태로 출시(생산)되는 경우에 EU에코라벨의 신청은 해당 회원국들 중 한 회원국의 관할기관에 신청할 수 있다. ③ 어떤 제품이 공동체 외부

---

26) Regulation 66/2010. 제8조(2) para.2.
27) Regulation 66/2010. 제8조(2) para.3.
28) Regulation 66/2010. 제8조(3).
29) Regulation 66/2010. 제8조(4).

에서 출시(생산)되는 경우에 EU에코라벨의 신청은 당해 제품이 판매될 예정이거나 또는 판매되어 왔던 회원국들 중 일국의 관할기관에 신청해야 한다.[30]

EU에코라벨은 부속서Ⅱ에 표시된 형태를 가진다. EU에코라벨은 해당 제품이 적용되는 EU에코라벨규범에 부합하거나 또는 EU에코라벨이 이미 부여된 제품에 해당되는 경우에 한하여 사용(취득)할 수 있다.[31]

신청서에는 업자의 연락처 등 상세한 사항을 기재해야 할 뿐만 아니라 해당 제품군이 특정되어 기재되어 있어야 하며, 제품에 대한 완전한 정보와 관할기관이 요청하는 여타의 정보가 포함되어 있어야 한다. 그리고 각 제품은 EU집행위원회의 행정절차상 구체적으로 특정된 모든 관련 서류가 첨부되어야 한다.[32]

신청서를 접수하는 관할기관은 부속서Ⅲ에 따라 신청 수수료를 부과해야 한다. EU에코라벨의 사용은 신청 수수료가 기한 내에 납부되었다는 조건하에 그 사용이 가능하다.[33]

신청서가 접수된 지 2개월 이내에 해당 관할기관은 신청에 필요한 서류가 모두 구비되었는지 확인한 후 이를 신청업자에게 통지해야 한다. 관할기관은 신청업자가 그러한 통지를 받은 지 6개월 이내에 미비한 부분을 보완하지 아니한 경우 신청을 각하할 수 있다.[34] 서류절차가 완전히 이루어졌고 해당 상품이 동 규칙 제8조에 따른 EU에코라벨 기준 및 평가 요건에 부합된다는 관할기관의 결정이 있는 경우, 관할기관은 해당 상품에 등록번

---

30) Regulation 66/2010. 제9조(1).
31) Regulation 66/2010. 제9조(2).
32) Regulation 66/2010. 제9조(3).
33) Regulation 66/2010. 제9조(4).
34) Regulation 66/2010. 제9조(5) para.1.

호를 부여해야 한다.[35] 업자들은 EU에코라벨 기준과 부합되는지 여부에 관한 테스트 및 평가 절차에 소요되는 비용을 부담해야 한다. 이들 업자들은 관할기관이 소재하고 있는 회원국 외부에서 현장검증(현지조사)이 필요한 경우에 그 출장경비(이동 및 숙박비용)를 부담할 수 있다.[36]

EU에코라벨규범이 생산시설에 대하여 특정한 조건을 요구하는 경우, EU에코라벨이 부여된 상품을 생산하는 모든 생산시설은 그 조건을 충족해야 한다. 필요한 경우 관할기관은 현장검증(현지조사)을 실시하거나 그러한 목적을 위하여 권한 있는 대리인을 지명해야 한다.[37]

관할기관들은 ISO 17025에 따라 승인을 받은 검증된 사안이나 EN 45011 표준 또는 이에 준하는 국제표준에 따라 승인된 기관에 의해 이루어진 검증된 사안을 인정해야 한다. 그리고 관할기관들은 특히 동 규칙 제13조에 명시된 실무진을 통해 평가 및 검증 절차의 효과적이고도 지속적인 시행을 보장하기 위해 협력할 의무가 있다.[38]

관할기관은 EU에코라벨의 사용기한(특히 규범 또는 기준의 수정에 따라 발생할 수 있는 EU에코라벨의 허가와 취소에 관한 규정을 포함하여)을 포함하여 각 업자들과 계약을 체결해야 한다. 이를 위해 부속서IV에 있는 서식에 따라 표준형 계약서가 사용되어야 한다.[39]

업자는 관할기관과의 계약이 체결된 이후에만 EU에코라벨을 제품에 부착할 수 있으며, 또한 업자는 EU에코라벨을 부여받은 제품에 등록번호를

---

35) Regulation 66/2010, 제9조(5) para.2.
36) Regulation 66/2010, 제9조(5) para.3.
37) Regulation 66/2010, 제9조(6).
38) Regulation 66/2010, 제9조(7).
39) Regulation 66/2010, 제9조(8).

기재해야 한다.[40]

제품에 EU에코라벨을 부여한 관할기관은 이를 EU집행위원회에 보고할 의무가 있으며, EU집행위원회는 등록대장을 작성하고 이를 정기적으로 갱신해야 한다. 이러한 등록대장은 EU에코라벨 웹사이트를 통해 공시해야 한다.[41]

EU에코라벨은 EU에코라벨이 부여된 상품 및 그 상품과 관련된 홍보물에도 사용될 수 있다.[42]

EU에코라벨의 부여는 공동체법 또는 국내법의 환경 및 기타 규제를 침해하지 아니하여야 한다.[43]

EU에코라벨의 사용 권리는 EU에코라벨을 상표의 구성요소로서 사용하는 것으로 확대되지 아니한다.[44]

9. 시장 감독 및 EU에코라벨사용의 규제(제한)

EU에코라벨과 혼동될 여지가 있는 허위나 과장된 광고 또는 라벨, 그리고 상표의 사용은 금지된다.[45]

관할기관은 EU에코라벨을 부여한 제품에 대하여 해당 제품이 동 규칙 제8조에 규정된 EU에코라벨의 기준 및 평가 요건에 부합하는지 주기적으로 검증해야 한다. 또한 관할기관은 필요한 경우 민원에 따른 불만사항에 대하여 조사를 수행하여 검증하는 임무도 수행해야 한다. 이러한 조사의

---

40) Regulation 66/2010, 제9조(9).
41) Regulation 66/2010, 제9조(10).
42) Regulation 66/2010, 제9조(11).
43) Regulation 66/2010, 제9조(12).
44) Regulation 66/2010, 제9조(13).
45) Regulation 66/2010, 제10조(1).

검증은 무작위 추출에 의한 검사의 형식을 취할 수 있다.[46] 이 경우 당해 제품에 EU에코라벨을 부여한 관할기관은 문제가 된 EU에코라벨 사용자에게 이를 통지해야 하며, 당해 사용자에게 문제가 된 불만사항에 대해 해명할 것을 요청할 수 있다. 관할기관은 민원요청자의 신분을 사용자에게 공개하지 아니할 수 있다.[47]

EU에코라벨 사용자는 자신의 제품에 EU에코라벨을 부여한 관할기관이 해당 제품이 관련 제품군에 관한 규범과 제9조상의 지속적인 부합 여부를 확인하는 경우, 필요한 모든 조사과정을 수행하도록 관할기관에 협조해야 한다.[48]

EU에코라벨 사용자는 제품에 EU에코라벨을 부여한 관할기관의 요청 시, 해당 제품이 생산되는 시설에 출입할 수 있는 권한을 부여해야 한다. 이러한 요청은 합리적인 시기라면 어느 시간에라도 별도의 사전 통지 없이도 가능하다.[49]

EU에코라벨 사용자에게 보고서를 제출할 기회를 제공한 후, EU에코라벨이 부여된 제품이 해당 제품군 기준과 부합하지 않음을 알게 되거나 또는 EU에코라벨이 제9조에 따라 사용되지 않고 있음을 알게 된 관할기관은 해당 제품이 EU에코라벨을 사용하는 것을 금지하거나 또는 그 EU에코라벨이 다른 관할기관에 의해 부여되었을 경우 그 해당 관할기관에 이를 통지해야 한다. EU에코라벨 사용자는 제9조(4)에 명시된 신청 수수료에 대한

---

46) Regulation 66/2010, 제10조(2) para.1.
47) Regulation 66/2010, 제10조(2) para.2.
48) Regulation 66/2010, 제10조(3).
49) Regulation 66/2010, 제10조(4).

전부 또는 일부의 반환을 청구할 수 없다.[50] 관할기관은 다른 모든 관할기관과 EU집행위원회에 해당 사용 금지 처분에 대하여 지체 없이 통지해야 한다.[51]

제품에 EU에코라벨을 부여한 관할기관은 EU에코라벨의 부여와 관련된 목적 이외에는, 사용자가 제9조에 규정된 EU에코라벨 사용과 관련된 규정을 준수하는지 여부를 조사하는 과정에서 취득한 정보를 어떠한 형태로든 공개하거나 이용해서는 아니 된다.[52] 관할기관은 이러한 조사를 이행함에 있어서 위조나 권한남용을 방지하기 위해 제출된 모든 서류의 보호를 위해 필요한 모든 합리적인 조치를 취해야 한다.[53]

10. 회원국 내에서의 에코라벨제도

해당 제품군에 대한 EU에코라벨 기준이 공표된 경우, 공표 당시를 기준으로 하여 그 제품군을 규율하지 아니하던 기타 국내공인 또는 지역적 공인 EN ISO type I 에코라벨제도는 그 제도 하에서 형성되었던 기준이 EU에코라벨 기준에 준할 때에 한하여 그 제품군을 규율할 수 있는 범위까지 확장될 수 있다.[54] EU에코라벨 체계(EN ISO type I)와 조화를 이루기 위해 EU에코라벨규범은 기존에 회원국에 의해 공인된 현존 기준을 고려하여야 한다.[55]

---

50) Regulation 66/2010, 제10조(5) para.1.
51) Regulation 66/2010, 제10조(5) para.2.
52) Regulation 66/2010, 제10조(6) para.1.
53) Regulation 66/2010, 제10조(6) para.2.
54) Regulation 66/2010, 제11조(1).
55) Regulation 66/2010, 제11조(2).

11. EU에코라벨의 홍보 및 장려

회원국들과 EU집행위원회는 EU에코라벨위원회의 협조 하에 다음의 내용에 따라 EU에코라벨의 사용을 장려하기 위한 구체적인 사업 계획서에 관한 합의안을 도출해야 한다.

① 소비자, 생산자, 제조업자, 도매업자, 서비스 공급자, 정부구매자, 무역업자, 소매업자, 그리고 일반 대중을 대상으로 하여 EU에코라벨을 알리기 위한 조치나 정보제공, 그리고 공공캠페인(공익광고)

② 본 제도를 활용하는 것을 권장, 특히 중소기업을 대상으로[56]

이러한 조치를 통하여 본 규범체계의 발전을 도모할 수 있다.

EU에코라벨의 장려는 공동체의 모든 언어로 EU에코라벨에 대한 기본적 정보와 자료(홍보물) 및 EU에코라벨 부착 제품 구매처에 대한 정보를 제공하는 EU에코라벨의 웹사이트를 통해 이루어질 수 있다.[57]

회원국들은 부속서 Ⅰ-Ａ-5에 규정된 '정부계약에 대한 인허가를 담당하는 국가기관들에 대한 지침서'의 사용을 권장해야 한다. 이러한 목적을 달성하기 위해 회원국들은 일례로 지침서에 규정하고 있는 기준에 부합하는 제품을 구매하는 것에 대한 목표를 수립하는 것 등을 고려해야 한다.[58]

12. 정보 및 경험의 교류(교환)

본 규칙의 지속적인 이행을 조성하기 위해 관할기관들은 정기적으로 정

---

56) Regulation 66/2010, 제12조(1).
57) Regulation 66/2010, 제12조(2).
58) Regulation 66/2010, 제12조(3).

보와 경험을 교류하여야 하며, 특히 제9조와 제10조의 시행 등에 있어서 이에 따라야 한다.[59] EU집행위원회는 이러한 목적을 달성하기 위해 관할 기관들로 이루어진 실무진을 구성하여야 한다. 이 실무진은 1년에 최소 2회 이상 회합하여야 하고, 출장 경비는 EU집행위원회의 예산에서 부담한다. 이 실무진은 자체 위원장을 선출하고 직무에 관한 절차법을 제정한다.[60]

13. 보고

2015년 2월 19일까지 EU집행위원회는 EU에코라벨제도의 시행에 관한 보고서를 유럽의회와 이사회에 제출해야 한다. 이 보고서에는 EU에코라벨 규범에 관한 평가가 적시되어야 한다.[61]

14. 부속서의 수정

EU집행위원회는 EU에코라벨 제도 운영에 소요되는 비용을 충당하기 위하여 부속서Ⅲ에 규정된 수수료의 상한선을 변경하는 등 부속서에 관한 내용을 수정할 수 있다. 본 규칙의 비본질적인 부분을 보충하는 성격을 가진 위의 조치는 제16조(2)에 규정된 절차에 따라 도입되어야 한다.[62]

---

59) Regulation 66/2010, 제13조(1).
60) Regulation 66/2010, 제13조(2).
61) Regulation 66/2010, 제14조.
62) Regulation 66/2010, 제15조.

15. 자문위원회 절차

EU집행위원회는 자문위원회의 보조를 받는다.[63]

16. 벌칙

회원국들은 본 규칙 위반 시의 벌칙(제재)에 관하여 규정하고, 그 시행의 보장을 위한 모든 필요한 조치를 취하여야 한다. 규정될 벌칙의 내용은 효과적이고, 비례의 원칙에 따라 적절해야 하며, 개선의 효과를 갖는 것이어야 한다. 회원국들은 이러한 벌칙의 내용과 그 효과에 관하여도 지체 없이 EU위원회에 통지해야 한다.[64]

17. 폐지

이로써 규칙 1980/2000은 폐지된다.[65]

18. 과도 규정(경과 규정)

규칙 1980/2000은 제9조에 따라 체결된 계약에 대해서는 계약에 명시된

---

63) Regulation 66/2010. 제16조.
64) Regulation 66/2010. 제17조.
65) Regulation 66/2010. 제18조. EU는 규칙 1980/2000을 시행하면서 얻은 경험으로 보다 효과적인 집행을 계획할 수 있었고, 이로써 EU에코라벨이 수정될 필요에 따라 개정되었던 것이다. 즉, 보다 고차원적인 친환경정책의 수행이 가능해진 것이다. 다만 EU에코라벨사용의 적용영역의 확대와 관련해서는 식품과 사료에 있어서는 보다 신중한 연구결과에 따라 결정되어야 할 것이다. 또한 비가공 농산물만이 유기농제품으로 인정되어 EU에코라벨 사용의 권리가 부여되어야 하는지에 대하여도 신중히 고려되어야 할 것이다.

기간 만료일까지 계속해서 적용된다. 단 수수료에 관한 규정은 제외된다. 본 규칙 제9조(4)와 부속서 III은 위의 계약에 준용된다.[66]

19. 발효

본 규칙은 EU 공보 게재 20일 후에 효력이 발생한다. 본 규칙은 모든 회원국에게 전부 구속력을 가지며 직접적으로 적용된다.

III. 결언

위에서 살펴본 바와 같이 동 규칙은 EU 외부에서 생산되는 제품에 대해서도 EU에코라벨의 신청과 사용이 가능하기 때문에 국내기업의 대 EU 통상무역에 있어서 EU에코라벨제도는 정책적으로 또는 전략적으로 활용할 가치가 있다고 여겨진다. 특히 환경에 대한 관심이 점점 증대되고 녹색성장이 부각되는 현 국제사회와 2011년 7월 1일 발효된 한·EU FTA 시대에는 양 당사자 간 상품 교역에 있어서 소비자의 선택의 향방에 유념해야 할 것이다. 물론 이러한 통상무역에 앞서 우리나라는 산업과 환경의 조화로운 균형 잡힌 정책을 추진하는 것이 전제되어야 할 것이다. 왜냐하면 그 동안에는 환경보다는 산업육성정책이 보다 많은 배려를 국가로부터 받아 왔기 때문이다. 그리고 에코라벨제도의 활성화를 위해서는 행정적 절차와 부담을 줄이기 위해 평가절차와 증명절차를 간소화할 필요가 있고, 에코라벨규범을 준수하는 사업자에게는 에코라벨사용과 관련된 비용을 감소시킴

---

66) Regulation 66/2010, 제19조.

으로써 본 제도를 장려할 필요가 있다. 끝으로 에코라벨은 친환경적, 자원 절약적 목적으로 추진되는 시장지향적인 환경정책의 수단이므로, 시장에서의 녹색성장을 활성화시키기 위해서는 친환경상품에 대한 올바른 정보를 소비자에게 제공해야 할 필요가 있고, 이러한 차원에서 에코라벨에 대한 홍보가 중요하다고 할 수 있다.

부 록

Declaration of the United Nations Conference
on the Human Environment Stockholm (1972)[1]

The United Nations Conference on the Human Environment,

Having met at Stockholm from 5 to 16 June 1972,

Having considered the need for a common outlook and for common principles to inspire and guide the peoples of the world in the preservation and enhancement of the human environment,

Proclaims that:

1. Man is both creature and moulder of his environment, which gives him physical sustenance and affords him the opportunity for intellectual, moral, social and spiritual growth. In the long and tortuous evolution of the human race on this planet a stage has been reached when, through the rapid acceleration of science and technology, man has acquired the power to transform his environment in countless ways and on an unprecedented scale. Both aspects of man's environment, the natural and the man-made, are essential to his well-being and to the enjoyment of basic human rights the right to life itself.

2. The protection and improvement of the human environment is a major issue which affects the well-being of peoples and economic development throughout the world; it is the urgent desire of the peoples of the whole world and the duty of all Governments.

3. Man has constantly to sum up experience and go on discovering, inventing, creating and advancing. In our time, man's capability to transform his surroundings, if used wisely, can bring to all peoples the benefits of development and the opportunity to enhance the quality

---

1) http://www.unep.org/Documents.multilingual/Default.asp?DocumentID=97&ArticleID=1503

of life. Wrongly or heedlessly applied, the same power can do incalculable harm to human beings and the human environment. We see around us growing evidence of man-made harm in many regions of the earth: dangerous levels of pollution in water, air, earth and living beings; major and undesirable disturbances to the ecological balance of the biosphere; destruction and depletion of irreplaceable resources; and gross deficiencies, harmful to the physical, mental and social health of man, in the man-made environment, particularly in the living and working environment.

4. In the developing countries most of the environmental problems are caused by under-development. Millions continue to live far below the minimum levels required for a decent human existence, deprived of adequate food and clothing, shelter and education, health and sanitation. Therefore, the developing countries must direct their efforts to development, bearing in mind their priorities and the need to safeguard and improve the environment. For the same purpose, the industrialized countries should make efforts to reduce the gap themselves and the developing countries. In the industrialized countries, environmental problems are generally related to industrialization and technological development.

5. The natural growth of population continuously presents problems for the preservation of the environment, and adequate policies and measures should be adopted, as appropriate, to face these problems. Of all things in the world, people are the most precious. It is the people that propel social progress, create social wealth, develop science and technology and, through their hard work, continuously transform the human environment. Along with social progress and the advance of production, science and technology, the capability of man to improve the environment increases with each passing day.

6. A point has been reached in history when we must shape our actions throughout the world with a more prudent care for their environmental consequences. Through ignorance or indifference we can do massive and irreversible harm to the earthly environment on which our life and well being depend. Conversely, through fuller knowledge and wiser action, we can achieve for ourselves and our posterity a better life in an environment more in keeping with

human needs and hopes. There are broad vistas for the enhancement of environmental quality and the creation of a good life. What is needed is an enthusiastic but calm state of mind and intense but orderly work. For the purpose of attaining freedom in the world of nature, man must use knowledge to build, in collaboration with nature, a better environment. To defend and improve the human environment for present and future generations has become an imperative goal for mankind-a goal to be pursued together with, and in harmony with, the established and fundamental goals of peace and of worldwide economic and social development.

7. To achieve this environmental goal will demand the acceptance of responsibility by citizens and communities and by enterprises and institutions at every level, all sharing equitably in common efforts. Individuals in all walks of life as well as organizations in many fields, by their values and the sum of their actions, will shape the world environment of the future.

Local and national governments will bear the greatest burden for large-scale environmental policy and action within their jurisdictions. International cooperation is also needed in order to raise resources to support the developing countries in carrying out their responsibilities in this field. A growing class of environmental problems, because they are regional or global in extent or because they affect the common international realm, will require extensive cooperation among nations and action by international organizations in the common interest.

The Conference calls upon Governments and peoples to exert common efforts for the preservation and improvement of the human environment, for the benefit of all the people and for their posterity.

Principles

States the common conviction that:

Principle 1

Man has the fundamental right to freedom, equality and adequate conditions of life, in an environment of a quality that permits a life of dignity and well-being, and he bears a solemn responsibility to protect and improve the environment for present and future generations. In this respect, policies promoting or perpetuating apartheid, racial segregation, discrimination, colonial and other forms of oppression and foreign domination stand condemned and must be eliminated.

Principle 2

The natural resources of the earth, including the air, water, land, flora and fauna and especially representative samples of natural ecosystems, must be safeguarded for the benefit of present and future generations through careful planning or management, as appropriate.

Principle 3

The capacity of the earth to produce vital renewable resources must be maintained and, wherever practicable, restored or improved.

Principle 4

Man has a special responsibility to safeguard and wisely manage the heritage of wildlife and its habitat, which are now gravely imperilled by a combination of adverse factors. Nature conservation, including wildlife, must therefore receive importance in planning for economic development.

Principle 5

The non-renewable resources of the earth must be employed in such a way as to guard against the danger of their future exhaustion and to ensure that benefits from such employment are shared by all mankind.

Principle 6

The discharge of toxic substances or of other substances and the release of heat, in such quantities or concentrations as to exceed the capacity of the environment to render them harmless, must be halted in order to ensure that serious or irreversible damage is not inflicted upon ecosystems. The just struggle of the peoples of ill countries against pollution should be supported.

Principle 7

States shall take all possible steps to prevent pollution of the seas by substances that are liable to create hazards to human health, to harm living resources and marine life, to damage amenities or to interfere with other legitimate uses of the sea.

Principle 8

Economic and social development is essential for ensuring a favorable living and working environment for man and for creating conditions on earth that are necessary for the improvement of the quality of life.

Principle 9

Environmental deficiencies generated by the conditions of under-development and natural disasters pose grave problems and can best be remedied by accelerated development through the transfer of substantial quantities of financial and technological assistance as a supplement to the domestic effort of the developing countries and such timely assistance as may be required.

Principle 10

For the developing countries, stability of prices and adequate earnings for primary commodities and raw materials are essential to environmental management, since economic factors as well as ecological processes must be taken into account.

Principle 11

The environmental policies of all States should enhance and not adversely affect the present or future development potential of developing countries, nor should they hamper the attainment of better living conditions for all, and appropriate steps should be taken by States and international organizations with a view to reaching agreement on meeting the possible national and international economic consequences resulting from the application of environmental measures.

Principle 12

Resources should be made available to preserve and improve the environment, taking into account the circumstances and particular requirements of developing countries and any costs which may emanate- from their incorporating environmental safeguards into their development planning and the need for making available to them, upon their request, additional international technical and financial assistance for this purpose.

Principle 13

In order to achieve a more rational management of resources and thus to improve the environment, States should adopt an integrated and coordinated approach to their development planning so as to ensure that development is compatible with the need to protect and improve environment for the benefit of their population.

Principle 14

Rational planning constitutes an essential tool for reconciling any conflict between the needs of development and the need to protect and improve the environment.

Principle 15

Planning must be applied to human settlements and urbanization with a view to avoiding adverse effects on the environment and obtaining maximum social, economic and environmental benefits for all. In this respect projects which arc designed for colonialist and racist domination must be abandoned.

Principle 16

Demographic policies which are without prejudice to basic human rights and which are deemed appropriate by Governments concerned should be applied in those regions where the rate of population growth or excessive population concentrations are likely to have adverse effects on the environment of the human environment and impede development.

Principle 17

Appropriate national institutions must be entrusted with the task of planning, managing or controlling the 9 environmental resources of States with a view to enhancing environmental quality.

Principle 18

Science and technology, as part of their contribution to economic and social development, must be applied to the identification, avoidance and control of environmental risks and the solution of environmental problems and for the common good of mankind.

Principle 19

Education in environmental matters, for the younger generation as well as adults, giving due consideration to the underprivileged, is essential in order to broaden the basis for an enlightened opinion and responsible conduct by individuals, enterprises and communities in protecting and improving the environment in its full human dimension. It is also essential that mass media of communications avoid contributing to the deterioration of the environment, but, on the contrary, disseminates information of an educational nature on the need to project and improve the environment in order to enable mal to develop in every respect.

Principle 20

Scientific research and development in the context of environmental problems, both national and multinational, must be promoted in all countries, especially the developing countries. In this connection, the free flow of up-to-date scientific information and transfer of experience must be supported and assisted, to facilitate the solution of environmental problems; environmental technologies should be made available to developing countries on terms which would encourage their wide dissemination without constituting an economic burden on the developing countries.

Principle 21

States have, in accordance with the Charter of the United Nations and the principles of international law, the sovereign right to exploit their own resources pursuant to their own environmental policies, and the responsibility to ensure that activities within their jurisdiction or control do not cause damage to the environment of other States or of areas beyond the limits of national jurisdiction.

Principle 22

States shall cooperate to develop further the international law regarding liability and compensation for the victims of pollution and other environmental damage caused by activities within the jurisdiction or control of such States to areas beyond their jurisdiction.

Principle 23

Without prejudice to such criteria as may be agreed upon by the international community, or to standards which will have to be determined nationally, it will be essential in all cases to consider the systems of values prevailing in each country, and the extent of the applicability of standards which are valid for the most advanced countries but which may be inappropriate and of unwarranted social cost for the developing countries.

Principle 24

International matters concerning the protection and improvement of the environment should be handled in a cooperative spirit by all countries, big and small, on an equal footing.

Cooperation through multilateral or bilateral arrangements or other appropriate means is essential to effectively control, prevent, reduce and eliminate adverse environmental effects resulting from activities conducted in all spheres, in such a way that due account is taken of the sovereignty and interests of all States.

Principle 25

States shall ensure that international organizations play a coordinated, efficient and dynamic role for the protection and improvement of the environment.

Principle 26

Man and his environment must be spared the effects of nuclear weapons and all other means of mass destruction. States must strive to reach prompt agreement, in the relevant international organs, on the elimination and complete destruction of such weapons.

21st plenary meeting, 16 June 1972

The Rio Declaration on Environment and Development (1992)[2]

The United Nations Conference on Environment and Development,

Having met at Rio de Janeiro from 3 to 14 June 1992,

Reaffirming the Declaration of the United Nations Conference on the Human Environment, adopted at Stockholm on 16 June 1972, and seeking to build upon it,

With the goal of establishing a new and equitable global partnership through the creation of new levels of cooperation among States, key sectors of societies and people,

Working towards international agreements which respect the interests of all and protect the integrity of the global environmental and developmental system,

Recognizing the integral and interdependent nature of the Earth, our home,

Proclaims that:

Principle 1 The role of humans

Human beings are at the centre of concerns for sustainable development. They are entitled to a healthy and productive life in harmony with nature.

Principle 2 State sovereignty

States have, in accordance with the Charter of the United Nations and the principles of international law, the sovereign right to exploit their own resources pursuant to their own environmental and developmental policies, and the responsibility to ensure that activities within their jurisdiction or control do not cause damage to the environment of other States or

---

2) http://www.unep.org/Documents.Multilingual/Default.asp?documentid=78&articleid=1163

of areas beyond the limits of national jurisdiction.

Principle 3
The Right to development

The right to development must be fulfilled so as to equitably meet developmental and environmental needs of present and future generations.

Principle 4
Environmental Protection in the Development Process

In order to achieve sustainable development, environmental protection shall constitute an integral part of the development process and cannot be considered in isolation from it.

Principle 5
Eradication of Poverty

All States and all people shall cooperate in the essential task of eradicating poverty as an indispensable requirement for sustainable development, in order to decrease the disparities in standards of living and better meet the needs of the majority of the people of the world.

Principle 6
Priority for the Least Developed

The special situation and needs of developing countries, particularly the least developed and those most environmentally vulnerable, shall be given special priority. International actions in the field of environment and development should also address the interests and needs of all countries.

Principle 7
State Cooperation to Protect Ecosystem

States shall cooperate in a spirit of global partnership to conserve, protect and restore the health and integrity of the Earth's ecosystem. In view of the different contributions to global environmental degradation, States have common but differentiated responsibilities. The developed countries acknowledge the responsibility that they bear in the international pursuit to sustainable development in view of the pressures their societies place on the global environment and of the technologies and financial resources they command.

Principle 8
Reduction of Unsustainable Patterns of Production and Consumption

To achieve sustainable development and a higher quality of life for all people, States should reduce and eliminate unsustainable patterns of production and consumption and promote appropriate demographic policies.

Principle 9
Capacity Building for Sustainable Development

States should cooperate to strengthen endogenous capacity-building for sustainable development by improving scientific understanding through exchanges of scientific and technological knowledge, and by enhancing the development, adaptation, diffusion and transfer of technologies, including new and innovative technologies.

Principle 10
Public participation

Environmental issues are best handled with participation of all concerned citizens, at the relevant level. At the national level, each individual shall have appropriate access to information concerning the environment that is held by public authorities, including information on hazardous materials and activities in their communities, and the opportunity to participate in decision-making processes. States shall facilitate and encourage public awareness and participation by making information widely available. Effective access to judicial and administrative proceedings, including redress and remedy, shall be provided.

Principle 11
National Environmental Legislation

States shall enact effective environmental legislation. Environmental standards, management objectives and priorities should reflect the environmental and development context to which they apply. Standards applied by some countries may be inappropriate and of unwarranted economic and social cost to other countries, in particular developing countries.

Principle 12
Supportive and Open International Economic System

States should cooperate to promote a supportive and open international economic system that would lead to economic growth and sustainable development in all countries, to better address the problems of environmental degradation. Trade policy measures for environmental purposes should not constitute a means of arbitrary or unjustifiable discrimination or a disguised restriction on international trade.

Unilateral actions to deal with environmental challenges outside the jurisdiction of the importing country should be avoided. Environmental measures addressing transboundary or global environmental problems should, as far as possible, be based on an international consensus.

Principle 13

Compensation for Victims of Pollution and other Environmental Damage

States shall develop national law regarding liability and compensation for the victims of pollution and other environmental damage. States shall also cooperate in an expeditious and more determined manner to develop further international law regarding liability and compensation for adverse effects of environmental damage caused by activities within their jurisdiction or control to areas beyond their jurisdiction.

Principle 14

State Cooperation to Prevent environmental dumping

States should effectively cooperate to discourage or prevent the relocation and transfer to other States of any activities and substances that cause severe environmental degradation or are found to be harmful to human health.

Principle 15

Precautionary principle

In order to protect the environment, the precautionary approach shall be widely applied by States according to their capabilities. Where there are threats of serious or irreversible damage, lack of full scientific certainty shall not be used as a reason for postponing cost-effective measures to prevent environmental degradation.

Principle 16

Internalization of Environmental Costs

National authorities should endeavour to promote the internalization of environmental costs and the use of economic instruments, taking into account the approach that the polluter should, in principle, bear the cost of pollution, with due regard to the public interest and without distorting international trade and investment.

Principle 17
Environmental Impact Assessments

Environmental impact assessment, as a national instrument, shall be undertaken for proposed activities that are likely to have a significant adverse impact on the environment and are subject to a decision of a competent national authority.

Principle 18
Notification of Natural Disaster

States shall immediately notify other States of any natural disasters or other emergencies that are likely to produce sudden harmful effects on the environment of those States. Every effort shall be made by the international community to help States so afflicted.

Principle 19
Prior and Timely Notification

States shall provide prior and timely notification and relevant information to potentially affected States on activities that may have a significant adverse transboundary environmental effect and shall consult with those States at an early stage and in good faith.

Principle 20
Women have a Vital Role

Women have a vital role in environmental management and development. Their full participation is therefore essential to achieve sustainable development.

Principle 21
Youth Mobilization

The creativity, ideals and courage of the youth of the world should be mobilized to forge a global partnership in order to achieve sustainable development and ensure a better future for all.

Principle 22
Indigenous Peoples have a Vital Role

Indigenous people and their communities and other local communities have a vital role in environmental management and development because of their knowledge and traditional practices. States should recognize and duly support their identity, culture and interests and enable their effective participation in the achievement of sustainable development.

Principle 23
People under Oppression

The environment and natural resources of people under oppression, domination and occupation shall be protected.

Principle 24
Warfare

Warfare is inherently destructive of sustainable development. States shall therefore respect international law providing protection for the environment in times of armed conflict and cooperate in its further development, as necessary.

Principle 25
Peace, Development and Environmental Protection

Peace, development and environmental protection are interdependent and indivisible.

Principle 26
Resolution of Environmental Disputes

States shall resolve all their environmental disputes peacefully and by appropriate means in accordance with the Charter of the United Nations.

Principle 27
Cooperation between State and People

States and people shall cooperate in good faith and in a spirit of partnership in the fulfilment of the principles embodied in this Declaration and in the further development of international law in the field of sustainable development.

United Nations Framework Convention on Climate Change (1992)[3]

The Parties to this Convention,

Acknowledging that change in the Earth's climate and its adverse effects are a common concern of humankind,

Concerned that human activities have been substantially increasing the atmospheric concentrations of greenhouse gases, that these increases enhance the natural greenhouse effect, and that this will result on average in an additional warming of the Earth's surface and atmosphere and may adversely affect natural ecosystems and humankind,

Noting that the largest share of historical and current global emissions of greenhouse gases has originated in developed countries, that per capita emissions in developing countries are still relatively low and that the share of global emissions originating in developing countries will grow to meet their social and development needs,

Aware of the role and importance in terrestrial and marine ecosystems of sinks and reservoirs of greenhouse gases,

Noting that there are many uncertainties in predictions of climate change, particularly with regard to the timing, magnitude and regional patterns thereof,

Acknowledging that the global nature of climate change calls for the widest possible cooperation by all countries and their participation in an effective and appropriate international response, in accordance with their common but differentiated responsibilities and respective capabilities and their social and economic conditions,

Recalling the pertinent provisions of the Declaration of the United Nations Conference on the Human Environment, adopted at Stockholm on 16 June 1972,

Recalling also that States have, in accordance with the Charter of the United Nations and

---

3) http://unfccc.int/documentation/document_lists/items/2960.php

the principles of international law, the sovereign right to exploit their own resources pursuant to their own environmental and developmental policies, and the responsibility to ensure that activities within their jurisdiction or control do not cause damage to the environment of other States or of areas beyond the limits of national jurisdiction,

Reaffirming the principle of sovereignty of States in international cooperation to address climate change,

Recognizing that States should enact effective environmental legislation, that environmental standards, management objectives and priorities should reflect the environmental and developmental context to which they apply, and that standards applied by some countries may be inappropriate and of unwarranted economic and social cost to other countries, in particular developing countries,

Recalling the provisions of General Assembly resolution 44/228 of 22 December 1989 on the United Nations Conference on Environment and Development, and resolutions 43/53 of 6 December 1988, 44/207 of 22 December 1989, 45/212 of 21 December 1990 and 46/169 of 19 December 1991 on protection of global climate for present and future generations of mankind,

Recalling also the provisions of General Assembly resolution 44/206 of 22 December 1989 on the possible adverse effects of sea-level rise on islands and coastal areas, particularly low-lying coastal areas and the pertinent provisions of General Assembly resolution 44/172 of 19 December 1989 on the implementation of the Plan of Action to Combat Desertification,

Recalling further the Vienna Convention for the Protection of the Ozone Layer, 1985, and the Montreal Protocol on Substances that Deplete the Ozone Layer, 1987, as adjusted and amended on 29 June 1990,

Noting the Ministerial Declaration of the Second World Climate Conference adopted on 7 November 1990,

Conscious of the valuable analytical work being conducted by many States on climate change and of the important contributions of the World Meteorological Organization, the United Nations Environment Programme and other organs, organizations and bodies of the United Nations system, as well as other international and intergovernmental bodies, to the exchange of results of scientific research and the coordination of research,

Recognizing that steps required to understand and address climate change will be environmentally, socially and economically most effective if they are based on relevant scientific, technical and economic considerations and continually re-evaluated in the light of new findings in these areas,

Recognizing that various actions to address climate change can be justified economically in their own right and can also help in solving other environmental problems,

Recognizing also the need for developed countries to take immediate action in a flexible manner on the basis of clear priorities, as a first step towards comprehensive response strategies at the global, national and, where agreed, regional levels that take into account all greenhouse gases, with due consideration of their relative contributions to the enhancement of the greenhouse effect,

Recognizing further that low-lying and other small island countries, countries with low-lying coastal, arid and semi-arid areas or areas liable to floods, drought and desertification, and developing countries with fragile mountainous ecosystems are particularly vulnerable to the adverse effects of climate change,

Recognizing the special difficulties of those countries, especially developing countries, whose economies are particularly dependent on fossil fuel production, use and exportation, as a consequence of action taken on limiting greenhouse gas emissions,

Affirming that responses to climate change should be coordinated with social and economic development in an integrated manner with a view to avoiding adverse impacts on the latter, taking into full account the legitimate priority needs of developing countries for the achievement of sustained economic growth and the eradication of poverty,

Recognizing that all countries, especially developing countries, need access to resources required to achieve sustainable social and economic development and that, in order for developing countries to progress towards that goal, their energy consumption will need to grow taking into account the possibilities for achieving greater energy efficiency and for controlling greenhouse gas emissions in general, including through the application of new technologies on terms which make such an application economically and socially beneficial,

Determined to protect the climate system for present and future generations,

Have agreed as follows:

Article 1

Definitions

For the purposes of this Convention:

1. "Adverse effects of climate change" means changes in the physical environment or biota resulting from climate change which have significant deleterious effects on the composition, resilience or productivity of natural and managed ecosystems or on the operation of socio-economic systems or on human health and welfare.

2. "Climate change" means a change of climate which is attributed directly or indirectly to human activity that alters the composition of the global atmosphere and which is in addition to natural climate variability observed over comparable time periods.

3. "Climate system" means the totality of the atmosphere, hydrosphere, biosphere and geosphere and their interactions.

4. "Emissions" means the release of greenhouse gases and/or their precursors into the atmosphere over a specified area and period of time.

5. "Greenhouse gases" means those gaseous constituents of the atmosphere, both natural and anthropogenic, that absorb and re-emit infrared radiation.

6. "Regional economic integration organization" means an organization constituted by sovereign States of a given region which has competence in respect of matters governed by this Convention or its protocols and has been duly authorized, in accordance with its internal procedures, to sign, ratify, accept, approve or accede to the instruments concerned.

7. "Reservoir" means a component or components of the climate system where a greenhouse gas or a precursor of a greenhouse gas is stored.

8. "Sink" means any process, activity or mechanism which removes a greenhouse gas, an aerosol or a precursor of a greenhouse gas from the atmosphere.

9. "Source" means any process or activity which releases a greenhouse gas, an aerosol or a precursor of a greenhouse gas into the atmosphere.

Article 2
Objective

The ultimate objective of this Convention and any related legal instruments that the Conference of the Parties may adopt is to achieve, in accordance with the relevant provisions of the Convention, stabilization of greenhouse gas concentrations in the atmosphere at a level that would prevent dangerous anthropogenic interference with the climate system. Such a level should be achieved within a time-frame sufficient to allow ecosystems to adapt naturally to climate change, to ensure that food production is not threatened and to enable economic development to proceed in a sustainable manner.

Article 3
Principles

In their actions to achieve the objective of the Convention and to implement its provisions, the Parties shall be guided, INTER ALIA, by the following:

1. The Parties should protect the climate system for the benefit of present and future generations of humankind, on the basis of equity and in accordance with their common but differentiated responsibilities and respective capabilities. Accordingly, the developed country Parties should take the lead in combating climate change and the adverse effects thereof.

2. The specific needs and special circumstances of developing country Parties, especially those that are particularly vulnerable to the adverse effects of climate change, and of those

Parties, especially developing country Parties, that would have to bear a disproportionate or abnormal burden under the Convention, should be given full consideration.

3. The Parties should take precautionary measures to anticipate, prevent or minimize the causes of climate change and mitigate its adverse effects. Where there are threats of serious or irreversible damage, lack of full scientific certainty should not be used as a reason for postponing such measures, taking into account that policies and measures to deal with climate change should be cost-effective so as to ensure global benefits at the lowest possible cost. To achieve this, such policies and measures should take into account different socio-economic contexts, be comprehensive, cover all relevant sources, sinks and reservoirs of greenhouse gases and adaptation, and comprise all economic sectors. Efforts to address climate change may be carried out cooperatively by interested Parties.

4. The Parties have a right to, and should, promote sustainable development. Policies and measures to protect the climate system against human-induced change should be appropriate for the specific conditions of each Party and should be integrated with national development programmes, taking into account that economic development is essential for adopting measures to address climate change.

5. The Parties should cooperate to promote a supportive and open international economic system that would lead to sustainable economic growth and development in all Parties, particularly developing country Parties, thus enabling them better to address the problems of climate change. Measures taken to combat climate change, including unilateral ones, should not constitute a means of arbitrary or unjustifiable discrimination or a disguised restriction on international trade.

Article 4

Commitments

1. All Parties, taking into account their common but differentiated responsibilities and their

specific national and regional development priorities, objectives and circumstances, shall:

(a) Develop, periodically update, publish and make available to the Conference of the Parties, in accordance with Article 12, national inventories of anthropogenic emissions by sources and removals by sinks of all greenhouse gases not controlled by the Montreal Protocol, using comparable methodologies to be agreed upon by the Conference of the Parties;

(b) Formulate, implement, publish and regularly update national and, where appropriate, regional programmes containing measures to mitigate climate change by addressing anthropogenic emissions by sources and removals by sinks of all greenhouse gases not controlled by the Montreal Protocol, and measures to facilitate adequate adaptation to climate change;

(c) Promote and cooperate in the development, application and diffusion, including transfer, of technologies, practices and processes that control, reduce or prevent anthropogenic emissions of greenhouse gases not controlled by the Montreal Protocol in all relevant sectors, including the energy, transport, industry, agriculture, forestry and waste management sectors;

(d) Promote sustainable management, and promote and cooperate in the conservation and enhancement, as appropriate, of sinks and reservoirs of all greenhouse gases not controlled by the Montreal Protocol, including biomass, forests and oceans as well as other terrestrial, coastal and marine ecosystems;

(e) Cooperate in preparing for adaptation to the impacts of climate change; develop and elaborate appropriate and integrated plans for coastal zone management, water resources and agriculture, and for the protection and rehabilitation of areas, particularly in Africa, affected by drought and desertification, as well as floods;

(f) Take climate change considerations into account, to the extent feasible, in their relevant social, economic and environmental policies and actions, and employ appropriate methods, for example impact assessments, formulated and determined nationally, with a view to minimizing adverse effects on the economy, on public health and on the quality of the environment, of projects or measures undertaken by them to mitigate or adapt to climate change;

(g) Promote and cooperate in scientific, technological, technical, socio-economic and other research, systematic observation and development of data archives related to the climate system and intended to further the understanding and to reduce or eliminate the remaining uncertainties regarding the causes, effects, magnitude and timing of climate change and the economic and social consequences of various response strategies;

(h) Promote and cooperate in the full, open and prompt exchange of relevant scientific, technological, technical, socio-economic and legal information related to the climate system and climate change, and to the economic and social consequences of various response strategies;

(i) Promote and cooperate in education, training and public awareness related to climate change and encourage the widest participation in this process, including that of non- governmental organizations; and

(j) Communicate to the Conference of the Parties information related to implementation, in accordance with Article 12.

2. The developed country Parties and other Parties included in Annex Ⅰ commit themselves specifically as provided for in the following:

(a) Each of these Parties shall adopt national1 policies and take corresponding measures on the mitigation of climate change, by limiting its anthropogenic emissions of greenhouse gases and protecting and enhancing its greenhouse gas sinks and reservoirs. These policies and measures will demonstrate that developed countries are taking the lead in modifying longer-term trends in anthropogenic emissions consistent with the objective of the Convention, recognizing that the return by the end of the present decade to earlier levels of anthropogenic emissions of carbon dioxide and other greenhouse gases not controlled by the Montreal Protocol would contribute to such modification, and taking into account the differences in these Parties' starting points and approaches, economic structures and resource bases, the need to maintain strong and sustainable economic growth, available technologies and other individual circumstances, as well as the need for equitable and appropriate contributions by each of these Parties to the global effort regarding that objective. These Parties may implement such policies and measures jointly with other Parties and may assist other Parties in contributing to the achievement of the objective of the Convention and, in particular, that of this subparagraph;

(b) In order to promote progress to this end, each of these Parties shall communicate, within six months of the entry into force of the Convention for it and periodically thereafter, and in accordance with Article 12, detailed information on its policies and measures referred to in subparagraph (a) above, as well as on its resulting projected anthropogenic emissions by sources and removals by sinks of greenhouse gases not controlled by the Montreal Protocol for the period referred to in subparagraph (a), with the aim of returning individually or jointly to their 1990 levels these anthropogenic emissions of carbon dioxide and other greenhouse gases not controlled by the Montreal Protocol. This information will be reviewed by the Conference of the Parties, at its first session and periodically thereafter, in accordance with Article 7;

(c) Calculations of emissions by sources and removals by sinks of greenhouse gases for the purposes of subparagraph (b) above should take into account the best available scientific knowledge, including of the effective capacity of sinks and the respective contributions of such gases to climate change. The Conference of the Parties shall consider and agree on methodologies for these calculations at its first session and review them regularly thereafter;

(d) The Conference of the Parties shall, at its first session, review the adequacy of subparagraphs (a) and (b) above. Such review shall be carried out in the light of the best available scientific information and assessment on climate change and its impacts, as well as relevant technical, social and economic information. Based on this review, the Conference of the Parties shall take appropriate action, which may include the adoption of amendments to the commitments in subparagraphs (a) and (b) above. The Conference of the Parties, at its first session, shall also take decisions regarding criteria for joint implementation as indicated in subparagraph (a) above. A second review of subparagraphs (a) and (b) shall take place not later than 31 December 1998, and thereafter at regular intervals determined by the Conference of the Parties, until the objective of the Convention is met;

(e) Each of these Parties shall:

(i) Coordinate as appropriate with other such Parties, relevant economic and administrative instruments developed to achieve the objective of the Convention; and

(ii) Identify and periodically review its own policies and practices which encourage activities that lead to greater levels of anthropogenic emissions of greenhouse gases not controlled by the Montreal Protocol than would otherwise occur;

(f) The Conference of the Parties shall review, not later than 31 December 1998, available information with a view to taking decisions regarding such amendments to the lists in Annexes Ⅰ and Ⅱ as may be appropriate, with the approval of the Party concerned;

(g) Any Party not included in Annex Ⅰ may, in its instrument of ratification, acceptance, approval or accession, or at any time thereafter, notify the Depositary that it intends to be bound by subparagraphs (a) and (b) above. The Depositary shall inform the other signatories and Parties of any such notification.

3. The developed country Parties and other developed Parties included in Annex Ⅱ shall provide new and additional financial resources to meet the agreed full costs incurred by developing country Parties in complying with their obligations under Article 12, paragraph 1. They shall also provide such financial resources, including for the transfer of technology, needed by the developing country Parties to meet the agreed full incremental costs of implementing measures that are covered by paragraph 1 of this Article and that are agreed between a developing country Party and the international entity or entities referred to in Article 11, in accordance with that Article. The implementation of these commitments shall

take into account the need for adequacy and predictability in the flow of funds and the importance of appropriate burden sharing among the developed country Parties.

4. The developed country Parties and other developed Parties included in Annex Ⅱ shall also assist the developing country Parties that are particularly vulnerable to the adverse effects of climate change in meeting costs of adaptation to those adverse effects.

5. The developed country Parties and other developed Parties included in Annex Ⅱ shall take all practicable steps to promote, facilitate and finance, as appropriate, the transfer of, or access to, environmentally sound technologies and know-how to other Parties, particularly developing country Parties, to enable them to implement the provisions of the Convention. In this process, the developed country Parties shall support the development and enhancement of endogenous capacities and technologies of developing country Parties. Other Parties and organizations in a position to do so may also assist in facilitating the transfer of such technologies.

6. In the implementation of their commitments under paragraph 2 above, a certain degree of flexibility shall be allowed by the Conference of the Parties to the Parties included in Annex Ⅰ undergoing the process of transition to a market economy, in order to enhance the ability of these Parties to address climate change, including with regard to the historical level of anthropogenic emissions of greenhouse gases not controlled by the Montreal Protocol chosen as a reference.

7. The extent to which developing country Parties will effectively implement their commitments under the Convention will depend on the effective implementation by developed country Parties of their commitments under the Convention related to financial resources and transfer of technology and will take fully into account that economic and social development and poverty eradication are the first and overriding priorities of the developing country Parties.

8. In the implementation of the commitments in this Article, the Parties shall give full consideration to what actions are necessary under the Convention, including actions related to

funding, insurance and the transfer of technology, to meet the specific needs and concerns of developing country Parties arising from the adverse effects of climate change and/or the impact of the implementation of response measures, especially on:

(a) Small island countries;

(b) Countries with low-lying coastal areas;

(c) Countries with arid and semi-arid areas, forested areas and areas liable to forest decay;

(d) Countries with areas prone to natural disasters;

(e) Countries with areas liable to drought and desertification;

(f) Countries with areas of high urban atmospheric pollution;

(g) Countries with areas with fragile ecosystems, including mountainous ecosystems;

(h) Countries whose economies are highly dependent on income generated from the production, processing and export, and/or on consumption of fossil fuels and associated energy-intensive products; and

(i) Land-locked and transit countries.

Further, the Conference of the Parties may take actions, as appropriate, with respect to this paragraph.

9. The Parties shall take full account of the specific needs and special situations of the least developed countries in their actions with regard to funding and transfer of technology.

10. The Parties shall, in accordance with Article 10, take into consideration in the implementation of the commitments of the Convention the situation of Parties, particularly developing country Parties, with economies that are vulnerable to the adverse effects of the implementation of measures to respond to climate change. This applies notably to Parties with economies that are highly dependent on income generated from the production, processing and export, and/or consumption of fossil fuels and associated energy-intensive products and/or the use of fossil fuels for which such Parties have serious difficulties in switching to alternatives.

Article 5
Research and Systematic Observation

In carrying out their commitments under Article 4, paragraph 1(g), the Parties shall:

(a) Support and further develop, as appropriate, international and intergovernmental programmes and networks or organizations aimed at defining, conducting, assessing and financing research, data collection and systematic observation, taking into account the need to minimize duplication of effort;

(b) Support international and intergovernmental efforts to strengthen systematic observation and national scientific and technical research capacities and capabilities, particularly in developing countries, and to promote access to, and the exchange of, data and analyses thereof obtained from areas beyond national jurisdiction; and

(c) Take into account the particular concerns and needs of developing countries and cooperate in improving their endogenous capacities and capabilities to participate in the efforts referred to in subparagraphs (a) and (b) above.

Article 6

Education, Training and public Awareness

In carrying out their commitments under Article 4, paragraph 1(i), the Parties shall:

(a) Promote and facilitate at the national and, as appropriate, subregional and regional levels, and in accordance with national laws and regulations, and within their respective capacities:

(i) The development and implementation of educational and public awareness programmes on climate change and its effects;

(ii) Public access to information on climate change and its effects;

(iii) Public participation in addressing climate change and its effects and developing adequate responses; and

(iv) Training of scientific, technical and managerial personnel.

(b) Cooperate in and promote, at the international level, and, where appropriate, using existing bodies:

(i) The development and exchange of educational and public awareness material on climate change and its effects; and

(ii) The development and implementation of education and training programmes, including the strengthening of national institutions and the exchange or secondment of personnel to train experts in this field, in particular for developing countries.

Article 7

Conference of the Parties

1. A Conference of the Parties is hereby established.

2. The Conference of the Parties, as the supreme body of this Convention, shall keep

under regular review the implementation of the Convention and any related legal instruments that the Conference of the Parties may adopt, and shall make, within its mandate, the decisions necessary to promote the effective implementation of the Convention. To this end, it shall:

(a) Periodically examine the obligations of the Parties and the institutional arrangements under the Convention, in the light of the objective of the Convention, the experience gained in its implementation and the evolution of scientific and technological knowledge;

(b) Promote and facilitate the exchange of information on measures adopted by the Parties to address climate change and its effects, taking into account the differing circumstances, responsibilities and capabilities of the Parties and their respective commitments under the Convention;

(c) Facilitate, at the request of two or more Parties, the coordination of measures adopted by them to address climate change and its effects, taking into account the differing circumstances, responsibilities and capabilities of the Parties and their respective commitments under the Convention;

(d) Promote and guide, in accordance with the objective and provisions of the Convention, the development and periodic refinement of comparable methodologies, to be agreed on by the Conference of the Parties, inter alia, for preparing inventories of greenhouse gas emissions by sources and removals by sinks, and for evaluating the effectiveness of measures to limit the emissions and enhance the removals of these gases;

(e) Assess, on the basis of all information made available to it in accordance with the provisions of the Convention, the implementation of the Convention by the Parties, the overall effects of the measures taken pursuant to the Convention, in particular environmental, economic and social effects as well as their cumulative impacts and the extent to which progress towards the objective of the Convention is being achieved;

(f) Consider and adopt regular reports on the implementation of the Convention and ensure their publication;

(g) Make recommendations on any matters necessary for the implementation of the Convention;

(h) Seek to mobilize financial resources in accordance with Article 4, paragraphs 3, 4 and 5, and Article 11;

(i) Establish such subsidiary bodies as are deemed necessary for the implementation of the Convention;

(j) Review reports submitted by its subsidiary bodies and provide guidance to them;

(k) Agree upon and adopt, by consensus, rules of procedure and financial rules for itself and for any subsidiary bodies;

(l) Seek and utilize, where appropriate, the services and cooperation of, and information provided by, competent international organizations and intergovernmental and non-governmental bodies; and

(m) Exercise such other functions as are required for the achievement of the objective of the Convention as well as all other functions assigned to it under the Convention.

3. The Conference of the Parties shall, at its first session, adopt its own rules of procedure as well as those of the subsidiary bodies established by the Convention, which shall include decision-making procedures for matters not already covered by decision- making procedures stipulated in the Convention. Such procedures may include specified majorities required for the adoption of particular decisions.

4. The first session of the Conference of the Parties shall be convened by the interim

secretariat referred to in Article 21 and shall take place not later than one year after the date of entry into force of the Convention. Thereafter, ordinary sessions of the Conference of the Parties shall be held every year unless otherwise decided by the Conference of the Parties.

5. Extraordinary sessions of the Conference of the Parties shall be held at such other times as may be deemed necessary by the Conference, or at the written request of any Party, provided that, within six months of the request being communicated to the Parties by the secretariat, it is supported by at least one third of the Parties.

6. The United Nations, its specialized agencies and the International Atomic Energy Agency, as well as any State member thereof or observers thereto not Party to the Convention, may be represented at sessions of the Conference of the Parties as observers. Any body or agency, whether national or international, governmental or non- governmental, which is qualified in matters covered by the Convention, and which has informed the secretariat of its wish to be represented at a session of the Conference of the Parties as an observer, may be so admitted unless at least one third of the Parties present object. The admission and participation of observers shall be subject to the rules of procedure adopted by the Conference of the Parties.

Article 8
Secretariat

1. A secretariat is hereby established.

2. The functions of the secretariat shall be:

(a) To make arrangements for sessions of the Conference of the Parties and its subsidiary bodies established under the Convention and to provide them with services as required;

(b) To compile and transmit reports submitted to it;

(c) To facilitate assistance to the Parties, particularly developing country Parties, on request, in the compilation and communication of information required in accordance with the provisions of the Convention;

(d) To prepare reports on its activities and present them to the Conference of the Parties;

(e) To ensure the necessary coordination with the secretariats of other relevant international bodies;

(f) To enter, under the overall guidance of the Conference of the Parties, into such administrative and contractual arrangements as may be required for the effective discharge of its functions; and

(g) To perform the other secretariat functions specified in the Convention and in any of its protocols and such other functions as may be determined by the Conference of the Parties.

3. The Conference of the Parties, at its first session, shall designate a permanent secretariat and make arrangements for its functioning.

Article 9
Subsidiary Body for Scientific and Technological Advice

1. A subsidiary body for scientific and technological advice is hereby established to provide the Conference of the Parties and, as appropriate, its other subsidiary bodies with timely information and advice on scientific and technological matters relating to the Convention. This body shall be open to participation by all Parties and shall be multidisciplinary. It shall comprise government representatives competent in the relevant field of expertise. It shall report regularly to the Conference of the Parties on all aspects of its work.

2. Under the guidance of the Conference of the Parties, and drawing upon existing competent

international bodies, this body shall:

(a) Provide assessments of the state of scientific knowledge relating to climate change and its effects;

(b) Prepare scientific assessments on the effects of measures taken in the implementation of the Convention;

(c) Identify innovative, efficient and state-of-the-art technologies and know-how and advise on the ways and means of promoting development and/or transferring such technologies;

(d) Provide advice on scientific programmes, international cooperation in research and development related to climate change, as well as on ways and means of supporting endogenous capacity-building in developing countries; and

(e) Respond to scientific, technological and methodological questions that the Conference of the Parties and its subsidiary bodies may put to the body.

3. The functions and terms of reference of this body may be further elaborated by the Conference of the Parties.

Article 10
Subsidiary Body for Implementation

1. A subsidiary body for implementation is hereby established to assist the Conference of the Parties in the assessment and review of the effective implementation of the Convention. This body shall be open to participation by all Parties and comprise government representatives who are experts on matters related to climate change. It shall report regularly to the Conference of the Parties on all aspects of its work.

2. Under the guidance of the Conference of the Parties, this body shall:

(a) Consider the information communicated in accordance with Article 12, paragraph 1, to assess the overall aggregated effect of the steps taken by the Parties in the light of the latest scientific assessments concerning climate change;

(b) Consider the information communicated in accordance with Article 12, paragraph 2, in order to assist the Conference of the Parties in carrying out the reviews required by Article 4, paragraph 2(d); and

(c) Assist the Conference of the Parties, as appropriate, in the preparation and implementation of its decisions.

Article 11
Financial Mechanism

1. A mechanism for the provision of financial resources on a grant or concessional basis, including for the transfer of technology, is hereby defined. It shall function under the guidance of and be accountable to the Conference of the Parties, which shall decide on its policies, programme priorities and eligibility criteria related to this Convention. Its operation shall be entrusted to one or more existing international entities.

2. The financial mechanism shall have an equitable and balanced representation of all Parties within a transparent system of governance.

3. The Conference of the Parties and the entity or entities entrusted with the operation of the financial mechanism shall agree upon arrangements to give effect to the above paragraphs, which shall include the following:

(a) Modalities to ensure that the funded projects to address climate change are in conformity with the policies, programme priorities and eligibility criteria established by the Conference of the Parties;

(b) Modalities by which a particular funding decision may be reconsidered in light of these policies, programme priorities and eligibility criteria;

(c) Provision by the entity or entities of regular reports to the Conference of the Parties on its funding operations, which is consistent with the requirement for accountability set out in paragraph 1 above; and

(d) Determination in a predictable and identifiable manner of the amount of funding necessary and available for the implementation of this Convention and the conditions under which that amount shall be periodically reviewed.

4. The Conference of the Parties shall make arrangements to implement the above- mentioned provisions at its first session, reviewing and taking into account the interim arrangements referred to in Article 21, paragraph 3, and shall decide whether these interim arrangements shall be maintained. Within four years thereafter, the Conference of the Parties shall review the financial mechanism and take appropriate measures.

5. The developed country Parties may also provide and developing country Parties avail themselves of, financial resources related to the implementation of the Convention through bilateral, regional and other multilateral channels.

Article 12
Communication of Information related to Implementation

1. In accordance with Article 4, paragraph 1, each Party shall communicate to the Conference of the Parties, through the secretariat, the following elements of information:

(a) A national inventory of anthropogenic emissions by sources and removals by sinks of all greenhouse gases not controlled by the Montreal Protocol, to the extent its capacities permit, using comparable methodologies to be promoted and agreed upon by the Conference of the Parties;

(b) A general description of steps taken or envisaged by the Party to implement the Convention; and

(c) Any other information that the Party considers relevant to the achievement of the objective of the Convention and suitable for inclusion in its communication, including, if feasible, material relevant for calculations of global emission trends.

2. Each developed country Party and each other Party included in Annex Ⅰ shall incorporate in its communication the following elements of information:

(a) A detailed description of the policies and measures that it has adopted to implement its commitment under Article 4, paragraphs 2(a) and 2(b); and

(b) A specific estimate of the effects that the policies and measures referred to in subparagraph (a) immediately above will have on anthropogenic emissions by its sources and removals by its sinks of greenhouse gases during the period referred to in Article 4, paragraph 2(a).

3. In addition, each developed country Party and each other developed Party included in Annex Ⅱ shall incorporate details of measures taken in accordance with Article 4, paragraphs 3, 4 and 5.

4. Developing country Parties may, on a voluntary basis, propose projects for financing, including specific technologies, materials, equipment, techniques or practices that would be needed to implement such projects, along with, if possible, an estimate of all incremental costs, of the reductions of emissions and increments of removals of greenhouse gases, as well

as an estimate of the consequent benefits.

5. Each developed country Party and each other Party included in Annex Ⅰ shall make its initial communication within six months of the entry into force of the Convention for that Party. Each Party not so listed shall make its initial communication within three years of the entry into force of the Convention for that Party, or of the availability of financial resources in accordance with Article 4, paragraph 3. Parties that are least developed countries may make their initial communication at their discretion. The frequency of subsequent communications by all Parties shall be determined by the Conference of the Parties, taking into account the differentiated timetable set by this paragraph.

6. Information communicated by Parties under this Article shall be transmitted by the secretariat as soon as possible to the Conference of the Parties and to any subsidiary bodies concerned. If necessary, the procedures for the communication of information may be further considered by the Conference of the Parties.

7. From its first session, the Conference of the Parties shall arrange for the provision to developing country Parties of technical and financial support, on request, in compiling and communicating information under this Article, as well as in identifying the technical and financial needs associated with proposed projects and response measures under Article 4. Such support may be provided by other Parties, by competent international organizations and by the secretariat, as appropriate.

8. Any group of Parties may, subject to guidelines adopted by the Conference of the Parties, and to prior notification to the Conference of the Parties, make a joint communication in fulfilment of their obligations under this Article, provided that such a communication includes information on the fulfilment by each of these Parties of its individual obligations under the Convention.

9. Information received by the secretariat that is designated by a Party as confidential, in

accordance with criteria to be established by the Conference of the Parties, shall be aggregated by the secretariat to protect its confidentiality before being made available to any of the bodies involved in the communication and review of information.

10. Subject to paragraph 9 above, and without prejudice to the ability of any Party to make public its communication at any time, the secretariat shall make communications by Parties under this Article publicly available at the time they are submitted to the Conference of the Parties.

Article 13
Resolution of Questions regarding Implementation

The Conference of the Parties shall, at its first session, consider the establishment of a multilateral consultative process, available to Parties on their request, for the resolution of questions regarding the implementation of the Convention.

Article 14
Settlement of Disputes

1. In the event of a dispute between any two or more Parties concerning the interpretation or application of the Convention, the Parties concerned shall seek a settlement of the dispute through negotiation or any other peaceful means of their own choice.

2. When ratifying, accepting, approving or acceding to the Convention, or at any time thereafter, a Party which is not a regional economic integration organization may declare in a written instrument submitted to the Depositary that, in respect of any dispute concerning the interpretation or application of the Convention, it recognizes as compulsory ipso facto and without special agreement, in relation to any Party accepting the same obligation:

(a) Submission of the dispute to the International Court of Justice, and/or

(b) Arbitration in accordance with procedures to be adopted by the Conference of the Parties as soon as practicable, in an annex on arbitration.

A Party which is a regional economic integration organization may make a declaration with like effect in relation to arbitration in accordance with the procedures referred to in subparagraph (b) above.

3. A declaration made under paragraph 2 above shall remain in force until it expires in accordance with its terms or until three months after written notice of its revocation has been deposited with the Depositary.

4. A new declaration, a notice of revocation or the expiry of a declaration shall not in any way affect proceedings pending before the International Court of Justice or the arbitral tribunal, unless the parties to the dispute otherwise agree.

5. Subject to the operation of paragraph 2 above, if after twelve months following notification by one Party to another that a dispute exists between them, the Parties concerned have not been able to settle their dispute through the means mentioned in paragraph 1 above, the dispute shall be submitted, at the request of any of the parties to the dispute, to conciliation.

6. A conciliation commission shall be created upon the request of one of the parties to the dispute. The commission shall be composed of an equal number of members appointed by each party concerned and a chairman chosen jointly by the members appointed by each party. The commission shall render a recommendatory award, which the parties shall consider in good faith.

7. Additional procedures relating to conciliation shall be adopted by the Conference of the Parties, as soon as practicable, in an annex on conciliation.

8. The provisions of this Article shall apply to any related legal instrument which the

Conference of the Parties may adopt, unless the instrument provides otherwise.

Article 15
Amendments to the Convention

1. Any Party may propose amendments to the Convention.

2. Amendments to the Convention shall be adopted at an ordinary session of the Conference of the Parties. The text of any proposed amendment to the Convention shall be communicated to the Parties by the secretariat at least six months before the meeting at which it is proposed for adoption. The secretariat shall also communicate proposed amendments to the signatories to the Convention and, for information, to the Depositary.

3. The Parties shall make every effort to reach agreement on any proposed amendment to the Convention by consensus. If all efforts at consensus have been exhausted, and no agreement reached, the amendment shall as a last resort be adopted by a three-fourths majority vote of the Parties present and voting at the meeting. The adopted amendment shall be communicated by the secretariat to the Depositary, who shall circulate it to all Parties for their acceptance.

4. Instruments of acceptance in respect of an amendment shall be deposited with the Depositary. An amendment adopted in accordance with paragraph 3 above shall enter into force for those Parties having accepted it on the ninetieth day after the date of receipt by the Depositary of an instrument of acceptance by at least three fourths of the Parties to the Convention.

5. The amendment shall enter into force for any other Party on the ninetieth day after the date on which that Party deposits with the Depositary its instrument of acceptance of the said amendment.

6. For the purposes of this Article, "Parties present and voting" means Parties present and

casting an affirmative or negative vote.

Article 16

Adoption and Amendment of Annexes to the Convention

1. Annexes to the Convention shall form an integral part thereof and, unless otherwise expressly provided, a reference to the Convention constitutes at the same time a reference to any annexes thereto. Without prejudice to the provisions of Article 14, paragraphs 2(b) and 7, such annexes shall be restricted to lists, forms and any other material of a descriptive nature that is of a scientific, technical, procedural or administrative character.

2. Annexes to the Convention shall be proposed and adopted in accordance with the procedure set forth in Article 15, paragraphs 2, 3 and 4.

3. An annex that has been adopted in accordance with paragraph 2 above shall enter into force for all Parties to the Convention six months after the date of the communication by the Depositary to such Parties of the adoption of the annex, except for those Parties that have notified the Depositary, in writing, within that period of their non-acceptance of the annex. The annex shall enter into force for Parties which withdraw their notification of non-acceptance on the ninetieth day after the date on which withdrawal of such notification has been received by the Depositary.

4. The proposal, adoption and entry into force of amendments to annexes to the Convention shall be subject to the same procedure as that for the proposal, adoption and entry into force of annexes to the Convention in accordance with paragraphs 2 and 3 above.

5. If the adoption of an annex or an amendment to an annex involves an amendment to the Convention, that annex or amendment to an annex shall not enter into force until such time as the amendment to the Convention enters into force.

Article 17
Protocols

1. The Conference of the Parties may, at any ordinary session, adopt protocols to the Convention.

2. The text of any proposed protocol shall be communicated to the Parties by the secretariat at least six months before such a session.

3. The requirements for the entry into force of any protocol shall be established by that instrument.

4. Only Parties to the Convention may be Parties to a protocol.

5. Decisions under any protocol shall be taken only by the Parties to the protocol concerned.

Article 18
Right to Vote

1. Each Party to the Convention shall have one vote, except as provided for in paragraph 2 below.

2. Regional economic integration organizations, in matters within their competence, shall exercise their right to vote with a number of votes equal to the number of their member States that are Parties to the Convention. Such an organization shall not exercise its right to vote if any of its member States exercises its right, and vice versa.

Article 19

Depositary

The Secretary-General of the United Nations shall be the Depositary of the Convention and of protocols adopted in accordance with Article 17.

Article 20

Signature

This Convention shall be open for signature by States Members of the United Nations or of any of its specialized agencies or that are Parties to the Statute of the International Court of Justice and by regional economic integration organizations at Rio de Janeiro, during the United Nations Conference on Environment and Development, and thereafter at United Nations Headquarters in New York from 20 June 1992 to 19 June 1993.

Article 21

Interim Arrangements

1. The secretariat functions referred to in Article 8 will be carried out on an interim basis by the secretariat established by the General Assembly of the United Nations in its resolution 45/212 of 21 December 1990, until the completion of the first session of the Conference of the Parties.

2. The head of the interim secretariat referred to in paragraph 1 above will cooperate closely with the Intergovernmental Panel on Climate Change to ensure that the Panel can respond to the need for objective scientific and technical advice. Other relevant scientific bodies could also be consulted.

3. The Global Environment Facility of the United Nations Development Programme, the United Nations Environment Programme and the International Bank for Reconstruction and

Development shall be the international entity entrusted with the operation of the financial mechanism referred to in Article 11 on an interim basis. In this connection, the Global Environment Facility should be appropriately restructured and its membership made universal to enable it to fulfil the requirements of Article 11.

Article 22
Ratification, Acceptance, Approval or Accession

1. The Convention shall be subject to ratification, acceptance, approval or accession by States and by regional economic integration organizations. It shall be open for accession from the day after the date on which the Convention is closed for signature. Instruments of ratification, acceptance, approval or accession shall be deposited with the Depositary.

2. Any regional economic integration organization which becomes a Party to the Convention without any of its member States being a Party shall be bound by all the obligations under the Convention. In the case of such organizations, one or more of whose member States is a Party to the Convention, the organization and its member States shall decide on their respective responsibilities for the performance of their obligations under the Convention. In such cases, the organization and the member States shall not be entitled to exercise rights under the Convention concurrently.

3. In their instruments of ratification, acceptance, approval or accession, regional economic integration organizations shall declare the extent of their competence with respect to the matters governed by the Convention. These organizations shall also inform the Depositary, who shall in turn inform the Parties, of any substantial modification in the extent of their competence.

Article 23
Entry into Force

1. The Convention shall enter into force on the ninetieth day after the date of deposit of the fiftieth instrument of ratification, acceptance, approval or accession.

2. For each State or regional economic integration organization that ratifies, accepts or approves the Convention or accedes thereto after the deposit of the fiftieth instrument of ratification, acceptance, approval or accession, the Convention shall enter into force on the ninetieth day after the date of deposit by such State or regional economic integration organization of its instrument of ratification, acceptance, approval or accession.

3. For the purposes of paragraphs 1 and 2 above, any instrument deposited by a regional economic integration organization shall not be counted as additional to those deposited by States members of the organization.

Article 24
Reservations

No reservations may be made to the Convention.

Article 25
Withdrawal

1. At any time after three years from the date on which the Convention has entered into force for a Party, that Party may withdraw from the Convention by giving written notification to the Depositary.

2. Any such withdrawal shall take effect upon expiry of one year from the date of receipt by the Depositary of the notification of withdrawal, or on such later date as may be specified

in the notification of withdrawal.

3. Any Party that withdraws from the Convention shall be considered as also having withdrawn from any protocol to which it is a Party.

Article 26
Authentic Texts

The original of this Convention, of which the Arabic, Chinese, English, French, Russian and Spanish texts are equally authentic, shall be deposited with the Secretary- General of the United Nations.

IN WITNESS WHEREOF the undersigned, being duly authorized to that effect, have signed this Convention.

DONE at New York this ninth day of May one thousand nine hundred and ninety- two.

Annex I and Annex II Countries

Annex I

Australia
Austria
Belarus*
Belgium
Bulgaria*
Canada
Czechoslovakia*
Denmark
European Economic Community
Estonia*
Finland
France
Germany
Greece
Hungary*
Iceland
Ireland
Italy
Japan
Latvia*
Lithuania*
Luxembourg
Netherlands
New Zealand
Norway
Poland*
Portugal
Romania*
Russian Federation*
Spain
Sweden
Switzerland
Turkey
Ukraine*
United Kingdom of Great Britain and Northern Ireland
United States of America

*Countries that are undergoing the process of transition to a market economy.

Annex Ⅱ

Australia
Austria
Belgium
Canada
Denmark
European Economic Community
Finland
France
Germany
Greece
Iceland
Ireland
Italy
Japan
Luxembourg
Netherlands
New Zealand
Norway
Portugal
Spain
Sweden
Switzerland
United Kingdom of Great Britain and Northern Ireland
United States of America

Kyoto Protocol to the United Nations Framework Convention on Climate Change (1997)[4]

The Parties to this Protocol,

Being Parties to the United Nations Framework Convention on Climate Change, hereinafter referred to as "the Convention",

In pursuit of the ultimate objective of the Convention as stated in its Article 2,

Recalling the provisions of the Convention,

Being guided by Article 3 of the Convention,

Pursuant to the Berlin Mandate adopted by decision 1/CP.1 of the Conference of the Parties to the Convention at its first session,

Have agreed as follows:

Article 1

For the purposes of this Protocol, the definitions contained in Article 1 of the Convention shall apply. In addition:

1. "Conference of the Parties" means the Conference of the Parties to the Convention.

2. "Convention" means the United Nations Framework Convention on Climate Change, adopted in New York on 9 May 1992.

3. "Intergovernmental Panel on Climate Change" means the Intergovernmental Panel on

---

4) http://unfccc.int/documentation/document_lists/items/2960.php

Climate Change established in 1988 jointly by the World Meteorological Organization and the United Nations Environment Programme.

4. "Montreal Protocol" means the Montreal Protocol on Substances that Deplete the Ozone Layer, adopted in Montreal on 16 September 1987 and as subsequently adjusted and amended.

5. "Parties present and voting" means Parties present and casting an affirmative or negative vote.

6. "Party" means, unless the context otherwise indicates, a Party to this Protocol.

7. "Party included in Annex Ⅰ" means a Party included in Annex Ⅰ to the Convention, as may be amended, or a Party which has made a notification under Article 4, paragraph 2 (g), of the Convention.

Article 2

1. Each Party included in Annex Ⅰ, in achieving its quantified emission limitation and reduction commitments under Article 3, in order to promote sustainable development, shall:

(a) Implement and/or further elaborate policies and measures in accordance with its national circumstances, such as:

(ⅰ) Enhancement of energy efficiency in relevant sectors of the national economy;
(ⅱ) Protection and enhancement of sinks and reservoirs of greenhouse gases not controlled by the Montreal Protocol, taking into account its commitments under relevant international environmental agreements; promotion of sustainable forest management practices, afforestation and reforestation;
(ⅲ) Promotion of sustainable forms of agriculture in light of climate change considerations;
(ⅳ) Research on, and promotion, development and increased use of, new and renewable

forms of energy, of carbon dioxide sequestration technologies and of advanced and innovative environmentally sound technologies;

(ⅴ) Progressive reduction or phasing out of market imperfections, fiscal incentives, tax and duty exemptions and subsidies in all greenhouse gas emitting sectors that run counter to the objective of the Convention and application of market instruments;

(ⅵ) Encouragement of appropriate reforms in relevant sectors aimed at promoting policies and measures which limit or reduce emissions of greenhouse gases not controlled by the Montreal Protocol;

(ⅶ) Measures to limit and/or reduce emissions of greenhouse gases not controlled by the Montreal Protocol in the transport sector;

(ⅷ) Limitation and/or reduction of methane emissions through recovery and use in waste management, as well as in the production, transport and distribution of energy;

(b) Cooperate with other such Parties to enhance the individual and combined effectiveness of their policies and measures adopted under this Article, pursuant to Article 4, paragraph 2 (e) (i), of the Convention. To this end, these Parties shall take steps to share their experience and exchange information on such policies and measures, including developing ways of improving their comparability, transparency and effectiveness. The Conference of the Parties serving as the meeting of the Parties to this Protocol shall, at its first session or as soon as practicable thereafter, consider ways to facilitate such cooperation, taking into account all relevant information.

2. The Parties included in Annex Ⅰ shall pursue limitation or reduction of emissions of greenhouse gases not controlled by the Montreal Protocol from aviation and marine bunker fuels, working through the International Civil Aviation Organization and the International Maritime Organization, respectively.

3. The Parties included in Annex Ⅰ shall strive to implement policies and measures under this Article in such a way as to minimize adverse effects, including the adverse effects of climate change, effects on international trade, and social, environmental and economic impacts

on other Parties, especially developing country Parties and in particular those identified in Article 4, paragraphs 8 and 9, of the Convention, taking into account Article 3 of the Convention. The Conference of the Parties serving as the meeting of the Parties to this Protocol may take further action, as appropriate, to promote the implementation of the provisions of this paragraph.

4. The Conference of the Parties serving as the meeting of the Parties to this Protocol, if it decides that it would be beneficial to coordinate any of the policies and measures in paragraph 1 (a) above, taking into account different national circumstances and potential effects, shall consider ways and means to elaborate the coordination of such policies and measures.

Article 3

1. The Parties included in Annex Ⅰ shall, individually or jointly, ensure that their aggregate anthropogenic carbon dioxide equivalent emissions of the greenhouse gases listed in Annex A do not exceed their assigned amounts, calculated pursuant to their quantified emission limitation and reduction commitments inscribed in Annex B and in accordance with the provisions of this Article, with a view to reducing their overall emissions of such gases by at least 5 per cent below 1990 levels in the commitment period 2008 to 2012.

2. Each Party included in Annex Ⅰ shall, by 2005, have made demonstrable progress in achieving its commitments under this Protocol.

3. The net changes in greenhouse gas emissions by sources and removals by sinks resulting from direct human-induced land-use change and forestry activities, limited to afforestation, reforestation and deforestation since 1990, measured as verifiable changes in carbon stocks in each commitment period, shall be used to meet the commitments under this Article of each Party included in Annex Ⅰ. The greenhouse gas emissions by sources and removals by sinks associated with those activities shall be reported in a transparent and verifiable manner and

reviewed in accordance with Articles 7 and 8.

4. Prior to the first session of the Conference of the Parties serving as the meeting of the Parties to this Protocol, each Party included in Annex Ⅰ shall provide, for consideration by the Subsidiary Body for Scientific and Technological Advice, data to establish its level of carbon stocks in 1990 and to enable an estimate to be made of its changes in carbon stocks in subsequent years. The Conference of the Parties serving as the meeting of the Parties to this Protocol shall, at its first session or as soon as practicable thereafter, decide upon modalities, rules and guidelines as to how, and which, additional human-induced activities related to changes in greenhouse gas emissions by sources and removals by sinks in the agricultural soils and the land-use change and forestry categories shall be added to, or subtracted from, the assigned amounts for Parties included in Annex Ⅰ, taking into account uncertainties, transparency in reporting, verifiability, the methodological work of the Intergovernmental Panel on Climate Change, the advice provided by the Subsidiary Body for Scientific and Technological Advice in accordance with Article 5 and the decisions of the Conference of the Parties. Such a decision shall apply in the second and subsequent commitment periods. A Party may choose to apply such a decision on these additional human-induced activities for its first commitment period, provided that these activities have taken place since 1990.

5. The Parties included in Annex Ⅰ undergoing the process of transition to a market economy whose base year or period was established pursuant to decision 9/CP.2 of the Conference of the Parties at its second session shall use that base year or period for the implementation of their commitments under this Article. Any other Party included in Annex Ⅰ undergoing the process of transition to a market economy which has not yet submitted its first national communication under Article 12 of the Convention may also notify the Conference of the Parties serving as the meeting of the Parties to this Protocol that it intends to use an historical base year or period other than 1990 for the implementation of its commitments under this Article. The Conference of the Parties serving as the meeting of the Parties to this Protocol shall decide on the acceptance of such notification.

6. Taking into account Article 4, paragraph 6, of the Convention, in the implementation of their commitments under this Protocol other than those under this Article, a certain degree of flexibility shall be allowed by the Conference of the Parties serving as the meeting of the Parties to this Protocol to the Parties included in Annex I undergoing the process of transition to a market economy.

7. In the first quantified emission limitation and reduction commitment period, from 2008 to 2012, the assigned amount for each Party included in Annex I shall be equal to the percentage inscribed for it in Annex B of its aggregate anthropogenic carbon dioxide equivalent emissions of the greenhouse gases listed in Annex A in 1990, or the base year or period determined in accordance with paragraph 5 above, multiplied by five. Those Parties included in Annex I for whom land-use change and forestry constituted a net source of greenhouse gas emissions in 1990 shall include in their 1990 emissions base year or period the aggregate anthropogenic carbon dioxide equivalent emissions by sources minus removals by sinks in 1990 from land-use change for the purposes of calculating their assigned amount.

8. Any Party included in Annex I may use 1995 as its base year for hydrofluorocarbons, perfluorocarbons and sulphur hexafluoride, for the purposes of the calculation referred to in paragraph 7 above.

9. Commitments for subsequent periods for Parties included in Annex I shall be established in amendments to Annex B to this Protocol, which shall be adopted in accordance with the provisions of Article 21, paragraph 7. The Conference of the Parties serving as the meeting of the Parties to this Protocol shall initiate the consideration of such commitments at least seven years before the end of the first commitment period referred to in paragraph 1 above.

10. Any emission reduction units, or any part of an assigned amount, which a Party acquires from another Party in accordance with the provisions of Article 6 or of Article 17 shall be added to the assigned amount for the acquiring Party.

11. Any emission reduction units, or any part of an assigned amount, which a Party transfers to another Party in accordance with the provisions of Article 6 or of Article 17 shall be subtracted from the assigned amount for the transferring Party.

12. Any certified emission reductions which a Party acquires from another Party in accordance with the provisions of Article 12 shall be added to the assigned amount for the acquiring Party.

13. If the emissions of a Party included in Annex I in a commitment period are less than its assigned amount under this Article, this difference shall, on request of that Party, be added to the assigned amount for that Party for subsequent commitment periods.

14. Each Party included in Annex I shall strive to implement the commitments mentioned in paragraph 1 above in such a way as to minimize adverse social, environmental and economic impacts on developing country Parties, particularly those identified in Article 4, paragraphs 8 and 9, of the Convention. In line with relevant decisions of the Conference of the Parties on the implementation of those paragraphs, the Conference of the Parties serving as the meeting of the Parties to this Protocol shall, at its first session, consider what actions are necessary to minimize the adverse effects of climate change and/or the impacts of response measures on Parties referred to in those paragraphs. Among the issues to be considered shall be the establishment of funding, insurance and transfer of technology.

Article 4

1. Any Parties included in Annex I that have reached an agreement to fulfil their commitments under Article 3 jointly, shall be deemed to have met those commitments provided that their total combined aggregate anthropogenic carbon dioxide equivalent emissions of the greenhouse gases listed in Annex A do not exceed their assigned amounts calculated pursuant to their quantified emission limitation and reduction commitments inscribed in Annex B and in accordance with the provisions of Article 3. The respective emission level allocated to each

of the Parties to the agreement shall be set out in that agreement.

2. The Parties to any such agreement shall notify the secretariat of the terms of the agreement on the date of deposit of their instruments of ratification, acceptance or approval of this Protocol, or accession thereto. The secretariat shall in turn inform the Parties and signatories to the Convention of the terms of the agreement.

3. Any such agreement shall remain in operation for the duration of the commitment period specified in Article 3, paragraph 7.

4. If Parties acting jointly do so in the framework of, and together with, a regional economic integration organization, any alteration in the composition of the organization after adoption of this Protocol shall not affect existing commitments under this Protocol. Any alteration in the composition of the organization shall only apply for the purposes of those commitments under Article 3 that are adopted subsequent to that alteration.

5. In the event of failure by the Parties to such an agreement to achieve their total combined level of emission reductions, each Party to that agreement shall be responsible for its own level of emissions set out in the agreement.

6. If Parties acting jointly do so in the framework of, and together with, a regional economic integration organization which is itself a Party to this Protocol, each member State of that regional economic integration organization individually, and together with the regional economic integration organization acting in accordance with Article 24, shall, in the event of failure to achieve the total combined level of emission reductions, be responsible for its level of emissions as notified in accordance with this Article.

Article 5

1. Each Party included in Annex I shall have in place, no later than one year prior to

the start of the first commitment period, a national system for the estimation of anthropogenic emissions by sources and removals by sinks of all greenhouse gases not controlled by the Montreal Protocol. Guidelines for such national systems, which shall incorporate the methodologies specified in paragraph 2 below, shall be decided upon by the Conference of the Parties serving as the meeting of the Parties to this Protocol at its first session.

2. Methodologies for estimating anthropogenic emissions by sources and removals by sinks of all greenhouse gases not controlled by the Montreal Protocol shall be those accepted by the Intergovernmental Panel on Climate Change and agreed upon by the Conference of the Parties at its third session. Where such methodologies are not used, appropriate adjustments shall be applied according to methodologies agreed upon by the Conference of the Parties serving as the meeting of the Parties to this Protocol at its first session. Based on the work of, inter alia, the Intergovernmental Panel on Climate Change and advice provided by the Subsidiary Body for Scientific and Technological Advice, the Conference of the Parties serving as the meeting of the Parties to this Protocol shall regularly review and, as appropriate, revise such methodologies and adjustments, taking fully into account any relevant decisions by the Conference of the Parties. Any revision to methodologies or adjustments shall be used only for the purposes of ascertaining compliance with commitments under Article 3 in respect of any commitment period adopted subsequent to that revision.

3. The global warming potentials used to calculate the carbon dioxide equivalence of anthropogenic emissions by sources and removals by sinks of greenhouse gases listed in Annex A shall be those accepted by the Intergovernmental Panel on Climate Change and agreed upon by the Conference of the Parties at its third session. Based on the work of, inter alia, the Intergovernmental Panel on Climate Change and advice provided by the Subsidiary Body for Scientific and Technological Advice, the Conference of the Parties serving as the meeting of the Parties to this Protocol shall regularly review and, as appropriate, revise the global warming potential of each such greenhouse gas, taking fully into account any relevant decisions by the Conference of the Parties. Any revision to a global warming potential shall apply only to commitments under Article 3 in respect of any commitment period adopted subsequent to

that revision.

Article 6

1. For the purpose of meeting its commitments under Article 3, any Party included in Annex I may transfer to, or acquire from, any other such Party emission reduction units resulting from projects aimed at reducing anthropogenic emissions by sources or enhancing anthropogenic removals by sinks of greenhouse gases in any sector of the economy, provided that:

(a) Any such project has the approval of the Parties involved;

(b) Any such project provides a reduction in emissions by sources, or an enhancement of removals by sinks, that is additional to any that would otherwise occur;

(c) It does not acquire any emission reduction units if it is not in compliance with its obligations under Articles 5 and 7; and

(d) The acquisition of emission reduction units shall be supplemental to domestic actions for the purposes of meeting commitments under Article 3.

2. The Conference of the Parties serving as the meeting of the Parties to this Protocol may, at its first session or as soon as practicable thereafter, further elaborate guidelines for the implementation of this Article, including for verification and reporting.

3. A Party included in Annex I may authorize legal entities to participate, under its responsibility, in actions leading to the generation, transfer or acquisition under this Article of emission reduction units.

4. If a question of implementation by a Party included in Annex I of the requirements

referred to in this Article is identified in accordance with the relevant provisions of Article 8, transfers and acquisitions of emission reduction units may continue to be made after the question has been identified, provided that any such units may not be used by a Party to meet its commitments under Article 3 until any issue of compliance is resolved.

Article 7

1. Each Party included in Annex I shall incorporate in its annual inventory of anthropogenic emissions by sources and removals by sinks of greenhouse gases not controlled by the Montreal Protocol, submitted in accordance with the relevant decisions of the Conference of the Parties, the necessary supplementary information for the purposes of ensuring compliance with Article 3, to be determined in accordance with paragraph 4 below.

2. Each Party included in Annex I shall incorporate in its national communication, submitted under Article 12 of the Convention, the supplementary information necessary to demonstrate compliance with its commitments under this Protocol, to be determined in accordance with paragraph 4 below.

3. Each Party included in Annex I shall submit the information required under paragraph 1 above annually, beginning with the first inventory due under the Convention for the first year of the commitment period after this Protocol has entered into force for that Party. Each such Party shall submit the information required under paragraph 2 above as part of the first national communication due under the Convention after this Protocol has entered into force for it and after the adoption of guidelines as provided for in paragraph 4 below. The frequency of subsequent submission of information required under this Article shall be determined by the Conference of the Parties serving as the meeting of the Parties to this Protocol, taking into account any timetable for the submission of national communications decided upon by the Conference of the Parties.

4. The Conference of the Parties serving as the meeting of the Parties to this Protocol

shall adopt at its first session, and review periodically thereafter, guidelines for the preparation of the information required under this Article, taking into account guidelines for the preparation of national communications by Parties included in Annex I adopted by the Conference of the Parties. The Conference of the Parties serving as the meeting of the Parties to this Protocol shall also, prior to the first commitment period, decide upon modalities for the accounting of assigned amounts.

Article 8

1. The information submitted under Article 7 by each Party included in Annex I shall be reviewed by expert review teams pursuant to the relevant decisions of the Conference of the Parties and in accordance with guidelines adopted for this purpose by the Conference of the Parties serving as the meeting of the Parties to this Protocol under paragraph 4 below. The information submitted under Article 7, paragraph 1, by each Party included in Annex I shall be reviewed as part of the annual compilation and accounting of emissions inventories and assigned amounts. Additionally, the information submitted under Article 7, paragraph 2, by each Party included in Annex I shall be reviewed as part of the review of communications.

2. Expert review teams shall be coordinated by the secretariat and shall be composed of experts selected from those nominated by Parties to the Convention and, as appropriate, by intergovernmental organizations, in accordance with guidance provided for this purpose by the Conference of the Parties.

3. The review process shall provide a thorough and comprehensive technical assessment of all aspects of the implementation by a Party of this Protocol. The expert review teams shall prepare a report to the Conference of the Parties serving as the meeting of the Parties to this Protocol, assessing the implementation of the commitments of the Party and identifying any potential problems in, and factors influencing, the fulfilment of commitments. Such reports shall be circulated by the secretariat to all Parties to the Convention. The secretariat shall list those questions of implementation indicated in such reports for further consideration by the

Conference of the Parties serving as the meeting of the Parties to this Protocol.

4. The Conference of the Parties serving as the meeting of the Parties to this Protocol shall adopt at its first session, and review periodically thereafter, guidelines for the review of implementation of this Protocol by expert review teams taking into account the relevant decisions of the Conference of the Parties.

5. The Conference of the Parties serving as the meeting of the Parties to this Protocol shall, with the assistance of the Subsidiary Body for Implementation and, as appropriate, the Subsidiary Body for Scientific and Technological Advice, consider:

(a) The information submitted by Parties under Article 7 and the reports of the expert reviews thereon conducted under this Article; and

(b) Those questions of implementation listed by the secretariat under paragraph 3 above, as well as any questions raised by Parties.

6. Pursuant to its consideration of the information referred to in paragraph 5 above, the Conference of the Parties serving as the meeting of the Parties to this Protocol shall take decisions on any matter required for the implementation of this Protocol.

Article 9

1. The Conference of the Parties serving as the meeting of the Parties to this Protocol shall periodically review this Protocol in the light of the best available scientific information and assessments on climate change and its impacts, as well as relevant technical, social and economic information. Such reviews shall be coordinated with pertinent reviews under the Convention, in particular those required by Article 4, paragraph 2 (d), and Article 7, paragraph 2 (a), of the Convention. Based on these reviews, the Conference of the Parties serving as the meeting of the Parties to this Protocol shall take appropriate action.

2. The first review shall take place at the second session of the Conference of the Parties serving as the meeting of the Parties to this Protocol. Further reviews shall take place at regular intervals and in a timely manner.

Article 10

All Parties, taking into account their common but differentiated responsibilities and their specific national and regional development priorities, objectives and circumstances, without introducing any new commitments for Parties not included in Annex I, but reaffirming existing commitments under Article 4, paragraph 1, of the Convention, and continuing to advance the implementation of these commitments in order to achieve sustainable development, taking into account Article 4, paragraphs 3, 5 and 7, of the Convention, shall:

(a) Formulate, where relevant and to the extent possible, cost-effective national and, where appropriate, regional programmes to improve the quality of local emission factors, activity data and/or models which reflect the socio-economic conditions of each Party for the preparation and periodic updating of national inventories of anthropogenic emissions by sources and removals by sinks of all greenhouse gases not controlled by the Montreal Protocol, using comparable methodologies to be agreed upon by the Conference of the Parties, and consistent with the guidelines for the preparation of national communications adopted by the Conference of the Parties;

(b) Formulate, implement, publish and regularly update national and, where appropriate, regional programmes containing measures to mitigate climate change and measures to facilitate adequate adaptation to climate change:

(i) Such programmes would, inter alia, concern the energy, transport and industry sectors as well as agriculture, forestry and waste management. Furthermore, adaptation technologies and methods for improving spatial planning would improve adaptation to climate change; and

(ii) Parties included in Annex I shall submit information on action under this Protocol, including national programmes, in accordance with Article 7; and other Parties shall seek to include in their national communications, as appropriate, information on programmes which contain measures that the Party believes contribute to addressing climate change and its adverse impacts, including the abatement of increases in greenhouse gas emissions, and enhancement of and removals by sinks, capacity building and adaptation measures;

(c) Cooperate in the promotion of effective modalities for the development, application and diffusion of, and take all practicable steps to promote, facilitate and finance, as appropriate, the transfer of, or access to, environmentally sound technologies, know-how, practices and processes pertinent to climate change, in particular to developing countries, including the formulation of policies and programmes for the effective transfer of environmentally sound technologies that are publicly owned or in the public domain and the creation of an enabling environment for the private sector, to promote and enhance the transfer of, and access to, environmentally sound technologies;

(d) Cooperate in scientific and technical research and promote the maintenance and the development of systematic observation systems and development of data archives to reduce uncertainties related to the climate system, the adverse impacts of climate change and the economic and social consequences of various response strategies, and promote the development and strengthening of endogenous capacities and capabilities to participate in international and intergovernmental efforts, programmes and networks on research and systematic observation, taking into account Article 5 of the Convention;

(e) Cooperate in and promote at the international level, and, where appropriate, using existing bodies, the development and implementation of education and training programmes, including the strengthening of national capacity building, in particular human and institutional capacities and the exchange or secondment of personnel to train experts in this field, in particular for developing countries, and facilitate at the national level public awareness of, and public access to information on, climate change. Suitable modalities should be developed to implement these activities through the relevant bodies of the Convention, taking into account

Article 6 of the Convention;

(f) Include in their national communications information on programmes and activities undertaken pursuant to this Article in accordance with relevant decisions of the Conference of the Parties; and

(g) Give full consideration, in implementing the commitments under this Article, to Article 4, paragraph 8, of the Convention.

Article 11

1. In the implementation of Article 10, Parties shall take into account the provisions of Article 4, paragraphs 4, 5, 7, 8 and 9, of the Convention.

2. In the context of the implementation of Article 4, paragraph 1, of the Convention, in accordance with the provisions of Article 4, paragraph 3, and Article 11 of the Convention, and through the entity or entities entrusted with the operation of the financial mechanism of the Convention, the developed country Parties and other developed Parties included in Annex Ⅱ to the Convention shall:

(a) Provide new and additional financial resources to meet the agreed full costs incurred by developing country Parties in advancing the implementation of existing commitments under Article 4, paragraph 1 (a), of the Convention that are covered in Article 10, subparagraph (a); and

(b) Also provide such financial resources, including for the transfer of technology, needed by the developing country Parties to meet the agreed full incremental costs of advancing the implementation of existing commitments under Article 4, paragraph 1, of the Convention that are covered by Article 10 and that are agreed between a developing country Party and the international entity or entities referred to in Article 11 of the Convention, in accordance with that Article.

The implementation of these existing commitments shall take into account the need for adequacy and predictability in the flow of funds and the importance of appropriate burden sharing among developed country Parties. The guidance to the entity or entities entrusted with the operation of the financial mechanism of the Convention in relevant decisions of the Conference of the Parties, including those agreed before the adoption of this Protocol, shall apply mutatis mutandis to the provisions of this paragraph.

3. The developed country Parties and other developed Parties in Annex Ⅱ to the Convention may also provide, and developing country Parties avail themselves of, financial resources for the implementation of Article 10, through bilateral, regional and other multilateral channels.

Article 12

1. A clean development mechanism is hereby defined.

2. The purpose of the clean development mechanism shall be to assist Parties not included in Annex Ⅰ in achieving sustainable development and in contributing to the ultimate objective of the Convention, and to assist Parties included in Annex Ⅰ in achieving compliance with their quantified emission limitation and reduction commitments under Article 3.

3. Under the clean development mechanism:

(a) Parties not included in Annex Ⅰ will benefit from project activities resulting in certified emission reductions; and

(b) Parties included in Annex Ⅰ may use the certified emission reductions accruing from such project activities to contribute to compliance with part of their quantified emission limitation and reduction commitments under Article 3, as determined by the Conference of the Parties serving as the meeting of the Parties to this Protocol.

4. The clean development mechanism shall be subject to the authority and guidance of the Conference of the Parties serving as the meeting of the Parties to this Protocol and be supervised by an executive board of the clean development mechanism.

5. Emission reductions resulting from each project activity shall be certified by operational entities to be designated by the Conference of the Parties serving as the meeting of the Parties to this Protocol, on the basis of:

(a) Voluntary participation approved by each Party involved;

(b) Real, measurable, and long-term benefits related to the mitigation of climate change; and

(c) Reductions in emissions that are additional to any that would occur in the absence of the certified project activity.

6. The clean development mechanism shall assist in arranging funding of certified project activities as necessary.

7. The Conference of the Parties serving as the meeting of the Parties to this Protocol shall, at its first session, elaborate modalities and procedures with the objective of ensuring transparency, efficiency and accountability through independent auditing and verification of project activities.

8. The Conference of the Parties serving as the meeting of the Parties to this Protocol shall ensure that a share of the proceeds from certified project activities is used to cover administrative expenses as well as to assist developing country Parties that are particularly vulnerable to the adverse effects of climate change to meet the costs of adaptation.

9. Participation under the clean development mechanism, including in activities mentioned in paragraph 3 (a) above and in the acquisition of certified emission reductions, may involve private and/or public entities, and is to be subject to whatever guidance may be provided by the executive board of the clean development mechanism.

10. Certified emission reductions obtained during the period from the year 2000 up to the beginning of the first commitment period can be used to assist in achieving compliance in the first commitment period.

Article 13

1. The Conference of the Parties, the supreme body of the Convention, shall serve as the meeting of the Parties to this Protocol.

2. Parties to the Convention that are not Parties to this Protocol may participate as observers in the proceedings of any session of the Conference of the Parties serving as the meeting of the Parties to this Protocol. When the Conference of the Parties serves as the meeting of the Parties to this Protocol, decisions under this Protocol shall be taken only by those that are Parties to his Protocol.

3. When the Conference of the Parties serves as the meeting of the Parties to this Protocol, any member of the Bureau of the Conference of the Parties representing a Party to the Convention but, at that time, not a Party to this Protocol, shall be replaced by an additional member to be elected by and from amongst the Parties to this Protocol.

4. The Conference of the Parties serving as the meeting of the Parties to this Protocol shall keep under regular review the implementation of this Protocol and shall make, within its mandate, the decisions necessary to promote its effective implementation. It shall perform the functions assigned to it by this Protocol and shall:

(a) Assess, on the basis of all information made available to it in accordance with the provisions of this Protocol, the implementation of this Protocol by the Parties, the overall effects of the measures taken pursuant to this Protocol, in particular environmental, economic and social effects as well as their cumulative impacts and the extent to which progress towards the objective of the Convention is being achieved;

(b) Periodically examine the obligations of the Parties under this Protocol, giving due consideration to any reviews required by Article 4, paragraph 2 (d), and Article 7, paragraph 2, of the Convention, in the light of the objective of the Convention, the experience gained in its implementation and the evolution of scientific and technological knowledge, and in this respect consider and adopt regular reports on the implementation of this Protocol;

(c) Promote and facilitate the exchange of information on measures adopted by the Parties to address climate change and its effects, taking into account the differing circumstances, responsibilities and capabilities of the Parties and their respective commitments under this Protocol;

(d) Facilitate, at the request of two or more Parties, the coordination of measures adopted by them to address climate change and its effects, taking into account the differing circumstances, responsibilities and capabilities of the Parties and their respective commitments under this Protocol;

(e) Promote and guide, in accordance with the objective of the Convention and the provisions of this Protocol, and taking fully into account the relevant decisions by the Conference of the Parties, the development and periodic refinement of comparable methodologies for the effective implementation of this Protocol, to be agreed on by the Conference of the Parties serving as the meeting of the Parties to this Protocol;

(f) Make recommendations on any matters necessary for the implementation of this Protocol;

(g) Seek to mobilize additional financial resources in accordance with Article 11, paragraph 2;

(h) Establish such subsidiary bodies as are deemed necessary for the implementation of this Protocol;

(i) Seek and utilize, where appropriate, the services and cooperation of, and information provided by, competent international organizations and intergovernmental and non-governmental bodies; and

(j) Exercise such other functions as may be required for the implementation of this Protocol, and consider any assignment resulting from a decision by the Conference of the Parties.

5. The rules of procedure of the Conference of the Parties and financial procedures applied under the Convention shall be applied mutatis mutandis under this Protocol, except as may be otherwise decided by consensus by the Conference of the Parties serving as the meeting of the Parties to this Protocol.

6. The first session of the Conference of the Parties serving as the meeting of the Parties to this Protocol shall be convened by the secretariat in conjunction with the first session of the Conference of the Parties that is scheduled after the date of the entry into force of this Protocol.

Subsequent ordinary sessions of the Conference of the Parties serving as the meeting of the Parties to this Protocol shall be held every year and in conjunction with ordinary sessions of the Conference of the Parties, unless otherwise decided by the Conference of the Parties serving as the meeting of the Parties to this Protocol.

7. Extraordinary sessions of the Conference of the Parties serving as the meeting of the Parties to this Protocol shall be held at such other times as may be deemed necessary by the Conference of the Parties serving as the meeting of the Parties to this Protocol, or at the

written request of any Party, provided that, within six months of the request being communicated to the Parties by the secretariat, it is supported by at least one third of the Parties.

8. The United Nations, its specialized agencies and the International Atomic Energy Agency, as well as any State member thereof or observers thereto not party to the Convention, may be represented at sessions of the Conference of the Parties serving as the meeting of the Parties to this Protocol as observers. Any body or agency, whether national or international, governmental or non-governmental, which is qualified in matters covered by this Protocol and which has informed the secretariat of its wish to be represented at a session of the Conference of the Parties serving as the meeting of the Parties to this Protocol as an observer, may be so admitted unless at least one third of the Parties present object. The admission and participation of observers shall be subject to the rules of procedure, as referred to in paragraph 5 above.

Article 14

1. The secretariat established by Article 8 of the Convention shall serve as the secretariat of this Protocol.

2. Article 8, paragraph 2, of the Convention on the functions of the secretariat, and Article 8, paragraph 3, of the Convention on arrangements made for the functioning of the secretariat, shall apply mutatis mutandis to this Protocol. The secretariat shall, in addition, exercise the functions assigned to it under this Protocol.

Article 15

1. The Subsidiary Body for Scientific and Technological Advice and the Subsidiary Body for Implementation established by Articles 9 and 10 of the Convention shall serve as, respectively, the Subsidiary Body for Scientific and Technological Advice and the Subsidiary Body for Implementation of this Protocol. The provisions relating to the functioning of these two bodies under the Convention shall apply mutatis mutandis to this Protocol. Sessions of the

meetings of the Subsidiary Body for Scientific and Technological Advice and the Subsidiary Body for Implementation of this Protocol shall be held in conjunction with the meetings of, respectively, the Subsidiary Body for Scientific and Technological Advice and the Subsidiary Body for Implementation of the Convention.

2. Parties to the Convention that are not Parties to this Protocol may participate as observers in the proceedings of any session of the subsidiary bodies. When the subsidiary bodies serve as the subsidiary bodies of this Protocol, decisions under this Protocol shall be taken only by those that are Parties to this Protocol.

3. When the subsidiary bodies established by Articles 9 and 10 of the Convention exercise their functions with regard to matters concerning this Protocol, any member of the Bureaux of those subsidiary bodies representing a Party to the Convention but, at that time, not a party to this Protocol, shall be replaced by an additional member to be elected by and from amongst the Parties to this Protocol.

Article 16

The Conference of the Parties serving as the meeting of the Parties to this Protocol shall, as soon as practicable, consider the application to this Protocol of, and modify as appropriate, the multilateral consultative process referred to in Article 13 of the Convention, in the light of any relevant decisions that may be taken by the Conference of the Parties. Any multilateral consultative process that may be applied to this Protocol shall operate without prejudice to the procedures and mechanisms established in accordance with Article 18.

Article 17

The Conference of the Parties shall define the relevant principles, modalities, rules and guidelines, in particular for verification, reporting and accountability for emissions trading. The Parties included in Annex B may participate in emissions trading for the purposes of fulfilling their commitments under Article 3. Any such trading shall be supplemental to domestic actions for the purpose of meeting quantified emission limitation and reduction commitments under that Article.

Article 18

The Conference of the Parties serving as the meeting of the Parties to this Protocol shall, at its first session, approve appropriate and effective procedures and mechanisms to determine and to address cases of non-compliance with the provisions of this Protocol, including through the development of an indicative list of consequences, taking into account the cause, type, degree and frequency of non-compliance. Any procedures and mechanisms under this Article entailing binding consequences shall be adopted by means of an amendment to this Protocol.

Article 19

The provisions of Article 14 of the Convention on settlement of disputes shall apply mutatis mutandis to this Protocol.

Article 20

1. Any Party may propose amendments to this Protocol.

2. Amendments to this Protocol shall be adopted at an ordinary session of the Conference of the Parties serving as the meeting of the Parties to this Protocol. The text of any proposed amendment to this Protocol shall be communicated to the Parties by the secretariat at least six months before the meeting at which it is proposed for adoption. The secretariat shall also communicate the text of any proposed amendments to the Parties and signatories to the Convention and, for information, to the Depositary.

3. The Parties shall make every effort to reach agreement on any proposed amendment to

this Protocol by consensus. If all efforts at consensus have been exhausted, and no agreement reached, the amendment shall as a last resort be adopted by a three-fourths majority vote of the Parties present and voting at the meeting. The adopted amendment shall be communicated by the secretariat to the Depositary, who shall circulate it to all Parties for their acceptance.

4. Instruments of acceptance in respect of an amendment shall be deposited with the Depositary. An amendment adopted in accordance with paragraph 3 above shall enter into force for those Parties having accepted it on the ninetieth day after the date of receipt by the Depositary of an instrument of acceptance by at least three fourths of the Parties to this Protocol.

5. The amendment shall enter into force for any other Party on the ninetieth day after the date on which that Party deposits with the Depositary its instrument of acceptance of the said amendment.

Article 21

1. Annexes to this Protocol shall form an integral part thereof and, unless otherwise expressly provided, a reference to this Protocol constitutes at the same time a reference to any annexes thereto. Any annexes adopted after the entry into force of this Protocol shall be restricted to lists, forms and any other material of a descriptive nature that is of a scientific, technical, procedural or administrative character.

2. Any Party may make proposals for an annex to this Protocol and may propose amendments to annexes to this Protocol.

3. Annexes to this Protocol and amendments to annexes to this Protocol shall be adopted at an ordinary session of the Conference of the Parties serving as the meeting of the Parties to this Protocol. The text of any proposed annex or amendment to an annex shall be communicated to the Parties by the secretariat at least six months before the meeting at which it is

proposed for adoption. The secretariat shall also communicate the text of any proposed annex or amendment to an annex to the Parties and signatories to the Convention and, for information, to the Depositary.

4. The Parties shall make every effort to reach agreement on any proposed annex or amendment to an annex by consensus. If all efforts at consensus have been exhausted, and no agreement reached, the annex or amendment to an annex shall as a last resort be adopted by a three-fourths majority vote of the Parties present and voting at the meeting. The adopted annex or amendment to an annex shall be communicated by the secretariat to the Depositary, who shall circulate it to all Parties for their acceptance.

5. An annex, or amendment to an annex other than Annex A or B, that has been adopted in accordance with paragraphs 3 and 4 above shall enter into force for all Parties to this Protocol six months after the date of the communication by the Depositary to such Parties of the adoption of the annex or adoption of the amendment to the annex, except for those Parties that have notified the Depositary, in writing, within that period of their non-acceptance of the annex or amendment to the annex. The annex or amendment to an annex shall enter into force for Parties which withdraw their notification of non-acceptance on the ninetieth day after the date on which withdrawal of such notification has been received by the Depositary.

6. If the adoption of an annex or an amendment to an annex involves an amendment to this Protocol, that annex or amendment to an annex shall not enter into force until such time as the amendment to this Protocol enters into force.

7. Amendments to Annexes A and B to this Protocol shall be adopted and enter into force in accordance with the procedure set out in Article 20, provided that any amendment to Annex B shall be adopted only with the written consent of the Party concerned.

Article 22

1. Each Party shall have one vote, except as provided for in paragraph 2 below.

2. Regional economic integration organizations, in matters within their competence, shall exercise their right to vote with a number of votes equal to the number of their member States that are Parties to this Protocol. Such an organization shall not exercise its right to vote if any of its member States exercises its right, and vice versa.

Article 23

The Secretary-General of the United Nations shall be the Depositary of this Protocol.

Article 24

1. This Protocol shall be open for signature and subject to ratification, acceptance or approval by States and regional economic integration organizations which are Parties to the Convention. It shall be open for signature at United Nations Headquarters in New York from 16 March 1998 to 15 March 1999. This Protocol shall be open for accession from the day after the date on which it is closed for signature. Instruments of ratification, acceptance, approval or accession shall be deposited with the Depositary.

2. Any regional economic integration organization which becomes a Party to this Protocol without any of its member States being a Party shall be bound by all the obligations under this Protocol. In the case of such organizations, one or more of whose member States is a Party to this Protocol, the organization and its member States shall decide on their respective responsibilities for the performance of their obligations under this Protocol. In such cases, the organization and the member States shall not be entitled to exercise rights under this Protocol concurrently.

3. In their instruments of ratification, acceptance, approval or accession, regional economic integration organizations shall declare the extent of their competence with respect to the matters governed by this Protocol. These organizations shall also inform the Depositary, who shall in turn inform the Parties, of any substantial modification in the extent of their competence.

Article 25

1. This Protocol shall enter into force on the ninetieth day after the date on which not less than 55 Parties to the Convention, incorporating Parties included in Annex I which accounted in total for at least 55 per cent of the total carbon dioxide emissions for 1990 of the Parties included in Annex I, have deposited their instruments of ratification, acceptance, approval or accession.

2. For the purposes of this Article, "the total carbon dioxide emissions for 1990 of the Parties included in Annex I" means the amount communicated on or before the date of adoption of this Protocol by the Parties included in Annex I in their first national communications submitted in accordance with Article 12 of the Convention.

3. For each State or regional economic integration organization that ratifies, accepts or approves this Protocol or accedes thereto after the conditions set out in paragraph 1 above for entry into force have been fulfilled, this Protocol shall enter into force on the ninetieth day following the date of deposit of its instrument of ratification, acceptance, approval or accession.

4. For the purposes of this Article, any instrument deposited by a regional economic integration organization shall not be counted as additional to those deposited by States members of the organization.

Article 26

No reservations may be made to this Protocol.

Article 27

1. At any time after three years from the date on which this Protocol has entered into force for a Party, that Party may withdraw from this Protocol by giving written notification to the Depositary.

2. Any such withdrawal shall take effect upon expiry of one year from the date of receipt by the Depositary of the notification of withdrawal, or on such later date as may be specified in the notification of withdrawal.

3. Any Party that withdraws from the Convention shall be considered as also having withdrawn from this Protocol.

Article 28

The original of this Protocol, of which the Arabic, Chinese, English, French, Russian and Spanish texts are equally authentic, shall be deposited with the Secretary-General of the United Nations.

DONE at Kyoto this eleventh day of December one thousand nine hundred and ninety-seven.

IN WITNESS WHEREOF the undersigned, being duly authorized to that effect, have affixed their signatures to this Protocol on the dates indicated.

Greenhouse gases
Carbon dioxide (CO2)
Methane (CH4)
Nitrous oxide (N20)
Hydrofluorocarbons (HFCs)
Perfluorocarbons (PFCs)
Sulphur hexafluoride (SF6)

Sectors/source categories
− Energy
    Fuel combustion
        Energy industries
        Manufacturing industries and construction
        Transport
        Other sectors
        Other
    Fugitive emissions from fuels
        Solid fuels
        Oil and natural gas
        Other
− Industrial processes
    Mineral products
    Chemical industry
    Metal production
    Other production
    Production of halocarbons and sulphur hexafluoride
    Consumption of halocarbons and sulphur hexafluoride
    Other
− Solvent and other product use

− Agriculture
    Enteric fermentation
    Manure management
    Rice cultivation
    Agricultural soils
    Prescribed burning of savannas
    Field burning of agricultural residues
    Other

```
─ Waste
    Solid waste disposal on land
    Wastewater handling
    Waste incineration
    Other
```

Annex B
Party / Quantified emission limitation or reduction commitment
(percentage of base year or period)

Australia 108	Liechtenstein 92
Austria 92	Lithuania* 92
Belgium 92	Luxembourg 92
Bulgaria* 92	Monaco 92
Canada 94	Netherlands 92
Croatia* 95	New Zealand 100
Czech Republic* 92	Norway 101
Denmark 92	Poland* 94
Estonia* 92	Portugal 92
European Community 92	Romania* 92
Finland 92	Russian Federation* 100
France 92	Slovakia* 92
Germany 92	Slovenia* 92
Greece 92	Spain 92
Hungary* 94	Sweden 92
Iceland 110	Switzerland 92
Ireland 92	Ukraine* 100
Italy 92	United Kingdom of Great Britain and
Japan 94	Northern Ireland 92
Latvia* 92	United States of America 93

* Countries that are undergoing the process of transition to a market economy.

Treaty on European Union and
Treaty on the Functioning of the European Union[5]

Article 5 TEU (ex Article 5 TEC)

1. The limits of Union competences are governed by the principle of conferral. The use of Union competences is governed by the principles of subsidiarity and proportionality.

2. Under the principle of conferral, the Union shall act only within the limits of the competences conferred upon it by the Member States in the Treaties to attain the objectives set out therein. Competences not conferred upon the Union in the Treaties remain with the Member States.

3. Under the principle of subsidiarity, in areas which do not fall within its exclusive competence, the Union shall act only if and in so far as the objectives of the proposed action cannot be sufficiently achieved by the Member States, either at central level or at regional and local level, but can rather, by reason of the scale or effects of the proposed action, be better achieved at Union level.

The institutions of the Union shall apply the principle of subsidiarity as laid down in the Protocol on the application of the principles of subsidiarity and proportionality. National Parliaments ensure compliance with the principle of subsidiarity in accordance with the procedure set out in that Protocol.

---

5) http://eur-lex.europa.eu/JOIndex.do?year=2008&serie=C&textfield2=115&Submit=Search&_
submit=Search&ihmlang=en

4. Under the principle of proportionality, the content and form of Union action shall not exceed what is necessary to achieve the objectives of the Treaties.

The institutions of the Union shall apply the principle of proportionality as laid down in the Protocol on the application of the principles of subsidiarity and proportionality.

Article 11 TFEU (ex Article 6 TEC)

Environmental protection requirements must be integrated into the definition and implementation of the Union policies and activities, in particular with a view to promoting sustainable development.

CHAPTER 3
APPROXIMATION OF LAWS

Article 114 TFEU (ex Article 95 TEC)

1. Save where otherwise provided in the Treaties, the following provisions shall apply for the achievement of the objectives set out in Article 26. The European Parliament and the Council shall, acting in accordance with the ordinary legislative procedure and after consulting the Economic and Social Committee, adopt the measures for the approximation of the provisions laid down by law, regulation or administrative action in Member States which have as their object the establishment and functioning of the internal market.

2. Paragraph 1 shall not apply to fiscal provisions, to those relating to the free movement of persons nor to those relating to the rights and interests of employed persons.

3. The Commission, in its proposals envisaged in paragraph 1 concerning health, safety, environmental protection and consumer protection, will take as a base a high level of protection, taking account in particular of any new development based on scientific facts. Within their

respective powers, the European Parliament and the Council will also seek to achieve this objective.

4. If, after the adoption of a harmonisation measure by the European Parliament and the Council, by the Council or by the Commission, a Member State deems it necessary to maintain national provisions on grounds of major needs referred to in Article 36, or relating to the protection of the environment or the working environment, it shall notify the Commission of these provisions as well as the grounds for maintaining them.

5. Moreover, without prejudice to paragraph 4, if, after the adoption of a harmonisation measure by the European Parliament and the Council, by the Council or by the Commission, a Member State deems it necessary to introduce national provisions based on new scientific evidence relating to the protection of the environment or the working environment on grounds of a problem specific to that Member State arising after the adoption of the harmonisation measure, it shall notify the Commission of the envisaged provisions as well as the grounds for introducing them.

6. The Commission shall, within six months of the notifications as referred to in paragraphs 4 and 5, approve or reject the national provisions involved after having verified whether or not they are a means of arbitrary discrimination or a disguised restriction on trade between Member States and whether or not they shall constitute an obstacle to the functioning of the internal market.

In the absence of a decision by the Commission within this period the national provisions referred to in paragraphs 4 and 5 shall be deemed to have been approved.

When justified by the complexity of the matter and in the absence of danger for human health, the Commission may notify the Member State concerned that the period referred to in this paragraph may be extended for a further period of up to six months.

7. When, pursuant to paragraph 6, a Member State is authorised to maintain or introduce national provisions derogating from a harmonisation measure, the Commission shall immediately examine whether to propose an adaptation to that measure.

8. When a Member State raises a specific problem on public health in a field which has been the subject of prior harmonisation measures, it shall bring it to the attention of the Commission which shall immediately examine whether to propose appropriate measures to the Council.

9. By way of derogation from the procedure laid down in Articles 258 and 259, the Commission and any Member State may bring the matter directly before the Court of Justice of the European Union if it considers that another Member State is making improper use of the powers provided for in this Article.

10. The harmonisation measures referred to above shall, in appropriate cases, include a safeguard clause authorising the Member States to take, for one or more of the non-economic reasons referred to in Article 36, provisional measures subject to a Union control procedure.

Article 115 TFEU (ex Article 94 TEC)

Without prejudice to Article 114, the Council shall, acting unanimously in accordance with a special legislative procedure and after consulting the European Parliament and the Economic and Social Committee, issue directives for the approximation of such laws, regulations or administrative provisions of the Member States as directly affect the establishment or functioning of the internal market.

Article 116 TFEU (ex Article 96 TEC)

Where the Commission finds that a difference between the provisions laid down by law, regulation or administrative action in Member States is distorting the conditions of competition in the internal market and that the resultant distortion needs to be eliminated, it shall consult the Member States concerned.

If such consultation does not result in an agreement eliminating the distortion in question, the European, Parliament and the Council, acting in accordance with the ordinary legislative procedure, shall issue the necessary directives. Any other appropriate measures provided for in the Treaties may be adopted.

Article 117 TFEU (ex Article 97 TEC)

1. Where there is a reason to fear that the adoption or amendment of a provision laid down by law, regulation or administrative action may cause distortion within the meaning of Article 116, a Member State desiring to proceed therewith shall consult the Commission. After consulting the Member States, the Commission shall recommend to the States concerned such measures as may be appropriate to avoid the distortion in question.

2. If a State desiring to introduce or amend its own provisions does not comply with the recommendation addressed to it by the Commission, other Member States shall not be required, pursuant to Article 116, to amend their own provisions in order to eliminate such distortion. If the Member State which has ignored the recommendation of the Commission causes distortion detrimental only to itself, the provisions of Article 116 shall not apply.

Article 118 TFEU

In the context of the establishment and functioning of the internal market, the European Parliament and the Council, acting in accordance with the ordinary legislative procedure, shall establish measures for the creation of European intellectual property rights to provide uniform protection of intellectual property rights throughout the Union and for the setting up of centralised Union-wide authorisation, coordination and supervision arrangements.

The Council, acting in accordance with a special legislative procedure, shall by means of regulations establish language arrangements for the European intellectual property rights. The Council shall act unanimously after consulting the European Parliament.

TITLE XX
ENVIRONMENT

Article 191 TFEU (ex Article 174 TEC)

1. Union policy on the environment shall contribute to pursuit of the following objectives:
— preserving, protecting and improving the quality of the environment,
— protecting human health,
— prudent and rational utilisation of natural resources,
— promoting measures at international level to deal with regional or worldwide environmental problems, and in particular combating climate change.

2. Union policy on the environment shall aim at a high level of protection taking into account the diversity of situations in the various regions of the Union. It shall be based on the precautionary principle and on the principles that preventive action should be taken, that environmental damage should as a priority be rectified at source and that the polluter should pay.

In this context, harmonisation measures answering environmental protection requirements shall include, where appropriate, a safeguard clause allowing Member States to take provisional measures, for non-economic environmental reasons, subject to a procedure of inspection by the Union.

3. In preparing its policy on the environment, the Union shall take account of:
— available scientific and technical data,
— environmental conditions in the various regions of the Union,
— the potential benefits and costs of action or lack of action,
— the economic and social development of the Union as a whole and the balanced development

of its regions.

4. Within their respective spheres of competence, the Union and the Member States shall cooperate with third countries and with the competent international organisations. The arrangements for Union cooperation may be the subject of agreements between the Union and the third parties concerned.

The previous subparagraph shall be without prejudice to Member States' competence to negotiate in international bodies and to conclude international agreements.

Article 192 TFEU (ex Article 175 TEC)

1. The European Parliament and the Council, acting in accordance with the ordinary legislative procedure and after consulting the Economic and Social Committee and the Committee of the Regions, shall decide what action is to be taken by the Union in order to achieve the objectives referred to in Article 191.

2. By way of derogation from the decision-making procedure provided for in paragraph 1 and without prejudice to Article 114, the Council acting unanimously in accordance with a special legislative procedure and after consulting the European Parliament, the Economic and Social Committee and the Committee of the Regions, shall adopt:

(a) provisions primarily of a fiscal nature;

(b) measures affecting:
— town and country planning,
— quantitative management of water resources or affecting, directly or indirectly, the availability of those resources,
— land use, with the exception of waste management;

(c) measures significantly affecting a Member State's choice between different energy sources and the general structure of its energy supply.

The Council, acting unanimously on a proposal from the Commission and after consulting the European Parliament, the Economic and Social Committee and the Committee of the Regions, may make the ordinary legislative procedure applicable to the matters referred to in the first subparagraph.

3. General action programmes setting out priority objectives to be attained shall be adopted by the European Parliament and the Council, acting in accordance with the ordinary legislative procedure and after consulting the Economic and Social Committee and the Committee of the Regions.

The measures necessary for the implementation of these programmes shall be adopted under the terms of paragraph 1 or 2, as the case may be.

4. Without prejudice to certain measures adopted by the Union, the Member States shall finance and implement the environment policy.

5. Without prejudice to the principle that the polluter should pay, if a measure based on the provisions of paragraph 1 involves costs deemed disproportionate for the public authorities of a Member State, such measure shall lay down appropriate provisions in the form of:
— temporary derogations, and/or
— financial support from the Cohesion Fund set up pursuant to Article 177.

Article 193 TFEU (ex Article 176 TEC)

The protective measures adopted pursuant to Article 192 shall not prevent any Member State from maintaining or introducing more stringent protective measures. Such measures must be compatible with the Treaties. They shall be notified to the Commission.

▦ 부록 6

Directive 2004/35/EC of the European Parliament and of the Council of 21 April 2004 on environmental liability with regard to the prevention and remedying of environmental damage (OJ 2004 L143/56)[6]

THE EUROPEAN PARLIAMENT AND THE COUNCIL OF THE EUROPEAN UNION,

Having regard to the Treaty establishing the European Community, and in particular Article 175(1) thereof,

Having regard to the proposal from the Commission,

Having regard to the Opinion of the European Economic and Social Committee,

After consulting the Committee of the Regions,

Acting in accordance with the procedure laid down in Article 251 of the Treaty, in the light of the joint text approved by the Conciliation Committee on 10 March 2004,

Whereas:

(1) There are currently many contaminated sites in the Community, posing significant health risks, and the loss of biodiversity has dramatically accelerated over the last decades. Failure to act could result in increased site contamination and greater loss of biodiversity in the future. Preventing and remedying, insofar as is possible, environmental damage contributes to implementing the objectives and principles of the Community's environment policy as set out in the Treaty. Local conditions should be taken into account when deciding how to remedy damage.

(2) The prevention and remedying of environmental damage should be implemented through

---

6) http://europa.eu/legislation_summaries/environment/general_provisions/l28120_en.htm

the furtherance of the "polluter pays" principle, as indicated in the Treaty and in line with the principle of sustainable development. The fundamental principle of this Directive should therefore be that an operator whose activity has caused the environmental damage or the imminent threat of such damage is to be held financially liable, in order to induce operators to adopt measures and develop practices to minimise the risks of environmental damage so that their exposure to financial liabilities is reduced.

(3) Since the objective of this Directive, namely to establish a common framework for the prevention and remedying of environmental damage at a reasonable cost to society, cannot be sufficiently achieved by the Member States and can therefore be better achieved at Community level by reason of the scale of this Directive and its implications in respect of other Community legislation, namely Council Directive 79/409/EEC of 2 April 1979 on the conservation of wild birds, Council Directive 92/43/EEC of 21 May 1992 on the conservation of natural habitats and of wild fauna and flora, and Directive 2000/60/EC of the European Parliament and of the Council of 23 October 2000 establishing a framework for Community action in the field of water policy, the Community may adopt measures in accordance with the principle of subsidiarity as set out in Article 5 of the Treaty. In accordance with the principle of proportionality, as set out in that Article, this Directive does not go beyond what is necessary in order to achieve that objective.

(4) Environmental damage also includes damage caused by airborne elements as far as they cause damage to water, land or protected species or natural habitats.

(5) Concepts instrumental for the correct interpretation and application of the scheme provided for by this Directive should be defined especially as regards the definition of environmental damage. When the concept in question derives from other relevant Community legislation, the same definition should be used so that common criteria can be used and uniform application promoted.

(6) Protected species and natural habitats might also be defined by reference to species and

habitats protected in pursuance of national legislation on nature conservation. Account should nevertheless be taken of specific situations where Community, or equivalent national, legislation allows for certain derogations from the level of protection afforded to the environment.

(7) For the purposes of assessing damage to land as defined in this Directive the use of risk assessment procedures to determine to what extent human health is likely to be adversely affected is desirable.

(8) This Directive should apply, as far as environmental damage is concerned, to occupational activities which present a risk for human health or the environment. Those activities should be identified, in principle, by reference to the relevant Community legislation which provides for regulatory requirements in relation to certain activities or practices considered as posing a potential or actual risk for human health or the environment.

(9) This Directive should also apply, as regards damage to protected species and natural habitats, to any occupational activities other than those already directly or indirectly identified by reference to Community legislation as posing an actual or potential risk for human health or the environment. In such cases the operator should only be liable under this Directive whenever he is at fault or negligent.

(10) Express account should be taken of the Euratom Treaty and relevant international conventions and of Community legislation regulating more comprehensively and more stringently the operation of any of the activities falling under the scope of this Directive. This Directive, which does not provide for additional rules of conflict of laws when it specifies the powers of the competent authorities, is without prejudice to the rules on international jurisdiction of courts as provided, inter alia, in Council Regulation (EC) No 44/2001 of 22 December 2000 on jurisdiction and the recognition and enforcement of judgments in civil and commercial matters. This Directive should not apply to activities the main purpose of which is to serve national defence or international security.

(11) This Directive aims at preventing and remedying environmental damage, and does not affect rights of compensation for traditional damage granted under any relevant international agreement regulating civil liability.

(12) Many Member States are party to international agreements dealing with civil liability in relation to specific fields. These Member States should be able to remain so after the entry into force of this Directive, whereas other Member States should not lose their freedom to become parties to these agreements.

(13) Not all forms of environmental damage can be remedied by means of the liability mechanism. For the latter to be effective, there need to be one or more identifiable polluters, the damage should be concrete and quantifiable, and a causal link should be established between the damage and the identified polluter(s). Liability is therefore not a suitable instrument for dealing with pollution of a widespread, diffuse character, where it is impossible to link the negative environmental effects with acts or failure to act of certain individual actors.

(14) This Directive does not apply to cases of personal injury, to damage to private property or to any economic loss and does not affect any right regarding these types of damages.

(15) Since the prevention and remedying of environmental damage is a task directly contributing to the pursuit of the Community's environment policy, public authorities should ensure the proper implementation and enforcement of the scheme provided for by this Directive.

(16) Restoration of the environment should take place in an effective manner ensuring that the relevant restoration objectives are achieved. A common framework should be defined to that end, the proper application of which should be supervised by the competent authority.

(17) Appropriate provision should be made for those situations where several instances of environmental damage have occurred in such a manner that the competent authority cannot ensure that all the necessary remedial measures are taken at the same time. In such a case,

the competent authority should be entitled to decide which instance of environmental damage is to be remedied first.

(18) According to the "polluter-pays" principle, an operator causing environmental damage or creating an imminent threat of such damage should, in principle, bear the cost of the necessary preventive or remedial measures. In cases where a competent authority acts, itself or through a third party, in the place of an operator, that authority should ensure that the cost incurred by it is recovered from the operator. It is also appropriate that the operators should ultimately bear the cost of assessing environmental damage and, as the case may be, assessing an imminent threat of such damage occurring.

(19) Member States may provide for flat-rate calculation of administrative, legal, enforcement and other general costs to be recovered.

(20) An operator should not be required to bear the costs of preventive or remedial actions taken pursuant to this Directive in situations where the damage in question or imminent threat thereof is the result of certain events beyond the operator's control. Member States may allow that operators who are not at fault or negligent shall not bear the cost of remedial measures, in situations where the damage in question is the result of emissions or events explicitly authorised or where the potential for damage could not have been known when the event or emission took place.

(21) Operators should bear the costs relating to preventive measures when those measures should have been taken as a matter of course in order to comply with the legislative, regulatory and administrative provisions regulating their activities or the terms of any permit or authorisation.

(22) Member States may establish national rules covering cost allocation in cases of multiple party causation. Member States may take into account, in particular, the specific situation of users of products who might not be held responsible for environmental damage in the same conditions as those producing such products. In this case, apportionment of liability should be

determined in accordance with national law.

(23) Competent authorities should be entitled to recover the cost of preventive or remedial measures from an operator within a reasonable period of time from the date on which those measures were completed.

(24) It is necessary to ensure that effective means of implementation and enforcement are available, while ensuring that the legitimate interests of the relevant operators and other interested parties are adequately safeguarded. Competent authorities should be in charge of specific tasks entailing appropriate administrative discretion, namely the duty to assess the significance of the damage and to determine which remedial measures should be taken.

(25) Persons adversely affected or likely to be adversely affected by environmental damage should be entitled to ask the competent authority to take action. Environmental protection is, however, a diffuse interest on behalf of which individuals will not always act or will not be in a position to act. Non-governmental organisations promoting environmental protection should therefore also be given the opportunity to properly contribute to the effective implementation of this Directive.

(26) The relevant natural or legal persons concerned should have access to procedures for the review of the competent authority's decisions, acts or failure to act.

(27) Member States should take measures to encourage the use by operators of any appropriate insurance or other forms of financial security and the development of financial security instruments and markets in order to provide effective cover for financial obligations under this Directive.

(28) Where environmental damage affects or is likely to affect several Member States, those Member States should cooperate with a view to ensuring proper and effective preventive or remedial action in respect of any environmental damage. Member States may seek to recover

the costs for preventive or remedial actions.

(29) This Directive should not prevent Member States from maintaining or enacting more stringent provisions in relation to the prevention and remedying of environmental damage; nor should it prevent the adoption by Member States of appropriate measures in relation to situations where double recovery of costs could occur as a result of concurrent action by a competent authority under this Directive and by a person whose property is affected by the environmental damage.

(30) Damage caused before the expiry of the deadline for implementation of this Directive should not be covered by its provisions.

(31) Member States should report to the Commission on the experience gained in the application of this Directive so as to enable the Commission to consider, taking into account the impact on sustainable development and future risks to the environment, whether any review of this Directive is appropriate,

HAVE ADOPTED THIS DIRECTIVE:

Article 1
Subject matter

The purpose of this Directive is to establish a framework of environmental liability based on the "polluter-pays" principle, to prevent and remedy environmental damage.

Article 2
Definitions

For the purpose of this Directive the following definitions shall apply:

1. "environmental damage" means:

(a) damage to protected species and natural habitats, which is any damage that has significant adverse effects on reaching or maintaining the favourable conservation status of such habitats or species. The significance of such effects is to be assessed with reference to the baseline condition, taking account of the criteria set out in Annex Ⅰ;

Damage to protected species and natural habitats does not include previously identified adverse effects which result from an act by an operator which was expressly authorised by the relevant authorities in accordance with provisions implementing Article 6(3) and (4) or Article 16 of Directive 92/43/EEC or Article 9 of Directive 79/409/EEC or, in the case of habitats and species not covered by Community law, in accordance with equivalent provisions of national law on nature conservation.

(b) water damage, which is any damage that significantly adversely affects the ecological, chemical and/or quantitative status and/or ecological potential, as defined in Directive 2000/60/EC, of the waters concerned, with the exception of adverse effects where Article 4(7) of that Directive applies;

(c) land damage, which is any land contamination that creates a significant risk of human health being adversely affected as a result of the direct or indirect introduction, in, on or under land, of substances, preparations, organisms or micro-organisms;

2. "damage" means a measurable adverse change in a natural resource or measurable impairment of a natural resource service which may occur directly or indirectly;

3. "protected species and natural habitats" means:

(a) the species mentioned in Article 4(2) of Directive 79/409/EEC or listed in Annex Ⅰ thereto or listed in Annexes Ⅱ and Ⅳ to Directive 92/43/EEC;

(b) the habitats of species mentioned in Article 4(2) of Directive 79/409/EEC or listed in Annex Ⅰ thereto or listed in Annex Ⅱ to Directive 92/43/EEC, and the natural habitats listed in Annex Ⅰ to Directive 92/43/EEC and the breeding sites or resting places of the species listed in Annex Ⅳ to Directive 92/43/EEC; and

(c) where a Member State so determines, any habitat or species, not listed in those Annexes which the Member State designates for equivalent purposes as those laid down in these two Directives;

4. "conservation status" means:

(a) in respect of a natural habitat, the sum of the influences acting on a natural habitat and its typical species that may affect its long-term natural distribution, structure and functions as well as the long-term survival of its typical species within, as the case may be, the European territory of the Member States to which the Treaty applies or the territory of a Member State or the natural range of that habitat;

The conservation status of a natural habitat will be taken as "favourable" when:

- its natural range and areas it covers within that range are stable or increasing,
- the specific structure and functions which are necessary for its long-term maintenance exist and are likely to continue to exist for the foreseeable future, and
- the conservation status of its typical species is favourable, as defined in (b);

(b) in respect of a species, the sum of the influences acting on the species concerned that may affect the long-term distribution and abundance of its populations within, as the case may be, the European territory of the Member States to which the Treaty applies or the territory of a Member State or the natural range of that species;

The conservation status of a species will be taken as "favourable" when:

- population dynamics data on the species concerned indicate that it is maintaining itself on a long-term basis as a viable component of its natural habitats,
- the natural range of the species is neither being reduced nor is likely to be reduced for the foreseeable future, and
- there is, and will probably continue to be, a sufficiently large habitat to maintain its populations on a long-term basis;

5. "waters" mean all waters covered by Directive 2000/60/EC;

6. "operator" means any natural or legal, private or public person who operates or controls the occupational activity or, where this is provided for in national legislation, to whom decisive economic power over the technical functioning of such an activity has been delegated, including the holder of a permit or authorisation for such an activity or the person registering or notifying such an activity;

7. "occupational activity" means any activity carried out in the course of an economic activity, a business or an undertaking, irrespectively of its private or public, profit or non-profit character;

8. "emission" means the release in the environment, as a result of human activities, of substances, preparations, organisms or micro-organisms;

9. "imminent threat of damage" means a sufficient likelihood that environmental damage will occur in the near future;

10. "preventive measures" means any measures taken in response to an event, act or omission that has created an imminent threat of environmental damage, with a view to preventing or minimising that damage;

11. "remedial measures" means any action, or combination of actions, including mitigating or interim measures to restore, rehabilitate or replace damaged natural resources and/or impaired services, or to provide an equivalent alternative to those resources or services as foreseen in Annex II;

12. "natural resource" means protected species and natural habitats, water and land;

13. "services" and "natural resources services" mean the functions performed by a natural resource for the benefit of another natural resource or the public;

14. "baseline condition" means the condition at the time of the damage of the natural resources and services that would have existed had the environmental damage not occurred, estimated on the basis of the best information available;

15. "recovery", including "natural recovery", means, in the case of water, protected species and natural habitats the return of damaged natural resources and/or impaired services to baseline condition and in the case of land damage, the elimination of any significant risk of adversely affecting human health;

16. "costs" means costs which are justified by the need to ensure the proper and effective implementation of this Directive including the costs of assessing environmental damage, an imminent threat of such damage, alternatives for action as well as the administrative, legal, and enforcement costs, the costs of data collection and other general costs, monitoring and supervision costs.

Article 3
Scope

1. This Directive shall apply to:

(a) environmental damage caused by any of the occupational activities listed in Annex Ⅲ, and to any imminent threat of such damage occurring by reason of any of those activities;

(b) damage to protected species and natural habitats caused by any occupational activities other than those listed in Annex Ⅲ, and to any imminent threat of such damage occurring by reason of any of those activities, whenever the operator has been at fault or negligent.

2. This Directive shall apply without prejudice to more stringent Community legislation regulating the operation of any of the activities falling within the scope of this Directive and without prejudice to Community legislation containing rules on conflicts of jurisdiction.

3. Without prejudice to relevant national legislation, this Directive shall not give private parties a right of compensation as a consequence of environmental damage or of an imminent threat of such damage.

Article 4
Exceptions

1. This Directive shall not cover environmental damage or an imminent threat of such damage caused by:

(a) an act of armed conflict, hostilities, civil war or insurrection;

(b) a natural phenomenon of exceptional, inevitable and irresistible character.

2. This Directive shall not apply to environmental damage or to any imminent threat of such damage arising from an incident in respect of which liability or compensation falls within the scope of any of the International Conventions listed in Annex Ⅳ, including any future amendments thereof, which is in force in the Member State concerned.

3. This Directive shall be without prejudice to the right of the operator to limit his liability in accordance with national legislation implementing the Convention on Limitation of Liability for Maritime Claims (LLMC), 1976, including any future amendment to the Convention, or the Strasbourg Convention on Limitation of Liability in Inland Navigation (CLNI), 1988, including any future amendment to the Convention.

4. This Directive shall not apply to such nuclear risks or environmental damage or imminent threat of such damage as may be caused by the activities covered by the Treaty establishing the European Atomic Energy Community or caused by an incident or activity in respect of which liability or compensation falls within the scope of any of the international instruments listed in Annex Ⅴ, including any future amendments thereof.

5. This Directive shall only apply to environmental damage or to an imminent threat of such damage caused by pollution of a diffuse character, where it is possible to establish a causal link between the damage and the activities of individual operators.

6. This Directive shall not apply to activities the main purpose of which is to serve national defence or international security nor to activities the sole purpose of which is to protect from natural disasters.

Article 5
Preventive action

1. Where environmental damage has not yet occurred but there is an imminent threat of such damage occurring, the operator shall, without delay, take the necessary preventive measures.

2. Member States shall provide that, where appropriate, and in any case whenever an imminent threat of environmental damage is not dispelled despite the preventive measures taken by the operator, operators are to inform the competent authority of all relevant aspects of the situation, as soon as possible.

3. The competent authority may, at any time:

(a) require the operator to provide information on any imminent threat of environmental damage or in suspected cases of such an imminent threat;

(b) require the operator to take the necessary preventive measures;

(c) give instructions to the operator to be followed on the necessary preventive measures to be taken; or

(d) itself take the necessary preventive measures.

4. The competent authority shall require that the preventive measures are taken by the operator. If the operator fails to comply with the obligations laid down in paragraph 1 or 3(b) or (c), cannot be identified or is not required to bear the costs under this Directive, the competent authority may take these measures itself.

Article 6
Remedial action

1. Where environmental damage has occurred the operator shall, without delay, inform the competent authority of all relevant aspects of the situation and take:

(a) all practicable steps to immediately control, contain, remove or otherwise manage the relevant contaminants and/or any other damage factors in order to limit or to prevent further environmental damage and adverse effects on human health or further impairment of services and

(b) the necessary remedial measures, in accordance with Article 7.

2. The competent authority may, at any time:

(a) require the operator to provide supplementary information on any damage that has occurred;

(b) take, require the operator to take or give instructions to the operator concerning, all practicable steps to immediately control, contain, remove or otherwise manage the relevant contaminants and/or any other damage factors in order to limit or to prevent further environmental damage and adverse effect on human health, or further impairment of services;

(c) require the operator to take the necessary remedial measures;

(d) give instructions to the operator to be followed on the necessary remedial measures to be taken; or

(e) itself take the necessary remedial measures.

3. The competent authority shall require that the remedial measures are taken by the operator. If the operator fails to comply with the obligations laid down in paragraph 1 or 2(b), (c) or (d), cannot be identified or is not required to bear the costs under this Directive, the competent authority may take these measures itself, as a means of last resort.

Article 7

Determination of remedial measures

1. Operators shall identify, in accordance with Annex II, potential remedial measures and submit them to the competent authority for its approval, unless the competent authority has taken action under Article 6(2)(e) and (3).

2. The competent authority shall decide which remedial measures shall be implemented in accordance with Annex II, and with the cooperation of the relevant operator, as required.

3. Where several instances of environmental damage have occurred in such a manner that the competent authority cannot ensure that the necessary remedial measures are taken at the same time, the competent authority shall be entitled to decide which instance of environmental damage must be remedied first.

In making that decision, the competent authority shall have regard, inter alia, to the nature, extent and gravity of the various instances of environmental damage concerned, and to the possibility of natural recovery. Risks to human health shall also be taken into account.

4. The competent authority shall invite the persons referred to in Article 12(1) and in any case the persons on whose land remedial measures would be carried out to submit their observations and shall take them into account.

Article 8

Prevention and remediation costs

1. The operator shall bear the costs for the preventive and remedial actions taken pursuant to this Directive.

2. Subject to paragraphs 3 and 4, the competent authority shall recover, inter alia, via

security over property or other appropriate guarantees from the operator who has caused the damage or the imminent threat of damage, the costs it has incurred in relation to the preventive or remedial actions taken under this Directive.

However, the competent authority may decide not to recover the full costs where the expenditure required to do so would be greater than the recoverable sum or where the operator cannot be identified.

3. An operator shall not be required to bear the cost of preventive or remedial actions taken pursuant to this Directive when he can prove that the environmental damage or imminent threat of such damage:

(a) was caused by a third party and occured despite the fact that appropriate safety measures were in place; or

(b) resulted from compliance with a compulsory order or instruction emanating from a public authority other than an order or instruction consequent upon an emission or incident caused by the operator's own activities.

In such cases Member States shall take the appropriate measures to enable the operator to recover the costs incurred.

4. The Member States may allow the operator not to bear the cost of remedial actions taken pursuant to this Directive where he demonstrates that he was not at fault or negligent and that the environmental damage was caused by:

(a) an emission or event expressly authorised by, and fully in accordance with the conditions of, an authorisation conferred by or given under applicable national laws and regulations which implement those legislative measures adopted by the Community specified in Annex Ⅲ, as applied at the date of the emission or event;

(b) an emission or activity or any manner of using a product in the course of an activity which the operator demonstrates was not considered likely to cause environmental damage according to the state of scientific and technical knowledge at the time when the emission was released or the activity took place.

5. Measures taken by the competent authority in pursuance of Article 5(3) and (4) and Article 6(2) and (3) shall be without prejudice to the liability of the relevant operator under this Directive and without prejudice to Articles 87 and 88 of the Treaty.

Article 9
Cost allocation in cases of multiple party causation

This Directive is without prejudice to any provisions of national regulations concerning cost allocation in cases of multiple party causation especially concerning the apportionment of liability between the producer and the user of a product.

Article 10
Limitation period for recovery of costs

The competent authority shall be entitled to initiate cost recovery proceedings against the operator, or if appropriate, a third party who has caused the damage or the imminent threat of damage in relation to any measures taken in pursuance of this Directive within five years from the date on which those measures have been completed or the liable operator, or third party, has been identified, whichever is the later.

Article 11
Competent authority

1. Member States shall designate the competent authority(ies) responsible for fulfilling the duties provided for in this Directive.

2. The duty to establish which operator has caused the damage or the imminent threat of damage, to assess the significance of the damage and to determine which remedial measures should be taken with reference to Annex Ⅱ shall rest with the competent authority. To that effect, the competent authority shall be entitled to require the relevant operator to carry out his own assessment and to supply any information and data necessary.

3. Member States shall ensure that the competent authority may empower or require third parties to carry out the necessary preventive or remedial measures.

4. Any decision taken pursuant to this Directive which imposes preventive or remedial measures shall state the exact grounds on which it is based. Such decision shall be notified forthwith to the operator concerned, who shall at the same time be informed of the legal remedies available to him under the laws in force in the Member State concerned and of the time-limits to which such remedies are subject.

Article 12
Request for action

1. Natural or legal persons:

(a) affected or likely to be affected by environmental damage or

(b) having a sufficient interest in environmental decision making relating to the damage or, alternatively,

(c) alleging the impairment of a right, where administrative procedural law of a Member State requires this as a precondition,

shall be entitled to submit to the competent authority any observations relating to instances of environmental damage or an imminent threat of such damage of which they are aware and shall be entitled to request the competent authority to take action under this Directive.

What constitutes a "sufficient interest" and "impairment of a right" shall be determined by the Member States.

To this end, the interest of any non-governmental organisation promoting environmental protection and meeting any requirements under national law shall be deemed sufficient for the purpose of subparagraph (b). Such organisations shall also be deemed to have rights capable of being impaired for the purpose of subparagraph (c).

2. The request for action shall be accompanied by the relevant information and data supporting the observations submitted in relation to the environmental damage in question.

3. Where the request for action and the accompanying observations show in a plausible manner that environmental damage exists, the competent authority shall consider any such observations and requests for action. In such circumstances the competent authority shall give the relevant operator an opportunity to make his views known with respect to the request for action and the accompanying observations.

4. The competent authority shall, as soon as possible and in any case in accordance with the relevant provisions of national law, inform the persons referred to in paragraph 1, which submitted observations to the authority, of its decision to accede to or refuse the request for action and shall provide the reasons for it.

5. Member States may decide not to apply paragraphs 1 and 4 to cases of imminent threat of damage.

Article 13

Review procedures

1. The persons referred to in Article 12(1) shall have access to a court or other independent and impartial public body competent to review the procedural and substantive legality of the decisions, acts or failure to act of the competent authority under this Directive.

2. This Directive shall be without prejudice to any provisions of national law which regulate access to justice and those which require that administrative review procedures be exhausted prior to recourse to judicial proceedings.

Article 14

Financial security

1. Member States shall take measures to encourage the development of financial security instruments and markets by the appropriate economic and financial operators, including financial mechanisms in case of insolvency, with the aim of enabling operators to use financial guarantees to cover their responsibilities under this Directive.

2. The Commission, before 30 April 2010 shall present a report on the effectiveness of the Directive in terms of actual remediation of environmental damages, on the availability at reasonable costs and on conditions of insurance and other types of financial security for the activities covered by Annex Ⅲ. The report shall also consider in relation to financial security the following aspects: a gradual approach, a ceiling for the financial guarantee and the exclusion of low-risk activities. In the light of that report, and of an extended impact assessment, including a cost-benefit analysis, the Commission shall, if appropriate, submit proposals for a system of harmonised mandatory financial security.

Article 15

Cooperation between Member States

1. Where environmental damage affects or is likely to affect several Member States, those Member States shall cooperate, including through the appropriate exchange of information, with a view to ensuring that preventive action and, where necessary, remedial action is taken in respect of any such environmental damage.

2. Where environmental damage has occurred, the Member State in whose territory the damage originates shall provide sufficient information to the potentially affected Member States.

3. Where a Member State identifies damage within its borders which has not been caused within them it may report the issue to the Commission and any other Member State concerned; it may make recommendations for the adoption of preventive or remedial measures and it may seek, in accordance with this Directive, to recover the costs it has incurred in relation to the adoption of preventive or remedial measures.

Article 16

Relationship with national law

1. This Directive shall not prevent Member States from maintaining or adopting more stringent provisions in relation to the prevention and remedying of environmental damage, including the identification of additional activities to be subject to the prevention and remediation requirements of this Directive and the identification of additional responsible parties.

2. This Directive shall not prevent Member States from adopting appropriate measures, such as the prohibition of double recovery of costs, in relation to situations where double recovery could occur as a result of concurrent action by a competent authority under this

Directive and by a person whose property is affected by environmental damage.

Article 17
Temporal application

This Directive shall not apply to:

- damage caused by an emission, event or incident that took place before the date referred to in Article 19(1),
- damage caused by an emission, event or incident which takes place subsequent to the date referred to in Article 19(1) when it derives from a specific activity that took place and finished before the said date,
- damage, if more than 30 years have passed since the emission, event or incident, resulting in the damage, occurred.

Article 18
Reports and review

1. Member States shall report to the Commission on the experience gained in the application of this Directive by 30 April 2013 at the latest. The reports shall include the information and data set out in Annex VI.

2. On that basis, the Commission shall submit a report to the European Parliament and to the Council before 30 April 2014, which shall include any appropriate proposals for amendment.

3. The report, referred to in paragraph 2, shall include a review of:

(a) the application of:

- Article 4(2) and (4) in relation to the exclusion of pollution covered by the international instruments listed in Annexes Ⅳ and Ⅴ from the scope of this Directive, and

- Article 4(3) in relation to the right of an operator to limit his liability in accordance with the international conventions referred to in Article 4(3).

The Commission shall take into accountexperience gained within the relevant international fora, such as the IMO and Euratom and the relevant international agreements, as well as the extent to which these instruments have entered into force and/or have been implemented by Member States and/or have been modified, taking account of all relevant instances of environmental damage resulting from such activities and the remedial action taken and the differences between the liability levels in Member States, and considering the relationship between shipowners' liability and oil receivers' contributions, having due regard to any relevant study undertaken by the International Oil Pollution Compensation Funds.

(b) the application of this Directive to environmental damage caused by genetically modified organisms (GMOs), particularly in the light of experience gained within relevant international fora and Conventions, such as the Convention on Biological Diversity and the Cartagena Protocol on Biosafety, as well as the results of any incidents of environmental damage caused by GMOs;

(c) the application of this Directive in relation to protected species and natural habitats;

(d) the instruments that may be eligible for incorporation into Annexes Ⅲ, Ⅳ and Ⅴ.

Article 19
Implementation

1. Member States shall bring into force the laws, regulations and administrative provisions necessary to comply with this Directive by 30 April 2007. They shall forthwith inform the Commission thereof.

When Member States adopt those measures, they shall contain a reference to this Directive or shall be accompanied by such a reference on the occasion of their official publication. The methods of making such reference shall be laid down by Member States.

2. Member States shall communicate to the Commission the text of the main provisions of national law which they adopt in the field covered by this Directive together with a table showing how the provisions of this Directive correspond to the national provisions adopted.

Article 20
Entry into force

This Directive shall enter into force on the day of its publication in the Official Journal of the European Union.

Article 21
Addressees

This Directive is addressed to the Member States.

Done at Strasbourg, 21 April 2004.

For the European Parliament
The President
P. Cox

For the Council
The President
D. Roche

Directive 2008/99/EC of the European Parliament and of the Council of 19 November 2008 on the protection of the environment through criminal law (OJ 2008 L328/28)[7]

THE EUROPEAN PARLIAMENT AND THE COUNCIL OF THE EUROPEAN UNION,

Having regard to the Treaty establishing the European Community, and in particular Article 175(1) thereof,

Having regard to the proposal from the Commission,

Having regard to the opinion of the European Economic and Social Committee,

After consulting the Committee of the Regions,

Acting in accordance with the procedure laid down in Article 251 of the Treaty,

Whereas:

(1) According to Article 174(2) of the Treaty, Community policy on the environment must aim at a high level of protection.

(2) The Community is concerned at the rise in environmental offences and at their effects, which are increasingly extending beyond the borders of the States in which the offences are committed. Such offences pose a threat to the environment and therefore call for an appropriate response.

(3) Experience has shown that the existing systems of penalties have not been sufficient to achieve complete compliance with the laws for the protection of the environment. Such compliance

---

7) http://europa.eu/legislation_summaries/environment/general_provisions/ev0012_en.htm

can and should be strengthened by the availability of criminal penalties, which demonstrate a social disapproval of a qualitatively different nature compared to administrative penalties or a compensation mechanism under civil law.

(4) Common rules on criminal offences make it possible to use effective methods of investigation and assistance within and between Member States.

(5) In order to achieve effective protection of the environment, there is a particular need for more dissuasive penalties for environmentally harmful activities, which typically cause or are likely to cause substantial damage to the air, including the stratosphere, to soil, water, animals or plants, including to the conservation of species.

(6) Failure to comply with a legal duty to act can have the same effect as active behaviour and should therefore also be subject to corresponding penalties.

(7) Therefore, such conduct should be considered a criminal offence throughout the Community when committed intentionally or with serious negligence.

(8) The legislation listed in the Annexes to this Directive contains provisions which should be subject to criminal law measures in order to ensure that the rules on environmental protection are fully effective.

(9) The obligations under this Directive only relate to the provisions of the legislation listed in the Annexes to this Directive which entail an obligation for Member States, when implementing that legislation, to provide for prohibitive measures.

(10) This Directive obliges Member States to provide for criminal penalties in their national legislation in respect of serious infringements of provisions of Community law on the protection of the environment. This Directive creates no obligations regarding the application of such penalties, or any other available system of law enforcement, in individual cases.

(11) This Directive is without prejudice to other systems of liability for environmental damage under Community law or national law.

(12) As this Directive provides for minimum rules, Member States are free to adopt or maintain more stringent measures regarding the effective criminal law protection of the environment. Such measures must be compatible with the Treaty.

(13) Member States should provide information to the Commission on the implementation of this Directive, in order to enable it to evaluate the effect of this Directive.

(14) Since the objective of this Directive, namely to ensure a more effective protection of the environment, cannot be sufficiently achieved by the Member States and can therefore, by reason of the scale and effects of this Directive, be better achieved at Community level, the Community may adopt measures, in accordance with the principle of subsidiarity as set out in Article 5 of the Treaty. In accordance with the principle of proportionality, as set out in that Article, this Directive does not go beyond what is necessary in order to achieve that objective.

(15) Whenever subsequent legislation on environmental matters is adopted, it should specify where appropriate that this Directive will apply. Where necessary, Article 3 should be amended.

(16) This Directive respects the fundamental rights and observes the principles as recognised in particular by the Charter of Fundamental Rights of the European Union,

HAVE ADOPTED THIS DIRECTIVE:

Article 1
Subject matter

This Directive establishes measures relating to criminal law in order to protect the environment more effectively.

Article 2

Definitions

For the purpose of this Directive:

(a) "unlawful" means infringing:

(i) the legislation adopted pursuant to the EC Treaty and listed in Annex A; or

(ii) with regard to activities covered by the Euratom Treaty, the legislation adopted pursuant to the Euratom Treaty and listed in Annex B; or

(iii) a law, an administrative regulation of a Member State or a decision taken by a competent authority of a Member State that gives effect to the Community legislation referred to in (i) or (ii);

(b) "protected wild fauna and flora species" are:

(i) for the purposes of Article 3(f), those listed in:

— Annex Ⅳ to Council Directive 92/43/EEC of 21 May 1992 on the conservation of natural habitats and of wild fauna and flora,

— Annex Ⅰ to, and referred to in Article 4(2) of, Council Directive 79/409/EEC of 2 April 1979 on the conservation of wild birds;

(ii) for the purposes of Article 3(g), those listed in Annex A or B to Council Regulation (EC) No 338/97 of 9 December 1996 on the protection of species of wild fauna and flora by regulating trade therein;

(c) "habitat within a protected site" means any habitat of species for which an area is classified as a special protection area pursuant to Article 4(1) or (2) of Directive 79/409/EEC, or any natural habitat or a habitat of species for which a site is designated as a special area of conservation pursuant to Article 4(4) of Directive 92/43/EEC;

(d) "legal person" means any legal entity having such status under the applicable national law, except for States or public bodies exercising State authority and for public international organisations.

Article 3
Offences

Member States shall ensure that the following conduct constitutes a criminal offence, when unlawful and committed intentionally or with at least serious negligence:

(a) the discharge, emission or introduction of a quantity of materials or ionising radiation into air, soil or water, which causes or is likely to cause death or serious injury to any person or substantial damage to the quality of air, the quality of soil or the quality of water, or to animals or plants;

(b) the collection, transport, recovery or disposal of waste, including the supervision of such operations and the after-care of disposal sites, and including action taken as a dealer or a broker (waste management), which causes or is likely to cause death or serious injury to any person or substantial damage to the quality of air, the quality of soil or the quality of water, or to animals or plants;

(c) the shipment of waste, where this activity falls within the scope of Article 2(35) of Regulation (EC) No 1013/2006 of the European Parliament and of the Council of 14 June 2006 on shipments of waste and is undertaken in a non-negligible quantity, whether executed in a single shipment or in several shipments which appear to be linked;

(d) the operation of a plant in which a dangerous activity is carried out or in which dangerous substances or preparations are stored or used and which, outside the plant, causes or is likely to cause death or serious injury to any person or substantial damage to the quality of air, the quality of soil or the quality of water, or to animals or plants;

(e) the production, processing, handling, use, holding, storage, transport, import, export or disposal of nuclear materials or other hazardous radioactive substances which causes or is likely to cause death or serious injury to any person or substantial damage to the quality of air, the quality of soil or the quality of water, or to animals or plants;

(f) the killing, destruction, possession or taking of specimens of protected wild fauna or flora species, except for cases where the conduct concerns a negligible quantity of such specimens and has a negligible impact on the conservation status of the species;

(g) trading in specimens of protected wild fauna or flora species or parts or derivatives thereof, except for cases where the conduct concerns a negligible quantity of such specimens and has a negligible impact on the conservation status of the species;

(h) any conduct which causes the significant deterioration of a habitat within a protected site;

(i) the production, importation, exportation, placing on the market or use of ozone-depleting substances.

Article 4
Inciting, aiding and abetting

Member States shall ensure that inciting, aiding and abetting the intentional conduct referred to in Article 3 is punishable as a criminal offence.

Article 5
Penalties

Member States shall take the necessary measures to ensure that the offences referred to in Articles 3 and 4 are punishable by effective, proportionate and dissuasive criminal penalties.

Article 6
Liability of legal persons

1. Member States shall ensure that legal persons can be held liable for offences referred to in Articles 3 and 4 where such offences have been committed for their benefit by any person who has a leading position within the legal person, acting either individually or as part of an organ of the legal person, based on:

(a) a power of representation of the legal person;

(b) an authority to take decisions on behalf of the legal person; or

(c) an authority to exercise control within the legal person.

2. Member States shall also ensure that legal persons can be held liable where the lack of supervision or control, by a person referred to in paragraph 1, has made possible the commission of an offence referred to in Articles 3 and 4 for the benefit of the legal person by a person under its authority.

3. Liability of legal persons under paragraphs 1 and 2 shall not exclude criminal proceedings against natural persons who are perpetrators, inciters or accessories in the offences referred to in Articles 3 and 4.

Article 7
Penalties for legal persons

Member States shall take the necessary measures to ensure that legal persons held liable pursuant to Article 6 are punishable by effective, proportionate and dissuasive penalties.

Article 8

Transposition

1. Member States shall bring into force the laws, regulations and administrative provisions necessary to comply with this Directive before 26 December 2010.

When Member States adopt these measures, they shall contain a reference to this Directive or be accompanied by such a reference on the occasion of their official publication. Member States shall determine how such reference is to be made.

2. Member States shall communicate to the Commission the text of the main provisions of national law which they adopt in the field covered by this Directive and a table indicating the correlation between those provisions and this Directive.

Article 9

Entry into force

This Directive shall enter into force on the 20th day following its publication in the Official Journal of the European Union.

Article 10

Addressees

This Directive is addressed to the Member States.

Done at Strasbourg, 19 November 2008.

For the European Parliament
The President
H. − G. Pöttering

For the Council

The President

J. − P. Jouyet

Regulation 401/2009/EC of the European Parliament and of the Council of 23 April 2009 on the European Environment Agency and the European Environment Information and Observation Network (Codified version) (OJ 2009 L126/13)[8]

THE EUROPEAN PARLIAMENT AND THE COUNCIL OF THE EUROPEAN UNION,

Having regard to the Treaty establishing the European Community, and in particular Article 175 thereof,

Having regard to the proposal from the Commission,

Having regard to the opinion of the European Economic and Social Committee,

After consulting the Committee of the Regions,

Acting in accordance with the procedure laid down in Article 251 of the Treaty,

Whereas:

(1) Council Regulation (EEC) No 1210/90 of 7 May 1990 on the establishment of the European Environment Agency and the European Environment Information and Observation Network has been substantially amended several times. In the interests of clarity and rationality the said Regulation should be codified.

(2) The Treaty provides for the development and implementation of a Community policy on the environment, and lays down the objectives and principles which should govern such policy.

(3) Environmental protection requirements are to be a component of the Community's

---

8) http://europa.eu/legislation_summaries/environment/general_provisions/ev0019_en.htm

other policies.

(4) According to Article 174 of the Treaty, in preparing its action relating to the environment the Community is to take account, inter alia, of the available scientific and technical data.

(5) Collection, processing and analysis of environmental data at European level are necessary in order to provide objective, reliable and comparable information which will enable the Community and the Member States to take the requisite measures to protect the environment, to assess the results of such measures and to ensure that the public is properly informed about the state of the environment.

(6) There already exist in the Community and the Member States facilities providing such information and services.

(7) They should form the basis for the European Environment Information and Observation Network to be coordinated at Community level by the European Environment Agency.

(8) The general principles and limits governing the exercise of the right of access to documents, provided for in Article 255 of the Treaty, have been laid down by Regulation (EC) No 1049/2001 of the European Parliament and of the Council of 30 May 2001 regarding public access to European Parliament, Council and Commission documents.

(9) The Agency should cooperate with existing structures at Community level to enable the Commission to ensure full application of Community legislation on the environment.

(10) The status and structure of the Agency should correspond to the objective character of the results it is intended to produce and allow it to carry out its functions in close cooperation with the existing national and international facilities.

(11) The Agency should be granted legal autonomy while maintaining close links with the

Community institutions and the Member States.

(12) It is desirable to provide for the Agency to be open to other countries which share the concern of the Community and the Member States for the objectives of the Agency under agreements to be concluded between them and the Community,

HAVE ADOPTED THIS REGULATION:

Article 1

1. This Regulation provides for the European Environment Agency, hereinafter referred to as "the Agency", and aims at the setting up of a European Environment Information and Observation Network.

2. To achieve the aims of environmental protection and improvement laid down by the Treaty and by successive Community action programmes on the environment, as well as of sustainable development, the objective of the Agency and of the European Environment Information and Observation Network shall be to provide the Community and the Member States with:

(a) objective, reliable and comparable information at European level enabling them to take the requisite measures to protect the environment, to assess the results of such measures and to ensure that the public is properly informed about the state of the environment, and to that end;

(b) the necessary technical and scientific support.

Article 2

For the purposes of achieving the objective set out in Article 1, the tasks of the Agency shall be:

(a) to establish, in cooperation with the Member States, and coordinate the Network referred to in Article 4; in this context, the Agency shall be responsible for the collection, processing and analysis of data, in particular in the fields referred to in Article 3;

(b) to provide the Community and the Member States with the objective information necessary for framing and implementing sound and effective environmental policies; to that end, in particular to provide the Commission with the information that it needs to be able to carry out successfully its tasks of identifying, preparing and evaluating measures and legislation in the field of the environment;

(c) to assist the monitoring of environmental measures through appropriate support for reporting requirements (including through involvement in the development of questionnaires, the processing of reports from Member States and the distribution of results), in accordance with its multiannual work programme and with the aim of coordinating reporting;

(d) to advise individual Member States, upon their request and where this is consistent with the Agency's annual work programme, on the development, establishment and expansion of their systems for the monitoring of environmental measures, provided such activities do not endanger the fulfilment of the other tasks established by this Article; such advice may also include peer reviews by experts at the specific request of Member States;

(e) to record, collate and assess data on the state of the environment, to draw up expert reports on the quality, sensitivity and pressures on the environment within the territory of the Community, to provide uniform assessment criteria for environmental data to be applied in all Member States, to develop further and maintain a reference centre of information on the environment; the Commission shall use this information in its task of ensuring the implementation of Community legislation on the environment;

(f) to help ensure that environmental data at European level are comparable and, if necessary, to encourage by appropriate means improved harmonisation of methods of measurement;

(g) to promote the incorporation of European environmental information into international environment monitoring programmes such as those established by the United Nations and its specialised agencies;

(h) to publish a report on the state of, trends in and prospects for the environment every five years, supplemented by indicator reports focusing upon specific issues;

(i) to stimulate the development and application of environmental forecasting techniques so that adequate preventive measures can be taken in good time;

(j) to stimulate the development of methods of assessing the cost of damage to the environment and the costs of environmental preventive, protection and restoration policies;

(k) to stimulate the exchange of information on the best technologies available for preventing or reducing damage to the environment;

(l) to cooperate with the bodies and programmes referred to in Article 15;

(m) to ensure the broad dissemination of reliable and comparable environmental information, in particular on the state of the environment, to the general public and, to this end, to promote the use of new telematics technology for this purpose;

(n) to support the Commission in the process of exchange of information on the development of environmental assessment methodologies and best practice;

(o) to assist the Commission in the diffusion of information on the results of relevant environmental research and in a form which can best assist policy development.

Article 3

1. The principal areas of activity of the Agency shall, as far as possible, include all elements enabling it to gather the information making it possible to describe the present and foreseeable state of the environment from the following points of view:

(a) the quality of the environment;

(b) the pressures on the environment;

(c) the sensitivity of the environment;

including placing these in the context of sustainable development.

2. The Agency shall furnish information which can be directly used in the implementation of Community environmental policy.

Priority shall be given to the following areas of work:

(a) air quality and atmospheric emissions;

(b) water quality, pollutants and water resources;

(c) the state of the soil, of the fauna and flora, and of biotopes;

(d) land use and natural resources;

(e) waste management;

(f) noise emissions;

(g) chemical substances which are hazardous for the environment;

(h) coastal and marine protection.

In particular, transfrontier, plurinational and global phenomena shall be covered.

The socioeconomic dimension shall also be taken into account.

3. The Agency may also cooperate in the exchange of information with other bodies, including with the European Network for the Implementation and Enforcement of Environmental Law (IMPEL Network).

In its activities the Agency shall avoid duplicating the existing activities of other institutions and bodies.

Article 4

1. The Network shall comprise:

(a) the main component elements of the national information networks;

(b) the national focal points;

(c) the topic centres.

2. Member States shall keep the Agency informed of the main component elements of their national environment information networks, especially in the priority areas referred to in Article 3(2), including any institution which in their judgment could contribute to the work of the Agency, taking into account the need to ensure the fullest possible geographical coverage of their territory.

Member States shall, as appropriate, cooperate with the Agency and contribute to the work of the European Environment Information and Observation Network in accordance with the work programme of the Agency by collecting, collating and analysing data nationwide.

Member States may also join to cooperate in these activities at a transnational level.

3. Member States may in particular designate from among the institutions referred to in paragraph 2 or other organisations established in their territory a "national focal point" for coordinating and/or transmitting the information to be supplied at national level to the Agency and to the institutions or bodies forming part of the Network, including the topic centres referred to in paragraph 4.

4. Member States may also, by 30 April 1994, identify the institutions or other organisations established in their territory which could be specifically entrusted with the task of cooperating with the Agency as regards certain topics of particular interest.

An institution thus identified should be in a position to conclude an agreement with the Agency to act as a topic centre of the Network for specific tasks.

These centres shall cooperate with other institutions which form part of the Network.

5. The topic centres shall be designated by the Management Board as defined in Article 8(1), for a period not exceeding the duration of each multiannual work programme as referred to in Article 8(4). Each designation may, however, be renewed.

6. The allocation of specific tasks to the topic centres shall appear in the Agency's multiannual work programme mentioned in Article 8(4).

7. In the light in particular of the multiannual work programme, the Agency shall periodically re-examine the component elements of the Network as referred to in paragraph 2 and shall

make such changes as may be decided on by the Management Board, taking account of any new designations made by the Member States.

Article 5

The Agency may agree with the institutions or bodies which form part of the Network, as referred to in Article 4, upon the necessary arrangements, in particular contracts, for successfully carrying out the tasks which it may entrust to them.

A Member State may provide, as regards the national institutions or organisations in its territory, that such arrangements with the Agency shall be made in agreement with the national focal point.

Article 6

1. Regulation (EC) No 1049/2001 shall apply to documents held by the Agency.

2. Decisions taken by the Agency pursuant to Article 8 of Regulation (EC) No 1049/2001 may form the subject of a complaint to the European Ombudsman or of an action before the Court of Justice of the European Communities, under the conditions laid down in Articles 195 and 230 of the Treaty respectively.

Article 7

The Agency shall have legal personality. It shall enjoy in all the Member States the most extensive legal capacity accorded to legal persons under their laws.

Article 8

1. The Agency shall have a Management Board consisting of one representative of each

Member State and two representatives of the Commission. In addition, there may be one representative of each other country which participates in the Agency, in accordance with the relevant provisions.

In addition, the European Parliament shall designate, as members of the Management Board, two scientific personalities particularly qualified in the field of environmental protection, who shall be chosen on the basis of the personal contribution they are likely to make to the Agency's work.

Each member of the Management Board may be represented by an alternate member.

2. The Management Board shall elect its chairman from among its members for a period of three years and shall adopt its rules of procedure. Each member of the Management Board shall have a vote.

The Management Board shall elect a bureau to which it may delegate executive decisions, according to the rules that it shall adopt.

3. Decisions of the Management Board shall require for their adoption a two-thirds majority of the members of the Board.

4. The Management Board shall adopt a multiannual work programme based on the priority areas referred to in Article 3(2), using as its basis a draft submitted by the Executive Director referred to in Article 9, after consulting the scientific committee, referred to in Article 10, and receiving the Commission's opinion. The multiannual work programme shall, without prejudice to the annual Community budgetary procedure, include a multiannual budget estimate.

5. Under the multiannual programme, the Management Board shall each year adopt the Agency's work programme on the basis of a draft submitted by the Executive Director after consulting the scientific committee and receiving the Commission's opinion. The programme

may be adjusted in the course of the year by the same procedure.

6. The Management Board shall adopt the annual report on the Agency's activities and forward it by 15 June at the latest to the European Parliament, the Council, the Commission, the Court of Auditors and the Member States.

7. The Agency shall forward annually to the budgetary authority all information relevant to the outcome of the evaluation procedures.

Article 9

1. The Agency shall be headed by an Executive Director appointed by the Management Board on a proposal from the Commission for a period of five years, which shall be renewable.

The Executive Director shall be the legal representative of the Agency.

The Executive Director shall be responsible:

(a) for the proper preparation and execution of the decisions and programmes adopted by the Management Board;

(b) for the day-to-day administration of the Agency;

(c) for the performance of the tasks defined in Articles 12 and 13;

(d) for the preparation and publication of the reports specified in Article 2(h);

(e) for all staff matters, for the performance of the tasks referred to in Article 8(4) and (5).

He shall obtain the opinion of the scientific committee, referred to in Article 10, for the purposes of recruitment of the Agency's scientific staff.

2. The Executive Director shall be accountable to the Management Board for his activities.

Article 10

1. The Management Board and the Executive Director shall be assisted by a scientific committee which shall deliver an opinion where provided for in this Regulation and on any scientific matter concerning the Agency's activity which the Management Board or the Executive Director may submit to it.

The opinions of the scientific committee shall be published.

2. The scientific committee shall be made up of members particularly qualified in the field of the environment, designated by the Management Board for a term of four years renewable once, taking into account, inter alia, the scientific areas which need to be represented in the committee in order to assist the Agency in its areas of activity. It shall function as determined by the rules of procedure provided for in Article 8(2).

Article 11

1. Estimates shall be drawn up of all the Agency's revenue and expenditure for each financial year, which shall correspond to the calendar year, and shall be entered in the Agency's budget.

2. The revenue and expenditure shown in the budget shall be in balance.

3. The revenue of the Agency shall, without prejudice to other resources, consist of a subsidy from the Community entered in the general budget of the European Communities

and of payments for services rendered.

4. The expenditure of the Agency shall include, inter alia, staff remuneration, administrative and infrastructure expenses, operating costs and expenditure relating to contracts concluded with institutions or bodies forming part of the Network and with third parties.

Article 12

1. Each year the Management Board, on the basis of a draft drawn up by the Executive Director, shall produce a statement of estimates of revenue and expenditure of the Agency for the following financial year. This statement of estimates, which shall include a draft establishment plan, shall be forwarded by the Management Board to the Commission by 31 March at the latest.

2. The statement of estimates shall be forwarded by the Commission to the European Parliament and the Council (hereinafter referred to as the budgetary authority) together with the preliminary draft general budget of the European Communities.

3. On the basis of the statement of estimates, the Commission shall enter in the preliminary draft general budget of the European Communities the estimates it deems necessary for the establishment plan and the amount of the subsidy to be charged to the general budget, which it shall place before the budgetary authority in accordance with Article 272 of the Treaty.

4. The budgetary authority shall authorise the appropriations for the subsidy to the Agency.

The budgetary authority shall adopt the establishment plan for the Agency.

5. The budget shall be adopted by the Management Board. It shall become final following

final adoption of the general budget of the European Communities. Where appropriate, it shall be adjusted accordingly.

6. The Management Board shall, as soon as possible, notify the budgetary authority of its intention to implement any project which may have significant financial implications for the funding of the budget, in particular any projects relating to property such as the rental or purchase of buildings. It shall inform the Commission thereof.

Where a branch of the budgetary authority has notified its intention to deliver an opinion, it shall forward its opinion to the Management Board within a period of six weeks after the date of notification of the project.

Article 13

1. The Executive Director shall implement the budget of the Agency.

2. By 1 March at the latest following each financial year, the Agency's accounting officer shall communicate the provisional accounts to the Commission's accounting officer together with a report on the budgetary and financial management for that financial year. The Commission's accounting officer shall consolidate the provisional accounts of the institutions and decentralised bodies in accordance with Article 128 of Council Regulation (EC, Euratom) No 1605/2002 of 25 June 2002 on the Financial Regulation applicable to the general budget of the European Communities.

3. By 31 March at the latest following each financial year, the Commission's accounting officer shall forward the Agency's provisional accounts to the Court of Auditors, together with a report on the budgetary and financial management for that financial year. The report on the budgetary and financial management for the financial year shall also be forwarded to the European Parliament and the Council.

4. On receipt of the Court of Auditors' observations on the Agency's provisional accounts under Article 129 of Regulation (EC, Euratom) No 1605/2002, the Executive Director shall draw up the Agency's final accounts under his own responsibility and submit them to the Management Board for an opinion.

5. The Management Board shall deliver an opinion on the Agency's final accounts.

6. The Executive Director shall, by 1 July at the latest following each financial year, forward the final accounts to the European Parliament, the Council, the Commission and the Court of Auditors, together with the Management Board's opinion.

7. The final accounts shall be published.

8. The Executive Director shall send the Court of Auditors a reply to its observations by 30 September at the latest. He shall also send this reply to the Management Board.

9. The Executive Director shall submit to the European Parliament, at the latter's request, all information necessary for the smooth application of the discharge procedure for the financial year in question, as laid down in Article 146(3) of Regulation (EC, Euratom) No 1605/2002.

10. The European Parliament, on a recommendation from the Council acting by a qualified majority, shall, before 30 April of year N + 2, give a discharge to the Executive Director in respect of the implementation of the budget for year N.

Article 14

The financial rules applicable to the Agency shall be adopted by the Management Board after the Commission has been consulted. They may not depart from Commission Regulation (EC, Euratom) No 2343/2002 of 19 November 2002 on the framework Financial Regulation for the bodies referred to in Article 185 of Council Regulation (EC, Euratom) No 1605/2002 on the Financial Regulation applicable to the general budget of the European Communities unless such departure is specifically required for the Agency's operation and the Commission has given its prior consent.

Article 15

1. The Agency shall actively seek the cooperation of other Community bodies and programmes, and notably the Joint Research Centre, the Statistical Office of the European Communities (Eurostat) and the Community's environmental research and development programmes. In particular:

(a) cooperation with the Joint Research Centre shall include the tasks set out in Annex I under A;

(b) coordination with Eurostat and the statistical programme of the European Communities shall follow the guidelines outlined in Annex I under B.

2. The Agency shall also cooperate actively with other bodies such as the European Space Agency, the Organisation for Economic Cooperation and Development (OECD), the Council of Europe and the International Energy Agency as well as the United Nations and its specialised agencies, particularly the United Nations Environment Programme, the World Meteorological Organisation and the International Atomic Energy Authority.

3. The Agency may cooperate in areas of common interest with those institutions in countries which are not members of the Community which can provide data, information and expertise, methodologies of data collection, analysis and assessment which are of mutual interest and which are necessary for the successful completion of the Agency's work.

4. The cooperation referred to in paragraphs 1, 2 and 3 must in particular take account of the need to avoid any duplication of effort.

Article 16

The Protocol on the Privileges and Immunities of the European Communities shall apply to the Agency.

Article 17

The staff of the Agency shall be subject to the Regulations and Rules applicable to officials and other servants of the European Communities.

The Agency shall exercise in respect of its staff the powers devolved to the Appointing Authority.

The Management Board shall, in agreement with the Commission, adopt the appropriate implementing rules.

Article 18

1. The contractual liability of the Agency shall be governed by the law applicable to the contract in question. The Court of Justice shall have jurisdiction to give judgment pursuant to an arbitration clause contained in a contract concluded by the Agency.

2. In the case of non-contractual liability, the Agency shall, in accordance with the general principles common to the laws of the Member States, make good any damage caused by the Agency or its servants in the performance of their duties.

The Court of Justice shall have jurisdiction in disputes relating to compensation for any such damage.

3. The personal liability of servants towards the Agency shall be governed by the provisions applying to the staff of the Agency.

Article 19

The Agency is open to countries which are not members of the Community but which share the concern of the Community and the Member States for the objectives of the Agency under agreements concluded between them and the Community following the procedure in Article 300 of the Treaty.

Article 20

Regulation (EEC) No 1210/90, as amended by the Regulations listed in Annex Ⅱ, is repealed.

References to the repealed Regulation shall be construed as references to this Regulation and shall be read in accordance with the correlation table in Annex Ⅲ.

Article 21

This Regulation shall enter into force on the 20th day following its publication in the Official Journal of the European Union.

This Regulation shall be binding in its entirety and directly applicable in all Member States.

Done at Strasbourg, 23 April 2009.

For the European Parliament
The President
H. − G. Pöttering

For the Council
The President
P. Nečas

Regulation 66/2010/EC of the European Parliament and of the Council of 25 November 2009 on the EU Ecolabel (OJ 2010 L27/1)[9]

THE EUROPEAN PARLIAMENT AND THE COUNCIL OF THE EUROPEAN UNION,

Having regard to the Treaty establishing the European Community, and in particular Article 175(1) thereof,

Having regard to the proposal from the Commission,

Having regard to the opinion of the European Economic and Social Committee,

Having regard to the opinion of the Committee of the Regions,

Acting in accordance with the procedure laid down in Article 251 of the Treaty,

Whereas:

(1) The aim of Regulation (EC) No 1980/2000 of the European Parliament and of the Council of 17 July 2000 on a revised Community eco-label award scheme was to establish a voluntary ecolabel award scheme intended to promote products with a reduced environmental impact during their entire life cycle and to provide consumers with accurate, non-deceptive, science-based information on the environmental impact of products.

(2) The experience gained during the implementation of Regulation (EC) No 1980/2000 has shown the need to amend that ecolabel scheme in order to increase its effectiveness and streamline its operation.

---

9) http://europa.eu/legislation_summaries/environment/general_provisions/co0012_en.htm

(3) The amended scheme (hereinafter "the EU Ecolabel scheme") should be implemented in compliance with the provisions of the Treaties, including, in particular, the precautionary principle as laid down in Article 174(2) of the EC Treaty.

(4) It is necessary to ensure coordination between the EU Ecolabel scheme and the establishment of the requirements in the context of Directive 2009/125/EC of the European Parliament and of the Council of 21 October 2009 establishing a framework for the setting of ecodesign requirements for energy related products.

(5) The EU Ecolabel scheme is part of the sustainable consumption and production policy of the Community, which aims at reducing the negative impact of consumption and production on the environment, health, climate and natural resources. The scheme is intended to promote those products which have a high level of environmental performance through the use of the EU Ecolabel. To this effect, it is appropriate to require that the criteria with which products must comply in order to bear the EU Ecolabel be based on the best environmental performance achieved by products on the Community market. Those criteria should be simple to understand and to use and should be based on scientific evidence, taking into consideration the latest technological developments. Those criteria should be market oriented and limited to the most significant environmental impacts of products during their whole life cycle.

(6) In order to avoid the proliferation of environmental labelling schemes and to encourage higher environmental performance in all sectors for which environmental impact is a factor in consumer choice, the possibility of using the EU Ecolabel should be extended. However, for food and feed product groups, a study should be undertaken to ensure that criteria are feasible and that added value can be guaranteed. For food and feed products, as well as unprocessed agricultural products that lie within the scope of Council Regulation (EC) No 834/2007 of 28 June 2007 on organic production and labelling of organic products, the option that only those products certified as organic would be eligible for award of the EU Ecolabel should be considered, to avoid confusion for consumers.

(7) The EU Ecolabel should aim at substituting hazardous substances by safer substances, wherever technically possible.

(8) For the acceptance by the general public of the EU Ecolabel scheme, it is essential that environmental non-governmental organisations (NGOs) and consumer organisations play an important role and be actively involved in the development and setting of EU Ecolabel criteria.

(9) It is desirable that any interested party may lead the development or revision of EU Ecolabel criteria provided that common procedural rules are followed and that the process is coordinated by the Commission. In order to ensure the overall coherence of the Community's action, it is also appropriate to require that the latest strategic objectives of the Community in the field of the environment, such as Environment Action Programmes, Sustainable Development Strategies and Climate Change Programmes, be taken into account in the development or revision of EU Ecolabel criteria.

(10) In order to simplify the EU Ecolabel scheme and to reduce the administrative burden associated with the use of the EU Ecolabel, the assessment and verification procedures should be streamlined.

(11) It is appropriate to provide for the conditions under which the EU Ecolabel may be used and, in order to ensure compliance with those conditions, to require competent bodies to undertake verifications and to prohibit the use of the EU Ecolabel where the conditions for use have not been complied with. It is also appropriate to require Member States to lay down the rules on penalties applicable to infringements of this Regulation and to ensure that they are implemented.

(12) In order to increase the use of the EU Ecolabel and in order to encourage those whose products meet the EU Ecolabel criteria, the costs of using the EU Ecolabel should be reduced.

(13) It is necessary to inform the public and to raise public awareness of the EU Ecolabel through promotion actions, information and education campaigns, at local, national and Community levels, in order to make consumers aware of the meaning of the EU Ecolabel and to enable them to make informed choices. It is also necessary in order to make the scheme more attractive to producers and retailers.

(14) Member States should consider guidelines when they establish their national Green Public Procurement Action Plans and could consider the setting of targets for public purchasing of environmental friendly products.

(15) In order to facilitate the marketing of products bearing environmental labels at national and Community levels, to limit additional work for companies, in particular SMEs, and to avoid confusing consumers, it is also necessary to enhance the coherence and promote harmonisation between the EU Ecolabel scheme and national ecolabelling schemes in the Community.

(16) In order to ensure a harmonised application of the awarding system and of the market surveillance and control of the use of the EU Ecolabel throughout the Community, competent bodies should exchange information and experiences.

(17) The measures necessary for the implementation of this Regulation should be adopted in accordance with Council Decision 1999/468/EC of 28 June 1999 laying down the procedures for the exercise of implementing powers conferred on the Commission.

(18) In particular, the Commission should be empowered to adopt the criteria with which products must comply in order to bear the EU Ecolabel and to amend the Annexes to this Regulation. Since those measures are of general scope and are designed to amend non-essential elements of this Regulation, inter alia by supplementing it with new non-essential elements, they must be adopted in accordance with the regulatory procedure with scrutiny provided for in Article 5a of Decision 1999/468/EC.

(19) For reasons of clarity and legal certainty, Regulation (EC) No 1980/2000 should therefore be replaced by this Regulation.

(20) Appropriate transitional provisions should be provided to ensure a smooth transition between Regulation (EC) No 1980/2000 and this Regulation,

HAVE ADOPTED THIS REGULATION:

Article 1
Subject matter

This Regulation lays down rules for the establishment and application of the voluntary EU Ecolabel scheme.

Article 2
Scope

1. This Regulation shall apply to any goods or services which are supplied for distribution, consumption or use on the Community market whether in return for payment or free of charge (hereinafter "products").

2. This Regulation shall apply neither to medicinal products for human use, as defined in Directive 2001/83/EC of the European Parliament and of the Council of 6 November 2001 on the Community code relating to medicinal products for human use, or for veterinary use, as defined in Directive 2001/82/EC of the European Parliament and of the Council of 6 November 2001 on the Community code relating to veterinary medicinal products, nor to any type of medical device.

Article 3
Definitions

For the purposes of this Regulation, the following definitions shall apply:

1. "product group" means a set of products that serve similar purposes and are similar in terms of use, or have similar functional properties, and are similar in terms of consumer perception;

2. "operator" means any producer, manufacturer, importer, service provider, wholesaler or retailer;

3. "environmental impact" means any change to the environment resulting wholly or partially from a product during its life cycle;

4. "environmental performance" means the result of a manufacturer's management of those characteristics of a product that cause environmental impact;

5. "verification" means a procedure to certify that a product complies with specified EU Ecolabel criteria.

Article 4
Competent bodies

1. Each Member State shall designate the body or bodies, within government ministries or outside, responsible for carrying out the tasks provided for in this Regulation ("the competent body" or "the competent bodies") and ensure that they are operational. Where more than one competent body is designated, the Member State shall determine those bodies' respective powers and the coordination requirements applicable to them.

2. The composition of the competent bodies shall be such as to guarantee their independence and neutrality and their rules of procedure shall be such as to ensure transparency in the

conduct of their activities as well as the involvement of all interested parties.

3. Member States shall ensure that competent bodies meet the requirements laid down in Annex V.

4. Competent bodies shall ensure that the verification process is carried out in a consistent, neutral and reliable manner by a party independent from the operator being verified, based on international, European or national standards and procedures concerning bodies operating product-certification schemes.

Article 5
European Union Ecolabelling Board

1. The Commission shall establish a European Union Ecolabelling Board (EUEB) consisting of the representatives of the competent bodies of all the Member States, as referred to in Article 4, and of other interested parties. The EUEB shall elect its president according to its rules of procedure. It shall contribute to the development and revision of EU Ecolabel criteria and to any review of the implementation of the EU Ecolabel scheme. It shall also provide the Commission with advice and assistance in these areas and, in particular, issue recommendations on minimum environmental performance requirements.

2. The Commission shall ensure that, in the conduct of its activities, the EUEB observes a balanced participation of all relevant interested parties in respect of each product group, such as competent bodies, producers, manufacturers, importers, service providers, wholesalers, retailers, notably SMEs, and environmental protection groups and consumer organisations.

Article 6
General requirements for EU Ecolabel criteria

1. EU Ecolabel criteria shall be based on the environmental performance of products, taking

into account the latest strategic objectives of the Community in the field of the environment.

2. EU Ecolabel criteria shall set out the environmental requirements that a product must fulfil in order to bear the EU Ecolabel.

3. EU Ecolabel criteria shall be determined on a scientific basis considering the whole life cycle of products. In determining such criteria, the following shall be considered:

(a) the most significant environmental impacts, in particular the impact on climate change, the impact on nature and biodiversity, energy and resource consumption, generation of waste, emissions to all environmental media, pollution through physical effects and use and release of hazardous substances;

(b) the substitution of hazardous substances by safer substances, as such or via the use of alternative materials or designs, wherever it is technically feasible;

(c) the potential to reduce environmental impacts due to durability and reusability of products;

(d) the net environmental balance between the environmental benefits and burdens, including health and safety aspects, at the various life stages of the products;

(e) where appropriate, social and ethical aspects, e.g. by making reference to related international conventions and agreements such as relevant ILO standards and codes of conduct;

(f) criteria established for other environmental labels, particularly officially recognised, nationally or regionally, EN ISO 14024 type I environmental labels, where they exist for that product group so as to enhance synergies;

(g) as far as possible the principle of reducing animal testing.

4. EU Ecolabel criteria shall include requirements intended to ensure that the products bearing the EU Ecolabel function adequately in accordance with their intended use.

5. Before developing EU Ecolabel criteria for food and feed products, as defined in Regulation (EC) No 178/2002 of the European Parliament and of the Council of 28 January 2002 laying down the general principles and requirements of food law, establishing the European Food Safety Authority and laying down procedures in matters of food safety, the Commission shall undertake a study, by 31 December 2011 at the latest, exploring the feasibility of establishing reliable criteria covering environmental performance during the whole life cycle of such products, including the products of fishing and aquaculture. The study should pay particular attention to the impact of any EU Ecolabel criteria on food and feed products, as well as unprocessed agricultural products that lie within the scope of Regulation (EC) No 834/2007. The study should consider the option that only those products certified as organic would be eligible for award of the EU Ecolabel, to avoid confusion for consumers.

The Commission shall decide, taking into account the outcome of the study and the opinion of the EUEB, for which group of food and feed, if any, the development of EU Ecolabel criteria is feasible, in accordance with the regulatory procedure with scrutiny referred to in Article 16(2).

6. The EU Ecolabel may not be awarded to goods containing substances or preparations/mixtures meeting the criteria for classification as toxic, hazardous to the environment, carcinogenic, mutagenic or toxic for reproduction (CMR), in accordance with Regulation (EC) No 1272/2008 of the European Parliament and of the Council of 16 December 2008 on classification, labelling and packaging of substances and mixtures, nor to goods containing substances referred to in Article 57 of Regulation (EC) No 1907/2006 of the European Parliament and of the Council of 18 December 2006 concerning the Registration, Evaluation, Authorisation and Restriction of Chemicals (REACH), establishing a European Chemicals Agency.

7. For specific categories of goods containing substances referred to in paragraph 6, and

only in the event that it is not technically feasible to substitute them as such, or via the use of alternative materials or designs, or in the case of products which have a significantly higher overall environment performance compared with other goods of the same category, the Commission may adopt measures to grant derogations from paragraph 6. No derogation shall be given concerning substances that meet the criteria of Article 57 of Regulation (EC) No 1907/2006 and that are identified according to the procedure described in Article 59(1) of that Regulation, present in mixtures, in an article or in any homogeneous part of a complex article in concentrations higher than 0,1 % (weight by weight). Those measures, designed to amend non-essential elements of this Regulation, shall be adopted in accordance with the regulatory procedure with scrutiny referred to in Article 16(2).

Article 7
Development and revision of EU Ecolabel criteria

1. Following consultation of the EUEB, the Commission, Member States, competent bodies and other stakeholders may initiate and lead the development or revision of EU Ecolabel criteria. Where such other stakeholders are put in charge of leading the development of criteria, they must demonstrate expertise in the product area, as well as the ability to lead the process with neutrality and in line with the aims of this Regulation. In this regard, consortiums consisting of more than one interest group shall be favoured.

The party which initiates and leads the development or revision of EU Ecolabel criteria shall, in accordance with the procedure set out in Part A of Annex I, produce the following documents:

(a) a preliminary report;

(b) a proposal for draft criteria;

(c) a technical report in support of the proposal for draft criteria;

(d) a final report;

(e) a manual for potential users of the EU Ecolabel and competent bodies;

(f) a manual for authorities awarding public contracts.

Those documents shall be submitted to the Commission and to the EUEB.

2. Where criteria have already been developed under another ecolabel scheme complying with the requirements of EN ISO 14024 type I environmental labels for a product group for which no EU Ecolabel criteria have been established, any Member State in which the other ecolabel scheme is recognised may, after consulting the Commission and the EUEB, propose those criteria for development under the EU Ecolabel scheme.

In such cases, the shortened criteria development procedure laid down in Part B of Annex Ⅰ may apply provided that the proposed criteria have been developed in line with Part A of Annex Ⅰ. Either the Commission or the Member State which, according to the first subparagraph, has proposed the shortened criteria development procedure shall lead that procedure.

3. Where a non-substantial revision of the criteria is necessary, the shortened revision procedure laid down in Part C of Annex Ⅰ may apply.

4. By 19 February 2011, the EUEB and the Commission shall agree on a working plan including a strategy and a non-exhaustive list of product groups. This plan will consider other Community action (e.g. in the field of green public procurement) and may be updated according to the latest strategic objectives of the Community in the field of the environment. This plan shall be regularly updated.

Article 8
Establishment of EU Ecolabel criteria

1. Draft EU Ecolabel criteria shall be developed in accordance with the procedure laid down in Annex Ⅰ and taking into account the working plan.

2. The Commission shall, no later than nine months after consulting the EUEB, adopt measures to establish specific EU Ecolabel criteria for each product group. These measures shall be published in the Official Journal of the European Union.

In its final proposal, the Commission shall take into account the comments of the EUEB and shall clearly highlight, document and provide explanations for the reasoning behind any changes in its final proposal compared to the proposal for draft criteria following the consultation of the EUEB.

Those measures, designed to amend non-essential elements of this Regulation, by supplementing it, shall be adopted in accordance with the regulatory procedure with scrutiny referred to in Article 16(2).

3. In the measures referred to in paragraph 2 the Commission shall:

(a) establish requirements for assessing the compliance of specific products with EU Ecolabel criteria ("assessment requirements");

(b) specify, for each product group, three key environmental characteristics that may be displayed in the optional label with text box described in Annex Ⅱ;

(c) specify, for each product group, the relevant period of validity of the criteria and of the assessment requirements;

(d) specify the degree of product variability allowed during the period of validity referred to in point (c).

4. When establishing EU Ecolabel criteria, care shall be taken not to introduce measures whose implementation may impose disproportionate administrative and economic burdens on SMEs.

Article 9
Award of the EU Ecolabel and terms and conditions of its use

1. Any operator who wishes to use the EU Ecolabel shall apply to the competent bodies referred to in Article 4 in accordance with the following rules:

(a) where a product originates in a single Member State, the application shall be presented to a competent body of that Member State;

(b) where a product originates in the same form in several Member States, the application may be presented to a competent body in one of those Member States;

(c) where a product originates outside the Community, the application shall be presented to a competent body in any of the Member States in which the product is to be or has been placed on the market.

2. The EU Ecolabel shall have the form depicted in Annex Ⅱ.

The EU Ecolabel may only be used in connection with products complying with the EU Ecolabel criteria applicable to the products concerned and for which the EU Ecolabel has been awarded.

3. Applications shall specify the full contact details of the operator, as well as the product

group in question and shall contain a full description of the product as well as all other information requested by the competent body.

Applications shall include all relevant documentation, as specified in the relevant Commission measure establishing EU Ecolabel criteria for the product group in question.

4. The competent body to which an application is made shall charge fees according to Annex Ⅲ. The use of the EU Ecolabel shall be conditional upon the fees having been paid in due time.

5. Within two months of receipt of an application, the competent body concerned shall check whether the documentation is complete and shall notify the operator. The competent body may reject the application if the operator fails to complete the documentation within six months after such notification.

Provided that the documentation is complete and the competent body has verified that the product complies with the EU Ecolabel criteria and assessment requirements published according to Article 8, the competent body shall assign a registration number to the product.

Operators shall meet the costs of testing and assessment of conformity with EU Ecolabel criteria. Operators may be charged for travel and accommodation costs where an on-site verification is needed outside the Member State in which the competent body is based.

6. Where EU Ecolabel criteria require production facilities to meet certain requirements, they shall be met in all facilities in which the product bearing the EU Ecolabel is manufactured. Where appropriate, the competent body shall undertake on-site verifications or assign an authorised agent for that purpose.

7. Competent bodies shall preferentially recognise tests which are accredited according to ISO 17025 and verifications performed by bodies which are accredited under the EN 45011

standard or an equivalent international standard. Competent bodies shall collaborate in order to ensure the effective and consistent implementation of the assessment and verification procedures, notably through the working group referred to in Article 13.

8. The competent body shall conclude a contract with each operator, covering the terms of use of the EU Ecolabel (including provisions for the authorisation and withdrawal of the EU Ecolabel, notably following the revision of criteria). To that end a standard contract shall be used in accordance with the template in Annex Ⅳ.

9. The operator may place the EU Ecolabel on the product only after conclusion of the contract. The operator shall also place the registration number on the product bearing the EU Ecolabel.

10. The competent body which has awarded the EU Ecolabel to a product shall notify the Commission thereof. The Commission shall establish a common register and update it regularly. That register shall be publicly available on a website dedicated to the EU Ecolabel.

11. The EU Ecolabel may be used on the products for which the EU Ecolabel has been awarded and on their associated promotional material.

12. The award of the EU Ecolabel shall be without prejudice to environmental or other regulatory requirements of Community or national law applicable to the various life stages of the product.

13. The right to use the EU Ecolabel shall not extend to the use of the EU Ecolabel as a component of a trademark.

Article 10

Market surveillance and control of the use of the EU Ecolabel

1. Any false or misleading advertising or use of any label or logo which leads to confusion

with the EU Ecolabel shall be prohibited.

2. The competent body shall, in respect of products to which it has awarded the EU Ecolabel, verify that the product complies with the EU Ecolabel criteria and assessment requirements published under Article 8, on a regular basis. The competent body shall, as appropriate, also undertake such verifications upon complaint. These verifications may take the form of random spot-checks.

The competent body which has awarded the EU Ecolabel to the product shall inform the user of the EU Ecolabel of any complaints made concerning the product bearing the EU Ecolabel, and may request the user to reply to those complaints. The competent body may withhold the identity of the complainant from the user.

3. The user of the EU Ecolabel shall allow the competent body which has awarded the EU Ecolabel to the product to undertake all necessary investigations to monitor its on-going compliance with the product group criteria and Article 9.

4. The user of the EU Ecolabel shall, upon request by the competent body which has awarded the EU Ecolabel to the product, grant access to the premises on which the product concerned is produced.

The request may be made at any reasonable time and without notice.

5. Where, after giving the user of the EU Ecolabel the opportunity to submit observations, any competent body which finds that a product bearing the EU Ecolabel does not comply with the relevant product group criteria or that the EU Ecolabel is not used in accordance with Article 9, it shall either prohibit the use of the EU Ecolabel on that product, or, in the event that the EU Ecolabel has been awarded by another competent body, it shall inform that competent body. The user of the EU Ecolabel shall not be entitled to repayment of the fees referred to in Article 9(4), either in whole or in part.

The competent body shall without delay inform all other competent bodies and the

Commission of that prohibition.

6. The competent body which has awarded the EU Ecolabel to the product shall not disclose, or use for any purpose unconnected with the award for use of the EU Ecolabel, information to which it has gained access in the course of assessing the compliance by a user of the EU Ecolabel with the rules on use of the EU Ecolabel set out in Article 9.

It shall take all reasonable steps to secure the protection of the documents provided to it against falsification and misappropriation.

Article 11
Ecolabelling schemes in the Member States

1. Where EU Ecolabel criteria for a given product group have been published, other nationally or regionally officially recognised EN ISO 14024 type Ⅰ ecolabelling schemes which do not cover that product group at the time of publication may be extended to that product group only where the criteria developed under those schemes are at least as strict as the EU Ecolabel criteria.

2. In order to harmonise the criteria of European ecolabelling schemes (EN ISO 14024 type Ⅰ), EU Ecolabel criteria shall also take into account existing criteria developed in officially recognised ecolabelling schemes in the Member States.

Article 12
Promotion of the EU Ecolabel

1. Member States and the Commission shall, in cooperation with the EUEB, agree on a specific action plan to promote the use of the EU Ecolabel by:

(a) awareness-raising actions and information and public education campaigns for consumers, producers, manufacturers, wholesalers, service providers, public purchasers, traders, retailers and the general public,

(b) encouraging the uptake of the scheme, especially for SMEs,
　　thus supporting the development of the scheme.

2. Promotion of the EU Ecolabel may be undertaken via the EU Ecolabel website providing basic information and promotional materials on the EU Ecolabel, and information on where to purchase EU Ecolabel products, in all Community languages.

3. Member States shall encourage the use of the "Manual for authorities awarding public contracts", as specified in Annex Ⅰ, Part A, point 5. For this purpose, Member States shall consider, for example, the setting of targets for the purchasing of products meeting the criteria specified in that Manual.

Article 13
Exchange of information and experiences

1. In order to foster consistent implementation of this Regulation, competent bodies shall regularly exchange information and experiences, in particular on the application of Articles 9 and 10.

2. The Commission shall set up a working group of competent bodies for this purpose. The working group shall meet at least twice a year. Travel expenses shall be borne by the Commission. The working group shall elect its chair and adopt its rules of procedure.

Article 14
Report

By 19 February 2015, the Commission shall submit to the European Parliament and the

Council a report on the implementation of the EU Ecolabel scheme. The report shall also identify elements for a possible review of the scheme.

Article 15
Amendment of Annexes

The Commission may amend the Annexes, including modifying the maximum fees provided for in Annex Ⅲ taking into account the need for fees to cover the costs of running the scheme.

Those measures, designed to amend non-essential elements of this Regulation, shall be adopted in accordance with the regulatory procedure with scrutiny referred to in Article 16(2).

Article 16
Committee procedure

1. The Commission shall be assisted by a Committee.

2. Where reference is made to this paragraph, Article 5a(1) to (4) and Article 7 of Decision 1999/468/EC shall apply, having regard to the provisions of Article 8 thereof.

Article 17
Penalties

Member States shall lay down the rules on penalties applicable to infringements of the provisions of this Regulation and shall take all measures necessary to ensure that they are implemented. The penalties provided for must be effective, proportionate and dissuasive. The Member States shall notify those provisions to the Commission without delay and shall notify it without delay of any subsequent amendment affecting them.

Article 18

Repeal

Regulation (EC) No 1980/2000 is hereby repealed.

Article 19

Transitional provisions

Regulation (EC) No 1980/2000 shall continue to apply to contracts concluded under Article 9 thereof until the date of expiry specified in those contracts, except for its provisions concerning fees.

Article 9(4) of and Annex Ⅲ to this Regulation shall apply to such contracts.

Article 20

Entry into force

This Regulation shall enter into force on the twentieth day following its publication in the Official Journal of the European Union.

This Regulation shall be binding in its entirety and directly applicable in all Member States.

Done at Strasbourg, 25 November 2009.

For the European Parliament
The President
J. Buzek

For the Council
The President
Å. Torstensson

EU의 연대기(Chronology of the European Union)

1951. 4. 18.	파리조약(Treaty of Paris)에 의해 ECSC조약(Treaty Establishing the European Coal and Steel Community)의 채택 * 원회원국: 독일, 프랑스, 이탈리아, 베네룩스 3국(벨기에, 네덜란드, 룩셈부르크) * 이사회(Council), 고등관청(High Authority), 의회(Assembly), 법원(Court)의 설립
1952. 7. 25.	ECSC조약의 발효
1957. 3. 25.	로마조약(Treaty of Rome)에 의해 EEC조약(Treaty Establishing the European Economic Community)과 EAEC조약(Treaty Establishing the European Atomic Energy Community)의 채택 * 이사회(Council), 위원회(Commission), 의회(Assembly), 법원(Court)의 설립 * Convention on certain Institutions common to the three Communities: 단일의회(a single Assembly)와 단일법원(a single Court)의 합의
1958. 1. 1.	EEC조약과 EAEC조약의 발효
1962. 3. 30.	유럽의회가 Assembly 대신 European Parliament라는 명칭을 사용하기로 결의
1965. 4. 8.	통합조약(Merger Treaty)의 채택(Treaty establishing a Single Council and a Single Commission of the European Communities)
1967. 7. 1.	통합조약(Merger Treaty)의 발효
1968. 7. 1.	관세동맹(Customs Union)의 창설
1972. 1. 22.	영국, 덴마크, 아일랜드, 노르웨이의 EC서명
1973. 1. 1.	영국, 덴마크, 아일랜드의 EC가입(노르웨이는 국민투표에서 비준거부)
1976. 9. 20.	직접보통선거에 의한 의원선출에 관한 의정서(Act concerning the Election of Representatives of the Assembly by Direct Universal Suffrage)의 채택
1979. 6. 7, 10.	유럽의회(European Parliament: EP)의 첫 직접선거의 실시
1979. 7. 17.	유럽의회(European Parliament: EP)의 공식개회
1981. 1. 1.	그리스의 EC가입
1985. 2. 1.	그린란드(1973년 1월 1일부터 EC의 회원국이었던 덴마크 영토의 일부였음)의 EC 탈퇴
1986. 1. 1.	스페인, 포르투갈의 EC가입
1986. 2. 17, 28.	단일유럽의정서(Single European Act: SEA)의 채택
1987. 7. 1.	단일유럽의정서(Single European Act: SEA)의 발효
1988. 10. 24.	이사회에 의한 제1심법원(Court of First Instance: CFI) 설립에 관한 결정(Council Decision 88/591)의 채택

1989. 9. 25.	제1심법원(Court of First Instance: CFI)의 설치
1989. 11.	제1심법원(Court of First Instance: CFI)의 직무 개시
1990. 10. 3.	독일의 통일
1992. 2. 7.	유럽연합조약(Treaty on European Union: TEU, Maastricht 조약)의 채택
1992. 5. 2.	EEA협정(Agreement on a European Economic Area)의 채택
1993. 11. 1.	유럽연합조약(Treaty on European Union: TEU, Maastricht 조약)의 발효
1994. 1. 1.	EEA협정(Agreement on a European Economic Area)의 발효
1995. 1. 1.	스웨덴, 핀란드, 오스트리아의 EU가입(노르웨이는 국민투표에서 비준 거부)
1997. 10. 2.	Amsterdam조약(Treaty of Amsterdam amending the Treaty on European Union, the Treaties establishing the European Communities and certain related Acts)의 채택
1999. 5. 1.	Amsterdam조약(Treaty of Amsterdam amending the Treaty on European Union, the Treaties establishing the European Communities and certain related Acts)의 발효
2001. 2. 26.	Nice조약(Treaty of Nice amending the Treaty on European Union, the Treaties establishing the European Communities and certain related Acts)의 채택
2002. 7. 23.	ECSC조약의 소멸
2002. 7. 24.	ECSC 자산과 부채의 EC로의 이전(ECSC조약 만료의 재정적 결과와 석탄철강 연구기금에 관한 의정서: Protocol on the financial consequences of the expiry of the ECSC Treaty and on the Research Fund for Coal and Steel)
2003. 2. 1.	Nice조약(Treaty of Nice amending the Treaty on European Union, the Treaties establishing the European Communities and certain related Acts)의 발효
2004. 5. 1.	사이프러스, 몰타, 헝가리, 폴란드, 슬로박공화국, 라트비아, 에스토니아, 리투아니아, 체크공화국, 슬로베니아의 EU가입
2004. 10. 29.	EU헌법조약(Treaty establishing a Constitution for Europe)의 채택
2005. 5. 29.	EU헌법조약 – 프랑스 국민투표에서 부결
2005. 6. 1.	EU헌법조약 – 네덜란드 국민투표에서 부결
2007. 1. 1.	루마니아, 불가리아의 EU가입
2007. 12. 13.	Lisbon조약(Treaty of Lisbon amending the Treaty on European Union and the Treaty establishing the European Community: the Treaty on European Union and the Treaty on the Functioning of the European Union)의 채택
2008. 6. 13.	Lisbon조약 – 아일랜드 1차 국민투표에서 부결
2009. 10. 2.	Lisbon조약 – 아일랜드 2차 국민투표에서 가결
2009. 10. 15.	한·EU FTA – 벨기에 브뤼셀에서 가서명
2009. 12. 1.	Lisbon조약(Treaty of Lisbon amending the Treaty on European Union and the Treaty establishing the European Community: the Treaty on European Union and the Treaty on the Functioning of the European Union)의 발효
2010. 10. 6.	한·EU FTA – 벨기에 브뤼셀에서 정식서명
2011. 7. 1.	한·EU FTA 잠정발효

리스본조약에 의한 신구조문 대조표[10)]

(Tables of equivalences)

Treaty on European Union

Old numbering of the Treaty on European Union	New numbering of the Treaty on European Union
TITLE Ⅰ −. COMMON PROVISIONS	TITLE Ⅰ −. COMMON PROVISIONS
Article 1	Article 1
	Article 2
Article 2	Article 3
Article 3(repealed)	
	Article 4
	Article 5
Article 4(repealed)	
Article 5(repealed)	
Article 6	Article 6
Article 7	Article 7
	Article 8
TITLE Ⅱ −. PROVISIONS AMENDING THE TREATY ESTABLISHING THE EUROPEAN ECONOMIC COMMUNITY WITH A VIEW TO ESTABLISHING THE EUROPEAN COMMUNITY	TITLE Ⅱ −. PROVISIONS ON DEMOCRATIC PRINCIPLES
Article 8(repealed)	Article 9
	Article 10
	Article 11
	Article 12

10) Tables of equivalences as referred to in Article 5 of the Treaty of Lisbon. OJ 2008 C115/1.

Old numbering of the Treaty on European Union	New numbering of the Treaty on European Union
TITLE Ⅲ −. PROVISIONS AMENDING THE TREATY ESTABLISHING THE EUROPEAN COAL AND STEEL COMMUNITY	TITLE Ⅲ −. PROVISIONS ON THEINSTITUTIONS
Article 9(repealed)	Article 13
	Article 14
	Article 15
	Article 16
	Article 17
	Article 18
	Article 19
TITLE Ⅳ −. PROVISIONS AMENDING THE TREATY ESTABLISHING THE EUROPEAN ATOMIC ENERGY COMMUNITY	TITLE Ⅳ −. PROVISIONS ON ENHANCED COOPERATION
Article 10(repealed) *Articles 27a to 27e(replaced)* *Articles 40 to 40b(replaced)* *Articles 43 to 45(replaced)*	Article 20
TITLE Ⅴ −. PROVISIONS ON A COMMON FOREIGN AND SECURITY POLICY	TITLE Ⅴ −. GENERAL PROVISIONS ON THE UNION'S EXTERNAL ACTION AND SPECIFIC PROVISIONS ON THE COMMON FOREIGN AND SECURITY POLICY
	Chapter 1 −. General provisions on the Union's external action
	Article 21
	Article 22
	Chapter 2 −. Specific provisions on the common foreign and security policy
	Section 1 −. Common provisions
	Article 23
Article 11	Article 24
Article 12	Article 25
Article 13	Article 26
	Article 27
Article 14	Article 28

Old numbering of the Treaty on European Union	New numbering of the Treaty on European Union
Article 15	Article 29
Article 22(moved)	Article 30
Article 23(moved)	Article 31
Article 16	Article 32
Article 17(moved)	*Article 42*
Article 18	Article 33
Article 19	Article 34
Article 20	Article 35
Article 21	Article 36
Article 22(moved)	*Article 30*
Article 23(moved)	*Article 31*
Article 24	Article 37
Article 25	Article 38
	Article 39
Article 47(moved)	Article 40
Article 26(repealed)	
Article 27(repealed)	
Article 27*a*(replaced)	*Article 20*
Article 27*b*(replaced)	*Article 20*
Article 27*c*(replaced)	*Article 20*
Article 27*d*(replaced)	*Article 20*
Article 27*e*(replaced)	*Article 20*
Article 28	Article 41
	Section 2 —. Provisions on the common security and defence policy
Article 17(moved)	Article 42
	Article 43
	Article 44
	Article 45
	Article 46
TITLE Ⅵ —. PROVISIONS ON POLICE AND JUDICIAL COOPERATION IN CRIMINAL MATTERS (repealed)	

Old numbering of the Treaty on European Union	New numbering of the Treaty on European Union
Article 29(replaced)	
Article 30(replaced)	
Article 31(replaced)	
Article 32(replaced)	
Article 33(replaced)	
Article 34(replaced)	
Article 35(replaced)	
Article 36(replaced)	
Article 37(replaced)	
Article 38(replaced)	
Article 39(replaced)	
Article 40(replaced)	*Article 20*
Article 40 A(replaced)	*Article 20*
Article 40 B(replaced)	*Article 20*
Article 41(repealed)	
Article 42(repealed)	
TITLE Ⅶ −. PROVISIONS ON ENHANCED COOPERATION(replaced)	*TITLE Ⅳ −. PROVISIONS ON ENHANCED COOPERATION*
Article 43(replaced)	*Article 20*
Article 43 A(replaced)	*Article 20*
Article 43 B(replaced)	*Article 20*
Article 44(replaced)	*Article 20*
Article 44 A(replaced)	*Article 20*
Article 45(replaced)	*Article 20*
TITRE Ⅷ −. FINAL PROVISIONS	TITLE Ⅵ −. FINAL PROVISIONS
Article 46(repealed)	
	Article 47
Article 47(replaced)	*Article 40*
Article 48	Article 48
Article 49	Article 49
	Article 50
	Article 51

Old numbering of the Treaty on European Union	New numbering of the Treaty on European Union
	Article 52
Article 50(repealed)	
Article 51	Article 53
Article 52	Article 54
Article 53	Article 55

Treaty on the Functioning of the European Union

Old numbering of the Treaty establishing the European Community	New numbering of the Treaty on the Functioning of the European Union
PART ONE −. PRINCIPLES	PART ONE −. PRINCIPLES
Article 1(repealed)	
	Article 1
Article 2(repealed)	
	Title I −. Categories and areas of union competence
	Article 2
	Article 3
	Article 4
	Article 5
	Article 6
	Title II −. Provisions having general application
	Article 7
Article 3, paragraph 1(repealed)	
Article 3, paragraph 2	Article 8
Article 4(moved)	*Article 119*
Article 5(replaced)	
	Article 9
	Article 10
Article 6	Article 11
Article 153, paragraph 2(moved)	Article 12
	Article 13

Old numbering of the Treaty establishing the European Community	New numbering of the Treaty on the Functioning of the European Union
Article 7(repealed)	
Article 8(repealed)	
Article 9(repealed)	
Article 10(repealed)	
Article 11(repealed)	*Articles 326 to 334*
Article 11a(replaced)	*Articles 326 to 334*
Article 12(repealed)	*Article 18*
Article 13(moved)	*Article 19*
Article 14(moved)	*Article 26*
Article 15(moved)	*Article 27*
Article 16	Article 14
Article 255(moved)	Article 15
Article 286(moved)	Article 16
	Article 17
PART TWO −. CITIZENSHIP OF THE UNION	PART TWO −. NON−DISCRIMINATION AND CITIZENSHIP OF THE UNION
Article 12(moved)	Article 18
Article 13(moved)	Article 19
Article 17	Article 20
Article 18	Article 21
Article 19	Article 22
Article 20	Article 23
Article 21	Article 24
Article 22	Article 25
PART THREE −. COMMUNITY POLICIES	PART THREE −. POLICIES AND INTERNAL ACTIONS OF THE UNION
	Title I −. The internal market
Article 14(moved)	Article 26
Article 15(moved)	Article 27
Title I −. Free movement of goods	Title II −. Free movement of goods
Article 23	Article 28
Article 24	Article 29

Old numbering of the Treaty establishing the European Community	New numbering of the Treaty on the Functioning of the European Union
Chapter 1 —. The customs union	Chapter 1 —. The customs union
Article 25	Article 30
Article 26	Article 31
Article 27	Article 32
Part Three, Title X, Customs cooperation(moved)	Chapter 2 —. Customs cooperation
Article 135(moved)	Article 33
Chapter 2 —. Prohibition of quantitative restrictions between Member States	Chapter 3 —. Prohibition of quantitative restrictions between Member States
Article 28	Article 34
Article 29	Article 35
Article 30	Article 36
Article 31	Article 37
Title II —. Agriculture	Title III —. Agriculture and fisheries
Article 32	Article 38
Article 33	Article 39
Article 34	Article 40
Article 35	Article 41
Article 36	Article 42
Article 37	Article 43
Article 38	Article 44
Title III —. Free movement of persons, services and capital	Title IV —. Free movement of persons, services and capital
Chapter 1 —. Workers	Chapter 1 —. Workers
Article 39	Article 45
Article 40	Article 46
Article 41	Article 47
Article 42	Article 48
Chapter 2 —. Right of establishment	Chapter 2 —. Right of establishment
Article 43	Article 49
Article 44	Article 50
Article 45	Article 51
Article 46	Article 52

Old numbering of the Treaty establishing the European Community	New numbering of the Treaty on the Functioning of the European Union
Article 47	Article 53
Article 48	Article 54
Article 294(moved)	Article 55
Chapter 3 −. Services	Chapter 3 −. Services
Article 49	Article 56
Article 50	Article 57
Article 51	Article 58
Article 52	Article 59
Article 53	Article 60
Article 54	Article 61
Article 55	Article 62
Chapter 4 −. Capital and payments	Chapter 4 −. Capital and payments
Article 56	Article 63
Article 57	Article 64
Article 58	Article 65
Article 59	Article 66
Article 60 (moved)	Article 75
Title Ⅳ −. Visas, asylum, immigration and other policies related to free movement of persons	Title Ⅴ −. Area of freedom, security and justice
	Chapter 1 −. General provisions
Article 61	Article 67
	Article 68
	Article 69
	Article 70
	Article 71
Article 64, paragraph 1(replaced)	Article 72
	Article 73
Article 66(replaced)	Article 74
Article 60(moved)	Article 75
	Article 76
	Chapter 2 −. Policies on border checks, asylum and immigration

Old numbering of the Treaty establishing the European Community	New numbering of the Treaty on the Functioning of the European Union
Article 62	Article 77
Article 63, points 1 et 2, and Article 64, paragraph 2	Article 78
Article 63, points 3 and 4	Article 79
	Article 80
Article 64, paragraph 1(replaced)	*Article 72*
	Chapter 3 −. Judicial cooperation in civil matters
Article 65	Article 81
Article 66(repealed)	*Article 74*
Article 67(repealed)	
Article 68(repealed)	
Article 69(repealed)	
	Chapter 4 −. Judicial cooperation in criminal matters
	Article 82
	Article 83
	Article 84
	Article 85
	Article 86
	Chapter 5 −. Police cooperation
	Article 87
	Article 88
	Article 89
Title Ⅵ −. Transport	Title Ⅵ −. Transport
Article 70	Article 90
Article 71	Article 91
Article 72	Article 92
Article 73	Article 93
Article 74	Article 94
Article 75	Article 95
Article 76	Article 96
Article 77	Article 97

Old numbering of the Treaty establishing the European Community	New numbering of the Treaty on the Functioning of the European Union
Article 78	Article 98
Article 79	Article 99
Article 80	Article 100
Title VI −. Common rules on competition, taxation and approximation of laws	Title VI −. Common rules on competition, taxation and approximation of laws
Chapter 1 −. Rules on competition	Chapter 1 −. Rules on competition
Section 1 −. Rules applying to undertakings	Section 1 −. Rules applying to undertakings
Article 81	Article 101
Article 82	Article 102
Article 83	Article 103
Article 84	Article 104
Article 85	Article 105
Article 86	Article 106
Section 2 −. Aids granted by States	Section 2 −. Aids granted by States
Article 87	Article 107
Article 88	Article 108
Article 89	Article 109
Chapter 2 −. Tax provisions	Chapter 2 −. Tax provisions
Article 90	Article 110
Article 91	Article 111
Article 92	Article 112
Article 93	Article 113
Chapter 3 −. Approximation of laws	Chapter 3 −. Approximation of laws
Article 95(moved)	Article 114
Article 94(moved)	Article 115
Article 96	Article 116
Article 97	Article 117
	Article 118
Title VII −. Economic and monetary policy	Title VII −. Economic and monetary policy
Article 4(moved)	Article 119
Chapter 1 −. Economic policy	Chapter 1 −. Economic policy
Article 98	Article 120

Old numbering of the Treaty establishing the European Community	New numbering of the Treaty on the Functioning of the European Union
Article 99	Article 121
Article 100	Article 122
Article 101	Article 123
Article 102	Article 124
Article 103	Article 125
Article 104	Article 126
Chapter 2 —. monetary policy	Chapter 2 —. monetary policy
Article 105	Article 127
Article 106	Article 128
Article 107	Article 129
Article 108	Article 130
Article 109	Article 131
Article 110	Article 132
Article 111, paragraphs 1 to 3 and 5(moved)	*Article 219*
Article 111, paragraph 4(moved)	*Article 138*
	Article 133
Chapter 3 —. Institutional provisions	Chapter 3 —. Institutional provisions
Article 112(moved)	*Article 283*
Article 113(moved)	*Article 284*
Article 114	Article 134
Article 115	Article 135
	Chapter 4 —. Provisions specific to Member States whose currency is the euro
	Article 136
	Article 137
Article 111, paragraph 4(moved)	Article 138
Chapter 4 —. Transitional provisions	Chapter 5 —. Transitional provisions
Article 116(repealed)	
	Article 139
Article 117, paragraphs 1, 2, sixth indent, and 3 to 9(repealed)	
Article 117, paragraph 2, first five indents (moved)	*Article 141, paragraph 2*

Old numbering of the Treaty establishing the European Community	New numbering of the Treaty on the Functioning of the European Union
Article 121, paragraph 1(moved) *Article 122, paragraph 2, second sentence (moved)* *Article 123, paragraph 5(moved)*	Article 140
Article 118(repealed)	
Article 123, paragraph 3(moved) *Article 117, paragraph 2, first five indents(moved)*	Article 141
Article 124, paragraph 1(moved)	Article 142
Article 119	Article 143
Article 120	Article 144
Article 121, paragraph 1(moved)	*Article 140, paragraph 1*
Article 121, paragraphs 2 to 4(repealed)	
Article 122, paragraphs 1, 2, first sentence, 3, 4, 5 and 6(repealed)	
Article 122, paragraph 2, second sentence (moved)	*Article 140, paragraph 2, first subparagraph*
Article 123, paragraphs 1, 2 and 4(repealed)	
Article 123, paragraph 3(moved)	*Article 141, paragraph 1*
Article 123, paragraph 5(moved)	*Article 140, paragraph 3*
Article 124, paragraph 1(moved)	*Article 142*
Article 124, paragraph 2(repealed)	
Title Ⅷ －. Employment	Title Ⅸ －. Employment
Article 125	Article 145
Article 126	Article 146
Article 127	Article 147
Article 128	Article 148
Article 129	Article 149
Article 130	Article 150
Title Ⅸ －. Common commercial policy(moved)	*Part Five, Title Ⅱ, common commercial policy*
Article 131(moved)	*Article 206*
Article 132(repealed)	
Article 133(moved)	*Article 207*
Article 134(repealed)	

Old numbering of the Treaty establishing the European Community	New numbering of the Treaty on the Functioning of the European Union
Title X —. Customs cooperation(moved)	*Part Three, Title II, Chapter 2, Customs cooperation*
Article 135(moved)	*Article 33*
Title XI —. Social policy, education, vocational training and youth	Title X —. Social policy
Chapter 1 —. social provisions(repealed)	
Article 136	Article 151
	Article 152
Article 137	Article 153
Article 138	Article 154
Article 139	Article 155
Article 140	Article 156
Article 141	Article 157
Article 142	Article 158
Article 143	Article 159
Article 144	Article 160
Article 145	Article 161
Chapter 2 —. The European Social Fund	Title XI —. The European Social Fund
Article 146	Article 162
Article 147	Article 163
Article 148	Article 164
Chapter 3 —. Education, vocational training and youth	Title XII —. Education, vocational training, youth and sport
Article 149	Article 165
Article 150	Article 166
Title XII —. Culture	Title XIII —. Culture
Article 151	Article 167
Title XIII —. Public health	Title XIV —. Public health
Article 152	Article 168
Title XIV —. Consumer protection	Title XV —. Consumer protection
Article 153, paragraphs 1, 3, 4 and 5	Article 169
Article 153, paragraph 2(moved)	*Article 12*

Old numbering of the Treaty establishing the European Community	New numbering of the Treaty on the Functioning of the European Union
Title XV 一. Trans - .European networks	Title XVI 一. Trans - .European networks
Article 154	Article 170
Article 155	Article 171
Article 156	Article 172
Title XVI 一. Industry	Title XVII 一. Industry
Article 157	Article 173
Title XVII 一. Economic and social cohesion	Title XVIII 一. Economic, social and territorial cohesion
Article 158	Article 174
Article 159	Article 175
Article 160	Article 176
Article 161	Article 177
Article 162	Article 178
Title XVIII 一. Research and technological development	Title XIX 一. Research and technological development and space
Article 163	Article 179
Article 164	Article 180
Article 165	Article 181
Article 166	Article 182
Article 167	Article 183
Article 168	Article 184
Article 169	Article 185
Article 170	Article 186
Article 171	Article 187
Article 172	Article 188
	Article 189
Article 173	Article 190
Title XIX 一. Environment	Title XX 一. Environment
Article 174	Article 191
Article 175	Article 192
Article 176	Article 193
	Titre XXI 一. Energy

Old numbering of the Treaty establishing the European Community	New numbering of the Treaty on the Functioning of the European Union
	Article 194
	Title XXII ㅡ. Tourism
	Article 195
	Title XXIII ㅡ. Civil protection
	Article 196
	Title XXIV ㅡ. Administrative cooperation
	Article 197
Title XX ㅡ. Development cooperation(moved)	*Part Five, Title III, Chapter 1, Development cooperation*
Article 177(moved)	*Article 208*
Article 178(repealed)	
Article 179(moved)	*Article 209*
Article 180(moved)	*Article 210*
Article 181(moved)	*Article 211*
Title XXI ㅡ. Economic, financial and technical cooperation with third countries(moved)	*Part Five, Title III, Chapter 2, Economic, financial and technical cooperation with third countries*
Article 181a(moved)	*Article 212*
PART FOUR ㅡ. ASSOCIATION OF THE OVERSEAS COUNTRIES AND TERRITORIES	PART FOUR ㅡ. ASSOCIATION OF THE OVERSEAS COUNTRIES AND TERRITORIES
Article 182	Article 198
Article 183	Article 199
Article 184	Article 200
Article 185	Article 201
Article 186	Article 202
Article 187	Article 203
Article 188	Article 204
	PART FIVE ㅡ. EXTERNAL ACTION BY THE UNION
	Title I ㅡ. General provisions on the union's external action
	Article 205
Part Three, Title IX, Common commercial policy(moved)	Title II ㅡ. Common commercial policy

Old numbering of the Treaty establishing the European Community	New numbering of the Treaty on the Functioning of the European Union
Article 131(moved)	Article 206
Article 133(moved)	Article 207
	Title Ⅲ −. Cooperation with third countries and humanitarian aid
Part Three, Title XX, Development cooperation (moved)	Chapter 1 −. development cooperation
Article 177(moved)	Article 208
Article 179(moved)	Article 209
Article 180(moved)	Article 210
Article 181(moved)	Article 211
Part Three, Title XXI, Economic, financial and technical cooperation with third countries(moved)	Chapter 2 −. Economic, financial and technical cooperation with third countries
Article 181a(moved)	Article 212
	Article 213
	Chapter 3 −. Humanitarian aid
	Article 214
	Title Ⅳ −. Restrictive measures
Article 301(replaced)	Article 215
	Title Ⅴ −. International agreements
	Article 216
Article 310(moved)	Article 217
Article 300(replaced)	Article 218
Article 111, paragraphs 1 to 3 and 5(moved)	Article 219
	Title Ⅵ −. The Union's relations with international organisations and third countries and the Union delegations
Articles 302 to 304(replaced)	Article 220
	Article 221
	Title Ⅶ −. Solidarity clause
	Article 222
PART FIVE −. INSTITUTIONS OF THE COMMUNITY	PART SIX −. INSTITUTIONAL AND FINANCIAL PROVISIONS
Title Ⅰ −. Institutional provisions	Title Ⅰ −. Institutional provisions

Old numbering of the Treaty establishing the European Community	New numbering of the Treaty on the Functioning of the European Union
Chapter 1 一. The institutions	Chapter 1 一. The institutions
Section 1 一. The European Parliament	Section 1 一. The European Parliament
Article 189(repealed)	
Article 190, paragraphs 1 to 3(repealed)	
Article 190, paragraphs 4 and 5	Article 223
Article 191, first paragraph(repealed)	
Article 191, second paragraph	Article 224
Article 192, first paragraph(repealed)	
Article 192, second paragraph	Article 225
Article 193	Article 226
Article 194	Article 227
Article 195	Article 228
Article 196	Article 229
Article 197, first paragraph(repealed)	
Article 197, second, third and fourth paragraphs	Article 230
Article 198	Article 231
Article 199	Article 232
Article 200	Article 233
Article 201	Article 234
	Section 2 一. The European Council
	Article 235
	Article 236
Section 2 一. The Council	Section 3 一. The Council
Article 202(repealed)	
Article 203(repealed)	
Article 204	Article 237
Article 205, paragraphs 2 and 4(repealed)	
Article 205, paragraphs 1 and 3	Article 238
Article 206	Article 239
Article 207	Article 240
Article 208	Article 241
Article 209	Article 242

Old numbering of the Treaty establishing the European Community	New numbering of the Treaty on the Functioning of the European Union
Article 210	Article 243
Section 3 —. The Commission	Section 4 —. The Commission
Article 211(repealed)	
	Article 244
Article 212(moved)	*Article 249, paragraph 2*
Article 213	Article 245
Article 214(repealed)	
Article 215	Article 246
Article 216	Article 247
Article 217, paragraphs 1, 3 and 4(repealed)	
Article 217, paragraph 2	Article 148
Article 218, paragraph 1(repealed)	
Article 218, paragraph 2	Article 249
Article 219	Article 250
Section 4 —. The Court of Justice	Section 5 —. The Court of Justice of the European Union
Article 220(repealed)	
Article 221, first paragraph(repealed)	
Article 221, second and third paragraphs	Article 251
Article 222	Article 252
Article 223	Article 253
Article 224	Article 254
	Article 255
Article 225	Article 256
Article 225a	Article 257
Article 226	Article 258
Article 227	Article 259
Article 228	Article 260
Article 229	Article 261
Article 229a	Article 262
Article 230	Article 263
Article 231	Article 264

Old numbering of the Treaty establishing the European Community	New numbering of the Treaty on the Functioning of the European Union
Article 232	Article 265
Article 233	Article 266
Article 234	Article 267
Article 235	Article 268
	Article 269
Article 236	Article 270
Article 237	Article 271
Article 238	Article 272
Article 239	Article 273
Article 240	Article 274
	Article 275
	Article 276
Article 241	Article 277
Article 242	Article 278
Article 243	Article 279
Article 244	Article 280
Article 245	Article 281
	Section 6 —. The European Central Bank
	Article 282
Article 112(moved)	Article 283
Article 113(moved)	Article 284
Section 5 —. The Court of Auditors	Section 7 —. The Court of Auditors
Article 246	Article 285
Article 247	Article 286
Article 248	Article 287
Chapter 2 —. Provisions common to several institutions	Chapter 2 —. Legal acts of the Union, adoption procedures and other provisions
	Section 1 —. The legal acts of the Union
Article 249	Article 288
	Article 289
	Article 290
	Article 291

Old numbering of the Treaty establishing the European Community	New numbering of the Treaty on the Functioning of the European Union
	Article 292
	Section 2 —. Procedures for the adoption of acts and other provisions
Article 250	Article 293
Article 251	Article 294
Article 252(repealed)	
	Article 295
Article 253	Article 296
Article 254	Article 297
	Article 298
Article 255(moved)	*Article 15*
Article 256	Article 299
	Chapter 3 —. The Union's advisory bodies
	Article 300
Chapter 3 —. The Economic and Social Committee	Section 1 —. The Economic and Social Committee
Article 257(repealed)	
Article 258, first, second and fourth paragraphs	Article 301
Article 258, third paragraph(repealed)	
Article 259	Article 302
Article 260	Article 303
Article 261(repealed)	
Article 262	Article 304
Chapter 4 —. The Committee of the Regions	Section 2 —. The Committee of the Regions
Article 263, first and fifth paragraphs(repealed)	
Article 263, second to fourth paragraphs	Article 305
Article 264	Article 306
Article 265	Article 307
Chapter 5 —. The European Investment Bank	Chapter 4 —. The European Investment Bank
Article 266	Article 308
Article 267	Article 309
Title Ⅱ —. Financial provisions	Title Ⅱ —. Financial provisions

Old numbering of the Treaty establishing the European Community	New numbering of the Treaty on the Functioning of the European Union
Article 268	Article 310
	Chapter 1 —. The Union's own resources
Article 269	Article 311
Article 270(repealed)	
	Chapter 2 —. The multiannual financial framework
	Article 312
	Chapter 3 —. The Union's annual budget
Article 272, paragraph 1(moved)	Article 313
Article 271(moved)	*Article 316*
Article 272, paragraph 1(moved)	*Article 313*
Article 272, paragraphs 2 to 10	Article 314
Article 273	Article 315
Article 271(moved)	Article 316
	Chapter 4 —. Implementation of the budget and discharge
Article 274	Article 317
Article 275	Article 318
Article 276	Article 319
	Chapter 5 —. Common provisions
Article 277	Article 320
Article 278	Article 321
Article 279	Article 322
	Article 323
	Article 324
	Chapter 6 —. Combating fraud
Article 280	Article 325
	Title Ⅲ —. Enhanced cooperation
Articles 11 and 11a(replaced)	Article 326
Articles 11 and 11a(replaced)	Article 327
Articles 11 and 11a(replaced)	Article 328
Articles 11 and 11a(replaced)	Article 329

Old numbering of the Treaty establishing the European Community	New numbering of the Treaty on the Functioning of the European Union
Articles 11 and 11a(replaced)	Article 330
Articles 11 and 11a(replaced)	Article 331
Articles 11 and 11a(replaced)	Article 332
Articles 11 and 11a(replaced)	Article 333
Articles 11 and 11a(replaced)	Article 334
PART SIX −. GENERAL AND FINAL PROVISIONS	PART SEVEN −. GENERAL AND FINAL PROVISIONS
Article 281(repealed)	
Article 282	Article 335
Article 283	Article 336
Article 284	Article 337
Article 285	Article 338
Article 286(replaced)	*Article 16*
Article 287	Article 339
Article 288	Article 340
Article 289	Article 341
Article 290	Article 342
Article 291	Article 343
Article 292	Article 344
Article 293(repealed)	
Article 294(moved)	*Article 55*
Article 295	Article 345
Article 296	Article 346
Article 297	Article 347
Article 298	Article 348
Article 299, paragraph 1(repealed)	
Article 299, paragraph 2, second, third and fourth subparagraphs	Article 349
Article 299, paragraph 2, first subparagraph, and paragraphs 3 to 6(moved)	*Article 355*
Article 300(replaced)	*Article 218*
Article 301(replaced)	*Article 215*

Old numbering of the Treaty establishing the European Community	New numbering of the Treaty on the Functioning of the European Union
Article 302(replaced)	*Article 220*
Article 303(replaced)	*Article 220*
Article 304(replaced)	*Article 220*
Article 305(repealed)	
Article 306	Article 350
Article 307	Article 351
Article 308	Article 352
	Article 353
Article 309	Article 354
Article 310(moved)	*Article 217*
Article 311(repealed)	
Article 299, paragraph 2,first subparagraph, and paragraphs 3 to 6(moved)	Article 355
Article 312	Article 356
Final Provisions	
Article 313	Article 357
	Article 358
Article 314(repealed)	

찾아보기

직접효력 24, 98

김두수 ——

한국외국어대학교 졸업(법학박사)
Hague Academy of International Law 수료
대한국제법학회 사무국장 및 이사
한국외국어대학교 법학연구소 초빙연구원
한국법제연구원 글로벌법제연구센터 해외법제조사위원
국회도서관 EU법 특강 강사
한국외국어대학교 법학전문대학원, 경희대학교, 서울시립대학교, 아주대학교, 동국대학교, 경기대학교,
청주대학교, 창원대학교 강사
경상대학교 학술연구교수

『현대국제조약집』(공편)
『개정판 현대국제조약집』(공편)
『EU소송법상 선결적 부탁절차』
『EU법론』
『EU사법(Ⅰ)·(Ⅱ)』(공편)
『EU공동시장법』
『EU식품법』
외 다수

EU 환경법

European Environmental Law

초 판 인 쇄 | 2012년 5월 13일
초 판 발 행 | 2012년 5월 13일

지 은 이 | 김두수
펴 낸 이 | 채종준
펴 낸 곳 | 한국학술정보㈜
주　　　소 | 경기도 파주시 문발동 파주출판문화정보산업단지 513-5
전　　　화 | 031) 908-3181(대표)
팩　　　스 | 031) 908-3189
홈 페 이 지 | http://ebook.kstudy.com
E－m a i l | 출판사업부　publish@kstudy.com
등　　　록 | 제일산-115호(2000. 6. 19)

ISBN　　　978-89-268-3393-3 93360 (Paper Book)
　　　　　978-89-268-3394-0 98360 (e-Book)

EU 환경법

European Environmental Law